Wolf-Michael Kähler

SQL mit ORACLE

Aus dem Programm **Programmiersprachen/ Datenbanken**

Grundkurs JAVA
von Dietmar Abts

Datenbankentwicklung in IT-Berufen
von Heinz Burnus

Middleware in Java
von Steffen Heinzl und Markus Mathes

Grundkurs Datenbankentwurf
von Helmut Jarosch

Grundkurs Programmieren mit Visual Basic
von Sabine Kämper

Grundkurs Datenbankentwicklung
von Stephan Kleuker

Grundkurs Software-Entwicklung mit C++
von Dietrich May

Datenbank-Engineering
von Alfred Moos

Grundkurs MySQL und PHP
von Martin Pollakowski

Grundkurs Relationale Datenbanken
von René Steiner

www.viewegteubner.de

Wolf-Michael Kähler

SQL mit ORACLE

Eine aktuelle Einführung in die Arbeit mit relationalen und objektrelationalen Datenbanken unter Einsatz von ORACLE Express

Mit 311 Abbildungen

3., aktualisierte und erweiterte Auflage

STUDIUM

**VIEWEG+
TEUBNER**

Bibliografische Information der Deutschen Nationalbibliothek
Die Deutsche Nationalbibliothek verzeichnet diese Publikation in der
Deutschen Nationalbibliografie; detaillierte bibliografische Daten sind im Internet über
<http://dnb.d-nb.de> abrufbar.

Höchste inhaltliche und technische Qualität unserer Produkte ist unser Ziel. Bei der Produktion und
Auslieferung unserer Bücher wollen wir die Umwelt schonen: Dieses Buch ist auf säurefreiem und
chlorfrei gebleichtem Papier gedruckt. Die Einschweißfolie besteht aus Polyäthylen und damit aus
organischen Grundstoffen, die weder bei der Herstellung noch bei der Verbrennung Schadstoffe frei-
setzen.

1. Auflage 1999
Diese Auflage erschien unter dem Titel „Relationales und objektrelationales SQL".
2., Auflage 2001
3., aktualisierte und erweiterte Auflage 2008

Alle Rechte vorbehalten
© Vieweg+Teubner | GWV Fachverlage GmbH, Wiesbaden 2008

Lektorat: Sybille Thelen | Andrea Broßler

Vieweg+Teubner ist Teil der Fachverlagsgruppe Springer Science+Business Media.
www.viewegteubner.de

Umschlaggestaltung: KünkelLopka Medienentwicklung, Heidelberg
Gedruckt auf säurefreiem und chlorfrei gebleichtem Papier.

ISBN 978-3-8348-0527-0

meinen Förderern gewidmet

Vorwort zur 3. Auflage

Beim Einsatz von relationalen Datenbanksystemen (DB-Systemen) spielt die international genormte Sprache SQL (Structured Query Language) eine dominierende Rolle. Unter Verwendung dieser Datenbanksprache lassen sich Tabellen einrichten, Werte in Tabellen eintragen, Tabelleninhalte anzeigen, verändern und miteinander verknüpfen.

Als Sprache der 4. Generation zeichnet sich SQL dadurch aus, dass der Anwender einzig und allein anzugeben hat, was mit den Daten geschehen soll, und nicht, wie diese Verarbeitung im einzelnen durchzuführen ist.

Die Entwicklung von DB-Systemen hat dazu geführt, dass relationale Systeme um objekt-orientierte Konzepte ergänzt wurden. Dabei erfolgte die Leistungserweiterung in dem Sinne, dass die Möglichkeiten, die Daten rein relational bzw. rein objekt-orientiert verarbeiten zu können, gemeinsam koexistieren. DB-Systeme, die diese Fähigkeit besitzen, werden als "objektrelational" bezeichnet. SQL enthält daher Sprachelemente, mit denen Objekttypen und Methoden – im Rahmen einer objektrelationalen Anwendungsentwicklung – vereinbart werden können.

In diesem Buch wird für das DB-System ORACLE beschrieben, wie sich Daten relational, objekt-orientiert und objektrelational bearbeiten lassen.

Die Sprachelemente von SQL werden in den nachfolgenden Kapiteln anwendungs-orientiert vorgestellt. Es wird sich dabei auf den SQL-Industriestandard bezogen, der durch diejenigen Leistungen gekennzeichnet ist, die das DB-System ORACLE zur Verfügung stellt.

Als Vorbereitung für den Einsatz von SQL wird gezeigt, wie Datenbestände gegliedert sein müssen, damit die Daten möglichst redundanzfrei, d.h. nur in einfacher Ausfertigung – und nicht an mehreren Stellen identisch – gespeichert werden können. Diese Gliederung des Bestandes wird an Beispieldaten dargestellt, auf die bei der Beschreibung der SQL-Anweisungen durchgehend Bezug genommen wird.

Neben der Beschreibung von SQL-Sprachelementen wird auch der Einsatz der von der Firma ORACLE zur DB-Programmierung zur Verfügung gestellten Programmiersprache "PL/SQL" erläutert.

Für die nachfolgende Darstellung wurde der Einsatz von "ORACLE Express" (kurz: ORACLE XE) zugrunde gelegt. Dieses DB-System kann aus dem Internet bezogen werden. Es steht sowohl für den privaten als auch für den kommerziellen Einsatz kostenlos zur Verfügung. Der Dialog mit "ORACLE Express" lässt sich sowohl mit dem ORACLE-spezifischen Software-Produkten "SQL*Plus" und "Application Express" sowie mit dem komfortablen und ebenfalls aus dem Internet ladbaren und kostenlos nutzbaren Programm "SQLDEVELOPER" führen.

Dieses Buch unterstützt sowohl das spontane Arbeiten mit SQL als auch die Auseinandersetzung mit den theoretischen Grundkonzepten für einen erfolgreichen Einsatz eines objektrelationalen DB-Systems. Da es sich bei diesem Buch um eine Einführungsschrift handelt, werden keine spezifischen Vorkenntnisse erwartet. Dieses Buch eignet sich zum Selbststudium und als Begleitlektüre für Kurse, die die Datenbanksprache SQL zum Inhalt haben.

Bei dieser Neuauflage wurde das ursprüngliche Manuskript an vielen Stellen überarbeitet. Ergänzend wurde der aktuellen Entwicklung im Bereich der objektrelationalen DB-Systeme Rechnung getragen. In dieser Hinsicht sind dem Manuskript weitere Beschreibungen von neuen SQL-Sprachelementen hinzugefügt worden. Erläutert wird unter anderem der Einsatz von externen Tabellen, die Möglichkeiten zur Änderung von Tabellenspalten-, Tabellen- und Indexnamen, die Durchführung von Tabellen-Upserts unter Einsatz der MERGE-Anweisung, die neue Syntax zur Beschreibung von Verbund-Bildungen mittels der INNER JOIN-Klausel, die simultane Sicherung bzw. Änderung mittels normaler bzw. bedingter Multi-Tabellen-Inserts, die Syntax zur Beschreibung der Bildung von Left- bzw. Right-Outer-Joins, die Bildung von Full-Outer-Joins, die Spezialisierung von Objekttypen durch die Vereinbarung von Subtypen zur Vererbung von Attributen, die Methoden-Vereinbarung für Subtypen, die Strategie der Methoden-Ausführung bei hierarchisch strukturierten Objekttypen, die Möglichkeiten zur Überdeckung von Methoden, die Technik des Polymorphismus, die Einrichtung hierarchischer Objekt-Views sowie die Verarbeitung von XML-Dokumenten.

Das diesem Buch zugrunde liegende Manuskript wurde an der Universität Bremen in Vorlesungen erprobt.

Die vorgestellten SQL-Sprachelemente gehören zum Leistungsumfang des DB-Systems "ORACLE 10g". Da diese Version die Basis für zukünftige Entwicklungen ist, sind die in diesem Buch enthaltenen Beschreibungen von dauerhafter Aktualität.

Dem Lektorat des Vieweg Verlages danke ich für die traditionell gute Zusammenarbeit.

Ritterhude, im März 2008   Wolf-Michael Kähler

Inhaltsverzeichnis

1 Das relationale Datenbanksystem **1**

1.1 Datenbanksysteme 1

   1.1.1 Datenbasis und Datenverwaltungssystem 1

   1.1.2 Modellbildung und Arten von DB-Systemen 2

   1.1.3 Tabellen 3

   1.1.4 Zugriffsschlüssel 5

   1.1.5 Identifikationsschlüssel und Primärschlüssel 6

1.2 Zergliederung und Aufbau von Tabellen 7

   1.2.1 Projektion 7

   1.2.2 Verbund 9

1.3 Filterung des Datenbestandes 11

1.4 Die Datenbanksprache SQL 13

1.5 Kommunikation mit dem DB-System "ORACLE Express" 16

2 Einrichtung von Tabellen in einer Datenbasis **23**

2.1 Der Begriff des Schemas 23

2.2 Vereinbarung von Tabellen 24

   2.2.1 Die CREATE TABLE-Anweisung 24

   2.2.2 Integritätsprüfung auf fehlende Werte 27

   2.2.3 Vorbesetzung von Werten 27

   2.2.4 Vereinbarung der Basis-Tabellen 28

2.3 Vereinbarung von Identifikations- und Primärschlüsseln 28

2.4 Vereinbarung von Fremdschlüsseln 31

2.5 Information über Tabellen des Schemas 36

3 Aufnahme von Daten in Tabellen **37**

3.1 Eintragung von Tabellenzeilen 37

3.2 Übernahme von Datensätzen einer Text-Datei 40

3.3 Einsatz von externen Tabellen 42

3.4 Erzeugung von Kennwerten 44

4 Anzeige von Tabelleninhalten **47**

4.1 Anzeige des gesamten Tabelleninhalts 47

4.2 Anzeige von Werten ausgewählter Tabellenspalten 48

4.3 Auswahl von Tabellenzeilen (WHERE-Klausel) 51

4.4 Sortierte Anzeige von Tabellenzeilen (ORDER BY-Klausel) 52

4.5 Verwendung einer Inline-Tabelle 55

4.6 Ausgabe von Tabelleninhalten in eine Text-Datei 56

5 Datenauswahl und Funktionsaufrufe **59**

5.1 Ausdrücke 59

5.2 Einfache Bedingungen 62

5.3 Zusammengesetzte Bedingungen 65

5.4 CASE-Ausdrücke 67

5.5 Die Operatoren IN und BETWEEN AND 68

5.6 Der Operator LIKE und Wildcardzeichen 70

5.7 Das Schlüsselwort ESCAPE 71

5.8 Behandlung von Nullwerten 72

5.9 Funktionsaufrufe 73

5.10 Vereinbarung und Aufruf von Funktionen 81

5.11 Durchführung einer Zufallsauswahl 85

6 Veränderung von Tabelleninhalten **87**

6.1 Veränderung von Werten 87

6.2 Durchführung eines Tabellen-Upserts 87

6.3 Löschen von Tabellenzeilen 89

6.4 Der Einsatz von Triggern 90

6.5 Speicherung von LOBs 94

7 Änderungen innerhalb einer Datenbasis **101**

7.1 Änderung von Namen und Verabredung von Aliasnamen 101

7.2 Änderung der Tabellen-Struktur 103

7.3 Aktivierung und Deaktivierung von Integritätsprüfungen 105

7.4 Löschung von Tabellen 107

8 Sicherung von Abfrageergebnissen **109**

8.1 Sicherung einer Projektion 109

8.2 Verbund-Bildung von Tabellen 110

8.3 Sicherung einer Verbund-Bildung 122

8.3.1 Übertragung in eine bestehende Tabelle 122

8.3.2 Übertragung in eine einzurichtende Tabelle 123

8.3.3 Übertragung in eine temporäre Tabelle 124

8.4 Simultane Sicherung in mehreren Tabellen 125

8.4.1 Der Multi-Tabellen-Insert 125

8.4.2 Bedingter Multi-Tabellen-Insert 127

9 Views und weitere Tabellen-Operationen **131**

9.1 Vereinbarung und Einsatz von Views 131

    9.1.1   Einrichtung von Views 131

    9.1.2   Löschung von Views 134

    9.1.3   Bestandsänderungen mittels eines Views 134

    9.1.4   Bestandsänderungen mittels Einsatz von Instead-of-Triggern 137

9.2 Die UNION-Bildung 140

9.3 Bildung von Outer Joins 142

9.4 Die INTERSECT- und die MINUS-Bildung 147

10 Beschleunigter Datenzugriff **149**

10.1 Vereinbarung von Indizes 149

10.2 Zusammenfassung von Tabellen zu Clustern 151

10.3 Löschung und Änderung von Indizes und Clustern 154

11 Summarische Anzeige und Materialized-Views **157**

11.1 Die Funktionen MIN, MAX und COUNT 157

11.2 Gruppierung von Tabellenzeilen (GROUP BY-Klausel) 157

11.3 Die Funktionen AVG und SUM 159

11.4 Kumulierte Aggregationen 162

11.5 Auswahl von Zeilengruppen (HAVING-Klausel) 165

11.6 Views, die auf Gruppierungen basieren 167

11.7 Einsatz von Materialized-Views 168

12 Gestufte Datenauswahl **177**

12.1 Verschachtelung von Auswahlen 177

12.2 Weitere Auswahloperatoren 179

    12.2.1 Der Auswahloperator IN 179

    12.2.2 Der Auswahloperator ANY 181

    12.2.3 Der Auswahloperator ALL 182

12.3 Unabhängige Stufung 183

12.4 Abhängige Stufung 184

12.5 Der Operator EXISTS 185

12.6 Änderung von Tabellenwerten durch Subauswahlen 186

13 Einsatz von Objekttypen **189**

13.1 Standard-Datentypen 189

13.2 Vereinbarung von Objekttypen 189

13.3 Instanziierung von Objekttypen 191

13.4 Objekte und Attribute innerhalb von SQL-Anweisungen 193

13.5 Schachtelung von Objekttypen 194

13.6 Spezialisierung von Objekttypen 197

14 Einsatz von Methoden **201**

    14.1 Vereinbarung von Methoden 201

    14.2 Ausführung von Methoden 206

    14.3 Aufruf von Methoden beim Einsatz von Subtypen 209

    14.4 Überdeckung von Methoden und Polymorphismus 212

    14.5 Objekte als Ergebnisse von Methodenaufrufen 215

    14.6 Vergleich von Objekten 216

    14.7 Vereinbarungen für den Vergleich von Objekten 219

        14.7.1 Einsatz einer Map-Methode 219

        14.7.2 Einsatz einer Order-Methode 221

    14.8 Überladung von Methoden 223

15 Spezielle Objekttypen zum Sammeln von Objekten **225**

    15.1 Einsatz von Sammlern 225

    15.2 Vereinbarung von Objekttypen zum Aufbau von Varray-Sammlern 226

    15.3 Instanziierung und Verarbeitung von Varray-Sammlern 227

    15.4 Vereinbarung von Objekttypen zum Aufbau von Nested-Sammlern 229

    15.5 Aufbau von Nested-Sammlern 230

    15.6 Anzeigen von Inhalten eines Nested-Sammlers 231

    15.7 Änderungen innerhalb von Nested-Sammlern 233

16 Aufbau und Bearbeitung von Objekt-Tabellen **237**

    16.1 Einrichtung von Objekt-Tabellen 237

    16.2 Verarbeitung von Objekt-Tabellen 238

    16.3 Referenzierung von Zeilen-Objekten 243

    16.4 Speicherung und Bearbeitung von Objekt-Zeigern 245

    16.5 Bildung von Views mit Objekt-Tabellen 246

    16.6 Einsatz von Instead-of-Triggern 247

    16.7 Vorwärts-Typisierung 249

17 Aufbau und Bearbeitung von Objekt-Views **253**

    17.1 Der objektrelationale Ansatz 253

    17.2 Einrichtung von Objekt-Views 253

    17.3 Bearbeitung von Objekt-Views 256

    17.4 Bildung von Views unter Einsatz von Objekt-Views 257

    17.5 Hierarchische Objekt-Views 260

18 Schutzvorkehrungen zur Gewährleistung der Konsistenz **265**

19 Vergabe von Rechten und Sperren des Zugriffs **271**

    19.1 Globale und lokale Rechte 271

    19.2 Vergabe von globalen Rechten 272

19.3 Vergabe von lokalen Rechten 274

19.4 Entzug und Weitergabe von Rechten 276

19.5 Einrichtung und Vergabe von Rollen-Rechten 277

19.6 Sperren des Zugriffs 282

20 Einbettung von SQL-Anweisungen **285**

20.1 Einsatz von Host-Sprachen 285

20.2 Lesender Zugriff auf Tabellen 286

20.2.1 Einrichtung eines Cursors 286

20.2.2 Eröffnung eines Cursors 288

20.2.3 Tabellenzugriff über einen Cursor 288

20.2.4 Schließen eines Cursors 289

20.3 Einsatz von PL/SQL 290

20.3.1 Aufgabenstellung und Festlegung des Cursors 290

20.3.2 Vereinbarung der Variablen und des Cursors 290

20.3.3 Struktogramm-Darstellung 291

20.3.4 Umformung in ein PL/SQL-Programm 292

20.3.5 Ausführung eines PL/SQL-Programms 295

20.3.6 Beispiel für eine Verbund-Bildung 295

20.4 Aktualisierung von Tabellen 299

20.4.1 Löschung von Tabellenzeilen 299

20.4.2 Änderung von Tabelleninhalten 302

21 Verarbeitung von XML-Dokumenten **305**

21.1 Speicherung von XML-Dokumenten 305

21.2 Übertragung eines XML-Dokuments von einer Datei in eine XML-Tabelle . 307

21.3 Zugriff auf XML-Dokumente 309

21.4 Relational-ausgerichteter Zugriff auf den Inhalt eines XML-Dokuments . . . 310

21.4.1 Zugriff auf eine XML-Struktur mittels eines Views 310

21.4.2 Umwandlung der XML-Struktur in eine Tabellen-Struktur 311

21.5 Optimierung beim Zugriff auf Fragmente von XML-Dokumenten 315

21.6 Übernahme des XML-Dokuments in einen Nested-Sammler 316

21.7 Validierung von XML-Dokumenten 318

21.8 Wandlung von Tabelleninhalten in XML-Dokumente 321

Anhang **323**

A.1 Untersuchung auf redundanzfreie Speicherung 323

A.2 Das Entity-Relationship-Modell 327

A.3 Fallbeispiel zur Strukturierung von Auftragsdaten 329

Literaturverzeichnis **335**

Index **337**

KAPITEL 1

DAS RELATIONALE DATENBANKSYSTEM

1.1 Datenbanksysteme

1.1.1 Datenbasis und Datenverwaltungssystem

Gegenstand der kommerziellen und administrativen Datenverarbeitung ist die Speicherung, Verwaltung und Auswertung von Datenbeständen unter Einsatz von Computern. Zur Lösung der gestellten Aufgaben werden Programmsysteme eingesetzt, die die folgenden Leistungen erbringen:

- Der Anwender muss keine Kenntnis darüber besitzen, wie die Daten auf dem Datenträger physikalisch gespeichert sind.

- Die Mehrfachspeicherung gleicher Daten in unterschiedlichen Datenbeständen (redundante Speicherung) lässt sich verhindern.

- Die Datenkontrolle in Form einer Integritätsprüfung und Konsistenzsicherung wird gewährleistet.

  Dabei wird unter *(Daten-)Integrität* der Zustand innerhalb eines Datenbestandes verstanden, bei dem die gespeicherten Daten nicht zueinander im Widerspruch stehen.

  Unter *Konsistenz* versteht man den Sachverhalt, dass die von einem Anwender angeforderten Dateneingaben und Datenmodifikationen tatsächlich ausgeführt werden, sodass sich der Datenbestand entsprechend verändert.

Programmsysteme, die in diesem Sinne die Verwaltung und Kontrolle von Datenbeständen gewährleisten, werden *Datenbanksysteme* – kurz: "DB-Systeme" – genannt.

- Ein *DB-System* gliedert sich in ein *Datenverwaltungssystem* und in eine *Datenbasis*, die den gesamten Datenbestand enthält.

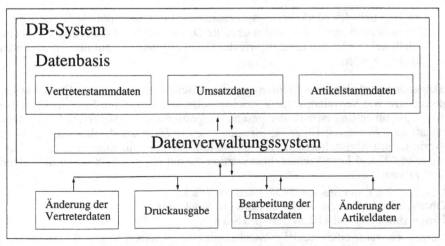

Abbildung 1.1: Beispiel für DB-Anwendungen

Das Datenverwaltungssystem gewährleistet nicht nur die Datenintegrität und die Konsistenz der innerhalb der Datenbasis gespeicherten Daten, sondern erbringt auch die folgenden Leistungen:

- Es sichert den Inhalt der Datenbasis vor Datenverlusten, ermöglicht den gleichzeitigen Zugriff mehrerer Anwendungen auf gleiche Daten und verwaltet den Inhalt der Datenbasis in effizienter Weise.

Sollen z.B. Vertreterstammdaten (wie z.B. Vertretername, Anschrift und Provisionssatz), Artikelstammdaten (wie z.B. Artikelname und Preis) und vertreter-spezifische Tagesumsätze (wie z.B. Stückzahl und Datum) gespeichert und verarbeitet werden, so lassen sich Bestandsänderungen, Druckausgaben und spezielle Auswertungen der Bestandsdaten – als Datenbank-Anwendungen – unter Einsatz eines DB-Systems schematisch durch das in der Abbildung 1.1 dargestellte Schaubild beschreiben.

Das Datenverwaltungssystem bildet die Schnittstelle zum gesamten Datenbestand, sodass jede DB-Anwendung ihre Anforderungen an das Datenverwaltungssystem stellen muss. In dieser Situation werden nur die Kenntnisse über die logischen Beziehungen in demjenigen Teil der Datenbasis benötigt, der von einer Anwendung bearbeitet werden soll. Es ist nicht erforderlich, dass die logische Struktur des Gesamtbestandes und die Form, in der die Daten auf dem Datenträger physikalisch abgespeichert sind, bekannt sind.

1.1.2 Modellbildung und Arten von DB-Systemen

Bevor eine Datenbasis eingerichtet werden kann, muss ein geeignetes *Datenmodell* im Rahmen eines Modellierungsprozesses entwickelt werden. Dieses Modell muss die einzelnen *Objekte*, die im Rahmen des vorgegebenen Problemzusammenhangs eine Rolle spielen, geeignet widerspiegeln. Dazu sind die *Eigenschaften* festzulegen, durch die diese Objekte gekennzeichnet werden. Auf dieser Basis kann jedes einzelne Objekt durch diejenigen Daten beschrieben werden, die die jeweils konkreten Eigenschaften dieses Objekts bestimmen.

Bei dem Modellierungsprozess sind die einzelnen Objekte auch daraufhin zu untersuchen, ob sie im vorgegebenen Problemzusammenhang als isolierte Größen anzusehen sind oder ob zwischen ihnen – im Hinblick auf gewisse *Beziehungen* – eine Verbindung besteht. Sofern derartige Sachverhalte feststellbar sind, sollten sie in dem zu entwickelnden Datenmodell in geeigneter Form berücksichtigt werden.

- Das Ergebnis des Modellierungsprozesses wird das *konzeptuelle Schema* genannt. Dieses Schema kennzeichnet das gesamte Datenmodell auf der *logischen* Ebene. Es enthält keine Angaben darüber, wie die Daten *physikalisch* auf den Speichermedien abgelegt werden.

Im Folgenden wird eine *Modellbildung* an einem Beispiel durchgeführt. Dazu werden die Tagesumsätze von Vertretern einer Vertriebsgesellschaft betrachtet. Ein Objekt in diesem Problemzusammenhang ist z.B. der gesamte Tagesumsatz des Vertreters "Emil Meyer", wohnhaft im "Wendeweg 10, 28345 Bremen", den er für einen Artikel getätigt hat. Dieser Vertreter erhält grundsätzlich "7%" Provision, die über ein Konto mit dem aktuellen Kontostand "725,15 Euro" abgerechnet werden. Er hat am "24.6.08" etwa die folgenden Artikel verkauft:

40 Oberhemden zum Preis von 39,80 Euro pro Stück,
70 Oberhemden zum Preis von 44,20 Euro pro Stück und
35 Hosen zum Preis von 110,50 Euro pro Stück.

Im Folgenden werden diese und die Angaben für zwei weitere Vertreter für unsere Darstellung zugrunde gelegt.

- Heutzutage werden in erster Linie DB-Systeme eingesetzt, die die *Programm-Daten-Unabhängigkeit* ("Datenunabhängigkeit") gewährleisten, d.h. der in der Datenbasis gespeicherte Datenbestand steht speichertechnisch nicht in Verbindung mit einer oder mehreren Anwendungen, sondern ist nur nach strukturellen Gesichtspunkten gegliedert.

DB-Systeme mit dieser Eigenschaft werden als *relationale DB-Systeme* bezeichnet. In relationalen DB-Systemen wird der Datenbestand allein nach strukturellen Gesichtspunkten gegliedert, ohne dass eine unmittelbare Verbindung zu einer bestimmten Anwendung hergestellt wird.

Einen anderen Ansatz zur Führung von Datenbeständen stellen *objekt-orientierte DB-Systeme* dar. Bei ihnen werden nicht einzelne Daten, sondern Objekte verwaltet, die aus Modellbildungen resultieren. Dabei werden auch die zugehörigen Methoden gespeichert, die die objekt-spezifische Verarbeitung ermöglichen.

Die aktuelle Entwicklung von DB-Systemen zeichnet sich dahingehend aus, dass am Markt eingeführte relationale DB-Systeme um objekt-orientierte Konzepte ergänzt wurden. Dabei erfolgte die Leistungserweiterung in dem Sinne, dass die Möglichkeiten, die Daten rein relational bzw. rein objekt-orientiert verarbeiten zu können, gemeinsam koexistieren. DB-Systeme, die diese Fähigkeit besitzen, werden als *objektrelationale* DB-Systeme bezeichnet. Ursprünglich rein relationale DB-Systeme wurden somit zu objektrelationalen DB-Systemen weiterentwickelt.

In diesem Buch werden wir für das DB-System ORACLE beschreiben, wie sich Daten objektrelational bearbeiten lassen. Dabei werden zunächst die Möglichkeiten der relationalen, danach die der objekt-orientierten und schließlich die der objektrelationalen Verarbeitung erläutert.

1.1.3 Tabellen

Um das DB-System ORACLE als relationales DB-System einsetzen zu können, müssen die vorliegenden Daten – gemäß den Vorgaben des konzeptuellen Schemas – wie folgt in Form einer *Tabelle*, d.h. in *Tabellenzeilen* und *Tabellenspalten*, gegliedert werden:

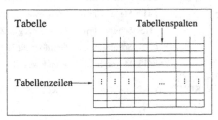

Abbildung 1.2: Tabellen-Struktur

Im Hinblick auf die jeweilige Aufgabenstellung sind sämtliche Daten, die die einzelnen Objekte und Sachverhalte im Problemzusammenhang kennzeichnen, in geeigneter Weise in Form einer oder mehrerer *Tabellen* zusammenzustellen. Der Tabellenaufbau muss so vorgenommen werden, dass die *Eigenschaften* der einzelnen Objekte und die Beziehungen zwischen den Objekten durch die *Tabellenwerte* wiedergegeben werden.

Sollen die oben vorgestellten Beispieldaten in geeigneter Weise vom DB-System verwaltet werden, so stellen die "(Tages-)Umsätze von Vertretern" die Objekte dar, deren Eigenschaften sich innerhalb eines relationalen Datenmodells in Form einer (Gesamt-)Tabelle beschreiben lassen. Sofern im Hinblick auf die Zielsetzung, eine möglichst redundanzfreie Speicherung zu erreichen, eine Gliederung der Tabellenwerte in z.B. Vertreterdaten und Artikel-Umsatzdaten vorgenommen werden soll, sind besondere Kriterien zu beachten. Es ist z.B. zu bedenken, dass auch im Fall eines in mehrere Tabellen gegliederten Datenbestandes stets gesichert werden muss, dass Fragestellungen z.B. von der Form

- Welche Artikel wurden von einem Vertreter umgesetzt?

- Welcher Vertreter hat einen bestimmten Umsatz getätigt?

die unmittelbar auf der Basis der Gesamt-Tabelle beantwortet werden können, auch dann problemlos beantwortbar sind, wenn allein die durch die Zergliederung entstandenen Teil-Tabellen zur Verfügung stehen.

Bei der Arbeit mit einem relationalen Datenmodell geht es daher insbesondere darum, die Daten so zu strukturieren, dass auf Grundlage der resultierenden Tabelle(n) beliebige DB-Anwendungen entwickelt werden können.

Die Bezeichnung "relational" basiert dabei auf der folgenden Sichtweise: Weil die Eigenschaften von Objekten und die Beziehungen zwischen Objekten durch Tabellenwerte beschrieben werden, lässt sich eine "Relation" durch die Zusammenfassung von Tabellenwerten in Form einer Tabelle veranschaulichen. Das Wort "Relation" wird dabei häufig synonym für "Tabelle" verwendet, obwohl durch diesen Begriff – genau genommen – allein die mathematische Beschreibung einer tabellarischen Struktur gekennzeichnet wird.

Hinweis: Neben dem Begriff der "Relation" verwendet man in der einschlägigen Datenbank-Literatur auch die folgenden Fachausdrücke: "Entität" für "Objekt" bzw. "Sachverhalt", "Attribut" für "Eigenschaft" und "Domäne" für "Gesamtheit aller möglichen Werte, durch die sich eine Eigenschaft kennzeichnen lässt".

Um die Beispieldaten zu strukturieren, liegt es nahe, zunächst die "(Tages-)Umsätze" als alleinige Objekte anzusehen. In dieser Hinsicht sind die Beispieldaten so zu strukturieren, dass die Eigenschaften der Objekte durch Werte beschrieben werden, die Bestandteil einer einzigen Tabelle sind. Als Ergebnis erhalten wir z.B. die folgende Tabelle:

VERTRETER_TAETIGKEIT(V_NR,	V_NAME,	V_ANSCH, ...
8413	Meyer, Emil	Wendeweg 10, 28345 Bremen
5016	Meier, Franz	Kohlstr. 1, 28623 Bremen
8413	Meyer, Emil	Wendeweg 10, 28345 Bremen
1215	Schulze, Fritz	Gemüseweg 3, 28115 Bremen
5016	Meier, Franz	Kohlstr. 1, 28623 Bremen
8413	Meyer, Emil	Wendeweg 10, 28345 Bremen
1215	Schulze, Fritz	Gemüseweg 3, 28115 Bremen
1215	Schulze, Fritz	Gemüseweg 3, 28115 Bremen
8413	Meyer, Emil	Wendeweg 10, 28345 Bremen

...V_PROV,	V_KONTO,	A_NR,	A_NAME,	A_PREIS,	A_STUECK,	DATUM)
0,07	725,15	12	Oberhemd	39,80	40	24.06.08
0,05	200,00	22	Mantel	360,00	10	24.06.08
0,07	725,15	11	Oberhemd	44,20	70	24.06.08
0,06	50,50	11	Oberhemd	44,20	20	25.06.08
0,05	200,00	22	Mantel	360,00	35	25.06.08
0,07	725,15	13	Hose	110,50	35	24.06.08
0,06	50,50	13	Hose	110,50	5	24.06.08
0,06	50,50	12	Oberhemd	39,80	10	24.06.08
0,07	725,15	11	Oberhemd	44,20	20	25.06.08

Abbildung 1.3: Tabelle VERTRETER_TAETIGKEIT

Als Bezeichnung für diese Tabelle, in der jede Tabellenzeile die Daten einer Tätigkeit enthält, bei der ein Vertreter einen (Tages-)Umsatz durch den Verkauf eines Artikels vorgenommen hat, wird von uns der Name VERTRETER_TAETIGKEIT gewählt.

Welche Art von Werten innerhalb der einzelnen Tabellenspalten eingetragen sind, haben wir durch Namen beschrieben, die jeweils am Spaltenkopf eingetragen sind. Zur Benennung der einzelnen Eigenschaften werden die Namen V_NAME (Vertretername), V_ANSCH (Anschrift), V_PROV (Provision), V_KONTO (Kontostand), A_NAME (Artikelname), A_PREIS (Artikelpreis), A_STUECK (Stückzahl) und DATUM (Datum des Umsatzes) verwendet.

Neben diesen Eigenschaften haben wir zusätzliche Kennzahlen – in Form der Vertreter- (V_NR) und der Artikelkennzahlen (A_NR) – in den Datenbestand einbezogen. Da nämlich nicht ausgeschlossen werden kann, dass zwei Vertreter gleichen Namens im Unternehmen beschäftigt sind, muss jeder Vertreter über eine ihm zugeordnete Kennzahl *eindeutig identifizierbar* sein. Darüber hinaus sind in der Tabelle gleichnamige Artikel enthalten, die bislang nur durch ihre unterschiedlichen Preise unterscheidbar sind. Deshalb ist eine Kennzahl zur *eindeutigen Identifizierung* eines Artikels erforderlich.

Hinweis: Die Wahl von derartigen numerischen Kennzahlen ist beim Einsatz von Computern besonders gut geeignet, da der Erfassungsaufwand gering ist und die Korrektheit der Dateneingabe über Prüfziffern gesichert werden kann. Dies sind Ziffern, die zusätzlich zu den numerischen Stellen einer Zahl eingegeben werden, damit der Wert nach der Erfassung formal auf fehlerhafte Ziffern abgeprüft werden kann.

- Im Hinblick auf die Beschreibung der Objekte ist die Reihenfolge, in der die Tabellenspalten innerhalb einer Tabelle festgelegt und die Tabellenzeilen innerhalb einer Tabelle aneinander gereiht werden, völlig belanglos.

1.1.4 Zugriffsschlüssel

Die in der Abbildung 1.3 angegebene Tabelle VERTRETER_TAETIGKEIT kann unmittelbar als Grundlage zur Beantwortung der folgenden Fragen dienen:

- Welche Artikel wurden von einem Vertreter umgesetzt?
- Welcher Vertreter hat einen bestimmten Umsatz getätigt?

Damit diese Fragen beantwortet werden können, muss auf den Inhalt der Tabellenzeilen von VERTRETER_TAETIGKEIT zugegriffen werden.

- Sollen für eine DB-Anwendung bestimmte Werte – als Bestandteile ausgewählter Tabellenzeilen – bereitgestellt werden, so sind diejenigen Tabellenzeilen, aus denen diese Werte ermittelt werden sollen, geeignet zu charakterisieren. In dieser Hinsicht muss man sich geeignete *Zugriffsschlüssel* überlegen, über deren Werte der Zugriff auf die jeweils gewünschte(n) Tabellenzeile(n) bestimmt werden kann.

  Derartige Zugriffsschlüssel können in Form jeweils einer einzigen Tabellenspalte bzw. in Form einer Kombination mehrerer Tabellenspalten – als *Schlüssel-Attribute* – festgelegt werden.

Offensichtlich lässt sich die 1. Frage dadurch beantworten, dass man die Tabellenspalte V_NR als Zugriffsschlüssel festlegt.

Zum Beispiel lassen sich alle Angaben über die Umsätze des Vertreters mit der Kennzahl "8413" dadurch erhalten, dass man mittels des Zugriffsschlüssels V_NR nach allen Tabellenzeilen sucht, die in der Spalte V_NR den Wert "8413" besitzen. Als Ergebnis werden die 1., 3., 6. und 9. Tabellenzeile ermittelt, sodass die Angaben über die umgesetzten Artikel in den betreffenden Spalten entnommen werden können.

Zur Beantwortung der 2. Frage ist es zweckmäßig, den jeweils interessierenden Umsatz durch den Artikelnamen, die Stückzahl, den Stückpreis und das Datum zu charakterisieren. Auf dieser Grundlage erscheint es sinnvoll, den Zugriffsschlüssel als Kombination der Tabellenspalten A_NAME, A_STUECK, A_PREIS und DATUM in der Form "(A_NAME, A_STUECK, A_PREIS, DATUM)" festzulegen.

Zum Beispiel kann der Umsatz, bei dem "70" Oberhemden zum Stückpreis von "44,20 Euro" am "24.06.08" verkauft wurden, dem Vertreter mit der Kennzahl "8413" zugeordnet werden. Dies ergibt sich dadurch, dass sich bei der Suche nach den Tabellenzeilen, für die A_NAME den Wert "Oberhemd", A_STUECK den Wert "70", A_PREIS den Wert "44,20" und DATUM den Wert "24.06.08" besitzen, die 3. Tabellenzeile ergibt, die als Vertreterkennzahl den Wert "8413" in der Spalte V_NR enthält.

1.1.5   Identifikationsschlüssel und Primärschlüssel

Verwendet man – wie es zur Beantwortung der 1. Frage der Fall war – als Zugriffsschlüssel z.B. die Vertreterkennzahl (V_NR), so lässt sich durch die Kennzahl "8413" auf die Werte in der 1., in der 3., in der 6. und in der 9. Tabellenzeile zugreifen. Dieser Zugriff ist nicht eindeutig, da mehr als eine Tabellenzeile identifiziert wird.

Kombiniert man z.B. die Vertreterkennzahl mit der Artikelnummer und legt demzufolge die Kombination "(V_NR,A_NR)" als Zugriffsschlüssel fest, so kann z.B. mittels der Vertreterkennzahl "8413" und der Artikelkennzahl "11" auf die 3. und die 9. Tabellenzeile zugegriffen werden, d.h. auch dieser Zugriffsschlüssel lässt noch keinen eindeutigen Zugriff zu.

- Soll der Zugriff *eindeutig* erfolgen, sodass jeder Wert bzw. jede Wertekombination des Zugriffsschlüssels auf höchstens eine Tabellenzeile weist, so muss man einen *Identifikationsschlüssel* als besondere Form eines Zugriffsschlüssels festlegen.

Bei unserem Beispiel kann man z.B. die Tabellenspalten "V_NR", "A_NR" und "DATUM" zum Aufbau eines Identifikationsschlüssels verwenden, indem man diese Spalten in der Form "(V_NR,A_NR,DATUM)" kombiniert. Da immer der gesamte Tagesumsatz eines Artikels gespeichert wird, ist durch die angegebene Kombination ein eindeutiger Zugriff gewährleistet.

Bei einer Tabelle lässt sich in der Regel nicht nur ein Identifikationsschlüssel festlegen, sondern es sind meist mehrere Identifikationsschlüssel bestimmbar.

In unserer Situation kann z.B. die Kombination "(V_NR,A_NR,A_STUECK, DATUM)" als weiterer Identifikationsschlüssel verwendet werden.

- Grundsätzlich sollte man bei einem relationalen DB-Modell für jede Tabelle einen möglichst einfachen Identifikationsschlüssel festgelegt haben, durch den ein eindeutiger Tabellenzugriff ermöglicht wird. Zur Unterscheidung von anderen Identifikationsschlüsseln spricht man von einem *Primärschlüssel*.

- Mit der Festlegung eines Primärschlüssels ist die *Entitäts-Integrität* für eine Tabelle gewährleistet, d.h. alle Tabellenzeilen sind unterscheidbar, indem die Eindeutigkeit des Zeilenzugriffs auf diese Tabelle gesichert ist. Durch die Entitäts-Integrität ist daher festgelegt, dass innerhalb einer Tabelle niemals zwei gleiche Zeilen auftreten können.

Um andere Zugriffsschlüssel – seien es Identifikationsschlüssel oder Zugriffsschlüssel, mit denen kein eindeutiger Zugriff auf die einzelnen Tabellenzeilen gewährleistet ist – gegenüber einem Primärschlüssel abzugrenzen, verwendet man den Begriff des *Sekundärschlüssels*.

Bei den oben angegebenen Zugriffen auf die Tabelle VERTRETER_TAETIGKEIT haben wir z.B. V_NR als Sekundärschlüssel verwendet.

Den Sachverhalt, dass es sich bei einer Tabellenspalte bzw. einer Kombination mehrerer Tabellenspalten um den jeweilig festgelegten Primärschlüssel handelt, verdeutlichen wir im Folgenden dadurch, dass wir die zugehörigen Spaltennamen unterstreichen.

Da wir uns bei der Tabelle VERTRETER_TAETIGKEIT auf einen Primärschlüssel der Form "(V_NR,A_NR,DATUM)" festgelegt haben, lässt sich die Struktur dieser Tabelle kurz wie folgt charakterisieren:

VERTRETER_TAETIGKEIT(V_NR,V_NAME,V_ANSCH,V_PROV,V_KONTO,...

A_NR,A_NAME,A_PREIS,A_STUECK,DATUM)

Abbildung 1.4: Struktur von VERTRETER_TAETIGKEIT

1.2 Zergliederung und Aufbau von Tabellen

1.2.1 Projektion

Die von uns – in einem ersten Schritt – aufgebaute Tabelle VERTRETER_TAETIGKEIT ist unübersichtlich, weil in ihr Eigenschaften zusammengefasst sind, die nicht unmittelbar zueinander in Beziehung stehen wie etwa V_NAME und A_PREIS. Zudem gehören zu verschiedenen Werten von "(A_NAME,A_PREIS,A_STUECK, DATUM)" stets mehrere gleiche Werte von "(V_NAME,V_ANSCH,V_PROV, V_KONTO)" – siehe z.B. die Zeilen 1, 3, 6 und 9. Daher ist es sehr aufwändig, wenn etwa der Kontostand V_KONTO für einzelne Vertreter verändert werden muss. Damit die Integrität des Datenbestandes gewährleistet ist, muss eine derartige Änderung nämlich nicht nur innerhalb einer Tabellenzeile, sondern innerhalb aller Zeilen durchführt werden, in denen Angaben über den jeweiligen Vertreter enthalten sind.

Somit ist es sinnvoll, die Tabelle VERTRETER_TAETIGKEIT zu zergliedern, damit die Werte zusammengehörender Eigenschaften platzsparend – möglichst *redundanzfrei* – in jeweils einer eigenständigen Tabelle zusammengefasst sind.

- Der Vorteil der redundanzfreieren Speicherung sollte jedoch nicht mit dem Nachteil erkauft werden, dass der ursprüngliche Tabelleninhalt nach der Zergliederung nicht mehr rekonstruierbar ist. Dies könnte zur Folge haben, dass sich Anfragen an den Bestand, die ursprünglich bearbeitet werden konnten, bei einem ungünstig gegliederten Bestand nicht mehr beantworten lassen. Daher wird für die Zergliederung gefordert, dass die Ausgangstabelle aus den resultierenden Tabellen rekonstruierbar sein muss.

Wir lassen uns bei der nachfolgenden Tabellen-Zergliederung von der Anschauung leiten und stellen im Anhang A.1 ergänzend einen theoretischen Ansatz dar, der zu einer redundanzfreieren Speicherung der Daten führt. Zunächst zergliedern wir die Tabelle VERTRETER_TAETIGKEIT in zwei Tabellen, denen wir die Namen VERTRETER und ARTIKEL_UMSATZ geben.

Die Tabelle VERTRETER soll in der folgenden Form aufgebaut sein:

VERTRETER(V_NR, V_NAME,	V_ANSCH,	V_PROV, V_KONTO)	
8413 Meyer, Emil	Wendeweg 10, 28345 Bremen	0,07	725,15
5016 Meier, Franz	Kohlstr. 1, 28623 Bremen	0,05	200,00
1215 Schulze, Fritz	Gemüseweg 3, 28115 Bremen	0,06	50,50

Abbildung 1.5: Tabelle VERTRETER

Hinweis: Die Objekte, deren Eigenschaften durch die Werte in den einzelnen Tabellenzeilen gekennzeichnet werden, sind die "Vertreter".
Wie man unschwer erkennt, lässt sich V_NR als Primärschlüssel für die Tabelle VERTRETER verwenden.

Die zweite Tabelle mit dem Tabellennamen ARTIKEL_UMSATZ soll den folgenden Aufbau besitzen:

ARTIKEL_UMSATZ(V_NR,	A_NR,	A_NAME,	A_PREIS,	A_STUECK,	DATUM
8413	12	Oberhemd	39,80	40	24.06.08
5016	22	Mantel	360,00	10	24.06.08
8413	11	Oberhemd	44,20	70	24.06.08
1215	11	Oberhemd	44,20	20	25.06.08
5016	22	Mantel	360,00	35	25.06.08
8413	13	Hose	110,50	35	24.06.08
1215	13	Hose	110,50	5	24.06.08
1215	12	Oberhemd	39,80	10	24.06.08
8413	11	Oberhemd	44,20	20	25.06.08

Abbildung 1.6: Tabelle ARTIKEL_UMSATZ

Hinweis: Die Objekte, deren Eigenschaften durch die Werte in den einzelnen Tabellenzeilen gekennzeichnet werden, sind die "getätigten (Tages-)Umsätze von Vertretern", wobei die konkreten Angaben zu den Vertretern fehlen. Durch die Spalte V_NR wird jedoch die Verbindung zu diesen Angaben aufrechterhalten.

Bei dieser Aufgliederung wurden – beim Aufbau der Tabelle VERTRETER – aus der Ausgangstabelle VERTRETER_TAETIGKEIT allein die Tabellenspalten V_NR, V_NAME, V_ANSCH, V_PROV und V_KONTO und – beim Aufbau der Tabelle ARTIKEL_UMSATZ – allein die Spalten V_NR, A_NR, A_NAME, A_PREIS, A_STUECK und DATUM übernommen.

- Ein derartiger Vorgang, bei dem ausgewählte Tabellenspalten einer Ausgangstabelle zu einer neuen Tabelle zusammengestellt werden, wird als *Projektion* bezeichnet. Dabei ist zu gewährleisten, dass sich die jeweils resultierenden Tabellenzeilen paarweise unterscheiden, indem mehrfach auftretende inhaltsgleiche Zeilen bis auf jeweils eine Zeile gestrichen werden.

Die Projektion von der Tabelle VERTRETER_TAETIGKEIT auf die Tabelle VERTRETER lässt sich durch die folgende Darstellung beschreiben:

VERTRETER_TAETIGKEIT(V_NR,V_NAME,V_ANSCH,V_PROV,V_KONTO,A_NR,A_NAME,A_PREIS,...

...A_STUECK,DATUM)

VERTRETER(V_NR,	V_NAME,	V_ANSCH,	V_PROV,	V_KONTO)
8413	Meyer, Emil	Wendeweg 10, 28345 Bremen	0,07	725,15
5016	Meier, Franz	Kohlstr. 1, 28623 Bremen	0,05	200,00
~~8413~~	~~Meyer, Emil~~	~~Wendeweg 10, 28345 Bremen~~	~~0,07~~	~~725,15~~
1215	Schulze, Fritz	Gemüseweg 3, 28115 Bremen	0,06	50,50
~~5016~~	~~Meier, Franz~~	~~Kohlstr. 1, 28623 Bremen~~	~~0,05~~	~~200,00~~
~~8413~~	~~Meyer, Emil~~	~~Wendeweg 10, 28345 Bremen~~	~~0,07~~	~~725,15~~
~~1215~~	~~Schulze, Fritz~~	~~Gemüseweg 3, 28115 Bremen~~	~~0,06~~	~~50,50~~
~~1215~~	~~Schulze, Fritz~~	~~Gemüseweg 3, 28115 Bremen~~	~~0,06~~	~~50,50~~
~~8413~~	~~Meyer, Emil~~	~~Wendeweg 10, 28345 Bremen~~	~~0,07~~	~~725,15~~

Abbildung 1.7: Projektion auf VERTRETER

Hinweis: In dieser Tabelle, die sich aus der Aneinanderreihung der übernommenen Tabellenspalten ergibt, sind die 1., die 3., die 6. und die 9. Tabellenzeile identisch, sodass die 3., die 6. und die 9. Zeile gelöscht werden müssen. Ferner stimmt die 2. mit der 5. Zeile und die 4. mit der 7. und der 8. Zeile überein, sodass sich nach Löschung der redundanten Tabellenzeilen die oben angegebene Tabelle VERTRETER mit 3 Tabellenzeilen ergibt.

Wie man die Tabelle ARTIKEL_UMSATZ durch eine Projektion aus der Tabelle VER-
TRETER_TAETIGKEIT gewinnt, zeigt die folgende Abbildung:

```
VERTRETER_TAETIGKEIT(V_NR,V_NAME,V_ANSCH,V_PROV,V_KONTO,...

                 ...,A_NR,A_NAME,A_PREIS,A_STUECK,DATUM)
```

ARTIKEL_UMSATZ(V_NR,	A_NR,	A_NAME,	A_PREIS,	A_STUECK,	DATUM
8413	12	Oberhemd	39,80	40	24.06.08
5016	22	Mantel	360,00	10	24.06.08
8413	11	Oberhemd	44,20	70	24.06.08
1215	11	Oberhemd	44,20	20	25.06.08
5016	22	Mantel	360,00	35	25.06.08
8413	13	Hose	110,50	35	24.06.08
1215	13	Hose	110,50	5	24.06.08
1215	12	Oberhemd	39,80	10	24.06.08
8413	11	Oberhemd	44,20	20	25.06.08

Abbildung 1.8: Projektion auf ARTIKEL_UMSATZ

Hinweis: Bei dieser Projektion brauchen keine Tabellenzeilen in der resultierenden Tabelle gelöscht werden,
da sich die erhaltenen Tabellenzeilen paarweise unterscheiden. Somit stellt die Kombination "(V_NR, A_NR,
DATUM)" auch bei der Tabelle ARTIKEL_UMSATZ einen geeigneten Primärschlüssel dar.

1.2.2 Verbund

Der zuvor formulierten Forderung, dass die ursprüngliche Beziehung der Daten jederzeit wiederherstellbar sein muss, werden wir dadurch gerecht, dass wir bei beiden
Projektionen die Spalte V_NR in die neu eingerichteten Tabellen VERTRETER und
ARTIKEL_UMSATZ übernommen haben. Mit Hilfe der Vertreterkennzahlen können
sämtliche Tabellenzeilen der Ausgangstabelle VERTRETER_TAETIGKEIT rekonstruiert
werden.

VERTRETER(V_NR, V_NAME,	V_ANSCH,	V_PROV,	V_KONTO)
8413 Meyer, Emil	Wendeweg 10, 28345 Bremen	0,07	725,15
5016 Meier, Franz	Kohlstr. 1, 28623 Bremen	0,05	200,00
1215 Schulze, Fritz	Gemüseweg 3, 28115 Bremen	0,06	50,50

ARTIKEL_UMSATZ(V_NR, A_NR,		A_NAME,	A_PREIS,	A_STUECK,	DATUM)
8413	12	Oberhemd	39,80	40	24.06.08
5016	22	Mantel	360,00	10	24.06.08
8413	11	Oberhemd	44,20	70	24.06.08
1215	11	Oberhemd	44,20	20	25.06.08
5016	22	Mantel	360,00	35	25.06.08
8413	13	Hose	110,50	35	24.06.08
1215	13	Hose	110,50	5	24.06.08
1215	12	Oberhemd	39,80	10	24.06.08
8413	11	Oberhemd	44,20	20	25.06.08

Abbildung 1.9: Verbund über die Vertreternummer

Zum Beispiel lassen sich die 1., die 3., die 6. und die 9. Zeile der Tabelle VERTRETER-TAETIGKEIT über den Wert "8413" von V_NR – mit Hilfe der korrespondierenden Zeileninhalte von VERTRETER und ARTIKEL_UMSATZ – in der innerhalb der Abbildung 1.9 angegebenen Form wieder aufbauen. Diese Möglichkeit der Verbindung von Tabellenzeilen aus verschiedenen Tabellen ist für ein relationales Datenmodell charakteristisch.

- Der Vorgang, bei dem die angegebene Verbindung von Tabellen durchgeführt wird, nennt man eine *Verbund-Bildung*. Das Ergebnis einer Verbund-Bildung wird als *Verbund (Join)* bezeichnet.

Damit eine Verbund-Bildung möglich ist, müssen die zu verbindenden Tabellen geeignete Tabellenspalten besitzen, über deren Inhalte die Tabellenzeilen einander zugeordnet werden können.

- Anders als z.B. bei hierarchischen oder netzwerkartigen DB-Systemen, bei denen die Bestandsdaten über einen festen Satzzeiger aufeinander verweisen, werden beim relationalen Datenmodell miteinander korrespondierende Tabellenzeilen durch Werte verbunden, die als Tabellenwerte *innerhalb* der zu verbindenden Tabellen enthalten sind.

Bei unserem Beispiel ließ sich der Verbund problemlos durchführen, weil wir bereits bei der Konzeption der Tabellen-Struktur für die Aufnahme der Vertreternummern gesorgt haben. Eine derartige Vorsorge ist grundsätzlich zu treffen, wenn man sich Gedanken über die Gestalt der jeweils benötigten Tabellen macht, die im Rahmen von DB-Anwendungen den jeweiligen Datenbestand aufnehmen sollen.

Während die Tabelle VERTRETER bereits redundanzfrei ist, enthält die Tabelle AR-TIKEL_UMSATZ viele redundante Daten in den Tabellenspalten A_NR, A_NAME und A_PREIS. Somit erscheint es sinnvoll, die beiden folgenden Projektionen für die Ausgangstabelle ARTIKEL_UMSATZ durchzuführen:

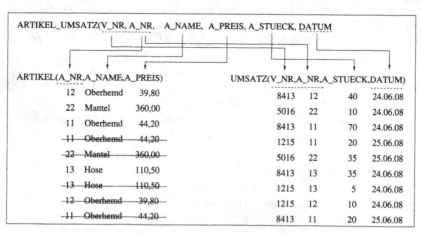

Abbildung 1.10: Projektionen auf ARTIKEL und auf UMSATZ

Bei diesen Projektionen wird eine spätere Verbindung der resultierenden Tabellen über die Tabellenspalten mit den Artikelnummern (A_NR) ermöglicht, d.h. die Ausgangstabelle ARTIKEL_UMSATZ ist als Verbund der Tabellen ARTIKEL und UMSATZ über die Artikelnummer rekonstruierbar. Eine weitere Zerlegung der Tabellen ARTIKEL und UMSATZ erscheint nicht sinnvoll, sodass sich insgesamt die folgenden *Basis-Tabellen* als Bausteine der eingangs zugrunde gelegten Tabelle VERTRETER_TAETIGKEIT ergeben:

VERTRETER(V_NR,V_NAME,V_ANSCH,V_PROV,V_KONTO)

ARTIKEL(A_NR,A_NAME,A_PREIS)

UMSATZ(V_NR,A_NR,A_STUECK,DATUM)

Abbildung 1.11: Basis-Tabellen von VERTRETER_TAETIGKEIT

Die Ausgangstabelle VERTRETER_TAETIGKEIT lässt sich dadurch wiedergewinnen, dass zunächst ARTIKEL mit UMSATZ über die Werte von A_NR und anschließend die daraus resultierende Tabelle ARTIKEL_UMSATZ über die Werte von V_NR mit VERTRETER verbunden wird.

Hinweis: Die Rekonstruktion unserer Ausgangstabelle VERTRETER_ TAETIGKEIT, die durch Projektionen in die drei Basis-Tabellen zergliedert wurde, ist – im Hinblick auf ihre ursprüngliche Tabellenzeilenzahl – deswegen gesichert, weil bei den Projektionen dafür gesorgt wurde, dass sämtliche resultierenden Zeilen nur in einfacher Ausführung auftreten.

1.3 Filterung des Datenbestandes

Als Grundlage für *Anfragen* ("Queries") an den Datenbestand haben wir in unserem Fallbeispiel insgesamt die folgenden Tabellen festgelegt:

VERTRETER(V_NR, V_NAME,		V_ANSCH,		V_PROV,	V_KONTO)
8413	Meyer, Emil	Wendeweg 10, 28345 Bremen		0,07	725,15
5016	Meier, Franz	Kohlstr. 1, 28623 Bremen		0,05	200,00
1215	Schulze, Fritz	Gemüseweg 3, 28115 Bremen		0,06	50,50

ARTIKEL(A_NR,A_NAME,A_PREIS)		
12	Oberhemd	39,80
22	Mantel	360,00
11	Oberhemd	44,20
13	Hose	110,50

V_NR
A_NR
DATUM

UMSATZ(V_NR,A_NR,A_STUECK,DATUM)			
8413	12	40	24.06.08
5016	22	10	24.06.08
8413	11	70	24.06.08
1215	11	20	25.06.08
5016	22	35	25.06.08
8413	13	35	24.06.08
1215	13	5	24.06.08
1215	12	10	24.06.08
8413	11	20	25.06.08

Abbildung 1.12: Datenbasis

Hinweis: Durch die Pfeile heben wir den Sachverhalt hervor, dass die Tabelle VERTRETER den Primärschlüssel V_NR, die Tabelle ARTIKEL den Primärschlüssel A_NR und die Tabelle UMSATZ die Spalten-Kombination "(V_NR,A_NR,DATUM)" als Primärschlüssel besitzen.

Im Gegensatz zu den Tabellen VERTRETER und ARTIKEL, deren Inhalte die Vertreter und die Artikel kennzeichnen, werden durch die Tabelle UMSATZ die *Beziehungen* beschrieben, die zwischen einzelnen Vertretern und Artikeln im Hinblick auf die Aktivität "Umsatz tätigen" bestehen.

Grundsätzlich lässt sich feststellen:

- Sofern Beziehungen zwischen den Objekten bestehen, kann das relationale DB-Modell in Form eines "Entity-Relationship-Modells" beschrieben werden, bei dem eine geeignete Tabellen-Strukturierung zugrunde gelegt wird, die die bestehenden Beziehungen widerspiegelt (siehe Anhang A.2).

Da die Ausgangstabelle VERTRETER_TAETIGKEIT vollständig in ihrer ursprünglichen Form rekonstruierbar ist, lassen sich auf der Grundlage der drei Basis-Tabellen VERTRE-TER, ARTIKEL und UMSATZ sämtliche Anfragen beantworten, die zuvor auf Grundlage der Tabelle VERTRETER_TAETIGKEIT beantwortet werden konnten.

Um eine Antwort auf die Frage

- Welche Artikel wurden von einem Vertreter umgesetzt?

zu erhalten, kann die Tabellenspalte V_NR als Zugriffsschlüssel für den Zugriff auf die Tabelle UMSATZ verwendet werden. Um die zugehörigen artikel-spezifischen Angaben – wie den Artikelnamen und den Artikelpreis – zu erfahren, muss anschließend mit der Artikelnummer, die in einer identifizierten Tabellenzeile von UMSATZ enthalten ist, als Wert des Zugriffsschlüssels A_NR auf die Tabelle ARTIKEL zugegriffen werden.

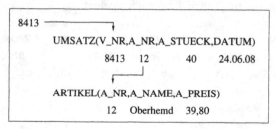

Abbildung 1.13: Beispiel für die Beantwortung der Frage nach den Artikeln

Zur Beantwortung der Frage

- Welcher Vertreter hat einen bestimmten Umsatz getätigt?

kann – aus den vorliegenden Umsatzdaten in Form von "(Artikelname, Artikelpreis, Stückzahl, Datum)" – zunächst die Artikelnummer für einen umgesetzten Artikel identifiziert werden, indem die Kombination der Tabellenspalten "(A_NAME, A_PREIS)" als Zugriffsschlüssel für den Zugriff auf die Tabelle ARTIKEL verwendet wird. Um die zugehörigen vertreter-spezifischen Angaben zu erfahren, muss anschließend mit der Artikelnummer, die in der identifizierten Tabellenzeile von ARTIKEL enthalten ist, gemeinsam mit der Stückzahl und dem Datum – als Werte des Zugriffsschlüssels "(A_NR, A_STUECK, DATUM)" – auf die Tabelle UMSATZ zugegriffen werden. Danach ist mit der Vertreterkennzahl, die Bestandteil einer dadurch ermittelten Tabellenzeile von UMSATZ ist, der Zugriff auf die Tabelle VERTRETER mit dem Zugriffsschlüssel V_NR durchzuführen.

Im Hinblick auf andere Anfragen an den Datenbestand kann z.B. durch die Vorgabe des Wertes "5016" für V_NR die 2. Tabellenzeile innerhalb der Tabelle VERTRETER und somit etwa die zu "5016" korrespondierenden Werte "0,05" für V_PROV und "200,00" für V_KONTO ermittelt werden. Ferner kann z.B. mittels der Wertekombination, die aus der Vertreterkennzahl "5016", der Artikelkennzahl "22" und dem Datumswert "24.06.08" besteht, auf die 2. Tabellenzeile der Tabelle UMSATZ zugegriffen werden, sodass sich als Stückzahl (A_STUECK) der Wert "10" ermitteln lässt.

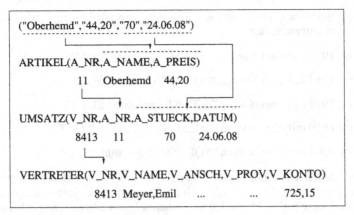

Abbildung 1.14: Beispiel für die Beantwortung der Frage nach den Vertretern

Neben dem Zugriff über den jeweiligen Primärschlüssel sind beliebige Zugriffe über Sekundärschlüssel möglich – etwa der Zugriff auf die Daten innerhalb der Tabelle UMSATZ über die Artikelnummer (A_NR). In diesem Fall ist der Zugriffsschlüssel jedoch kein Identifikationsschlüssel mehr, d.h. er ist nicht mehr eindeutig. Geben wir nämlich z.B. den Wert "12" für den Zugriffsschlüssel A_NR vor, so ist durch diesen Wert sowohl die 1. als auch die 8. Tabellenzeile von UMSATZ bestimmt.

Damit sich durch den gezielten Zugriff über den Primärschlüssel oder einen Sekundärschlüssel jeweils einzelne oder mehrere Tabellenzeilen aus einer Tabelle herausfiltern lassen, muss ein geeignetes Auswahlkriterium durch den jeweiligen Wert des Zugriffsschlüssels festgelegt werden.

- Die Filterung, bei der die Tabellenzeilen, die das angegebene Auswahlkriterium erfüllen, ausgewählt werden, wird *Selektion* genannt.

Welche Zugriffsschlüssel zur Durchführung von Selektionen eingesetzt werden sollen, ist im Hinblick auf die jeweilige DB-Anwendung zu bestimmen. Während die jeweiligen Primärschlüssel bei der Einrichtung einer Tabelle bereits festgelegt werden sollten, müssen die Zugriffsschlüssel, die man für Selektionen verwenden will, in geeigneter Form innerhalb einer Selektions-Anforderung aufgeführt werden. Wie diese Anforderung an das DB-System gerichtet werden muss, lernen wir – in einer ersten Form – im nachfolgenden Abschnitt kennen.

1.4 Die Datenbanksprache SQL

In den folgenden Kapiteln beschreiben wir den Leistungsumfang der Datenbanksprache SQL (Abkürzung von "Structured Query Language"), mit deren Sprachelementen Tabellen eingerichtet, Werte in Tabellen eingegeben, Tabelleninhalte angezeigt, verändert und miteinander verknüpft werden können. SQL ist eine gemäß der ISO-Norm standardisierte Sprache, mit der sich Anfragen an relationale DB-Systeme durchführen lassen.

Hinweis: "ISO" ist die Abkürzung von "International Organization for Standardization".

SQL wurde ursprünglich als Abfragesprache des relationalen DB-Systems DB2 von der Firma IBM zu Beginn der achtziger Jahre des vorigen Jahrhunderts entwickelt. Der Vorteil von SQL – als Sprache der 4. Generation – liegt unter anderem darin, dass mit ihren Sprachelementen angegeben wird, *was* mit den Daten geschehen soll, und nicht, *wie* die jeweils gewünschte Verarbeitung durchgeführt werden soll.

Im Hinblick auf die bislang vorgenommenen Sprach-Standardisierungen sind die folgenden Normierungen zu unterscheiden:

- 1. Norm: 1986 mit dem Namen "SQL-86", genannt "SQL0"

- 2. Norm: 1989 mit dem Namen "SQL-89", genannt "SQL1"

- 3. Norm: 1992 mit dem Namen "SQL-92", genannt "SQL2"

- 4. Norm: 1999 mit dem Namen "SQL:1999", genannt "SQL3"

- 5. Norm: 2003 mit dem Namen "SQL:2003", genannt "SQL4"

Im Folgenden stellen wir zunächst die Grundlagen des relationalen Einsatzes von SQL vor. Anschließend beschreiben wir, wie sich im Rahmen des objekt-orientierten Ansatzes Objekttypen und zugehörige Methoden vereinbaren lassen. Ergänzend erläutern wir, wie Datenbestände, die Grundlage relationaler Anwendungen sind, objekt-orientiert verarbeitet werden können.

Die Sprachelemente von SQL werden im SQL-Sprachstandard in Anweisungen der DDL (Data Definition Language), der DCL (Data Control Language) und der DML (Data Manipulation Language) unterschieden.

Dabei wird unter der "DDL" die Gesamtheit der Definitions-Anforderungen als derjenigen Sprachelemente von SQL verstanden, mit denen der Aufbau von Schema-Objekten innerhalb eines *Schemas*, d.h. des vom DB-System vorgegebenen Verwaltungsrahmens, beschrieben werden kann.

Unter "DCL" werden alle Anforderungen zusammengefasst, mit denen beim Mehrbenutzerbetrieb die Datensicherheit gewährleistet und Einfluss auf die Zugriffssperre von Datenbeständen sowie die Kontrolle von konkurrierenden Zugriffen genommen werden soll.

Mit "DML" wird die Gesamtheit der Ausführungs-Anforderungen als derjenigen Sprachelemente von SQL gekennzeichnet, mit denen sich die Bearbeitung der Schema-Objekte einer Datenbasis beschreiben lässt.

Da die Zuordnung eines Sprachelements zur DDL, zur DCL bzw. zur DML unmittelbar aus der jeweiligen Beschreibung erkennbar ist, nehmen wir im Folgenden nicht weiter Bezug auf diese Unterscheidung.

Die Darstellung der SQL-Sprachelemente orientieren wir an den Leistungen, die vom DB-System ORACLE, dem Marktführer auf dem Gebiet der kommerziell genutzten DB-Systeme, zur Verfügung gestellt werden. Grundsätzlich ist zu beachten, dass die Syntax, nach denen Anforderungen im Rahmen des SQL-Standards anzugeben sind, oftmals in geringem (selten in großem) Maße von derjenigen Form abweichen kann, die beim DB-System ORACLE durch Syntax-Regeln festgelegt ist.

Bei der Vorstellung der SQL-Sprachelemente geben wir eine anwendungs-bezogene Darstellung. Dabei erläutern wir die einzelnen Leistungen am Beispiel des oben angegebenen Datenbestandes der Vertreterumsätze.

- Die Anforderungen, die sich durch den Einsatz von SQL stellen lassen, nennen wir im Folgenden *(SQL-)Anweisungen*.

Bei der Beschreibung der Syntax der einzelnen Anweisungen verzichten wir grundsätzlich auf die Angabe eines Endesymbols. Dagegen geben wir bei unseren Beispielen hinter einer Anweisung stets das Semikolon ";" als Endekennung an. Dies steht im Einklang mit den Regeln, die der dialog-orientierten Arbeit mit dem DB-System ORACLE zugrunde liegen.

Zur Beschreibung der Syntax benutzen wir die metasprachlichen Symbole für obligate (unbedingt erforderliche) und optionale (zusätzlich mögliche) Angaben. Wir demonstrieren dies am Beispiel der Anweisung, mit der die Werte einer Tabelle – im Rahmen einer Abfrage – angezeigt werden können, durch die folgende Syntax-Darstellung:

> SELECT { * | spaltenname-1 [, spaltenname-2]... } FROM tabellenname
>
> [WHERE bedingung]

Abbildung 1.15: Beispiel für eine Syntax-Darstellung

Jede Anweisung wird durch einen für sie charakteristischen Namen – hier "SELECT" – eingeleitet. Wir sprechen in diesem Fall von einer "SELECT-Anweisung". Schlüsselwörter, die eine feststehende Bedeutung besitzen, schreiben wir in Großbuchstaben. Bestimmte Schlüsselwörter – wie z.B. FROM und WHERE – leiten zusammengehörende Bestandteile einer Anweisung ein, die *Klauseln* genannt werden. Somit werden die *FROM-Klausel* und die *WHERE-Klausel* als Bestandteile der SELECT-Anweisung erkannt.

An der Position für vom Anwender frei wählbare Bezeichnungen tragen wir Platzhalter mit klein geschriebenen Namen ein. Bei der Formulierung von Anweisungen können für die Schlüsselwörter und für die vom Anwender gewählten Namen auch Kleinbuchstaben verwendet werden, da beim DB-System ORACLE nicht zwischen Klein- und Großbuchstaben unterschieden wird. In den Beispielen der nachfolgenden Kapitel verwenden wir stets Großbuchstaben bei der Beschreibung von Anweisungen, durch die sich die Anforderungen an das DB-System ORACLE formulieren lassen.

Die beiden Optionalklammern "[" und "]" zeigen an, dass der Klammerinhalt – bei unserem Beispiel die WHERE-Klausel "WHERE bedingung" – angegeben werden darf oder auch fehlen kann. Die hinter der schließenden Klammer "]" aufgeführten Punkte "..." legen fest, dass der Klammerinhalt – hier ", spaltenname-2" – geeignet oft wiederholt werden kann.

Die durch die Alternativklammern "{" und "}" eingeklammerten und durch "|" voneinander abgegrenzten Sprachelemente – in unserem Beispiel das Sternzeichen "*" und die Angabe "spaltenname-1 [, spaltenname-2]..." – kennzeichnen die Alternativen, von denen jeweils eine auszuwählen ist.

Auf der Basis der oben angegebenen Syntax-Darstellung handelt es sich z.B. bei

```
SELECT * FROM ARTIKEL;
```

um eine syntaktisch zulässige SELECT-Anweisung. Durch ihre Ausführung werden alle Werte der Tabelle ARTIKEL angezeigt.

Ebenso zulässig ist die folgende Anweisung, durch die die Anzeige sämtlicher Artikelnummern und der jeweils zugehörigen Artikelbezeichnungen angefordert wird:

```
SELECT A_NR, A_NAME FROM ARTIKEL;
```

Sofern allein die Bezeichnung des Artikels mit der Artikelnummer "12" mitgeteilt werden soll, ist die folgende Anweisung zu formulieren:

```
SELECT A_NAME FROM ARTIKEL WHERE A_NR = 12;
```

Wie Anweisungen an das DB-System zu richten sind, ist abhängig von dem jeweiligen Software-Produkt, das zur Kommunikation mit dem DB-System eingesetzt wird:

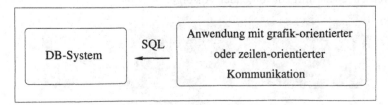

Abbildung 1.16: Kommunikation mit dem DB-System

1.5 Kommunikation mit dem DB-System "ORACLE Express"

Nachdem wir für unsere Beispieldaten der Vertreterumsätze ein relationales Datenmodell entwickelt haben, stellen wir uns jetzt die Aufgabe, die zur Speicherung des Datenbestandes erforderlichen Tabellen einzurichten.

Um die von uns konzipierten Tabellen VERTRETER, ARTIKEL und UMSATZ vereinbaren zu können, muss eine *Datenbasis* für die zukünftige Arbeit als Verwaltungsrahmen zur Verfügung stehen. Wie eine derartige Datenbasis aufgebaut werden muss, ist nicht Bestandteil des SQL-Sprachstandards, sondern vom DB-System abhängig.

- Im Folgenden gehen wir davon aus, dass das DB-System "ORACLE Express" (Oracle Database Express Edition) in der Version 10g (Single-byte LATIN1 database for Western European language storage) unter Windows implementiert ist.

Dieses DB-System steht dem Anwender sowohl für den privaten als auch für den kommerziellen Einsatz kostenlos zur Verfügung. Gegenüber der kommerziellen Version können Daten bis zu maximal 4 Gigabyte gespeichert werden. Ferner wird vom Arbeitsspeicher nur maximal 1 Gigabyte genutzt und zudem kann nur mit einem Prozessor gearbeitet werden. "ORACLE Express" kann mittels der folgenden URL aus dem Web geladen werden:

www.oracle.com/technology/software/products/database/xe/index.html

Im Folgenden wird davon ausgegangen, dass bei der Implementierung von "ORACLE Express" für die Kennung "system" das Passwort "manager" verabredet wurde.

Hinweis: Bei der Datenbasis, innerhalb der wir unsere Tabellen einrichten wollen, soll es sich um diejenige Datenbasis handeln, die bei der Installation standardmäßig aufgebaut wird. Diese Datenbasis wird durch einen charakteristischen Text (die sogenannte "ORACLE_SID") in Form von "xe" gekennzeichnet.

Um den Dialog mit dem DB-System auf der Anwendungsebene zu ermöglichen, muss sich der Anwender – nach der Implementierung von "ORACLE Express" – zunächst als *privilegierter* DB-Verwalter (auch "DB-Administrator, kurz "DBA" genannt) beim DB-System anmelden, indem er die Authentifizierung mittels der Kennung "system" und dem zugehörigen (bei der Implementierung verabredeten) Passwort "manager" vornimmt.

Hinweis: Der DB-Verwalter ist für die Pflege des DB-Systems und für die Sicherheit des Datenbestandes verantwortlich.

Um in den Dialog mit dem DB-System einzutreten und Anforderungen an das DB-System stellen zu können, lässt sich ein zeilen- oder ein grafik-orientierter Dialog führen.

Hinweis: Wir weisen darauf hin, dass die Datenbanksprache SQL nicht den Anspruch erhebt, mit ihren Sprachelementen eine formular-gestützte Dateneingabe und bildschirm-orientierte Anzeige von Tabellenwerten (in Form eines Berichts) zu unterstützen. Im Hinblick auf derartige Anforderungen können beim DB-System "ORACLE Express" zusätzliche Software-Produkte eingesetzt werden, deren Darstellung nicht Gegenstand dieses Buches ist.

Zur Durchführung einer zeilen-orientierten Kommunikation lässt sich das ORACLE-spezifische Software-Produkt "SQL*Plus" verwenden. Um die Anzeige des zur Kommunikation einzusetzenden SQL*Plus-Fensters "SQL-Befehlszeile ausführen" anzufordern, muss im Start-Menü zunächst die Option "Programme", danach die Option "Oracle Database 10g Express Edition" und anschließend die Option "SQL-Befehlszeile ausführen" aktiviert werden. Dies führt zur folgenden Anzeige:

Abbildung 1.17: Aufruf von SQL*Plus

Hinter dem Prompt "*SQL >*" ist die folgende Anforderung zu formulieren:

```
CONNECT SYSTEM/MANAGER
```

Die Anzeige des Prompt-Symbols "*SQL >*" fordert zur Eingabe einer SQL-Anweisung an. In dieser Situation des priviligierten Zugriffs ist es möglich, Benutzerkennungen und zugehörige Passwörter für den künftigen nicht privilegierten Zugriff zu vereinbaren.

Um für einen Anwender z.B. den Text "gast" als Benutzerkennung und den Text "gast" als zugehöriges Passwort festzulegen, ist die folgende SQL-Anweisung anzugeben:

```
CREATE USER gast IDENTIFIED BY gast;
```

Soll für den Anwender "gast" die Anmeldung beim DB-System erlaubt werden, so ist dies durch die Anweisung

```
GRANT CONNECT TO gast;
```

anzufordern. Soll dem Anwender "gast" darüber hinaus das Recht zugestanden werden, Tabellen einrichten zu dürfen und auf deren Inhalt lesend und schreibend zugreifen zu können, so ist anschließend die folgende Anforderung zu stellen:

```
GRANT RESOURCE TO gast;
```

Beide SQL-Anweisungen lassen sich wie folgt zusammenfassen:

```
GRANT CONNECT, RESOURCE TO gast;
```

Danach kann man den Dialog mit dem DB-System durch die Ausführung der Anforderung

```
EXIT
```

beenden oder den Dialog mit dem Anwender mittels der Kennung "gast" aufnehmen, indem die folgende Anforderung in das SQL*Plus-Fenster eingetragen wird:

```
CONNECT GAST/GAST
```

Soll die Benutzerkennung "gast" zu einem späteren Zeitpunkt wieder gelöscht werden, so ist nach einer Anmeldung mittels der Kennung "system" in der Form

```
CONNECT SYSTEM/MANAGER
```

die folgende SQL-Anweisung zu verwenden:

```
DROP USER gast;
```

Sofern der Anwender "gast" bereits eine Tabelle vereinbart hat, führt diese Anweisung nicht zum Erfolg. In einem derartigen Fall muss die Löschung durch die Anweisung

```
DROP USER gast CASCADE;
```

angefordert werden.

Ein weitaus komfortablerer grafik-orientierter Dialog lässt sich z.B. unter Einsatz des Programms "SQLDEVELOPER" führen, das unter der folgenden URL aus den dem Web geladen werden kann:

`www.oracle.com/technology/software/products/sql/index.html`

- In der folgenden Darstellung gehen wir davon aus, dass der zuvor dargestellte Dialog mittels "SQL*Plus" noch nicht geführt wurde und der Anwender mit der Kennung "gast" dem DB-System noch nicht bekannt ist.

Nach der Implementierung und dem Start dieses Programms "SQLDEVELOPER" erscheint am Bildschirm die folgende Anzeige:

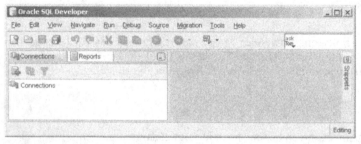

Abbildung 1.18: Anzeige des "SQL Developer"-Fensters nach dem Programmstart

Die Aktivierung der Option "New..." innerhalb des Menüs "File" führt zur Anzeige von:

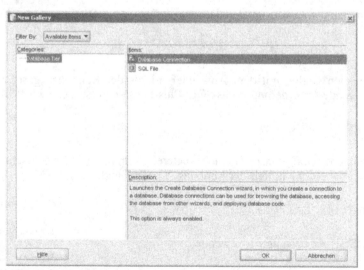

Abbildung 1.19: Vorbereitung für die Kommunikation mit ORACLE Express

Die Bestätigung der Schaltfläche "OK" und anschließende Eintragung von "xe_system" in das Eingabefeld "Connection Name", von "system" in das Eingabefeld "Username" und von "manager" in das Eingabefeld "Password" liefert die folgende Anzeige:

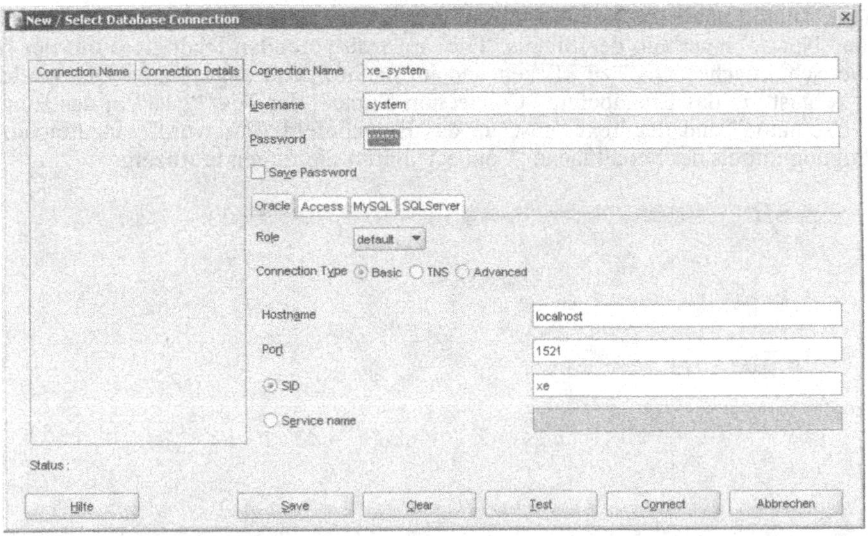

Abbildung 1.20: Vereinbarung des Zugriffs über die Kennung "system"

Nach der Bestätigung mittels der Schaltfläche "Connect" wird zur Einrichtung des Anwenders mit der Benutzerkennung "gast" und dem zugehörigen Passwort "gast" die oben angegebene CREATE- und GRANT-Anweisung in das SQL-Worksheet eingetragen, das durch den Text "Enter SQL Statement" überschrieben ist. Dies führt zur folgenden Anzeige:

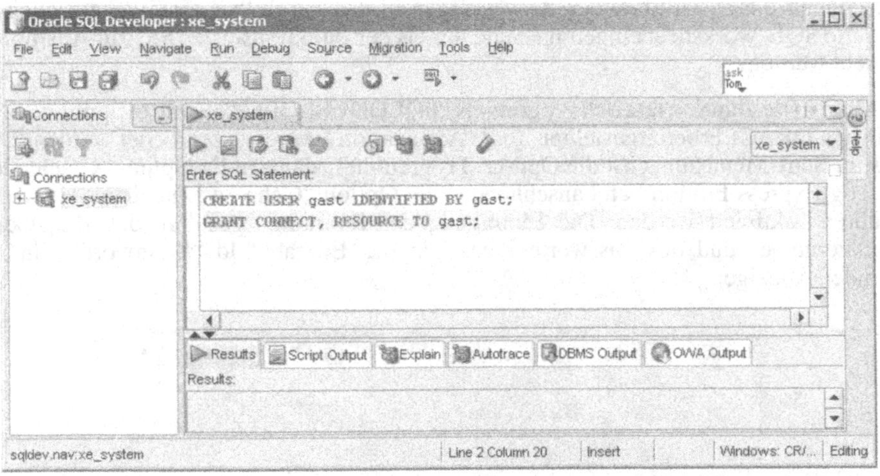

Abbildung 1.21: Einsatz des SQL-Worksheets unter der Kennung "system"

Mittels der Symbol-Schaltfläche "Run Skript" bzw. mit der Funktionstaste "F5" lässt sich die Ausführung der im SQL-Worksheet eingetragenen Anforderungen zur Ausführung bringen. Das Ergebnis der Bearbeitung wird – bei aktiviertem Kartenreiter "Script Output" – rechts unten im "SQL Developer"-Fenster angezeigt, sodass das Resultat unmittelbar anschließend ausgedruckt bzw. in einer Datei gesichert werden kann.

Nach der Ausführung der beiden Anweisungen

```
CREATE USER gast IDENTIFIED BY gast;
GRANT CONNECT, RESOURCE TO gast;
```

kann der Dialog unter der Kennung "gast" beginnen. Dazu ist nach der Aktivierung der Option "New..." innerhalb des Menüs "File" im resultierenden Dialogfeld mit der Maus auf die Schaltfläche "OK" zu klicken und im nachfolgend angezeigten Dialogfeld der Text "xe_gast" in das Eingabefeld "Connection Name", der Text "gast" in das Eingabefeld "Username" und der Text "gast" in das Eingabefeld "Password" einzutragen. Die Bestätigung mittels der Schaltfläche "Connect" liefert die folgende Anzeige:

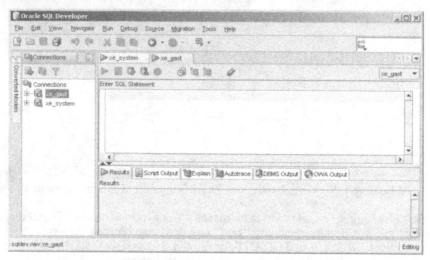

Abbildung 1.22: Beginn des Dialogs unter der Kennung "gast"

Jetzt können die auszuführenden Anweisungen in das durch "xe_gast" gekennzeichnete aktivierte SQL-Worksheet eingetragen und mittels der Funktionstaste "F5" zur Ausführung gebracht werden.

Als Alternative zum Einsatz des Programms "SQLDEVELOPER" kann auch mit dem von der Firma ORACLE bereitgestellten Tool "Application Express" gearbeitet werden. Dazu muss im Start-Menü zunächst die Option "Programme", danach die Option "Oracle Database 10g Express Edition" und anschließend die Option "Gehe zu Datenbank-Homepage ausführen" aktiviert werden. Die Eintragung der Kennung "gast" in das Eingabefeld "Benutzername" und des Passwortes "gast" in das Eingabefeld "Kennwort" führt zur folgenden Anzeige:

Abbildung 1.23: Anforderung des Dialogs unter der Kennung "gast"

Nach der Bestätigung mittels der Schaltfläche "Anmelden" erscheint die folgende Anzeige:

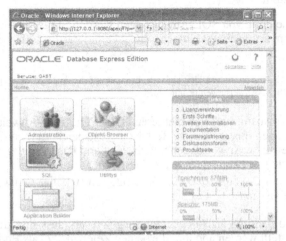

Abbildung 1.24: Beginn des Dialogs unter der Kennung "gast"

Nach einem Mausklick auf das Symbol "SQL" erscheint das SQL-Fenster, sodass ein Mausklick auf das Symbol "SQL-Befehle" erfolgen und dadurch das Fenster "SQL-Befehle" wie folgt zur Anzeige gebracht werden kann:

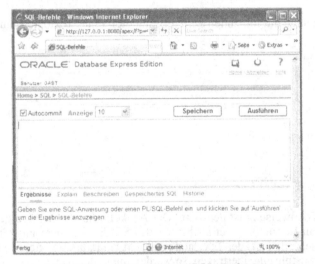

Abbildung 1.25: Fenster "SQL-Befehle"

Jetzt können die auszuführenden Anweisungen in das Eingabefeld eingetragen und mittels der Schaltfläche "Ausführen" dem DB-System zur Bearbeitung übertragen und die Resultate dieser Befehlsausführung im unteren Teil des SQL-Fensters zur Anzeige gebracht werden.

- Beim Dialog mittels "SQL*Plus", dem SQL-Worksheet des Programms "SQLDE-VELOPER" bzw. dem SQL-Fenster "SQL-Befehle" des Tools "Application Express" können nicht nur SQL-Anweisungen, sondern auch *SQL*Plus-Anweisungen* verwendet werden.

- Im Gegensatz zu SQL-Anweisungen, die sich an das DB-System richten, werden

mittels SQL*Plus-Anweisungen Anforderungen an die jeweilige Kommunikations-
plattform gestellt.

- Zur Unterscheidung von SQL-Anweisungen werden SQL*Plus-Anweisungen nicht
  mit einem Semikolon abgeschlossen, obwohl ein derartiger Abschluss auch zulässig
  ist.

Hinweis: Durch SQL*Plus-Anweisungen lässt sich z.B. Einfluss auf die Anzeige von Ergebnissen nehmen, die
aus der Ausführung von SQL-Anweisungen resultieren.

Zur Vorbereitung der Ausführung von mehreren SQL-/SQL*Plus-Anweisungen ist es sinnvoll, diese Anweisungen innerhalb einer Textdatei abzuspeichern. Auf dieser Basis lassen
sich alle bzw. ausgewählte Anweisungen mittels "Cut and Paste" in das zur Kommunikation mit dem DB-System verwendete Fenster übernehmen.

Um den Inhalt einer derartigen Text-Datei kommentieren zu können, lassen sich zusätzliche
Texte in die Datei eintragen.

- Ein Text wird dadurch als *Kommentar* ausgewiesen, dass ihm die beiden Zeichen
  "/*" vorangestellt werden und ihm die beiden Zeichen "*/" als Endekennung folgen.
  Dabei sollten die einleitenden Zeichen "/*" durch einen Zeilenwechsel vom Kommentar getrennt werden.

  Reicht eine Zeile zur Formulierung des Kommentars aus, so lässt sich diese Zeile
  dadurch als Kommentarzeile ausweisen, dass sie durch ein doppeltes Minuszeichen
  in der Form "−−" eingeleitet wird.

Zum Beispiel könnten die folgenden Zeilen Bestandteil einer Textdatei sein:

```
/*
Der Artikelpreis soll nicht angezeigt werden.
*/
SELECT A_NR, A_NAME FROM ARTIKEL;
```

Alternativ lässt sich formulieren:

```
-- Der Artikelpreis soll nicht angezeigt werden.
SELECT A_NR, A_NAME FROM ARTIKEL;
```

Vor der SELECT-Anweisung ist der Text "Der Artikelpreis soll nicht angezeigt werden."
als Kommentar zur Erläuterung der nachfolgenden SELECT-Anweisung eingetragen worden. Werden diese Zeilen aus der Textdatei mittels "Cut and Paste" übernommen und dem
DB-System zur Ausführung übertragen, so werden die ersten drei Zeilen vom DB-System
überlesen und der SELECT-Befehl zur Ausführung gebracht.

KAPITEL 2

EINRICHTUNG VON TABELLEN IN EINER DATENBASIS

2.1 Der Begriff des Schemas

Damit das DB-System die Tabellen von verschiedenen Anwendern innerhalb der zur Verfügung gestellten Datenbasis verwalten kann, liegt der Datenbasis eine Gliederung in *Schemata* zugrunde. Jedes Schema kennzeichnet einen logisch zusammengehörenden Bereich der Datenbasis. Verschiedene Schemata werden durch unterschiedliche *Schema-Namen* gekennzeichnet, die mit den vereinbarten Benutzerkennungen übereinstimmen.

Da grundsätzlich jede Datenbasis durch Einträge innerhalb des Schemas "system" verwaltet wird und unsere Anmeldung beim DB-System mit der Benutzerkennung "gast" erfolgt ist, gibt es mindestens die beiden Schemata "system" und "gast":

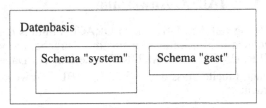

Abbildung 2.1: Gliederung der Datenbasis

Durch die Gliederung in Schemata ist gewährleistet, dass die innerhalb der Datenbasis eingerichteten Tabellen nicht nur durch ihren Tabellennamen, sondern zusätzlich auch durch den Namen des jeweiligen Schemas identifiziert werden.

Ist zum Beispiel die Tabelle mit den Artikeldaten unter dem Tabellennamen ARTIKEL von uns innerhalb des Schemas "gast" eingerichtet worden, so ist das Schema "gast" der *Eigentümer* dieser Tabelle. Sie ist innerhalb der gesamten Datenbasis *eindeutig* durch eine *Qualifizierung* mit dem Schema-Namen "gast" in der Form "gast.ARTIKEL" gekennzeichnet.

Hinweis: Im Rahmen des Zugriffsschutzes wird zu jeder innerhalb einer Datenbasis eingerichteten Tabelle vermerkt, in welchem Schema sie eingerichtet wurde. Dadurch ist das Schema, dessen Schema-Name mit der Benutzerkennung des Anwenders übereinstimmt, als Eigentümer (owner) der Tabelle ausgewiesen. Diese Eigenschaft berechtigt diesen Anwender zu besonderen Befugnissen im Hinblick auf die Bearbeitung der von ihm eingerichteten Tabelle (nähere Angaben erfolgen im Kapitel 19).

Die Gliederung in Schemata hat den Vorteil, dass es nicht nur eine einzige Tabelle namens ARTIKEL geben kann, sondern dass weitere Tabellen mit dem Namen ARTIKEL innerhalb jeweils voneinander verschiedener Schemata vorhanden sein können. Jede dieser Tabellen lässt sich durch eine *Qualifizierung* mit dem zugehörigen Schema-Namen *eindeutig* kennzeichnen.

Verwenden wir als Benutzerkennung z.B. den Platzhalter "benutzerkennung" und zur Kennzeichnung einer Tabelle, die im Schema "benutzerkennung" eingerichtet worden ist, z.B. den Platzhalter "tabellenname", so ist die Tabelle innerhalb der Datenbasis eindeutig durch die folgende Qualifizierung gekennzeichnet:

benutzerkennung.tabellenname

Abbildung 2.2: Qualifizierung von Tabellen

Bei dieser *Qualifizierung*, bei der "benutzerkennung" als Eigentümer der Tabelle "tabellenname" ausgewiesen wird, wird die Benutzerkennung durch einen Punkt beendet und dem Tabellennamen vorangestellt.

Wurde z.B. eine Tabelle namens ARTIKEL vom Anwender mit der Benutzerkennung "gast" eingerichtet, so kann dieser Anwender fortan über den Tabellennamen ARTIKEL auf diese Tabelle zugreifen. Ferner ist es erlaubt, dass er beim Zugriff über die Angabe "gast.ARTIKEL" eine Qualifizierung vornimmt. Sofern er einem anderen Anwender ein Zugriffsrecht auf diese Tabelle eingeräumt hat, kann dieser über den ausführlichen, durch *Qualifizierung* entstehenden Tabellennamen "gast.ARTIKEL" auf die Daten der Tabelle ARTIKEL zugreifen.

2.2   Vereinbarung von Tabellen

2.2.1   Die CREATE TABLE-Anweisung

Nachdem wir den Dialog mit dem DB-System ORACLE mittels des Programms "SQL-DEVELOPER" begonnen haben, stellen wir uns die Aufgabe, die von uns konzipierten Tabellen VERTRETER, UMSATZ und ARTIKEL innerhalb der Datenbasis einzurichten.

Zur Vereinbarung einer Tabelle muss die CREATE TABLE-Anweisung in der folgenden Form eingesetzt werden:

CREATE TABLE   tabellenname

(spaltenname-1 datentyp-1

[, spaltenname-2 datentyp-2]...)

Abbildung 2.3: Tabellen-Vereinbarung

Hierdurch wird eine Tabelle namens "tabellenname" in der Datenbasis innerhalb des aktuell eingestellten Schemas, d.h. in unserer Situation innerhalb des Schemas "gast", eingerichtet.

Der gewählte Tabellenname muss sich von allen bereits vereinbarten Tabellennamen des aktuell eingestellten Schemas unterscheiden. Durch die Spaltennamen werden die Tabellenspalten gekennzeichnet, die 1. Spalte durch den zuerst aufgeführten Spaltennamen, die 2. Spalte durch den anschließend angegebenen Spaltennamen, usw.

Beim DB-System ORACLE dürfen der Tabellenname und die Spaltennamen aus jeweils maximal 30 Zeichen bestehen. Sie müssen mit einem Buchstaben beginnen, dem Buchstaben, Ziffern und das Unterstreichungszeichen "_" folgen dürfen. Die gewählten Namen dürfen nicht mit einem Schlüsselwort des DB-Systems ORACLE übereinstimmen. Klein- und Großbuchstaben werden nicht unterschieden.

Hinweis: Es besteht die Möglichkeit, die Signifikanz von Groß- bzw. Kleinbuchstaben zu verabreden. Dazu sind Namen von Tabellen und Tabellenspalten mit einem Anführungszeichen " einzuleiten und abzuschließen. Zum Beispiel sind "Artikel" und "artikel" zwei voneinander verschiedene Tabellennamen.

Alle Spaltennamen müssen voneinander verschieden sein. Von welchem *Datentyp* die jeweiligen Spalteninhalte sind, muss durch ein Schlüsselwort festgelegt werden, das im Anschluss an den betreffenden Spaltennamen anzugeben ist.

Eine Auswahl der beim DB-System ORACLE zur Verfügung stehenden Datentypen stellen die folgenden Schlüsselwörter dar:

- CHAR(n) : Zeichenkette der Länge "n" ($n \leq 2000$);

- VARCHAR2(n) : Zeichenkette der maximalen Länge "n" ($n \leq 4000$);

- NUMBER (n) : ganzzahliger numerischer Wert, bestehend aus maximal "n" Ziffern ($n \leq 38$);

- NUMBER, INTEGER, SMALLINT, DECIMAL, FLOAT : numerischer Wert, bestehend aus maximal 38 Ziffern;

- NUMBER (n , m) : numerischer Wert, bestehend aus maximal "n" Ziffern ($n \leq 38$), bei dessen Speicherung "m" ($-84 \leq m \leq 127$) als Skalierungsfaktor dient; dabei bewirkt "m" eine Rundung, indem ein positives "m" die Anzahl der rechts vom Dezimalpunkt und ein negatives "m" die Anzahl der links vom Dezimalpunkt platzierten Ziffern kennzeichnet.

  Hinweis: Bei der Speicherung wird z.B. der Wert "725.15" in der Form "725.2" abgelegt, sofern die Tabellenspalte vom Datentyp "NUMBER(4,1)" ist.

- DATE : Datumswert (die externe Darstellung bei der Anzeige erfolgt standardmäßig in der Form "tag.monat.jahr" mit: "jahr" wird als zweistellige Jahreszahl dargestellt);

- LONG : Folge von maximal $2^{31} - 1$ Zeichen (2 Gigabytes), die keiner Zeichenbearbeitung zugänglich sind;

- RAW (n) : Binär-Information in Hexadezimaldarstellung im Umfang von maximal "n" Bytes ($n \leq 2000$);

- LONG RAW (n) : Binär-Information in Hexadezimaldarstellung im Umfang von maximal "n" Bytes ($n \leq 2^{31} - 1$);

- CLOB : Zeichen-Information im Umfang von maximal "4 Gigabytes";

- BLOB : Binär-Information im Umfang von maximal "4 Gigabytes";

- BFILE : Information, die Inhalt einer Datei ist und innerhalb einer Tabelle verwaltet werden soll.

Hinweis: Zu den "LOB-Datentypen" CLOB, BLOB und BFILE siehe Abschnitt 6.5.

Zum Vergleich der beim DB-System ORACLE zur Verfügung stehenden Datentypen geben wir im Folgenden eine Liste von im SQL-Standard möglichen Datentypen an:

- CHARACTER [(n)] : Zeichenkette der Länge "n" (ohne Längenangabe wird angenommen, dass die Zeichenkette aus einem einzigen Zeichen besteht);

- CHARACTER VARYING (n) : Zeichenkette, deren Länge im Rahmen der maximal zulässigen Zeichenzahl "n" variieren kann;

- DATE : Datumswert;

- DECIMAL [(n [, m])] : numerischer Wert, bestehend aus exakt "n" Ziffern, mit exakt "m" Ziffern hinter dem Dezimalpunkt (die Genauigkeit der Ablage kann größer als "m" Nachkommastellen sein);

- NUMERIC [(n [, m])] : numerischer Wert, bestehend aus exakt "n" Ziffern, mit exakt "m" Ziffern hinter dem Dezimalpunkt;

- INTEGER : ganzzahliger numerischer Wert, der exakt gespeichert wird;

- SMALLINT : ganzzahliger numerischer Wert, der exakt gespeichert wird, wobei sich keine wertmäßig größeren Werte als beim Datentyp INTEGER speichern lassen;

- FLOAT (n) : numerischer Wert, der approximativ mit einer Genauigkeit von mindestens "n" Stellen gespeichert wird;
- REAL : numerischer Wert, der approximativ mit einer Genauigkeit gespeichert wird, die durch das DB-System bestimmt ist;
- DOUBLE PRECISION : numerischer Wert, der approximativ mit einer Genauigkeit gespeichert wird, die durch das DB-System bestimmt ist und die mindestens so groß ist wie die durch REAL spezifizierte Genauigkeit.

Zum Beispiel lässt sich die Tabelle ARTIKEL beim DB-System ORACLE durch die folgende CREATE TABLE-Anweisung einrichten:

```
CREATE TABLE ARTIKEL(A_NR NUMBER(2),
                     A_NAME CHAR(20),
                     A_PREIS NUMBER(7,2));
```

Dabei wird berücksichtigt, dass als Artikelkennzahlen maximal 2-stellige ganze Zahlen, als Artikelbezeichnungen maximal 20 Zeichen lange Texte und als Artikelpreise maximal 7-ziffrige Zahlen mit zwei Nachkommastellen auftreten können.

Durch die Vereinbarung einer Tabelle werden nicht nur der Tabellenname und die Namen der Tabellenspalten festgelegt, sondern es wird auch eine Aussage darüber gemacht, nach welchen inhaltlich orientierten Kriterien das DB-System die Tabellenwerte zur Gewährleistung der Datenintegrität prüfen soll.

- Durch die Festlegung, welche Art von Werten in den jeweiligen Tabellenspalten gespeichert werden können, wird dem DB-System die Aufgabe übertragen, die *semantische Integrität* zu gewährleisten. Bei dieser Art der Datenintegrität wird systemseitig sichergestellt, dass bei der Eintragung von Tabellenzeilen und der Änderung von Tabellenwerten nur Werte in den Datenbestand übernommen werden, die mit dem Datentyp der jeweiligen Tabellenspalte verträglich sind.

Für die Tabelle ARTIKEL stellt das DB-System daher sicher, dass nur maximal 20 Zeichen lange Zeichenketten in A_NAME und in A_NR sowie in A_PREIS nur Zahlen eingetragen werden, deren Größenordnung den angegebenen Maximalwerten entspricht. Verstöße gegen diese Rahmenbedingungen werden dadurch geahndet, dass die Ausführung der betreffenden SQL-Anweisung zurückgewiesen wird.

Um die Einrichtung der Tabelle ARTIKEL anzufordern, tragen wir die oben angegebene CREATE TABLE-Anweisung

```
CREATE TABLE ARTIKEL(A_NR NUMBER(2),
                     A_NAME CHAR(20),
                     A_PREIS NUMBER(7,2));
```

in das SQL-Worksheet ein, das durch den Text "Enter SQL Statement:" überschrieben ist.

Hinweis: Als Vorgriff auf die zukünftige Darstellung geben wir bereits an dieser Stelle an, dass sich eine bestehende Tabelle namens ARTIKEL durch die SQL-Anweisung DROP TABLE in der Form

```
DROP TABLE ARTIKEL;
```

wieder aus dem Schema entfernen lässt. Diese Kenntnis wird z.B. dann benötigt, wenn eine Tabelle ARTIKEL mit einer fehlerhaften Bezeichnung oder nicht gewünschten Struktur als Bestandteil des Schemas errichtet worden ist und eine neue Form der CREATE TABLE-Anweisung für die Tabelle ARTIKEL zur Ausführung gelangen soll. Allerdings darf man nicht vergessen, dass die Radikalkur einer Löschung grundsätzlich nur in besonderen Situationen sinnvoll ist, da die innerhalb einer Tabelle gespeicherten Bestandsinformationen durch die Ausführung der DROP TABLE-Anweisung unwiederbringlich verloren sind.

2.2.2 Integritätsprüfung auf fehlende Werte

Sollen bei der Übertragung von Daten keine fehlenden Werte innerhalb einer Tabellenspalte zugelassen werden, so ist das DB-System anzuweisen, diese Integritätsprüfung bei der Eingabe von Tabellenzeilen durchzuführen.

Dazu sind innerhalb der CREATE TABLE-Anweisung die Schlüsselwörter "NOT NULL" als NOT NULL-*Klausel* aufzuführen, sodass die in der Abbildung 2.3 angegebene Syntax der CREATE TABLE-Anweisung wie folgt zu ergänzen ist:

> CREATE TABLE   tabellenname
>
> (spaltenname-1 datentyp-1 [NOT NULL]
>
> [, spaltenname-2 datentyp-2 [NOT NULL]]...)

Abbildung 2.4: Tabellen-Vereinbarung mit Prüfung auf fehlende Werte

Wird die NOT NULL-Klausel bei einer Tabellen-Vereinbarung verwendet, so bedeutet dies, dass keine Tabellenzeile in der betreffenden Spalte einen *Nullwert*, d.h. einen fehlenden Wert, besitzen darf.

- Die Prüfung auf zulässige Nullwerte dient ebenso wie die Prüfung auf Datentyp-Verträglichkeit dazu, dass die *semantischen Integrität* gewährleistet werden kann.

Ist die NOT NULL-Klausel für eine Tabellenspalte vereinbart worden, so wird vor der Aufnahme einer neuen Tabellenzeile geprüft, ob der zu dieser Spalte zugehörige Wert vom Nullwert verschieden ist. Ist dies nicht der Fall, so wird die Tabellenzeile vom DB-System nicht in die Tabelle übernommen, sondern ein Fehler gemeldet.

Um z.B. zu bestimmen, dass in die Tabelle ARTIKEL keine Tabellenzeile ohne Artikelnummer eingetragen werden darf, ist die Tabellen-Vereinbarung wie folgt festzulegen:

```
CREATE TABLE ARTIKEL(A_NR NUMBER(2) NOT NULL,
                     A_NAME CHAR(20),
                     A_PREIS NUMBER(7,2));
```

2.2.3 Vorbesetzung von Werten

Zur einheitlichen Vorbesetzung von Tabellenspalten, für die bei der Dateneingabe kein Wert bereitgestellt wird, lässt sich das Schlüsselwort DEFAULT mittels einer DEFAULT-Klausel in der folgenden Form einsetzen:

> spaltenname datentyp DEFAULT wert

Abbildung 2.5: Vorbesetzung

In diesem Fall wird "wert" in die Spalte "spaltenname" eingetragen, sofern für diese Spalte bei der Eingabe einer Tabellenzeile kein Wert bereitgestellt wird.

Hinweis: Dabei ist zu beachten, dass der Datentyp von "wert" mit dem vereinbarten Datentyp von "spaltenname" verträglich ist. Ferner ist zu berücksichtigen, dass die DEFAULT-Klausel nicht zusammen mit einer NOT NULL-Klausel angegeben werden darf.

Ist für bestimmte Artikel noch keine Artikelbezeichnung festgelegt worden, so lässt sich dies z.B. durch die Speicherung der Zeichenkette "?" dokumentieren, sodass die Tabelle ARTIKEL in dieser Situation wie folgt vereinbart werden kann:

```
CREATE TABLE ARTIKEL(A_NR NUMBER(2) NOT NULL,
                     A_NAME CHAR(20) DEFAULT '?',
                     A_PREIS NUMBER(7,2));
```

2.2.4   Vereinbarung der Basis-Tabellen

Unter Einsatz der bislang vorgestellten Syntax der CREATE TABLE-Anweisung lässt sich
die Basis-Tabelle VERTRETER wie folgt vereinbaren:

```
CREATE TABLE VERTRETER(V_NR NUMBER(4) NOT NULL,
                       V_NAME CHAR(30),
                       V_ANSCH CHAR(30),
                       V_PROV NUMBER(4,2),
                       V_KONTO NUMBER(7,2));
```

Entsprechend bewirken die beiden Anweisungen

```
CREATE TABLE ARTIKEL(A_NR NUMBER(2) NOT NULL,
                     A_NAME CHAR(20),
                     A_PREIS NUMBER(7,2));
CREATE TABLE UMSATZ(V_NR NUMBER(4) NOT NULL,
                    A_NR NUMBER(2) NOT NULL,
                    A_STUECK NUMBER(3),
                    DATUM DATE NOT NULL);
```

die Einrichtung der Basis-Tabellen ARTIKEL und UMSATZ.

Durch die aufgeführten NOT NULL-Klauseln wird bestimmt, dass die Spaltenpositionen
der Identifikationsschlüssel V_NR für VERTRETER, A_NR für ARTIKEL sowie V_NR,
A_NR und DATUM für UMSATZ stets besetzt sein müssen, wenn Tabellenzeilen in die
jeweiligen Tabellen eingetragen werden. Nach der Ausführung der angegebenen CREA-
TE TABLE-Anweisungen sind die drei Tabellen VERTRETER, ARTIKEL und UMSATZ
Bestandteile des Schemas "gast". Bevor wir diese Tabellen mit den zugehörigen Tabellenzeilen füllen (siehe die Darstellung im Abschnitt 3.1), stellen wir zunächst dar, wie sich
weitere Integritätsprüfungen – als Ergänzung zur Prüfung auf Nullwerte – beim DB-System
anfordern lassen.

2.3   Vereinbarung von Identifikations- und Primärschlüsseln

Im Abschnitt 1.1.5 wurde geschildert, dass bei einem relationalen DB-Modell – im
Hinblick auf die Sicherung der Entitäts-Integrität – ein *Identifikationsschlüssel* als *eindeutiger Zugriffsschlüssel* festgelegt sein sollte. Um diese Verabredung wirksam werden
zu lassen, sodass nicht zwei Tabellenzeilen mit gleichem Identifikationsschlüssel in
eine Tabelle eingetragen werden können, muss eine geeignete Verabredung innerhalb
der CREATE TABLE-Anweisung erfolgen. Dazu lässt sich das Schlüsselwort UNIQUE
einsetzen, das bei der Definition einer Tabellenspalte wie folgt innerhalb einer CREATE
TABLE-Anweisung in Form einer UNIQUE-Klausel verwendet werden kann:

```
spaltenname datentyp [ NOT NULL ] UNIQUE
```

Abbildung 2.6: einspaltiger Identifikationsschlüssel

Hierdurch ist festgelegt, dass in der Tabellenspalte "spaltenname" nur *unterschiedliche* Werte gespeichert werden können.

Soll z.B. bei der Vereinbarung der Tabelle ARTIKEL die Spalte A_NR als Identifikationsschlüssel festgelegt werden, so ist die CREATE TABLE-Anweisung wie folgt zu formulieren:

```
CREATE TABLE ARTIKEL (A_NR NUMBER(2) NOT NULL UNIQUE,
                      A_NAME CHAR(20),
                      A_PREIS NUMBER(7,2));
```

Hinweis: Ist z.B. eine Tabellenzeile, in der A_NR den Wert 11 besitzt, bereits Bestandteil der Tabelle ARTIKEL, so meldet das DB-System einen Fehler, sofern versucht wird, eine weitere Tabellenzeile einzurichten, bei der der Wert 11 innerhalb der Spalte A_NR enthalten ist.

Für den Fall, dass ein Identifikationsschlüssel nicht allein durch einen einzigen Spaltennamen gekennzeichnet werden kann, müssen mehrere Spaltennamen zusammengefasst und diese Kombination als eindeutiger Zugriffsschlüssel gekennzeichnet werden.

Dazu ist ein *Constraint-Name* zu wählen, der dem Bildungsgesetz zum Aufbau von Tabellennamen folgt, und eine CONSTRAINT-Klausel wie folgt innerhalb einer CREATE TABLE-Anweisung anzugeben:

```
CONSTRAINT constraint-name

    UNIQUE ( spaltenname-1 [ , spaltenname-2 ]... )
```

Abbildung 2.7: mehrspaltiger Identifikationsschlüssel

Eine derartige CONSTRAINT-Klausel ist hinter allen Spaltenvereinbarungen aufzuführen, sodass sich die Syntax der CREATE TABLE-Anweisung in der folgenden Weise erweitert:

```
CREATE TABLE   tabellenname

    ( spaltenname-1 datentyp-1 [ NOT NULL ] [ UNIQUE ]

    [ ,  spaltenname-2 datentyp-2 [ NOT NULL ] [ UNIQUE ] ]...

        [ , CONSTRAINT constraint-name-1
                    UNIQUE ( spaltenname-3 [ , spaltenname-4 ]... )

        [ , CONSTRAINT constraint-name-2
                    UNIQUE ( spaltenname-5 [ , spaltenname-6 ]... ) ]... ] )
```

Abbildung 2.8: CREATE TABLE-Anweisung mit Identifikationsschlüssel-Angabe

Es ist zu beachten, dass eine CONSTRAINT-Klausel von einer vorausgehenden CONSTRAINT-Klausel bzw. einer vorausgehenden Spalten-Vereinbarung durch ein Komma abzugrenzen ist. Ferner ist zu berücksichtigen, dass Constraint-Namen innerhalb des jeweiligen Schemas eindeutig sein müssen.

Hinweis: Über einen Constraint-Namen kann eine bestehende Vereinbarung eines Identifikationsschlüssels zu einem späteren Zeitpunkt durch eine ALTER TABLE-Anweisung (siehe Abschnitt 7.3) wieder aufgehoben werden.

Grundsätzlich ist es empfehlenswert, einen besonders einfach aufgebauten Identifikations-schlüssel aus der Gesamtheit der möglichen Identifikationsschlüssel einer Tabelle heraus-zuheben und ihn als *Primärschlüssel* für den eindeutigen Zugriff zu kennzeichnen.

Soll eine Spalte bzw. eine Zusammenfassung von Spalten, die die Identifikationsschlüssel-Eigenschaft besitzt, als Primärschlüssel gekennzeichnet werden, so ist eine PRIMARY KEY-Klausel anstelle der UNIQUE-Klausel anzugeben, indem die Schlüsselwörter "PRIMARY KEY" statt des Schlüsselwortes "UNIQUE" aufgeführt werden. Somit lässt sich die Syntax der CREATE TABLE-Anweisung nochmals wie folgt erweitern:

```
CREATE TABLE  tabellenname
    ( spaltenname-1 datentyp-1 [ NOT NULL ] [ { UNIQUE | PRIMARY KEY } ]
 [ ,  spaltenname-2 datentyp-2 [ NOT NULL ] [ { UNIQUE | PRIMARY KEY } ] ]...

    [ , CONSTRAINT  constraint-name-1
          { UNIQUE | PRIMARY KEY }  ( spaltenname-3 [ , spaltenname-4 ]... )
    [ , CONSTRAINT  constraint-name-2
          { UNIQUE | PRIMARY KEY } ( spaltenname-5 [ , spaltenname-6 ]... ) ]... ] )
```

Abbildung 2.9: CREATE TABLE-Anweisung mit Primärschlüssel-Angabe

Beim Einsatz dieser Syntax ist grundsätzlich zu beachten:

- Eine PRIMARY KEY-Klausel darf nur ein einziges Mal innerhalb einer Tabellen-Vereinbarung verwendet werden.

- Eine Spalte, die als Primärschlüssel ausgewiesen ist bzw. jede Spalte, die Bestand-teil eines Primärschlüssels ist, darf keine Nullwerte enthalten. Daher ist eine NOT NULL-Klausel im Zusammenhang mit einer PRIMARY KEY-Klausel redundant.

Soll die Tabelle ARTIKEL vereinbart und dabei die Spalte A_NR als Primärschlüssel festgelegt werden, so ist die folgende CREATE TABLE-Anweisung zur Ausführung zu bringen:

```
CREATE TABLE ARTIKEL(A_NR NUMBER(2) NOT NULL PRIMARY KEY,
                     A_NAME CHAR(20),
                     A_PREIS NUMBER(7,2));
```

Da die NOT NULL-Klausel redundant ist, lässt sich die Tabelle ARTIKEL auch so einrichten:

```
CREATE TABLE ARTIKEL(A_NR NUMBER(2) PRIMARY KEY,
                     A_NAME CHAR(20),
                     A_PREIS NUMBER(7,2));
```

Entsprechend kann die Tabelle VERTRETER wie folgt vereinbart werden:

```
CREATE TABLE VERTRETER(V_NR NUMBER(4) PRIMARY KEY,
                       V_NAME CHAR(30),
                       V_ANSCH CHAR(30),
                       V_PROV NUMBER(4,2),
                       V_KONTO NUMBER(7,2));
```

Um für die Tabelle UMSATZ festzulegen, dass der Primärschlüssel aus den Spalten V_NR, A_NR und DATUM zusammengesetzt ist, kann die CREATE TABLE-Anweisung in der folgenden Form eingesetzt werden:

```
CREATE TABLE UMSATZ(V_NR NUMBER(4),
                    A_NR NUMBER(2),
                    A_STUECK NUMBER(3),
                    DATUM DATE,
          CONSTRAINT p_umsatz PRIMARY KEY (V_NR,A_NR,DATUM));
```

2.4 Vereinbarung von Fremdschlüsseln

Im Abschnitt 1.2.2 haben wir erläutert, wie sich Tabellen durch eine Verbund-Bildung aus Basis-Tabellen aufbauen lassen.

Um sicherzustellen, dass die Werte, die zur Verbund-Bildung benötigt werden, korrekt und vollständig innerhalb der Tabellen abgespeichert sind, sieht der SQL-Sprachstandard das Konzept von "Fremdschlüsseln" (foreign key) vor. Im Hinblick auf die Unterstützung der Integrität der Bestandsinformation wirkt dieses Konzept den Anomalien entgegen, die beim Einfügen, Ändern und Löschen von Tabellenzeilen auftreten können.

- Eine *Einfüge-Anomalie* liegt z.B. dann vor, wenn in die Tabelle UMSATZ eine Zeile mit einer Artikelnummer eingefügt wird, zu der innerhalb der Tabelle ARTIKEL noch keine Tabellenzeile korrespondiert.

- Um eine *Änderungs-Anomalie* handelt es sich z.B. dann, wenn innerhalb der Tabelle ARTIKEL eine Artikelnummer abgeändert wird, für die bereits ein Eintrag innerhalb der Tabelle UMSATZ existiert.

- Eine *Lösch-Anomalie* liegt z.B. dann vor, wenn innerhalb der Tabelle ARTIKEL eine Zeile gelöscht werden soll, die Angaben zu einem Artikel enthält, der Bestandteil einer Tabellenzeile der Tabelle UMSATZ ist.

Um diesen Problemen begegnen zu können, lassen sich bei der Vereinbarung einer neuen Tabelle ("Fremdschlüssel-Tabelle") einzelne Tabellenspalten bzw. Kombinationen von Tabellenspalten als *Fremdschlüssel* definieren. Dies bedeutet, dass ihre Werte bzw. die jeweilige Kombination von Werten innerhalb einer anderen, bereits bestehenden Tabelle ("Primärschlüssel-Tabelle") als Werte von Spalten bzw. Verbindungen von Spalten auftreten, die in dieser Primärschlüssel-Tabelle als Primärschlüssel festgelegt sind.

Hinweis: Eine Tabelle wird auch dann als *Primärschlüssel-Tabelle* bezeichnet, wenn für sie kein Primärschlüssel durch eine PRIMARY KEY-Klausel, sondern nur ein Identifikationsschlüssel durch eine UNIQUE-Klausel vereinbart ist.

Als Beispiel betrachten wir den in er Abbildung 2.10 angegebenen Sachverhalt.

Bei dem innerhalb der Tabelle T_FS – in Form der Spalte FS – als Fremdschlüssel ausgewiesenen Zugriffsschlüssel handelt es sich um eine Spalte, deren Werte innerhalb der Tabelle T Bestandteile der Spalte S sind, die als Identifikationsschlüssel bzw. als Primärschlüssel vereinbart sein muss.

Hinweis: Die Datentypen der Spalten FS und S müssen folglich übereinstimmen.
Werden mehrere Spalten der Fremdschlüssel-Tabelle zu einem Fremdschlüssel zusammengefasst, so muss die Spaltenzahl mit der Spaltenzahl des referenzierten Primär-/Identifikationsschlüssels übereinstimmen. Ferner müssen die – gemäß der jeweils vorliegenden Reihenfolge – miteinander korrespondierenden Spalten denselben Datentyp besitzen.

- Durch die Vereinbarung eines Fremdschlüssels wird vom DB-System gefordert, die *referentielle Integrität* zu gewährleisten, sodass keine Einfüge-, Änderungs- bzw. Lösch-Anomalien in der oben angegebenen Form auftreten können.

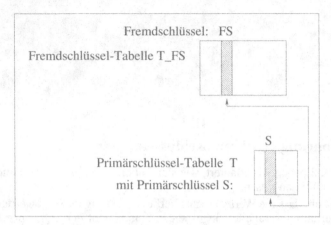

Abbildung 2.10: Referenzierung über einen Fremdschlüssel

Auf der Basis des in der Abbildung 2.10 dargestellten Sachverhalts kann nur dann eine Zeile in T gelöscht werden, wenn der zugehörige Wert in S nicht als Wert in FS auftritt. Außerdem kann in T kein Wert von S geändert werden, der Bestandteil von FS ist. Ferner kann nur dann eine Zeile in T_FS eingefügt werden, wenn der Wert für FS bereits als Wert in S enthalten ist.

Zum Beispiel lässt sich die Tabelle UMSATZ – auf der Basis der Primärschlüssel-Tabellen VERTRETER und ARTIKEL – dadurch als Fremdschlüssel-Tabelle vereinbaren, dass für die Spalten V_NR und A_NR ihre Eigenschaft, jeweils als Primärschlüssel für VERTRETER bzw. ARTIKEL vereinbart zu sein, kenntlich gemacht wird:

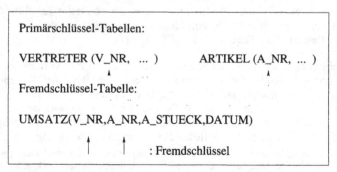

Abbildung 2.11: Primär- und Fremdschlüssel-Tabellen

Durch die Gewährleistung der referentiellen Integrität lässt sich innerhalb von VERTRETER bzw. ARTIKEL keine Tabellenzeile löschen, sofern eine Zeile in UMSATZ eingetragen ist, die die betreffende Vertreterkennzahl bzw. die betreffende Artikelkennzahl enthält.

Ferner kann innerhalb von VERTRETER keine Vertreterkennzahl geändert werden, die Bestandteil einer Tabellenzeile von UMSATZ ist. Entsprechendes gilt für eine Artikelkennzahl der Tabelle ARTIKEL.

Außerdem kann der Tabelle UMSATZ nur dann eine Tabellenzeile hinzugefügt werden, wenn die in dieser Tabellenzeile enthaltenen Vertreter- und Artikelkennzahlen bereits Bestandteile der Tabellen VERTRETER bzw. ARTIKEL sind.

Um UMSATZ in der oben angegebenen Form als Fremdschlüssel-Tabelle vereinbaren zu können, sind Kenntnisse darüber erforderlich, wie eine Tabellenspalte innerhalb einer Fremdschlüssel-Tabelle als Fremdschlüssel festgelegt werden muss.

In dieser Hinsicht ist die folgende Ergänzung der CREATE TABLE-Anweisung – durch den Einsatz einer REFERENCES-Klausel bzw. einer CONSTRAINT-Klausel mit einer REFERENCES-Klausel – von Bedeutung:

---

spaltenname-1 datentyp [NOT NULL] [{ UNIQUE | PRIMARY KEY }]

  [CONSTRAINT constraint-name]

  REFERENCES tabellenname (spaltenname-2)

Abbildung 2.12: Fremdschlüssel-Vereinbarung für die Spalte "spaltenname-1"

Hinweis: Der Einsatz einer CONSTRAINT-Klausel ist dann erforderlich, wenn referentielle Integritätsprüfungen – in besonderen Situationen – für einen gewissen Zeitraum außer Kraft gesetzt werden sollen. Dies lässt sich durch den Einsatz einer ALTER TABLE-Anweisung erreichen (siehe dazu Abschnitt 7.3).

Innerhalb der Syntax-Darstellung ist "tabellenname" ein Platzhalter für den Bezeichner einer bereits eingerichteten Primärschlüssel-Tabelle, bei der "spaltenname-2" als Identifikationsschlüssel ausgewiesen sein muss.

Soll die Tabelle UMSATZ als Fremdschlüssel-Tabelle vereinbart werden, so lässt sich wie folgt mitteilen, dass V_NR als Fremdschlüssel für den Zugriff auf die Primärschlüssel-Tabelle VERTRETER und A_NR als Fremdschlüssel für den Zugriff auf die Primärschlüssel-Tabelle ARTIKEL fungieren sollen:

```
CREATE TABLE UMSATZ(V_NR NUMBER(4)
          CONSTRAINT f_umsatz_1 REFERENCES VERTRETER(V_NR),
          A_NR NUMBER(2)
          CONSTRAINT f_umsatz_2 REFERENCES ARTIKEL(A_NR),
          A_STUECK NUMBER(3),
          DATUM DATE,
          CONSTRAINT p_umsatz PRIMARY KEY(V_NR,A_NR,DATUM));
```

Hinweis: Als Constraint-Namen werden die technischen Namen "f_umsatz_1", "f_umsatz_2" und "p_umsatz" verwendet.

Im Hinblick auf die Reihenfolge, in der die drei Tabellen VERTRETER, ARTIKEL und UMSATZ eingerichtet werden müssen, ist zu beachten, dass die CREATE TABLE-Anweisung, mit der die Tabelle UMSATZ festgelegt wird, als letzte Anweisung mitgeteilt werden muss. Ansonsten wird ein Fehler gemeldet, da mit einem Fremdschlüssel auf eine noch nicht vorhandene Tabelle referenziert werden würde.

Ebenfalls ist zu beachten, dass UMSATZ als erste Tabelle gelöscht werden muss, sofern diese Tabelle als Fremdschlüssel-Tabelle festgelegt ist.

Unter Berücksichtigung der vorgestellten Möglichkeiten zur Sicherung der Integrität ist bei der Vereinbarung der 3 Basis-Tabellen die folgende Reihenfolge bei der Formulierung der zugehörigen CREATE TABLE-Anweisungen zu beachten:

```
CREATE TABLE VERTRETER(V_NR NUMBER(4) PRIMARY KEY,
              V_NAME CHAR(30),
              V_ANSCH CHAR(30),
              V_PROV NUMBER(4,2),
              V_KONTO NUMBER(7,2));
```

```
CREATE TABLE ARTIKEL(A_NR NUMBER(2) PRIMARY KEY,
                     A_NAME CHAR(20),
                     A_PREIS NUMBER(7,2));
CREATE TABLE UMSATZ(V_NR NUMBER(4)
       CONSTRAINT f_umsatz_1 REFERENCES VERTRETER(V_NR),
              A_NR NUMBER(2)
       CONSTRAINT f_umsatz_2 REFERENCES ARTIKEL(A_NR),
              A_STUECK NUMBER(3),
              DATUM DATE,
       CONSTRAINT p_umsatz PRIMARY KEY(V_NR,A_NR,DATUM));
```

Sofern die Notwendigkeit besteht, aus einer Primärschlüssel-Tabelle eine Tabellenzeile zu löschen, muss im Rahmen der Datenintegrität sichergestellt werden, dass die zugehörigen Tabellenzeilen der zur Primärschlüssel-Tabelle zugehörigen Fremdschlüssel-Tabelle, von denen aus auf die Primärschlüssel-Tabelle referenziert wird, ebenfalls gelöscht werden.

Diese *kaskadierte Löschung* lässt sich dadurch erreichen, dass bei der Tabellen-Vereinbarung eine ON DELETE CASCADE-Klausel bei einer Fremdschlüssel-Vereinbarung in der folgenden Form aufgeführt wird:

---

spaltenname-1 datentyp [NOT NULL] [{ UNIQUE | PRIMARY KEY }]

    [CONSTRAINT constraint-name]

    REFERENCES tabellenname (spaltenname-2) ON DELETE CASCADE

Abbildung 2.13: Lösch-Kaskadierung

Soll z.B. die kaskadierte Löschung für die Tabelle UMSATZ ausgelöst werden, sofern in einer der zugehörigen Primärschlüssel-Tabellen eine Tabellenzeile gelöscht wird, so ist die folgende CREATE TABLE-Anweisung anzugeben:

```
CREATE TABLE UMSATZ(V_NR NUMBER(4)
       CONSTRAINT f_umsatz_1 REFERENCES VERTRETER(V_NR)
              ON DELETE CASCADE,
              A_NR NUMBER(2)
       CONSTRAINT f_umsatz_2 REFERENCES ARTIKEL(A_NR)
              ON DELETE CASCADE,
              A_STUECK NUMBER(3),
              DATUM DATE,
       CONSTRAINT p_umsatz PRIMARY KEY(V_NR,A_NR,DATUM));
```

Sofern die Tabelle UMSATZ in dieser Form vereinbart ist und die Dateneingaben bereits für alle Tabellen durchgeführt sind, geschieht in dem Fall, in dem die Tabellenzeile mit der Vertreternummer "8413" in der Tabelle VERTRETER von uns gelöscht wird, die folgende Aktion:

In der Tabelle UMSATZ werden automatisch alle Tabellenzeilen entfernt, die in der Spalte V_NR den Wert "8413" enthalten.

Im SQL-Sprachstandard gibt es ferner die Möglichkeit, eine Änderung in einer Primärschlüssel-Tabelle als *kaskadierte Änderung* auf die Tabellenzeilen der zugehörigen Fremdschlüssel-Tabelle, von denen aus auf die Primärschlüssel-Tabelle referenziert wird, wirken zu lassen.

Dazu ist die ON UPDATE CASCADE-Klausel einzusetzen, sodass ein Fremdschlüssel in der folgenden Form vereinbart werden kann:

```
spaltenname-1 datentyp [ NOT NULL ] [ { UNIQUE | PRIMARY KEY } ]
    [ CONSTRAINT constraint-name ]
    REFERENCES tabellenname ( spaltenname-2 )
    [ ON DELETE CASCADE ] [ ON UPDATE CASCADE ]
```

Abbildung 2.14: Lösch- und Änderungs-Kaskadierung

Ist nicht nur eine einzelne Spalte, sondern eine Kombination von mehreren Spalten als Fremdschlüssel zu kennzeichnen, so lässt sich dies durch eine Angabe der folgenden Form bei der Tabellen-Vereinbarung festlegen:

```
CONSTRAINT constraint-name
    FOREIGN KEY ( spaltenname-1 [ , spaltenname-2 ]... )
    REFERENCES tabellenname ( spaltenname-3 [ , spaltenname-4 ]... )
    [ ON DELETE CASCADE ]
```

Abbildung 2.15: Fremdschlüssel-Vereinbarung über mehrere Spalten

Hierdurch wird die Spaltenkombination, die hinter der FOREIGN KEY-Klausel aufgeführt ist, als Fremdschlüssel verabredet. In der zugehörigen Primärschlüssel-Tabelle "tabellenname" muss die hinter dem Tabellennamen angegebene Kombination von Spalten als Primärschlüssel vereinbart sein.

Insbesondere ist der folgende Sachverhalt zu beachten:

- Besteht der Identifikationsschlüssel einer Primärschlüssel-Tabelle aus mehreren Spalten, so ist der Einsatz einer CONSTRAINT-Klausel zwingend, um den zugehörigen Fremdschlüssel innerhalb einer Fremdschlüssel-Tabelle festzulegen.

Neben den Möglichkeiten, die Entitäts-Integrität durch Identifikationsschlüssel und die referentielle Integrität durch Fremdschlüssel zu gewährleisten sowie die Eingabe von fehlenden Werten zu kontrollieren, lässt sich die Datenintegrität ergänzend dadurch absichern, dass bei der Dateneingabe eine Prüfung von Werten angefordert wird. Hierzu lassen sich – bei der Tabellen-Vereinbarung – eine oder mehrere CHECK-Klauseln wie folgt festlegen:

```
CONSTRAINT constraint-name CHECK ( bedingung )
```

Abbildung 2.16: CHECK-Klausel

Soll z.B. bei der Eingabe von Tabellenzeilen der Tabelle ARTIKEL sichergestellt werden, dass nur diejenigen Zeilen in die Tabelle aufgenommen werden können, deren Artikelnummer größer oder gleich 10 ist, so ist die CHECK-Klausel z.B. in der Form

```
CONSTRAINT c_artikel CHECK (A_NR >= 10)
```

zu formulieren und wie folgt innerhalb der Tabellen-Vereinbarung von ARTIKEL einzutragen:

```
CREATE TABLE ARTIKEL(A_NR NUMBER(2) PRIMARY KEY,
            A_NAME CHAR(20),
            A_PREIS NUMBER(7,2),
            CONSTRAINT c_artikel CHECK (A_NR >=10));
```

Hinweis: Eine nähere Erläuterung dazu, wie Bedingungen innerhalb einer CHECK-Klausel zu formulieren sind, erfolgt in den Abschnitten 5.2 und 5.3.

2.5　Information über Tabellen des Schemas

Um die Namen der innerhalb einer Tabelle vereinbarten Tabellenspalten und die zugehörigen Datentypen zur Anzeige zu bringen, lässt sich die SQL*Plus-Anweisung
DESCRIBE in der folgenden Form einsetzen:

```
DESCRIBE tabellenname
```

Nach der Einrichtung der Tabelle VERTRETER führt z.B. die Eingabe von

```
DESCRIBE VERTRETER
```

zur folgenden Anzeige:

```
Name                               Null?      Type
---------------------------------- ---------- ----
V_NR                               NOT NULL   NUMBER(4)
V_NAME                                        CHAR(30)
V_ANSCH                                       CHAR(30)
V_PROV                                        NUMBER(4,2)
V_KONTO                                       NUMBER(7,2)
```

Weitere Angaben über den Inhalt der Datenbasis können durch den Einsatz der SELECT-
Anweisung (siehe Abschnitt 4.2) erfragt werden, indem auf Werte aus den Katalog-
Tabellen des DB-Systems zugegriffen wird.

So ist es etwa möglich, Informationen über den Inhalt des Schemas "gast" durch die
folgende Anweisung anzufordern:

```
SELECT * FROM TAB;
```

Sofern die Tabellen ARTIKEL, UMSATZ und VERTRETER bereits Bestandteil des
Schemas "gast" sind, erscheint die folgende Anzeige:

```
TNAME                              TABTYPE  CLUSTERID
---------------------------------- -------- ---------
ARTIKEL                            TABLE
UMSATZ                             TABLE
VERTRETER                          TABLE
```

KAPITEL 3

AUFNAHME VON DATEN IN TABELLEN

3.1 Eintragung von Tabellenzeilen

Bislang haben wir erläutert, wie Tabellen zu strukturieren sind und welche Vorkehrungen getroffen werden können, damit das DB-System die jeweils gewünschten Integritätsprüfungen bei der Eintragung von Tabellenzeilen und bei Tabellenänderungen vornimmt.

Wir werden uns im Folgenden auf die im Abschnitt 1.3 angegebene Vereinbarung unserer drei Basis-Tabellen VERTRETER, ARTIKEL und UMSATZ stützen und auf dieser Grundlage erläutern, wie sich diese Tabellen mit den vorgegebenen Werten aufbauen lassen.

Sofern diese Werte zeilenweise eingetragen werden sollen, sind sie durch den Einsatz der INSERT-Anweisung in der Form

```
INSERT INTO tabellenname
      [ ( spaltenname-1 [ , spaltenname-2 ]... ) ]
      VALUES ( wert-1 [ , wert-2 ]... )
```

Abbildung 3.1: Aufbau einer Tabellenzeile

Schritt für Schritt in die jeweils zugehörige Tabelle zu übertragen.

Durch die Ausführung der INSERT-Anweisung wird die durch "tabellenname" gekennzeichnete Tabelle um eine neue Tabellenzeile ergänzt. Die in diese Tabellenzeile aufzunehmenden Werte sind innerhalb der VALUES-Klausel hintereinander – durch jeweils ein Komma "," voneinander abgegrenzt – anzugeben. Dabei ist vor dem ersten Wert die öffnende Klammer "(" und hinter dem letzten Wert die schließende Klammer ")" aufzuführen.

- Zeichenketten sind durch einleitende und abschließende Hochkommata (') zu kennzeichnen. Ein Hochkomma, das als ein Zeichen einer Zeichenkette auftritt, ist durch zwei aufeinanderfolgende Hochkommata zu beschreiben.

  Bei einer Dezimalzahl muss – anstelle eines Dezimalkommas – ein Dezimalpunkt angegeben werden.
  Als Symbol für einen Nullwert ist das Schlüsselwort NULL zu verwenden.

Sind nur ausgewählte Spalten zu besetzen – vorausgesetzt, für die nicht aufgeführten Spalten sind Nullwerte zulässig –, so sind die zu den Spaltennamen korrespondierenden Werte hinter VALUES anzugeben. In die nicht angegebenen Spalten wird automatisch der Nullwert eingetragen.

Sollen Werte in sämtliche Tabellenspalten eingetragen werden, so brauchen vor dem Schlüsselwort VALUES keine Spaltennamen aufgeführt werden. In diesem Fall müssen die innerhalb der VALUES-Klausel angegebenen Werte anzahlmäßig mit der Zahl der Tabellenspalten übereinstimmen und in derjenigen Abfolge angeordnet sein, die der Reihenfolge der innerhalb der Tabelle vereinbarten Spalten entspricht.

Um z.B. eine Tabellenzeile innerhalb der Tabelle ARTIKEL mit der Artikelnummer "12" einzurichten, ist somit entweder die Anweisung

```
INSERT INTO ARTIKEL (A_NR, A_NAME, A_PREIS)
                     VALUES (12, 'Oberhemd', 39.80);
```

oder abkürzend die folgende Anweisung zu verwenden:

```
INSERT INTO ARTIKEL VALUES (12, 'Oberhemd', 39.80);
```

Zum Aufbau der Tabelle ARTIKEL dienen insgesamt die folgenden Anweisungen:

```
INSERT INTO ARTIKEL VALUES (12, 'Oberhemd', 39.80);
INSERT INTO ARTIKEL VALUES (22, 'Mantel', 360.00);
INSERT INTO ARTIKEL VALUES (11, 'Oberhemd', 44.20);
INSERT INTO ARTIKEL VALUES (13, 'Hose', 110.50);
```

Die Tabelle VERTRETER lässt sich durch die folgenden INSERT-Anweisungen füllen:

```
INSERT INTO VERTRETER VALUES (8413,'Meyer, Emil',
                 'Wendeweg 10, 28345 Bremen',0.07,725.15);
INSERT INTO VERTRETER VALUES (5016,'Meier, Franz',
                 'Kohlstr. 1, 28623 Bremen',0.05,200.00);
INSERT INTO VERTRETER VALUES (1215,'Schulze, Fritz',
                 'Gemüseweg 3, 28115 Bremen',0.06,50.50);
```

Die Tabelle UMSATZ lässt sich durch die folgenden Anweisungen mit Werten belegen:

```
INSERT INTO UMSATZ VALUES (8413,12,40,'24.06.2008');
INSERT INTO UMSATZ VALUES (5016,22,10,'24.06.2008');
INSERT INTO UMSATZ VALUES (8413,11,70,'24.06.2008');
INSERT INTO UMSATZ VALUES (1215,11,20,'25.06.2008');
INSERT INTO UMSATZ VALUES (5016,22,35,'25.06.2008');
INSERT INTO UMSATZ VALUES (8413,13,35,'24.06.2008');
INSERT INTO UMSATZ VALUES (1215,13,5,'24.06.2008');
INSERT INTO UMSATZ VALUES (1215,12,10,'24.06.2008');
INSERT INTO UMSATZ VALUES (8413,11,20,'25.06.2008');
```

- Aus der Form dieser Anweisungen ist erkennbar, dass beim DB-System ORACLE Datumswerte durch Hochkommata (') zu begrenzen und mit jeweils ganzzahligen Tages-, Monats- und Jahresangaben in der Form "tag.monat.jahr" festzulegen sind. Erfolgt die Jahresangabe zweiziffrig, so wird das Jahrhundert automatisch ergänzt.

Ersatzweise kann anstelle von "24.06.2008" auch der Wert "24-JUN-2008" verwendet werden, bei dem der Punkt durch den Bindestrich ersetzt ist und der Monat durch die ersten drei Zeichen des (deutschen) Monatsnamens festgelegt wird. Der Monatsname muss nicht abgekürzt, sondern kann *vollständig* angegeben werden.

Grundsätzlich ist zu beachten, dass die Werte, die innerhalb einer INSERT-Anweisung aufgeführt werden, mit den Datentypen verträglich sind, die für die jeweils korrespondierenden Tabellenspalten zuvor vereinbart wurden. Somit dürfen Zeichenketten die maximal zulässige Länge nicht überschreiten. Mit exakter Genauigkeit angegebene numerische Werte dürfen nur in Spalten eingetragen werden, deren Datentyp als exakt numerisch festgelegt wurde.

Hinweis: Dagegen dürfen approximativ dargestellte numerische Werte der Form

```
[ { + | - } ]  m [ . n ] E ganzzahl
```

in Spalten eingetragen werden, die den numerischen Datentyp besitzen. Beispiele für diese Darstellungsform sind etwa die Zahl "$-0.5E6$", durch die der numerische Wert "-500000" gekennzeichnet wird, und die Zahl "$1E - 1$" (die Schreibweise "$E - 1$" ist nicht zulässig), die den numerischen Wert "$0, 1$" beschreibt.

- Sofern in eine Tabellenzeile ein fehlender Wert eingetragen werden muss, ist für die betreffende Spalte das Schlüsselwort NULL innerhalb der INSERT-Anweisung aufzuführen. Den gleichen Effekt hat eine INSERT-Anweisung, in der – vor dem Schlüsselwort VALUES – Spaltennamen ohne den Namen derjenigen Spalte angegeben werden, die einen Nullwert erhalten soll.

Ist ein Umsatz getätigt worden, für den die Stückzahl noch nicht vorliegt, kann z.B. eine Anweisung der folgenden Form verwendet werden:

```
INSERT INTO UMSATZ VALUES (8413,12,NULL,'24.06.2008');
```

Hiermit gleichbedeutend ist die folgende INSERT-Anweisung:

```
INSERT INTO UMSATZ (V_NR, A_NR, DATUM)
                VALUES (8413,12,'24.06.2008');
```

Im Hinblick auf die im Abschnitt 2.4 vorgestellten Möglichkeiten, die referentielle Integrität absichern zu lassen, ist es beim Einsatz der INSERT-Anweisung bedeutsam, in welcher Reihenfolge die Tabellenzeilen in die Tabellen eingetragen werden.
Ist z.B. die Tabelle UMSATZ durch die Anweisung

```
CREATE TABLE UMSATZ(V_NR NUMBER(4)
        CONSTRAINT f_umsatz_1 REFERENCES VERTRETER(V_NR),
        A_NR NUMBER(2)
        CONSTRAINT f_umsatz_2 REFERENCES ARTIKEL(A_NR),
        A_STUECK NUMBER(3),
        DATUM DATE,
        CONSTRAINT p_umsatz PRIMARY KEY(V_NR,A_NR,DATUM));
```

eingerichtet worden, so führt die Ausführung der Anweisung

```
INSERT INTO UMSATZ VALUES (8413,12,40,'24.06.2008');
```

dann zu einem Fehler, wenn die Tabelle VERTRETER noch keine Zeile mit der Vertreternummer 8413 enthält. Diese Abweisung erfolgt deswegen, weil das DB-System durch die CREATE TABLE-Anweisung dazu angehalten wurde, die referentielle Integrität zu gewährleisten. Entsprechend meldet das DB-System in dieser Situation dann einen Fehler, wenn die Tabelle ARTIKEL noch keine Tabellenzeile enthält, in der die Artikelnummer 12 eingetragen ist.

3.2 Übernahme von Datensätzen einer Text-Datei

Unter Verwendung der INSERT-Anweisung ist die Eingabe der Tabellenzeilen eine
mühsame Angelegenheit. Daher ist es wünschenswert, dass die Daten – ohne den Einsatz von INSERT-Anweisungen – in eine Tabelle übernommen werden können, sofern sie
bereits – in geeigneter Form – innerhalb einer Text-Datei gespeichert sind. Für eine derartige Anforderung stellt das DB-System ORACLE keine SQL-Anweisung zur Verfügung.
Um Daten aus einer Text-Datei in eine Tabelle übernehmen zu können, muss ein geeignetes
Dienstprogramm zur Ausführung gelangen.

Haben wir z.B. die Tabelle ARTIKEL_UMSATZ durch die Anweisung

```
CREATE TABLE ARTIKEL_UMSATZ (V_NR NUMBER(4) NOT NULL,
                             A_NR NUMBER(2) NOT NULL,
                             A_NAME CHAR(20),
                             A_PREIS NUMBER(7,2),
                             A_STUECK NUMBER(3),
                             DATUM DATE NOT NULL);
```

innerhalb unseres Schemas eingerichtet, so können wir Datensätze, die in der folgenden
Form innerhalb der Text-Datei "C:\TEMP\DATEN.TXT" gespeichert sind, als Tabellenzeilen in diese Tabelle übernehmen lassen:

```
8413|12|Oberhemd|39,80|40|24.06.2008
5016|22|Mantel|360,00|10|24.06.2008
8413|11|Oberhemd|44,20|70|24.06.2008
1215|11|Oberhemd|44,20|20|25.06.2008
5016|22|Mantel|360,00|35|25.06.2008
8413|13|Hose|110,50|35|24.06.2008
1215|13|Hose|110,50|5|24.06.2008
1215|12|Oberhemd|39,80|10|24.06.2008
8413|11|Oberhemd|44,20|20|25.06.2008
```

Sofern der Zugriff auf die Datenbasis über die Benutzerkennung "gast" in Verbindung
mit dem Passwort "gast" möglich ist, kann diese Übertragung durch das folgende DOS-
Kommando – innerhalb des Fensters "Eingabeaufforderung" – angefordert werden:

```
sqlldr gast/gast control=C:\TEMP\CONTROL.TXT
```

Die als Kontroll-Datei aufgeführte Datei "C:\TEMP\CONTROL.TXT" muss in unserer
Situation den folgenden Inhalt besitzen:

```
load data
infile 'C:\TEMP\DATEN.TXT'
into table ARTIKEL_UMSATZ
fields terminated by '|'
(V_NR,A_NR,A_NAME,A_PREIS,A_STUECK,DATUM)
```

Hinweis: Der Ladevorgang erfolgt nur dann, wenn die Tabelle ARTIKEL_UMSATZ keine Tabellenzeilen enthält.
Ferner ist zu beachten, dass fehlerhafte Zeilen in eine Datei eingetragen werden, die die Namensergänzung "BAD"
besitzt. In unserer Situation würde somit die Datei "C:\TEMP\DATEN.BAD" erstellt werden.

Die Daten, die in eine Tabelle geladen werden sollen, müssen nicht notwendigerweise durch das Zeichen "|" voneinander getrennt werden. Sofern die Tabelle ARTIKEL_UMSATZ mit der oben angegebenen CREATE TABLE-Anweisung vereinbart wurde, können z.B. auch Daten, die in der folgenden Form innerhalb der Text-Datei "C:\TEMP\DATEN.TXT" vorliegen, in die Tabelle ARTIKEL_UMSATZ übernommen werden:

```
8413 12 Oberhemd 39,80 40 24.06.2008
5016 22 Mantel 360,00 10 24.06.2008
8413 11 Oberhemd 44,20 70 24.06.2008
1215 11 Oberhemd 44,20 20 25.06.2008
5016 22 Mantel 360,00 35 25.06.2008
8413 13 Hose 110,50 35 24.06.2008
1215 13 Hose 110,50 5 24.06.2008
1215 12 Oberhemd 39,80 10 24.06.2008
8413 11 Oberhemd 44,20 20 25.06.2008
```

Dies lässt sich durch das DOS-Kommando

```
sqlldr gast/gast control=C:\TEMP\CONTROL.TXT
```

in Verbindung mit dem folgenden Inhalt der Datei "C:\TEMP\CONTROL.TXT" bewerkstelligen:

```
load data
infile 'C:\TEMP\DATEN.TXT'
into table ARTIKEL_UMSATZ
fields terminated by ' '
(V_NR,A_NR,A_NAME,A_PREIS,A_STUECK,DATUM)
```

Sollen Daten in eine Tabelle übertragen werden, in denen ein oder mehrere Kommata auftreten – wie etwa bei den in der Form

```
8413,"Meyer,Emil","Wendeweg 10,28345 Bremen",",07","725,15"
5016,"Meier,Franz","Kohlstr. 1,28623 Bremen",",05","200"
1215,"Schulze,Fritz","Gemüseweg 3,28115 Bremen",",06","50,5"
```

abgespeicherten Vertreterdaten – und ist das Komma als Trennzeichen einzusetzen, so sind die einzelnen Werte durch ein Begrenzungssymbol zu markieren. In unserem Fall haben wir das Zeichen (") zur Einleitung und zur Endekennung verwendet. In dieser Situation lässt sich die Übertragung in die Tabelle VERTRETER dadurch anfordern, dass die folgenden Angaben innerhalb der Datei "C:\TEMP\CONTROL.TXT" festgelegt werden:

```
load data
infile 'C:\TEMP\DATEN.TXT'
into table VERTRETER
fields terminated by ',' optionally enclosed by '"'
(V_NR,V_NAME,V_ANSCH,V_PROV,V_KONTO)
```

3.3   Einsatz von externen Tabellen

Daten, die als Bestandsdaten einer Tabelle zur Verfügung gehalten werden sollen, müssen nicht durch eine INSERT-Anweisung oder durch den Einsatz eines Dienstprogramms in eine Tabelle übertragen werden. Sofern auf diese Daten allein ein lesender Zugriff möglich sein soll, können sie der Verarbeitung in Form einer externen Tabelle zugänglich gemacht werden.

- Der Datenbestand einer *externen Tabelle* wird nicht in der Datenbasis, sondern innerhalb einer Datei gespeichert. Auf den Inhalt einer externen Tabelle ist allein ein lesender Zugriff erlaubt.

Zur Einrichtung einer externen Tabelle muss die CREATE TABLE-Anweisung in der folgenden Form mit einer ORGANIZATION EXTERNAL-Klausel abgeschlossen werden:

```
CREATE TABLE tabellenname ( spaltenname-1 [ datentyp-1 ]
                          [ , spaltenname-2 [ datentyp-2 ] ... )
             ORGANIZATION EXTERNAL ( external-angaben )
```

Abbildung 3.2: Einrichtung einer externen Tabelle

Es ist zu beachten, dass bei der Vereinbarung der Tabellenspalten keine Anforderungen zu Integritätsprüfungen verabredet werden dürfen, sodass z.B. keine NOT NULL-Klausel in die CREATE TABLE-Anweisung eingetragen werden darf.

Durch die Angaben innerhalb der ORGANIZATION EXTERNAL-Klausel wird die Herkunft der Daten festgelegt. Ferner wird bestimmt, wie die einzelnen Daten voneinander abzugrenzen und zu einer Tabellenzeile zusammenzufassen sind.

Zur Kennzeichnung der Datenquelle ist der Name des zugehörigen Ordners – in Form eines Alias-Ordnernamens – anzugeben. Um einen *Alias-Ordnernamen* zu verabreden, muss eine CREATE DIRECTORY-Anweisung der folgenden Form ausgeführt werden:

```
CREATE DIRECTORY alias-ordnername AS ordner
```

Abbildung 3.3: Festlegung eines Alias-Ordnernamens

Hinweis: Es wird vorausgesetzt, dass das CREATE DIRECTORY-Recht für die Benutzerkennung "gast" zuvor durch den DB-Verwalter wie folgt vereinbart wurde:

```
GRANT CREATE ANY DIRECTORY TO gast;
```

Wir gehen davon aus, dass die Datei mit den Daten, die Bestandteil einer Tabelle werden sollen, im Ordner "c:\temp" gespeichert ist. Soll z.B. "VERZEICHNIS" in diesem Fall als Alias-Ordnername für den Zugriff auf den Ordner "c:\temp" festgelegt werden, so ist die folgende Anforderung zu stellen:

```
CREATE DIRECTORY VERZEICHNIS AS 'c:\temp';
```

Hinweis: Soll der Aliasname "VERZEICHNIS" wieder aus dem Schema entfernt werden, so ist seitens des DB-Verwalters die folgende Anweisung zu verwenden:

Der Alias-Ordnername, durch den auf die Daten-Datei zugegriffen werden kann, muss innerhalb der ORGANIZATION EXTERNAL-Klausel durch

```
DROP DIRECTORY VERZEICHNIS;
```

und der Name der Daten-Datei wie folgt verabredet werden:

```
LOCATION ( ' dateiname ' )
```

Wie die Daten innerhalb der betreffenden Daten-Datei abgelegt sind, ist innerhalb der OR-GANIZATION EXTERNAL-Klausel folgendermaßen mitzuteilen:

```
ACCESS PARAMETERS ( angaben-zur-datenstruktur )
```

Standardmäßig kann man davon ausgehen, dass die Daten satzweise gespeichert sind, so-dass die folgende Angabe zu machen ist:

```
RECORDS DELIMITED BY NEWLINE
```

Das Trennzeichen, das die Daten für die einzelnen Tabellenspalten paarweise voneinander abgrenzt, ist in der folgenden Form festzulegen:

```
FIELDS TERMINATED BY " trennzeichen "
```

Insgesamt ist die CREATE TABLE-Anweisung zur Einrichtung einer externen Tabelle wie folgt anzugeben:

```
CREATE TABLE tabellenname ( spaltenname-1 [ datentyp-1 ]
                       [ , spaltenname-2 [ datentyp-2 ] ... )
    ORGANIZATION EXTERNAL (
        DEFAULT DIRECTORY alias-ordnername
        ACCESS PARAMETERS ( RECORDS DELIMITED BY NEWLINE
                            FIELDS TERMINATED BY " trennzeichen " )
        LOCATION ( ' dateiname ' )  )
```

Abbildung 3.4: Einrichtung einer externen Tabelle

Hinweis: Wird die CREATE TABLE-Anweisung zwischen den beiden Schlüsselwörtern NEWLINE und FIELDS durch den Eintrag

```
BADFILE 'bad.txt'  LOGFILE 'log.txt'
```

ergänzt, so werden Angaben zur Datenübertragung in der Datei "log.txt" und fehlerhafte Datensatzinhalte innerhalb der Datei "bad.txt" protokolliert. Beide Dateien sind in dem Ordner enthalten, in dem die Datei mit den Daten gespeichert ist.

Sofern wir – in Anlehnung an die Angaben im Abschnitt 3.2 – die Tabelle ARTI-KEL_UMSATZ einrichten wollen, können wir diese Tabelle z.B. in der folgenden Form als externe Tabelle vereinbaren:

```
CREATE TABLE ARTIKEL_UMSATZ (
            V_NR NUMBER(4), A_NR NUMBER(2),
            A_NAME CHAR(20), A_PREIS NUMBER(7,2),
            A_STUECK NUMBER(3), DATUM DATE)
    ORGANIZATION EXTERNAL (
    DEFAULT DIRECTORY verzeichnis
    ACCESS PARAMETERS ( RECORDS DELIMITED BY NEWLINE
                        FIELDS TERMINATED BY "|" )
    LOCATION ('daten.txt') );
```

Hierbei gehen wir davon aus, dass die Daten-Datei, die im Ordner "Temp" auf dem Laufwerk "C:" gespeichert ist, den Dateinamen "daten.txt" trägt. Nach der Einrichtung der Tabelle ARTIKEL_UMSATZ wird erst dann auf den Inhalt der Daten-Datei "daten.txt" zugegriffen, wenn ein Lesezugriff – mittels einer SELECT-Anweisung – auf die Tabelle ARTIKEL_UMSATZ erfolgt. Die Ausführung einer derartigen SELECT-Anweisung ist nur dann erfolgreich, wenn die Daten innerhalb der Daten-Datei "daten.txt" wie folgt gespeichert sind:

```
8413|12|Oberhemd|39.80|40|24-JUN-2008
5016|22|Mantel|360.00|10|24-JUN-2008
8413|11|Oberhemd|44.20|70|24-JUN-2008
1215|11|Oberhemd|44.20|20|25-JUN-2008
5016|22|Mantel|360.00|35|25-JUN-2008
8413|13|Hose|110.50|35|24-JUN-2008
1215|13|Hose|110.50|5|24-JUN-2008
1215|12|Oberhemd|39.80|10|24-JUN-2008
8413|11|Oberhemd|44.20|20|25-JUN-2008
```

Hierbei ist zu beachten, dass – im Gegensatz zu der Darstellung im Abschnitt 3.2 – die Preise mit einem Dezimalpunkt und die Angaben zum Datum in der Form "tag-monatsname-jahr" gespeichert sind. Für den Monatsnamen sind die drei ersten Buchstaben des englischen Monatsnamen verwendet worden.

3.4   Erzeugung von Kennwerten

In den Tabellen VERTRETER und ARTIKEL sind Kennwerte zur Identifizierung der Vertreter und Artikel innerhalb der Spalten V_NR bzw. A_NR eingetragen. Sofern derartige Kennwerte während der Erfassung neuer Tabellenzeilen *automatisch* vom DB-System vergeben werden sollen, kann eine *Sequenz* eingerichtet werden, von der ganzzahlige Zahlenwerte gemäß einer vorgegebenen Berechnungsvorschrift abgerufen werden können.

Zur Vereinbarung einer Sequenz ist die CREATE SEQUENCE-Anweisung zu verwenden, deren Syntax sich wie folgt darstellt:

CREATE SEQUENCE sequenz-name

    [START WITH ganzzahl-1] [INCREMENT BY ganzzahl-2]

Abbildung 3.5: Einrichtung einer Sequenz

Bei der Ausführung dieser Anweisung wird eine Sequenz namens "sequenz-name" eingerichtet. Sofern innerhalb der CREATE SEQUENCE-Anweisung keine START-Klausel angegeben ist, wird die Zahl "1" zum Startwert bestimmt. Soll von dieser Voreinstellung abgewichen werden, so ist der zu wählende Startwert innerhalb der START-Klausel festzulegen.

Nachdem ein erster Wert von einer Sequenz abgerufen wurde, wird der Startwert standardmäßig um den Wert "1" erhöht, sodass ein entsprechend veränderter Wert für einen nachfolgenden Zugriff zur Verfügung steht. Sofern der Startwert um einen individuell festzulegenden Wert zu erhöhen ist, muss dieser Wert innerhalb einer INCREMENT-Klausel verabredet werden. Eine durch die CREATE SEQUENCE-Anweisung eingerichtete Sequenz wird dadurch initialisiert, dass ein erstmaliger Zugriff auf diese Sequenz erfolgt. Eine derartige *Initialisierung* lässt sich unmittelbar bei der Eintragung neuer Tabellenzeilen vornehmen.

Haben wir z.B. die Sequenz "A_NR_SEQ" durch die Anweisung

```
CREATE SEQUENCE A_NR_SEQ START WITH 26 INCREMENT BY 2;
```

eingerichtet, so wird beim erstmaligen Abruf die Zahl "26" bereitgestellt, beim nächsten Zugriff die Zahl "28", beim darauffolgenden Zugriff die Zahl "30" usw.
Der erstmalige Zugriff auf "A_NR_SEQ" und die damit verbundene Initialisierung dieser Sequenz lässt sich z.B. durch die folgende INSERT-Anweisung erreichen:

```
INSERT INTO ARTIKEL VALUES (A_NR_SEQ.NEXTVAL, NULL, NULL);
```

In diesem Fall wird innerhalb der neuen Tabellenzeile die Artikelnummer eingetragen, die von der Sequenz "A_NR_SEQ" automatisch in Form des Startwertes "26" abgerufen wurde.
Grundsätzlich gilt für den Zugriff auf eine Sequenz:

- Die Initialisierung und der Abruf des zuerst bereitgestellten Wertes erfolgt dadurch, dass der Name der Sequenz durch das Schlüsselwort NEXTVAL in der Form "sequenz-name.NEXTVAL" qualifiziert wird. Die Erhöhung des jeweils aktuellen Wertes und dessen Abruf erfolgt durch einen erneuten Zugriff über "sequenz-name.NEXTVAL". Soll keine Erhöhung erfolgen, sondern nur der aktuelle Wert der Sequenz abgerufen werden, so ist das Schlüsselwort "CURRVAL" in der Form "sequenz-name.CURRVAL" zu verwenden.

Somit wird durch die folgende INSERT-Anweisung eine weitere Tabellenzeile innerhalb der Tabelle ARTIKEL mit der Artikelnummer "28" eingerichtet:

```
INSERT INTO ARTIKEL VALUES (A_NR_SEQ.NEXTVAL, NULL, NULL);
```

Um sich über den jeweils aktuellen Wert der Sequenz "A_NR_SEQ" zu informieren, kann die SELECT-Anweisung wie folgt verwendet werden:

```
SELECT A_NR_SEQ.CURRVAL FROM DUAL;
```

- Dabei handelt es sich bei dem Schlüsselwort "DUAL" um eine Ersatzangabe für einen Tabellennamen. Diese Sonderform der SELECT-Anweisung versetzt den Anwender in die Lage, Informationen der Datenbasis abzufragen, die nicht zum Datenbestand einer Tabelle zählen.

Soll der für die Erhöhung einer Sequenz eingestellte Zuwachswert geändert werden, so ist die ALTER SEQUENCE-Anweisung in der folgenden Form einzusetzen:

```
ALTER SEQUENCE sequenz-name INCREMENT BY ganzzahl
```

Abbildung 3.6: Änderung einer Sequenz

Damit eine Sequenz neu initialisiert werden kann, muss sie zunächst gelöscht werden. Hierzu ist eine DROP SEQUENCE-Anweisung der folgenden Form einzusetzen:

```
DROP SEQUENCE sequenz-name
```

Abbildung 3.7: Löschung einer Sequenz

KAPITEL 4

ANZEIGE VON TABELLENINHALTEN

4.1 Anzeige des gesamten Tabelleninhalts

Im Folgenden gehen wir davon aus, dass unsere Basis-Tabellen in der im Abschnitt 2.4 angegebenen Form vereinbart und in der im Abschnitt 3.1 angegebenen Form mit Tabellenzeilen gefüllt sind.

Sofern wir einen Einblick in den von uns aufgebauten Datenbestand nehmen wollen, müssen wir dem DB-System gegenüber geeignete *Abfragen* formulieren. Dazu können wir z.B. die SELECT-Anweisung in der Form

```
SELECT * FROM tabellenname
```

Abbildung 4.1: Anzeige aller Tabellenwerte

einsetzen. Durch den Stern "*" wird festgelegt, dass die Werte sämtlicher Spalten der Tabelle "tabellenname" angezeigt werden sollen. Die Inhalte der Tabellenzeilen werden untereinander angezeigt. Über der ersten Tabellenzeile erscheint – als Überschriftstext – der Spaltenname, der durch Bindestriche von den angezeigten Tabellenzeilen abgegrenzt wird. So werden z.B. die Textzeilen

```
    A_NR A_NAME                A_PREIS
--------- -------------------- ---------
      12 Oberhemd                  39,8
      22 Mantel                     360
      11 Oberhemd                  44,2
      13 Hose                     110,5
```

durch die Ausführung der folgenden Anweisung angezeigt:

```
SELECT * FROM ARTIKEL;
```

- Hier und im Folgenden wird die Anzeige, die durch eine SQL-Anweisung angefordert wurde, in der Form wiedergegeben, wie es beim Dialog mittels "SQL*Plus" der Fall ist. Diese Anzeigeform steht im Gegensatz zur Ergebnispräsentation beim Dialog mit dem Programm "SQLDEVELOPER", das die Anzeige von numerischen Werten – ebenso wie die von Zeichenketten – stets linksbündig vornimmt.

Entsprechend führt die SELECT-Anweisung

```
SELECT * FROM UMSATZ;
```

zu den folgenden Zeilen:

```
    V_NR          A_NR   A_STUECK  DATUM
---------- ---------- ---------- --------
      8413         12         40 24.06.08
      5016         22         10 24.06.08
      8413         11         70 24.06.08
      1215         11         20 25.06.08
      5016         22         35 25.06.08
      8413         13         35 24.06.08
      1215         13          5 24.06.08
      1215         12         10 24.06.08
      8413         11         20 25.06.08
```

• Bei der Anzeige eines Datums werden standardmäßig nur die beiden letzten Ziffern angezeigt. Soll die Form der Datums-Anzeige geändert werden, so ist ein geeigneter Funktions-Aufruf zu verwenden (siehe Abschnitt 5.9).

Im Hinblick auf die Anzeige von mehreren Tabellenzeilen ist es oftmals hilfreich, die Anzeige am Ende einer Bildschirmseite zu unterbrechen. Dazu lässt sich die SQL*PLUS-Anweisung SET verwenden. Durch die Eingabe von

```
SET PAUSE ON
```

wird die Anzeige der Tabellenzeilen unterbrochen, sofern der Bildschirm gefüllt ist und noch weitere Tabellenzeilen anzuzeigen sind. Der Abruf der jeweils neuen Bildschirmseite erfolgt dadurch, dass der Inhalt der aktuellen Bildschirmseite bestätigt wird. Soll die in dieser Form mögliche Unterbrechung der Anzeige wieder aufgehoben werden, so ist die Anforderung

```
SET PAUSE OFF
```

vor der nächsten SELECT-Anweisung einzugeben.

4.2   Anzeige von Werten ausgewählter Tabellenspalten

Soll nicht der Inhalt aller Tabellenspalten angezeigt werden, sondern sind einzelne Spalten für die Anzeige auszuwählen, so muss die SELECT-Anweisung in der Form

```
SELECT spaltenname-1 [ , spaltenname-2 ]... FROM tabellenname
```

Abbildung 4.2: Anzeige ausgewählter Spaltenwerte

verwendet werden (eine abkürzende Schreibweise für mehrere aufeinanderfolgende Spalten gibt es nicht). In diesem Fall werden die Werte der aufgeführten Tabellenspalten zeilenweise untereinander angezeigt.
So führt etwa die Anweisung

```
SELECT A_NR, A_STUECK, V_NR FROM UMSATZ;
```

zur folgenden Anzeige von Artikelnummern, Stückzahlen und Vertreternummern:

```
   A_NR  A_STUECK       V_NR
--------- --------- ---------
      12        40       8413
      22        10       5016
      11        70       8413
      11        20       1215
      22        35       5016
      13        35       8413
      13         5       1215
      12        10       1215
      11        20       8413
```

In diesem Fall sind alle resultierenden Zeilen voneinander verschieden. Dagegen ist die Anzeige

```
   A_NR
---------
      12
      22
      11
      11
      22
      13
      13
      12
      11
```

die durch die Anweisung

```
SELECT A_NR FROM UMSATZ;
```

angefordert wird, eher verwirrend als aufschlussreich, falls wir uns allein dafür interessieren, für welche Artikel ein Umsatz getätigt wurde. Insofern ist es wichtig, sich darüber klar zu werden, ob doppelte Zeilen als Ergebnis einer SELECT-Anweisung erlaubt sind oder alle resultierenden Tabellenzeilen paarweise voneinander verschieden sein sollen. Diese Frage spielt unter anderem dann eine wichtige Rolle, wenn Projektionen und Verbund-Bildungen durchgeführt werden sollen (siehe die Angaben im Kapitel 8).

Wollen wir uns – bezogen auf das oben angegebene Beispiel – nicht alle, sondern nur die voneinander verschiedenen Werte von A_NR anzeigen lassen, so müssen wir das Schlüsselwort DISTINCT wie folgt innerhalb der SELECT-Anweisung verwenden:

```
SELECT DISTINCT { * | spaltenname-1 [ , spaltenname-2 ]... }

   FROM tabellenname
```

Abbildung 4.3: Anzeige voneinander verschiedener Tabellenzeilen

In diesem Fall werden nur diejenigen Zeileninhalte der in der FROM-Klausel angegebenen
Tabelle angezeigt, die sich paarweise voneinander unterscheiden.

- Durch diese Form der SELECT-Anweisung lässt sich somit die im Abschnitt 1.2.1
  dargestellte Tabellen-Operation durchführen, bei der ausgewählte Tabellenspalten einer Tabelle zu einer neuen Tabelle zusammengestellt werden. Dieser Vorgang wird
  Projektion genannt – auch wenn hierbei keine neue Tabelle aufgebaut, sondern nur
  eine Anzeige der aus dieser Operation resultierenden Tabellenzeilen erfolgt.

Soll z.B. eine Projektion von der Tabelle UMSATZ auf die Spalte mit den Artikelnummern
vorgenommen werden, so ist die folgende Verarbeitung durchzuführen:

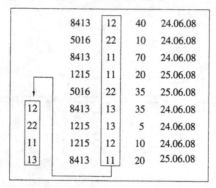

Abbildung 4.4: Anzeige einer Projektion

Eine entsprechende Ausführung lässt sich durch die Verwendung des Schlüsselwortes DIS-
TINCT in der folgenden Form abrufen:

```
SELECT DISTINCT A_NR FROM UMSATZ;
```

Berücksichtigen wir, dass die Reihenfolge, in der die resultierenden Tabellenzeilen vom
DB-System ermittelt werden, durch die intern durchgeführten Verarbeitungsschritte
bestimmt wird, so erhalten wir die folgende Anzeige:

```
    A_NR
---------

    22
    11
    13
    12
```

Somit lässt sich durch den Einsatz der SELECT-Anweisung mit dem Schlüsselwort DIS-
TINCT eine Projektion von einer Tabelle durchführen, wobei die resultierenden Tabellenzeilen nur angezeigt und nicht in einer gesonderten Tabelle gesichert werden.

Hinweis: Sollen die durch eine Projektion ermittelten Tabellenzeilen nicht angezeigt, sondern als Tabelleninhalte
in die aktuelle Datenbasis aufgenommen werden, so ist die SELECT-Anweisung in Verbindung mit der INSERT-
Anweisung einzusetzen (siehe Abschnitt 8.1).

Innerhalb einer SELECT-Anweisung darf jedem Spaltennamen ein Name folgen, der bei
der Anzeige – anstelle des Spaltennamens – als Überschrift erscheint.
Durch die Ausführung z.B. der Anweisung

```
SELECT DISTINCT A_NR ARTIKELNUMMER FROM UMSATZ;
```

ergibt sich die folgende Anzeige:

```
ARTIKELNUMMER
------------
          22
          11
          13
          12
```

Mit der SELECT-Anweisung lassen sich auch bestimmte Inhalte der System-Tabellen des DB-Systems ORACLE abfragen. Zum Beispiel können wir uns die Spaltennamen der Tabelle UMSATZ durch die Anweisung

```
SELECT COLUMN_NAME FROM USER_TAB_COLUMNS
              WHERE TABLE_NAME = 'UMSATZ';
```

wie folgt ausgeben lassen (die jeweilige Zeilenzahl einer Tabelle ist nicht Bestandteil der System-Tabelle USER_TAB_COLUMNS):

```
COLUMN_NAME
-----------------------------------

V_NR
A_NR
A_STUECK
DATUM
```

4.3 Auswahl von Tabellenzeilen (WHERE-Klausel)

Mit der SELECT-Anweisung lassen sich nicht nur sämtliche Werte aller bzw. ausgewählter Tabellenspalten anzeigen, sondern es kann auch eine Auswahl (Selektion) von Tabellenzeilen getroffen werden.

Sind z.B. aus der Tabelle UMSATZ alle diejenigen Tabellenzeilen zu selektieren, die innerhalb der Spalte V_NR den Wert 8413 besitzen, so ist wie folgt zu verfahren:

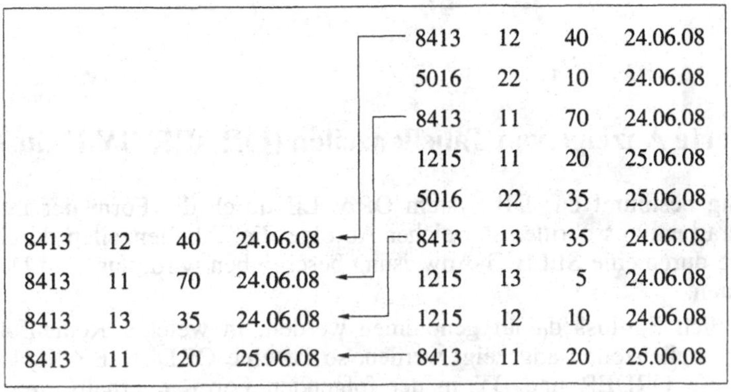

Abbildung 4.5: Durchführung einer Selektion

Diese Verarbeitung lässt sich durch eine WHERE-Klausel mit dem Schlüsselwort WHERE innerhalb der SELECT-Anweisung in der folgenden Form anfordern:

> SELECT [DISTINCT] { * | spaltenname-1 [, spaltenname-2]... }
>
> FROM tabellenname
>
> WHERE spaltenname-3 = wert

Abbildung 4.6: SELECT-Anweisung zur Verbindung von Projektion und Selektion

Dadurch werden alle diejenigen Tabellenzeilen für die Anzeige selektiert, für die die Bedingung "spaltenname-3 = wert" erfüllt ist. Somit wird jede Tabellenzeile überprüft, ob in ihrer durch den Namen "spaltenname-3" gekennzeichneten Tabellenspalte ein Tabellenwert enthalten ist, der mit dem hinter dem Gleichheitszeichen "=" aufgeführten Wert übereinstimmt. Trifft die angegebene Vergleichsbedingung zu, so wird die Tabellenzeile ausgewählt und ihr Inhalt angezeigt (bzw. in Verbindung mit der INSERT-Anweisung zur Übernahme in eine andere Tabelle bereitgestellt, siehe Abschnitt 8.1).

Wollen wir uns – wie oben angegeben – den Inhalt derjenigen Zeilen der Tabelle UMSATZ anzeigen lassen, für welche die Vergleichsbedingung "V_NR = 8413" erfüllt ist, so können wir die Anweisung

```
SELECT * FROM UMSATZ WHERE V_NR = 8413;
```

einsetzen. Dies führt zu folgendem Ergebnis:

```
    V_NR        A_NR  A_STUECK DATUM
---------- ---------- ---------- --------
      8413         12         40 24.06.08
      8413         11         70 24.06.08
      8413         13         35 24.06.08
      8413         11         20 25.06.08
```

Abschließend weisen wir darauf hin, dass Vergleichbedingungen hinter dem Schlüsselwort WHERE nicht auf Gleichheitsabfragen eingeschränkt sind, sondern dass beliebig komplexe Bedingungen als Auswahlkriterien aufgeführt sein dürfen (siehe die Angaben im nachfolgenden Kapitel 5).

4.4 Sortierte Anzeige von Tabellenzeilen (ORDER BY-Klausel)

Standardmäßig bestimmt das DB-System ORACLE durch die Form der intern durchgeführten Verarbeitungsschritte, in welcher Abfolge die Tabellenzeilen durch eine Anforderung, die durch eine SELECT-Anweisung beschrieben wird, aus dem Datenbestand ermittelt werden.

Soll ausdrücklich Einfluss darauf genommen werden, in welcher Reihenfolge die resultierenden Tabellenzeilen angezeigt werden, so ist eine ORDER BY-Klausel mit den Schlüsselwörtern ORDER und BY in der folgenden Form innerhalb einer SELECT-Anweisung anzugeben:

> SELECT [DISTINCT]   { * | spaltenname-1 [, spaltenname-2]... }
>
> FROM tabellenname
>
> [WHERE spaltenname-3 = wert   ]
>
> ORDER BY spaltenname-4 [DESC]
>
> [, spaltenname-5 [DESC]]...

Abbildung 4.7: SELECT-Anweisung zur sortierten Anzeige

Die Spalten, nach deren Inhalten die Tabellenzeilen sortiert werden sollen, sind – als *Sortierkriterien* – im Anschluss an das Schlüsselwort BY aufzuführen.

- Soll durch ein Sortierkriterium eine *fallende* Sortierrichtung festgelegt werden, so ist das Schlüsselwort DESC hinter dem Spaltennamen anzugeben. Eine *aufsteigende* Sortierung wird immer dann durchgeführt, wenn das Schlüsselwort DESC fehlt, da die aufsteigende Sortierrichtung voreingestellt ist.

So erfolgt etwa durch die Anweisung

```
SELECT * FROM ARTIKEL ORDER BY A_NR;
```

eine aufsteigende Sortierung nach den Artikelnummern und folglich die Anzeige von:

```
   A_NR A_NAME                        A_PREIS
--------- --------------------------- ---------
      11 Oberhemd                        44,2
      12 Oberhemd                        39,8
      13 Hose                           110,5
      22 Mantel                          360
```

Soll die Sortierung nach absteigend geordneten Artikelnummern durchgeführt werden, so ist das Schlüsselwort DESC wie folgt hinter dem Spaltennamen A_NR anzugeben:

```
SELECT * FROM ARTIKEL ORDER BY A_NR DESC;
```

Dies führt zu folgendem Ergebnis:

```
   A_NR A_NAME                        A_PREIS
--------- --------------------------- ---------
      22 Mantel                          360
      13 Hose                           110,5
      12 Oberhemd                         39,8
      11 Oberhemd                         44,2
```

Ist die Reihenfolge, in der die Tabellenzeilen angezeigt werden, nach mehreren Sortierkriterien festzulegen, so sind die diesbezüglichen Spaltennamen (mit evtl. ergänzender Angabe der fallenden Sortierrichtung durch das Schlüsselwort DESC) hintereinander aufzuführen. Dabei legt die zuerst angegebene Spalte das oberste Sortierkriterium fest, die nächste Spalte das dazu untergeordnete Sortierkriterium, usw.

Somit werden z.B. die Tabellenzeilen der Tabelle UMSATZ durch die Anweisung

```
SELECT * FROM UMSATZ ORDER BY V_NR, A_NR;
```

zunächst nach den Vertreternummern und bei gleichen Nummern anschließend nach den Artikelnummern sortiert, sodass wir die folgende Anzeige erhalten:

```
V_NR        A_NR    A_STUECK DATUM
---------   --------- -------- --------
    1215       11          20 25.06.08
    1215       12          10 24.06.08
    1215       13           5 24.06.08
    5016       22          10 24.06.08
    5016       22          35 25.06.08
    8413       11          70 24.06.08
    8413       11          20 25.06.08
    8413       12          40 24.06.08
    8413       13          35 24.06.08
```

Werden die Spaltennamen vor dem Schlüsselwort FROM explizit angegeben, so kann hinter ORDER BY eine abkürzende Angabe zu den Sortierkriterien gemacht werden. Dazu ist ein ganzzahliger Wert aufzuführen, der die Position des Sortierkriteriums innerhalb der Reihenfolge der aufgeführten Tabellenspalten (vor FROM) kennzeichnet. Im Hinblick auf diese Möglichkeit lässt sich die SELECT-Anweisung in der folgenden Form einsetzen:

```
SELECT [ DISTINCT ] { * | spaltenname-1 [ , spaltenname-2 ]... }
    FROM tabellenname
    [ WHERE spaltenname-3 = wert-1 ]
    ORDER BY { spaltenname-4 | wert-2 } [ DESC ]
              [ , { spaltenname-5 | wert-3 } [ DESC ] ]...
```

Abbildung 4.8: SELECT-Anweisung mit Positionsangabe zur Sortierung

Somit können wir die oben angegebene SELECT-Anweisung auch in der Form

```
SELECT V_NR, A_NR, A_STUECK, DATUM FROM UMSATZ
                                ORDER BY 1, 2;
```

formulieren. In diesem Fall beziehen sich die in der ORDER BY-Klausel aufgeführten Werte "1" und "2" auf die Tabellenspalte V_NR bzw. A_NR.

- Der Einsatz einer Positionsangabe zur Sortierung lässt sich nicht nur zur abkürzenden Beschreibung verwenden, sondern ist in den Fällen unumgänglich, in denen ein spezieller Ausdruck – anstelle eines Spaltennamens – vor dem Schlüsselwort FROM aufgeführt ist (siehe Abschnitt 5.1).

Angaben zur Sortierfolge

Sofern keine Vorkehrungen für eine besondere Form der Sortierordnung getroffen wurden, erfolgt die Sortierung so, wie sie durch den Kode festgelegt ist, in dem die Zeichen innerhalb der Datenbasis gespeichert sind.

Es besteht die Möglichkeit, bei der Sortierung nicht nach Groß- und Kleinbuchstaben zu unterscheiden, indem z.B. eine geeignete Funktion auf die Werte des jeweiligen Sortierkriteriums angewandt wird. Zum Beispiel kann dies beim DB-System ORACLE wie folgt – durch einen Funktionsaufruf (siehe Abschnitt 5.9) – durchgeführt werden:

```
SELECT * FROM ARTIKEL ORDER BY UPPER(A_NAME);
```

In diesem Fall wird die Reihenfolge, in der die Tabellenzeilen von ARTIKEL ausgegeben werden, durch die großgeschriebenen Artikelnamen festgelegt.

Hinweis: Es ist zu beachten, dass die Anzeige der Artikelnamen nach wie vor in der Schreibweise erfolgt, in der diese Namen zuvor in die Tabelle eingetragen wurden.

Sofern Tabellenspalten, durch die das Sortierkriterium festgelegt ist, Nullwerte enthalten, lässt sich bestimmen, ob diese Nullwerte den Anfang oder das Ende der Sortierfolge bilden sollen. Dazu ist die ORDER BY-Klausel gemäß der folgenden Syntax anzugeben:

ORDER BY { spaltenname-1 | wert-1 } [DESC]
[NULLS { FIRST | LAST }]
[, { spaltenname-2 | wert-2 } [DESC]
[NULLS { FIRST | LAST }]]...

Abbildung 4.9: ORDER BY-Klausel für die Sortierfolge von Nullwerten

Durch die Angabe "NULLS FIRST" wird bestimmt, dass Nullwerte den Anfang der Sortierfolge bilden. Um festzulegen, dass Nullwerte am Ende der Sortierfolge platziert sein sollen, ist die Angabe "NULLS LAST" zu machen.

Für eine aufsteigende Sortierung ist "NULLS LAST" und für eine absteigende Sortierung ist "NULLS FIRST" voreingestellt.

4.5   Verwendung einer Inline-Tabelle

Nachdem wir gelernt haben, wie der Inhalt einer Tabelle durch den Einsatz einer SELECT-Anweisung angezeigt werden kann, stellen wir ein Verfahren vor, wie sich die jeweils angezeigten Werte als Ausgangspunkt für eine weitere Abfrage vereinbaren lassen.

Das Ergebnis einer SELECT-Anweisung kann als *Inline-Tabelle* festgelegt werden, indem diese SELECT-Anweisung in der Form

(SELECT-anweisung)

Abbildung 4.10: Festlegung einer Inline-Tabelle

eingeklammert und anstelle eines Tabellennamens innerhalb der FROM-Klausel einer SELECT-Anweisung aufgeführt wird.

Zum Beispiel können wir durch die Anweisung

```
SELECT * FROM ( SELECT * FROM UMSATZ WHERE V_NR = 8413 )
        WHERE A_NR = 11;
```

die Umsätze des Artikels mit der Kennzahl "11" anzeigen lassen, die vom Vertreter mit der Kennzahl "8413" getätigt wurden. Hierbei haben wir durch

```
( SELECT * FROM UMSATZ WHERE V_NR = 8413 )
```

eine Inline-Tabelle verwendet, die die Umsatzdaten des Vertreters mit der Kennzahl "8413" enthält. Auf dieser Basis wird mittels der WHERE-Klausel "WHERE A_NR = 11" die Anzeige auf diejenigen Artikel eingeschränkt, die die Artikelnummer "11" besitzen.

Aus der oben angegebenen SELECT-Anweisung resultiert die folgende Anzeige:

```
    V_NR        A_NR    A_STUECK DATUM
---------- ---------- ---------- --------

    8413          11         70 24.06.08
    8413          11         20 25.06.08
```

Hinweis: Im Abschnitt 5.3 stellen wir dar, wie sich diese Anzeige durch eine geeignete Eintragung innerhalb der WHERE-Klausel erhalten lässt, ohne dass eine Inline-Tabelle als Bestandteil einer SELECT-Anweisung zur Hilfe genommen werden muss.

Sind allein die Stückzahlen und das Datum – nach aufsteigend sortierten Stückzahlen – anzuzeigen, so können wir das Ergebnis der oben angegebenen SELECT-Anweisung wiederum als Inline-Tabelle verwenden und die folgende Anweisung ausführen lassen:

```
SELECT A_STUECK, DATUM
    FROM (SELECT *
            FROM (SELECT * FROM UMSATZ WHERE V_NR = 8413)
            WHERE A_NR = 11)
    ORDER BY A_STUECK;
```

Diese Anweisung soll demonstrieren, dass Inline-Tabellen ineinander verschachtelt werden können. Es ist unmittelbar erkennbar, dass die Anweisung

```
SELECT A_STUECK, DATUM
        FROM (SELECT * FROM UMSATZ WHERE V_NR = 8413)
        WHERE A_NR = 11
        ORDER BY A_STUECK;
```

zur gleichen Anzeige führt.

4.6 Ausgabe von Tabelleninhalten in eine Text-Datei

Oftmals soll der Inhalt einer Tabelle nicht angezeigt, sondern in eine Text-Datei übertragen werden. Dies ist z.B. sinnvoll, um den Bestand einzelner Tabellen zu sichern oder um eine weitere Verarbeitung durch ein anderes Programm veranlassen zu können. Hierzu steht beim DB-System ORACLE keine Anweisung zur Verfügung, sodass wir an dieser Stelle beschreiben, wie eine derartige Ausgabe hilfsweise abgerufen werden kann.

Damit die Tabellenzeilen von UMSATZ in die Text-Datei "`C:\TEMP\UMSATZ.TXT`" übertragen werden können, sind z.B. die folgenden Anforderungen im Dialog mit SQL*PLUS einzugeben:

```
SPOOL C:\TEMP\UMSATZ.TXT
SELECT * FROM UMSATZ;
SPOOL OFF
```

Nachdem die zusätzlich zur Erläuterung ausgegebenen Zeilen in der Text-Datei UM-SATZ.TXT gelöscht worden sind, stellt sich deren Inhalt wie folgt dar:

```
8413        12        40 24.06.08
5016        22        10 24.06.08
8413        11        70 24.06.08
1215        11        20 25.06.08
5016        22        35 25.06.08
8413        13        35 24.06.08
1215        13         5 24.06.08
1215        12        10 24.06.08
8413        11        20 25.06.08
```

Hinweis: Um die Daten, die aus einer Tabellenzeile resultieren, ohne Lücken und mit einem Trennzeichen wie z.B. "|" auszugeben, sind innerhalb der SELECT-Anweisung geeignete Funktionen zu verwenden (siehe Abschnitt 5.9).

KAPITEL 5

DATENAUSWAHL UND FUNKTIONSAUFRUFE

5.1 Ausdrücke

In einer SELECT-Anweisung dürfen vor der FROM-Klausel nicht nur Spaltennamen angegeben werden, sondern es lassen sich dort beliebige Ausdrücke wie folgt aufführen:

> SELECT ausdruck-1 [, ausdruck-2]... FROM tabellenname

Abbildung 5.1: Anzeige von Ausdrücken

In Abhängigkeit vom Datentyp der einzelnen Tabellenspalten können arithmetische oder alphanumerische Ausdrücke verwendet werden.

Arithmetische Ausdrücke

Haben wir z.B. die Tabelle ARTIKEL_UMSATZ in der im Abschnitt 3.2 beschriebenen Form eingerichtet und mit den zugehörigen Tabellenzeilen gefüllt, so können wir die Stückzahlen, die Stückpreise sowie die hieraus resultierenden Umsatzwerte durch die SELECT-Anweisung

```
SELECT A_STUECK, A_PREIS, A_STUECK * A_PREIS
       FROM ARTIKEL_UMSATZ;
```

anzeigen lassen. In dieser Anweisung haben wir das Produkt "A_STUECK*A_PREIS" aus Stückzahl und Stückpreis als arithmetischen Ausdruck angegeben.

Grundsätzlich handelt es sich bei einem *arithmetischen Ausdruck* entweder um einen elementaren arithmetischen Ausdruck – wie z.B. einen Spaltennamen oder einen numerischen Wert – oder er besteht aus einer Folge von elementaren arithmetischen Ausdrücken, die durch die numerischen Operatoren "+" (Addition), "−" (Subtraktion), "∗" (Multiplikation) und "/" (Division) verknüpft sind.

Die Berechnung eines arithmetischen Ausdrucks erfolgt "von links nach rechts" gemäß der folgenden Prioritätsregeln:

- Zuerst werden alle Multiplikationen und Divisionen (höchste Priorität) und schließlich alle Additionen und Subtraktionen durchgeführt.

- Bei mehreren aufeinanderfolgenden Operatoren der gleichen Prioritätsstufe werden die Berechnungen von "links nach rechts" vorgenommen.

- Diese für die Auswertung standardmäßig zugrundegelegte Reihenfolge kann durch das Setzen von öffnenden Klammern "(" und schließenden Klammern ")" verändert werden (dabei müssen öffnende und schließende Klammern paarweise einander zugeordnet sein).

- Enthält ein arithmetischer Ausdruck mehrere ineinander verschachtelte Klammern-paare, so werden zuerst die Operationen der tiefsten Klammerstufe ausgeführt, dann die Operationen der nächsthöheren, usw.

Das Setzen von Klammern ist immer dann vorzunehmen, wenn die Auswertungsrei-henfolge gegenüber der Prioritätsangabe zu ändern ist bzw. wenn die Berechnung eines arithmetischen Ausdrucks lesbarer gestaltet werden soll.

Während Klammern bei der Formulierung eines arithmetischen Ausdrucks nur in bestimm-ten Fällen verwendet werden müssen, ist der Einsatz von Klammern – wie wir wissen – bei der Festlegung einer Inline-Tabelle unabdingbar.

Zum Beispiel kann eine Anzeige der Umsatzdaten – ohne die Umsatzwerte – nach aufsteigend sortierten Umsatzwerten abgerufen werden, indem die folgende Anweisung zur Ausführung gebracht wird:

```
SELECT V_NR, A_NR, A_STUECK, A_PREIS, DATUM
      FROM (SELECT V_NR, A_NR, A_STUECK, DATUM, A_PREIS,
            A_STUECK * A_PREIS
            FROM ARTIKEL_UMSATZ ORDER BY 6);
```

Da Ausdrücke auch innerhalb einer ORDER BY-Klausel verwendet werden dürfen, kann das Sortierkriterium alternativ in der Form "A_STUECK * A_PREIS" verabredet und die SELECT-Anweisung auch wie folgt formuliert werden:

```
SELECT V_NR, A_NR, A_STUECK, A_PREIS, DATUM
      FROM (SELECT V_NR, A_NR, A_STUECK, DATUM, A_PREIS,
            A_STUECK * A_PREIS
            FROM ARTIKEL_UMSATZ
            ORDER BY A_STUECK * A_PREIS);
```

Diese Form der Anforderung basiert darauf, dass sich eine SELECT-Anweisung gemäß der folgenden Syntax formulieren lässt:

```
SELECT [ DISTINCT ] { * | ausdruck-1 [ , ausdruck-2 ]... }
      FROM tabellenname
      [ WHERE spaltenname = wert ]
      ORDER BY  ausdruck-3 [ DESC ]
                  [ NULLS { FIRST | LAST } ]
            [ , ausdruck-4 [ DESC ]
                  [ NULLS { FIRST | LAST } ] ]...
```

Abbildung 5.2: SELECT-Anweisung mit Ausdrücken in der ORDER BY-Klausel

Alphanumerische Ausdrücke

Zur Bearbeitung von Textinformation lassen sich *alphanumerische Ausdrücke* (Strings) verwenden, die aus einzelnen Zeichen oder aus Zeichenketten bestehen, bei denen meh-rere Zeichen zu einer Einheit zusammengefasst sind.

Werden alphanumerische Ausdrücke innerhalb einer SQL-Anweisung aufgeführt, so sind sie beim DB-System ORACLE durch jeweils ein Hochkomma (') einzuleiten und zu beenden.

Zum Beispiel handelt es sich bei den folgenden Angaben um alphanumerische Ausdrücke, die innerhalb von SQL-Anweisungen aufgeführt werden dürfen:

'Meyer, Emil'   '%'   'Hose'

Beim DB-System ORACLE können alphanumerische Ausdrücke durch den *Verkettungsoperator* "||" (zweimal Tastenkombination der "Alt Gr"-Taste mit der Taste "<") miteinander verknüpft werden, indem der hinter diesem Operator angegebene Ausdruck an denjenigen Ausdruck angefügt wird, der vor diesem Operator aufgeführt ist.

Zum Beispiel können wir die Anweisung

```
SELECT 'Name: ' || V_NAME FROM VERTRETER;
```

eingeben, sodass die einzelnen Vertreternamen durch die Zeichenkette "Name: " in der folgenden Form eingeleitet werden:

```
'NAME:'||V_NAME
- - - - - - - - - - - - - - - - - - - - - - - - - - - - - - - - - - -
Name: Meyer, Emil
Name: Meier, Franz
Name: Schulze, Fritz
```

Um die Ausgabe gestalten zu können, lassen sich beim DB-System ORACLE geeignete Überschriften festlegen, die unmittelbar hinter den zu kennzeichnenden Ausdrücken anzugeben sind. Da es ebenfalls erlaubt ist, das Schlüsselwort AS zwischen einem Ausdruck und einer Überschrift aufzuführen, lässt sich eine SELECT-Anweisung gemäß der folgenden Syntax einsetzen:

```
SELECT  ausdruck-1 [ [ AS ] überschrift-1 ]
      [ , ausdruck-2 [ [ AS ] überschrift-2 ] ]...
      FROM  tabellenname
      [ WHERE  spaltenname = wert ]
      [ ORDER BY-klausel ]
```

Abbildung 5.3: SELECT-Anweisung zur Anzeige von Überschriften

Wählen wir z.B. die Überschrift "Vertretername", so ergibt sich durch

```
SELECT 'Name: ' ||V_NAME AS Vertretername FROM VERTRETER;
```

die folgende Anzeige:

```
VERTRETERNAME

---------------------------------------
Name: Meyer, Emil
Name: Meier, Franz
Name: Schulze, Fritz
```

Verwendung von Anführungszeichen

Sofern die Schreibweise des in der Form "Vertretername" angegebenen Textes, der standardmäßig in Großbuchstaben angezeigt wird, bei der Ausgabe nicht geändert werden soll,
muss er durch jeweils ein *Anführungszeichen* (") eingeleitet und abgeschlossen werden.
Somit ergibt sich durch die Anforderung

```
SELECT 'Name: '||V_NAME AS "Vertretername" FROM VERTRETER;
```

die folgende Anzeige:

```
Vertretername

---------------------------------------
Name: Meyer, Emil
Name: Meier, Franz
Name: Schulze, Fritz
```

- Grundsätzlich kann das Anführungszeichen auch zur Einleitung und zum Abschluss eines Namens verwendet werden, durch den ein vom Anwender vereinbartes
  Schema-Objekt gekennzeichnet werden soll. Dies hat zur Folge, dass die verwendete
  Schreibweise signifikant ist und der Name nicht – wie es sonst grundlegend der Fall
  ist – automatisch vom DB-System in einen Text mit Großbuchstaben umgewandelt
  wird.

Im Hinblick auf diese Regel hätten wir z.B. die Tabelle mit den Artikeldaten "Artikel"
nennen und deren Vereinbarung wie folgt durchführen können:

```
CREATE TABLE "Artikel"("A_Nr" NUMBER(2) PRIMARY KEY,
                       "A_Name" CHAR(20),
                       "A_Preis" NUMBER(7,2),
             CONSTRAINT "c_artikel" CHECK ("A_Nr" >= 10));
```

In diesem Fall müsste die Anforderung, mit der die Artikelnamen und die Artikelpreise
abgerufen werden können, in der folgenden Form formuliert werden:

```
SELECT "A_Name", "A_Preis" FROM  "Artikel";
```

5.2   Einfache Bedingungen

Ausdrücke können über ihren Einsatz als Operanden bzw. Sortierkriterien hinaus auch in
Vergleichsbedingungen – bei der Auswahl von Tabellenzeilen – angegeben werden. Da

eine Auswahl durch eine beliebige Bedingung innerhalb einer WHERE-Klausel festgelegt
werden kann, lässt sich die Syntax einer SELECT-Anweisung in der folgenden Form
angeben:

```
SELECT  ausdruck-1  [ [ AS ] überschrift-1 ]

       [ , ausdruck-2  [ [ AS ] überschrift-2 ] ]...

       FROM  tabellenname

       [ WHERE  bedingung ]

       [ ORDER BY-klausel ]
```

Abbildung 5.4: SELECT-Anweisung mit WHERE- und ORDER BY-Klausel

Sollen z.B. die Stückzahlen, der Artikelpreis und die Umsatzwerte derjenigen Tabellenzeilen innerhalb der Tabelle ARTIKEL_UMSATZ – aufsteigend nach den Umsatzwerten
geordnet – angezeigt werden, für die die Umsätze größer oder gleich 1000 Euro sind, so
lässt sich dazu die SELECT-Anweisung

```
SELECT A_STUECK, A_PREIS, A_STUECK * A_PREIS
       FROM ARTIKEL_UMSATZ
       WHERE A_STUECK*A_PREIS >= 1000
       ORDER BY A_STUECK*A_PREIS;
```

einsetzen. Diese Anweisung führt zur folgenden Anzeige:

```
A_STUECK      A_PREIS A_STUECK*A_PREIS
- - - - - - - - - -   - - - - - - - - - -   - - - - - - - - - - - - - -
       40         39,8              1592
       70         44,2              3094
       10          360              3600
       35        110,5            3867,5
       35          360             12600
```

In unserer SELECT-Anweisung haben wir den Vergleichsoperator ">=" innerhalb der
WHERE-Klausel eingesetzt. Durch ihn wird gekennzeichnet, dass die Vergleichsbedingung für diejenigen Tabellenzeilen zutrifft, deren Werte innerhalb der Spalten A_STUECK
und A_PREIS die Eigenschaft haben, dass ihr Produkt größer oder gleich dem Wert 1000
ist. Es werden somit sämtliche, durch diese Eigenschaft charakterisierten Tabellenzeilen
selektiert.

Wird ein Vergleich zweier Operanden durch einen Vergleichsoperator in der Form

```
ausdruck-1  vergleichsoperator  ausdruck-2
```

Abbildung 5.5: einfache Bedingung

durchgeführt, so sprechen wir von einer *einfachen Bedingung* (im Gegensatz zu einer zusammengesetzten Bedingung, die wir im Abschnitt 5.3 kennenlernen).

Insgesamt sind die folgenden Vergleichsoperatoren innerhalb einfacher Bedingungen für
den Vergleich von arithmetischen Ausdrücken zulässig:

- =   : gleich

- <> : ungleich

- <   : kleiner als

- <= : kleiner oder gleich

- >   : größer als

- >= : größer oder gleich

Hinweis: Anstelle von "<>" darf auch "! =" verwendet werden.

Es ist zu beachten, dass die Bedingung, bei der zwei Nullwerte auf Gleichheit ("=") geprüft werden, nicht zutrifft. Ebenso ist diejenige Bedingung nicht erfüllt, bei der zwei Nullwerte auf Ungleichheit ("<>") abgeglichen werden.

Es dürfen nicht nur numerische Operanden, sondern auch alphanumerische Werte innerhalb einfacher Bedingungen angegeben werden. Will man alphanumerische Werte verwenden, so müssen sie beim DB-System ORACLE in Hochkommata (') eingeschlossen werden.

Somit lassen sich z.B. durch den Vergleich "V_NAME = 'Meyer, Emil'" diejenigen Tabellenzeilen innerhalb der Tabelle VERTRETER kennzeichnen, deren Wert in V_NAME gleich dem Text "Meyer, Emil" ist.

Beim Abgleich von alphanumerischen Werten wird stets ein lexikographischer Vergleich durchgeführt. Dies geschieht nach den folgenden Regeln:

- Haben beide Operanden dieselbe Länge, so werden die jeweils korrespondierenden Zeichenpaare – beginnend beim ersten Zeichen – von links nach rechts miteinander verglichen.

- Die beiden Operanden sind dann gleich, wenn sie in allen Zeichen übereinstimmen.

- Beim ersten Zeichenpaar, das zwei voneinander verschiedene Zeichen enthält, entscheidet die Sortierfolge-Ordnung, die für die einzelnen Zeichen zugrunde gelegt ist, über die Beziehung.

- Sind die Längen der beiden Operanden unterschiedlich, so wird – für den Vergleich – der kürzere Operand am Ende mit Leerzeichen aufgefüllt.

Die oben aufgeführten Vergleichsoperatoren dürfen auch verwendet werden, um Datumswerte miteinander zu vergleichen.

- Soll der Inhalt einer Tabellenspalte vom Datentyp DATE mit einem Datumswert verglichen werden, so kann der Datumswert dadurch in den Vergleich einbezogen werden, dass der Funktionsaufruf "TO_DATE('datumswert')" verwendet wird.

Zum Beispiel lassen sich durch die Anweisung

```
SELECT * FROM UMSATZ WHERE DATUM = TO_DATE('24.06.2008');
```

die Daten derjenigen Umsätze anzeigen, die am 24. Juni 2008 getätigt wurden. Durch die Ausführung dieser Anweisung ergibt sich die folgende Anzeige:

```
     V_NR          A_NR      A_STUECK DATUM
--------- ----------- ----------- --------
     8413           12          40 24.06.08
     5016           22          10 24.06.08
     8413           11          70 24.06.08
     8413           13          35 24.06.08
     1215           13           5 24.06.08
     1215           12          10 24.06.08
```

Entsprechend bewirkt die Anweisung

```
SELECT * FROM UMSATZ WHERE DATUM > TO_DATE('24.06.2008');
```

die folgende Ausgabe:

```
     V_NR          A_NR      A_STUECK DATUM
--------- ----------- ----------- --------
     1215           11          20 25.06.08
     5016           22          35 25.06.08
     8413           11          20 25.06.08
```

Hinweis: Wenn in einem Vergleich eine Tabellenspalte vom Datentyp DATE vorkommt, so kann anstelle des Funktionsaufrufs "TO_DATE('datumswert')" abkürzend die Angabe " 'datumswert' " gemacht werden. Somit können z.B. die Umsatzdaten vom 24.6.2008 durch die folgende Anweisung abgerufen werden:

```
SELECT * FROM UMSATZ WHERE DATUM = '24.06.2008';
```

5.3   Zusammengesetzte Bedingungen

Einfache Bedingungen lassen sich durch den Einsatz der logischen Operatoren "OR" (logisches Oder), "AND" (logisches Und) und "NOT" (logische Verneinung) miteinander zu einer *zusammengesetzten Bedingung* verknüpfen. Dabei ist zu beachten, dass eine Bedingung, die sich aus zwei durch "AND" verbundenen Bedingungen in der Form

```
bedingung-1 AND bedingung-2
```

Abbildung 5.6: zusammengesetzte Bedingung mit AND

zusammensetzt, immer dann zutrifft, wenn sowohl die eine als auch die andere Bedingung gültig ist. So trifft z.B. die Bedingung

```
V_PROV = 0.05 AND V_KONTO > 1000
```

für diejenigen Zeilen der Tabelle VERTRETER zu, für die der Wert von V_PROV gleich 0.05 und zugleich der Wert von V_KONTO größer als 1000 ist.
Eine Bedingung, die sich aus zwei durch "OR" verbundenen Bedingungen in der Form

> bedingung-1 OR bedingung-2

Abbildung 5.7: zusammengesetzte Bedingung mit OR

zusammensetzt, trifft immer dann zu, wenn mindestens eine dieser beiden Bedingungen erfüllt ist. Somit ist die Bedingung

```
A_NR = 11 OR A_NR = 12
```

für eine Tabellenzeile immer nur dann *nicht* zutreffend, wenn der Wert von A_NR weder 11 noch 12 ist. Folglich führt die Anweisung

```
SELECT * FROM ARTIKEL WHERE A_NR = 11 OR A_NR = 12;
```

zur folgenden Anzeige:

```
    A_NR A_NAME                     A_PREIS
-------- -------------------- ----------
      12 Oberhemd                      39,8
      11 Oberhemd                      44,2
```

Ist eine Bedingung erfüllt (nicht zutreffend) und wird "NOT" in der Form

> NOT bedingung

Abbildung 5.8: logische Verneinung einer Bedingung mit NOT

angewandt, so resultiert eine *nicht* erfüllte (zutreffende) Bedingung. Ist z.B. die Bedingung

```
V_PROV = 0.05
```

erfüllt, so trifft die folgende Bedingung nicht zu:

```
NOT V_PROV = 0.05
```

Insgesamt gilt für die Bedingungen "b_1" und "b_2" der folgende Sachverhalt:

b_1	b_2	b_1 AND b_2	b_1 OR b_2	NOT b_1
erfüllt	erfüllt	erfüllt	erfüllt	nicht erfüllt
erfüllt	nicht erfüllt	nicht erfüllt	erfüllt	nicht erfüllt
nicht erfüllt	erfüllt	nicht erfüllt	erfüllt	erfüllt
nicht erfüllt	nicht erfüllt	nicht erfüllt	nicht erfüllt	erfüllt

Abbildung 5.9 Verknüpfung von Bedingungen

Bei der Auswertung einer zusammengesetzten Bedingung wird die Reihenfolge entweder durch die gesetzten Klammern oder aber durch die *Prioritätenfolge* der einzelnen Operationen bestimmt. Dabei wird eine zusammengesetzte Bedingung stets von "links nach rechts" ausgewertet. Es ist zu berücksichtigen, dass die arithmetischen bzw. die alphanumerischen Ausdrücke stets die höchste Priorität besitzen. Nachrangig erfolgt die Auswertung von Vergleichsbedingungen. Letztendlich gelangen die logischen Operatoren zur Ausführung.

Von den logischen Operatoren besitzt der Operator NOT, der *nur* auf die direkt folgende Vergleichsbedingung wirkt, die höchste Priorität.

Hinweis: Jede zu negierende zusammengesetzte Bedingung muss daher eingeklammert werden.

Die Operatoren AND und OR sind in ihrer Prioritätenfolge *gleichberechtigt*, sodass bei einer direkten Abfolge dieser beiden Operatoren der links stehende Operator zuerst ausgeführt wird.

Zum Beispiel ergibt sich für die folgende zusammengesetzte Bedingung, in der die Tabellenspalten A, B, C und D verwendet werden, die durch die Zahlen gekennzeichnete Auswertungs-Reihenfolge:

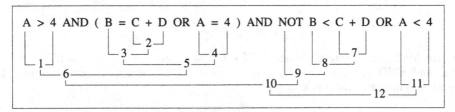

Abbildung 5.10: Beispiel für eine komplexe zusammengesetzte Bedingung

5 Datenauswahl und Funktionsaufrufe

5.4 CASE-Ausdrücke

Bedingungen lassen sich nicht nur als Bestandteil von WHERE-Klauseln einsetzen, sondern sind auch an den Positionen einer SQL-Anweisung verwendbar, an denen ein Ausdruck aufgeführt werden darf.

Ist z.B. bei der Anzeige von Umsatzwerten zu berücksichtigen, dass die jeweils verkaufte Stückzahl angemessen rabattiert werden soll, so kann etwa die folgende SELECT-Anweisung zur Ausführung gebracht werden:

```
SELECT V_NR, CASE
       WHEN A_STUECK > 10 AND A_STUECK <= 25
           THEN A_STUECK * A_PREIS * 0.95
       WHEN A_STUECK > 25 AND A_STUECK <= 50
           THEN A_STUECK * A_PREIS * 0.90
       WHEN A_STUECK > 50
           THEN A_STUECK * A_PREIS * 0.85
       ELSE A_STUECK * A_PREIS END AS "Gesamtpreis", A_NR
FROM ARTIKEL_UMSATZ;
```

Hierdurch wird bei der Preisgestaltung zugrunde gelegt, dass bei einem Verkauf von mehr als 10 und weniger als 26 Stück ein Rabatt von 5%, bei einem Verkauf von mehr als 25 und weniger als 51 Stück ein Rabatt von 10%, bei einem Verkauf von mehr als 50 Stück ein Rabatt von 15% und bei einem Verkauf von bis zu 10 Stück kein Rabatt gewährt wird.

Aus der Ausführung der SELECT-Anweisung resultiert die folgende Anzeige:

```
    V_NR Gesamtpreis          A_NR
---------- ------------   ----------
      8413       1432,8           12
      5016         3600           22
      8413       2629,9           11
      1215        839,8           11
      5016        11340           22
      8413      3480,75           13
      1215        552,5           13
      1215          398           12
      8413        839,8           11
```

Den Ausdruck, der – innerhalb der SELECT-Anweisung – durch die Schlüsselwörter CASE und END eingerahmt wird, nennen wir *CASE-Ausdruck*. Er muss gemäß der folgenden Syntax aufgebaut sein:

```
CASE WHEN bedingung-1 THEN ausdruck-1
     [ WHEN bedingung-2 THEN ausdruck-2 ] ...
     [ ELSE ausdruck-3 ]
END
```

Abbildung 5.11: Struktur eines Case-Ausdrucks

Bei der Auswertung wird zunächst die zuerst angegebene Bedingung geprüft. Trifft diese Bedingung zu, so wird der hinter dem Schlüsselwort WHEN eingetragene Ausdruck ausgewertet und als Ergebnis des CASE-Ausdrucks ermittelt. Ist die erste Bedingung nicht zutreffend, wird die als nächstes aufgeführte Bedingung geprüft, usw. Ist keine der angegebenen Bedingungen erfüllt, so resultiert derjenige Wert als Ergebnis des CASE-Ausdrucks, der durch die Auswertung des hinter dem Schlüsselwort ELSE angegebenen Ausdrucks (ELSE-Klausel) erhalten wird.

Fehlt die ELSE-Klausel, so ist für den Fall, dass keine der aufgeführten Bedingungen zutrifft, der Nullwert als Auswertungs-Ergebnis des CASE-Ausdrucks festgelegt.

5.5   Die Operatoren IN und BETWEEN AND

Zur abkürzenden Beschreibung von zusammengesetzten Bedingungen lassen sich in Sonderfällen SQL-spezifische Operatoren einsetzen, die durch die Schlüsselwörter "IN" und "BETWEEN AND" gekennzeichnet werden.

So können wir z.B. die folgenden – unter Einsatz des logischen Operators OR – verbundenen Gleichheitsabfragen

```
A_NR = 11 OR A_NR = 12 OR A_NR = 13
```

wie folgt – mit Hilfe des Schlüsselwortes IN – abkürzend beschreiben:

```
A_NR IN (11, 12, 13)
```

Somit führt die Anweisung

```
SELECT * FROM ARTIKEL WHERE A_NR IN (11, 12, 13);
```

zur folgenden Anzeige:

```
A_NR A_NAME                    A_PREIS
-------- --------------------- --------
   12 Oberhemd                    39,8
   11 Oberhemd                    44,2
   13 Hose                       110,5
```

Generell muss eine hinter IN in Klammern eingeschlossene Werteliste von der Form

IN (wert-1, wert-2 [, wert-3]...)

Abbildung 5.12: der Operator IN

sein, d.h. sie muss aus mindestens zwei Werten bestehen. Der vor IN aufgeführte Operand wird mit jedem Wert dieser Liste auf Gleichheit überprüft. Die Bedingung ist dann erfüllt, wenn die Gleichheit für einen Wert festgestellt wird.
Bei einer logischen Verneinung ist die Bedingung

NOT (operand IN (wert-1, wert-2 [, wert-3]...))

gleichbedeutend mit:

operand NOT IN (wert-1, wert-2 [, wert-3]...)

Während das Schlüsselwort IN eine Kurzschreibweise für eine logische Oder-Bedingung ermöglicht, stehen die Schlüsselwörter "BETWEEN AND" für eine abkürzende Beschreibung einer logischen Und-Bedingung zur Verfügung. Zum Beispiel kann der Vergleich

```
A_NR >= 11 AND A_NR <= 13
```

durch die folgende Angabe abgekürzt werden:

```
A_NR BETWEEN 11 AND 13
```

Generell ist die Bedingung

operand BETWEEN wert-1 AND wert-2

Abbildung 5.13: der Operator BETWEEN

eine Kurzform von:

operand >= wert-1 AND operand <= wert-2

Bei einer logischen Verneinung ist die Bedingung

NOT (operand BETWEEN wert-1 AND wert-2)

gleichbedeutend mit:

operand NOT BETWEEN wert-1 AND wert-2

Somit führt z.B. die Anweisung

```
SELECT * FROM ARTIKEL WHERE A_NR NOT BETWEEN 11 AND 13;
```

zur folgenden Anzeige:

```
    A_NR A_NAME                               A_PREIS
--------- --------------------- ---------
       22 Mantel                                   360
```

5.6   Der Operator LIKE und Wildcardzeichen

Ergänzend zu den in den Abschnitten 5.2 und 5.5 angegebenen Vergleichsoperatoren steht der Operator LIKE in der Form

spaltenname LIKE alphanumerischer-wert

Abbildung 5.14: der Operator LIKE

zur Verfügung. Dabei muss "spaltenname" eine Tabellenspalte kennzeichnen, deren Werte alphanumerisch sind.

Hinweis: Beim DB-System ORACLE muss das Hochkomma (') verwendet werden, um einen alphanumerischen Wert zu begrenzen.

Werden die Sonderzeichen (Wildcardzeichen) Prozent "%" und Unterstrich "_" innerhalb des alphanumerischen Wertes *nicht* verwendet, so handelt es sich um einen Zeichenketten-vergleich der Form:

spaltenname = alphanumerischer-wert

Abbildung 5.15: Zeichenketten-Vergleich

Durch den Einsatz der Sonderzeichen Prozent "%" und Unterstrich "_" können verschiedene Zeichenketten durch die Angabe einer Stellvertreter-Zeichenkette gekennzeichnet werden.

Generell beschreibt das Wildcardzeichen Unterstrich "_" ein beliebiges einzelnes Zeichen aus dem Zeichensatz (zum Aufbau von Zeichenketten). Dagegen kennzeichnet das Wildcardzeichen Prozent "%" eine beliebige Zeichenkette. Es kann auch als Platzhalter für ein einzelnes Zeichen stehen.

So führt z.B. die Bedingung

```
V_NAME LIKE 'Me_er%"'
```

für diejenigen Zeilen der Tabelle VERTRETER zu einer positiven Überprüfung, die in der Tabellenspalte V_NAME die Namen "Meier, Franz" bzw. "Meyer, Emil" enthalten. Somit führt die Anweisung

```
SELECT V_NR, V_NAME FROM VERTRETER
                    WHERE V_NAME LIKE 'Me_er%';
```

zur folgenden Anzeige:

```
   V_NR V_NAME
-------- --------------------

    8413 Meyer, Emil
    5016 Meier, Franz
```

Bei einer logischen Verneinung ist die Bedingung

NOT (spaltenname LIKE alphanumerischer-wert)

gleichbedeutend mit:

spaltenname NOT LIKE alphanumerischer-wert

Somit werden z.B. durch die Anweisung

```
SELECT V_NAME FROM VERTRETER
              WHERE V_NAME NOT LIKE 'Meier\%';
```

alle diejenigen Vertreternamen angezeigt, deren Namen nicht mit der Zeichenkette "Meier" eingeleitet werden.

5.7 Das Schlüsselwort ESCAPE

Im Zusammenhang mit dem Einsatz des Schlüsselwortes LIKE kann es vorkommen, dass innerhalb des hinter LIKE angegebenen alphanumerischen Wertes ein Zeichen auftritt, das gleich einem Wildcardzeichen ist, jedoch nicht als derartiges Wildcardzeichen interpretiert werden soll. In diesem Fall lässt sich eine ESCAPE-Klausel gemäß der folgenden Syntax einsetzen:

spaltenname [NOT] LIKE alphanumerischer-wert ESCAPE fluchtsymbol

Abbildung 5.16: die ESCAPE-Klausel

Hinter dem Schlüsselwort ESCAPE muss ein Zeichen als *Fluchtsymbol* angegeben werden. Dieses Fluchtsymbol setzt die Funktion eines Wildcardzeichens, das innerhalb der dem Schlüsselwort LIKE folgenden Zeichenkette enthalten ist und diesem Wildcardzeichen unmittelbar nachfolgt, für die betreffende SQL-Anweisung außer Kraft. So werden z.B. durch die Angabe von

```
LIKE '%\%%' ESCAPE '\'
```

alle Zeichenketten beschrieben, die mindestens an einer Position das Prozentzeichen "%"
enthalten. Entsprechend kennzeichnet

```
LIKE '%\%a_' ESCAPE 'a'
```

alle diejenigen Zeichenketten, die am Ende den Unterstrich "_" und davor – an irgendeiner
Zeichenposition – das Zeichen "\" enthalten. Ferner werden z.B. mit der Angabe

```
LIKE '/%%' ESCAPE '/'
```

alle Zeichenketten beschrieben, die als 1. Zeichen das Prozentzeichen "%" enthalten.

5.8 Behandlung von Nullwerten

Als gesonderte Bedingung lässt sich die Überprüfung auf Nullwerte in der folgenden Form
angeben:

> spaltenname IS NULL

Abbildung 5.17: Prüfung auf Nullwerte

Diese Bedingung ist dann erfüllt, wenn der Wert der betreffenden Tabellenzeile innerhalb
der angegebenen Spalte fehlt, d.h. den Nullwert als Wert besitzt.
Bei einer logischen Verneinung ist die Bedingung

> NOT (spaltenname IS NULL)

gleichbedeutend mit der Schreibweise:

> spaltenname IS NOT NULL

Hat ein Operand eines arithmetischen Ausdrucks einen Nullwert, so errechnet sich der
gesamte arithmetische Ausdruck zu einem Nullwert.
Eine einfache Bedingung der Form

> arith-ausdruck-1 vergleichsoperator arith-ausdruck-2

erhält als Ergebnis den Nullwert, falls ein Operand den Nullwert besitzt.
Enthält eine zusammengesetzte Bedingung einen Operanden mit einem Nullwert, so gelten
die beiden folgenden Regeln:

- Die Bedingung

> bedingung-1 AND bedingung-2

trifft nicht zu, wenn eine der beiden Bedingungen einen Nullwert besitzt.

- Die Bedingung

> bedingung-1 OR bedingung-2

trifft nur dann nicht zu, wenn beide Bedingungen den Nullwert besitzen oder aber die eine Bedingung den Nullwert hat und die andere Bedingung nicht zutrifft.

5.9 Funktionsaufrufe

Syntax von Funktionsaufrufen

Als Operanden innerhalb von numerischen oder alphanumerischen Ausdrücken dürfen auch *Funktionsaufrufe* der Form

> funktionsname [(argument-1 [, argument-2]...)]

Abbildung 5.18: Funktionsaufruf

eingesetzt werden. Dabei wird durch den *Funktionsnamen* bestimmt, welche Art von Leistung angefordert wird. Durch die hinter diesem Namen in Klammern aufgeführten *(Funktions-)Argumente* lassen sich ergänzende Angaben darüber machen, wie die jeweils abgerufene Leistung im einzelnen zu erbringen ist.

Anzeige von Datumswerten

Um z.B. Datumswerte mit einer vierziffrigen Jahresangabe anzeigen zu können, ist eine Funktion mit dem Funktionsnamen TO_CHAR einsetzbar, die mit zwei Argumenten durch

- `TO_CHAR(spaltenname, format)`

aufzurufen ist. Dabei muss durch "spaltenname" eine Tabellenspalte gekennzeichnet werden, die den Datentyp DATE besitzt. Für den Platzhalter "format" kann eine *Formatangabe* der Form " 'dd.mm.yyyy' " im Funktionsaufruf von "TO_CHAR" aufgeführt werden. Hierbei kennzeichnet "dd" die Tages-, "mm" die Monats- und "yyyy" die Jahresanzeige. Zum Beispiel werden durch die Ausführung der Anweisung

```
SELECT V_NR, A_NR, A_STUECK,
       TO_CHAR(DATUM,'dd.mm.yyyy') FROM UMSATZ;
```

die Datumsangaben in der auf der nächsten Seite dargestellten Form angezeigt.

Als Formatangabe kann anstelle von " 'dd.mm.yyyy' " z.B. " 'dd-mm-yyyy' " oder auch " 'dd-mm.yyyy' " verwendet werden. In diesen Fällen wird das Datum "24. Juni 2008" in der Form "24-JUN-2008" bzw. in der Form "24-JUN.2008" angezeigt.

```
    V_NR          A_NR     A_STUECK TO_CHAR(DA
---------- ----------- ----------- ----------
      8413          12          40 24.06.2008
      5016          22          10 24.06.2008
      8413          11          70 24.06.2008
      1215          11          20 25.06.2008
      5016          22          35 25.06.2008
      8413          13          35 24.06.2008
      1215          13           5 24.06.2008
      1215          12          10 24.06.2008
      8413          11          20 25.06.2008
```

Funktionsaufrufe zur Wertewandlung

Unter Einsatz der Funktion "TO_CHAR" lassen sich auch numerische in alphanumerische Werte umformen.

- TO_CHAR(ausdruck) : Sofern es sich bei "ausdruck" um einen numerischen Ausdruck handelt, wird dieser Wert – ohne Verlust von Ziffernstellen – in einen alphanumerischen Wert gewandelt.

Wie bereits im Abschnitt 4.6 angekündigt wurde, kann – unter Einsatz der Funktion "TO_CHAR" – die Übertragung der Tabellenzeilen von UMSATZ in die Text-Datei "C:\TEMP\UMSATZ.TXT" z.B. so erfolgen, daß die Daten ohne Leerzeichen aneinandergereiht und durch das Trennzeichen "|" voneinander abgegrenzt werden.

Dazu sind die folgenden Anforderungen im Dialog mit SQL*Plus einzugeben:

```
SPOOL C:\TEMP\UMSATZ.TXT
SELECT TO_CHAR(V_NR) || '|' || TO_CHAR(A_NR) || '|' ||
       TO_CHAR(A_STUECK) || '|' ||
       TO_CHAR(DATUM,'dd.mm.yyyy') FROM UMSATZ;
SPOOL OFF
```

Hieraus resultiert als Inhalt der Datei "UMSATZ.TXT":

```
8413|12|40|24.06.2008
5016|22|10|24.06.2008
8413|11|70|24.06.2008
1215|11|20|25.06.2008
5016|22|35|25.06.2008
8413|13|35|24.06.2008
1215|13|5|24.06.2008
1215|12|10|24.06.2008
8413|11|20|25.06.2008
```

Darüber hinaus ist es auch möglich, geeignete INSERT-Anweisungen innerhalb einer Text-Datei aufzubauen, deren Ausführung dazu führt, dass die Tabelle UMSATZ wieder alle ursprünglichen Tabellenzeilen enthält. Um diese INSERT-Anweisungen zu erzeugen, ist wie folgt vorzugehen:

```
SPOOL C:\TEMP\UMSATZ.TXT
SELECT 'INSERT INTO UMSATZ VALUES (' || TO_CHAR(V_NR)
   || ', ' || TO_CHAR(A_NR) || ', ' || TO_CHAR(A_STUECK)
   || ', ' || '''' || TO_CHAR(DATUM,'dd.mm.yyyy') || ''');'
 FROM UMSATZ;
SPOOL OFF
```

Diese Anforderungen führen dazu, dass in die Datei "UMSATZ.TXT" die folgenden Zeilen eingetragen werden:

```
INSERT INTO UMSATZ VALUES (8413, 12, 40, '24.06.2008');
INSERT INTO UMSATZ VALUES (5016, 22, 10, '24.06.2008');
INSERT INTO UMSATZ VALUES (8413, 11, 70, '24.06.2008');
INSERT INTO UMSATZ VALUES (1215, 11, 20, '25.06.2008');
INSERT INTO UMSATZ VALUES (5016, 22, 35, '25.06.2008');
INSERT INTO UMSATZ VALUES (8413, 13, 35, '24.06.2008');
INSERT INTO UMSATZ VALUES (1215, 13, 5, '24.06.2008');
INSERT INTO UMSATZ VALUES (1215, 12, 10, '24.06.2008');
INSERT INTO UMSATZ VALUES (8413, 11, 20, '25.06.2008');
```

Als weiteren Funktionsaufruf zur Wandlung von Werten stellt das DB-System ORACLE die folgende Funktion zur Verfügung:

- TO_NUMBER(zeichenkette) : Für einen alphanumerischen Wert, der eine Zahl beschreibt, resultiert der zugehörige numerische Wert.

Funktionsaufrufe mit numerischen Ergebniswerten

Als Funktionsaufrufe, die zu numerischen Ergebniswerten führen, stehen beim DB-System ORACLE unter anderem die folgenden Aufrufe zur Verfügung:

- ABS(zahl) : absoluter Wert von "zahl"

- CEIL(zahl) : kleinste ganze Zahl, die größer oder gleich "zahl" ist

- COS(zahl) : Cosinus von "zahl"

- COSH(zahl) : hyperbolischer Cosinus von "zahl"

- EXP(zahl) : Wert der Exponentialfunktion für "zahl"

- FLOOR(zahl) : größte ganze Zahl, die kleiner oder gleich "zahl" ist

- LN(zahl) : natürlicher Logarithmus (zur Basis e) von "zahl"

- LOG(zahl-1,zahl-2) : Logarithmus von "zahl-2" zur Basis "zahl-1"

- MOD(zahl-1,zahl-2) : ganzzahliger Rest der Division von "zahl-1" durch "zahl-2"

- POWER(zahl-1,zahl-2) : "zahl-2"-te Potenz von "zahl-1"

- ROUND(zahl-1 [, zahl-2]) : Rundung von "zahl-1" zu einer Zahl mit "zahl-2" Nachkommastellen (zur ganzen Zahl, sofern das 2. Argument fehlt)

- SIGN(zahl) : Vorzeichen von "zahl"

- SIN(zahl) : Sinus von "zahl"

- SINH(zahl) : hyperbolischer Sinus von "zahl"

- SQRT(zahl) : positive Quadratwurzel aus der positiven Zahl "zahl"

- TAN(zahl) : Tangens von "zahl"

- TANH(zahl) : hyperbolischer Tangens von "zahl"

- TRUNC(zahl-1 [, zahl-2]) : Abschneiden aller Nachkommastellen von "zahl-1"
  ab der "zahl-2"-ten Nachkommastelle (fehlt das 2. Argument, so werden alle
  Nachkommastellen abgeschnitten).

Berechnung von statistischen Kennwerten

Für numerische Ausdrücke lassen sich durch die folgenden Funktionsaufrufe statistische
Kennwerte errechnen:

- VAR_SAMP(ausdruck) : Varianz

- STDDEV_SAMP(ausdruck) : Standardabweichung

- COVAR_SAMP(ausdruck-1,ausdruck-2) : Kovarianz

- CORR(ausdruck-1,ausdruck-2) : Korrelationskoeffizient

- REGR_R2(ausdruck-1,ausdruck-2) : Determinationskoeffizient zur Beschreibung
  der Stärke der linearen Regressionsbeziehung

- REGR_INTERCEPT(ausdruck-1,ausdruck-2) : Niveaukonstante der linearen Regressionsbeziehung, wobei "ausdruck-1" die Werte des als abhängig angesehenen
  Merkmals und "ausdruck-2" die Werte des als unabhängig angesehenen Merkmals
  kennzeichnet

- REGR_SLOPE(ausdruck-1,ausdruck-2) : Steigungskoeffizient der linearen Regressionsbeziehung, wobei "ausdruck-1" die Werte des als abhängig angesehenen Merkmals und "ausdruck-2" die Werte des als unabhängig angesehenen Merkmals kennzeichnet.

Es ist zu beachten, dass in die Berechnungen nur die vom Nullwert verschiedenen Werte
einbezogen werden. Sofern zwei Ausdrücke im Funktionsaufruf auftreten, wird ein Werte-
Paar nur dann für die Auswertung berücksichtigt, wenn beide Werte vom Nullwert verschieden sind.

Soll z.B. die Korrelation zwischen den Preisen und Stückzahlen berechnet werden, so ist
dies wie folgt anzufordern:

```
SELECT CORR(A_PREIS, A_STUECK) AS KORRELATIONSKOEFFIZIENT
    FROM ARTIKEL_UMSATZ;
```

Hieraus resultiert die folgende Anzeige:

```
KORRELATIONSKOEFFIZIENT
----------------------
            -,17915308
```

Wird A_PREIS als abhängige und A_STUECK als unabhängige Größe angesehen, so wird die Regressionsbeziehung durch die Anzeige

```
STEIGUNGSKOEFFIZIENT  NIVEAUKONSTANTE
--------------------  ---------------
         -1,186084         160,421176
```

gekennzeichnet. Dieses Ergebnis resultiert aus der Ausführung der folgenden SELECT-Anweisung:

```
SELECT REGR_SLOPE(A_PREIS, A_STUECK)
            AS STEIGUNGSKOEFFIZIENT,
       REGR_INTERCEPT(A_PREIS, A_STUECK)
            AS NIVEAUKONSTANTE
     FROM ARTIKEL_UMSATZ;
```

Funktionsaufrufe mit alphanumerischen Ergebniswerten

Alphanumerische Werte sind die Ergebnisse der folgenden Funktionsaufrufe, wobei Argumente der Form "string(-i)" Platzhalter für alphanumerische Werte darstellen:

- CHR(ganze-zahl) : Zeichen, dessen Binärdarstellung mit der ganzen Zahl "ganze-zahl" korrespondiert

- CONCAT(string-1,string-2) : Zeichenkette, die aus der Aneinanderreihung von "string-1" und "string-2" entsteht

- INITCAP(string) : Zeichenkette, deren Wortbestandteile jeweils mit einem Großbuchstaben beginnen

- LOWER(string) : Zeichenkette, die nur aus Kleinbuchstaben besteht

- LPAD(string-1,zahl [, string-2]) : Zeichenkette, bei der vor "string-1" genau "zahl" Exemplare von "string-2" eingefügt sind (ohne das 3. Argument werden Leerzeichen eingefügt)

- LTRIM(string-1 [, string-2]) : Zeichenkette aus den Zeichen von "string-1", bei der die ersten Zeichen bis einschließlich desjenigen Zeichens gelöscht sind, das als erstes Zeichen nicht Bestandteil von "string-2" ist (beim Fehlen des 2. Arguments werden alle einleitenden Leerzeichen gelöscht)

- REPLACE(string-1,string-2 [, string-3]) : Zeichenkette, die aus "string-1" entsteht, indem alle Zeichenketten "string-2" durch die Zeichenkette "string-3" ersetzt werden (ohne das 3. Argument wird "string-2" aus "string-1" entfernt)

- RPAD(string-1,zahl [, string-2]) : Zeichenkette, bei der hinter "string-1" genau "zahl" Exemplare von "string-2" angefügt sind (ohne das 3. Argument werden Leerzeichen angefügt)

- RTRIM(string-1 [, string-2]) : Zeichenkette, die aus den Zeichen von "string-1" besteht, bei der die letzten Zeichen ab einschließlich desjenigen Zeichens gelöscht sind, das als erstes Zeichen nicht Bestandteil von "string-2" ist (beim Fehlen des 2. Arguments werden alle abschließenden Leerzeichen gelöscht)

- SOUNDEX(string) : eine Zeichenkette, die "string" im Englischen phonetisch beschreibt

- SUBSTR(string,zahl-1 [, zahl-2]) : Zeichenkette der Länge "zahl-2", die mit dem "zahl-1"-ten Zeichen aus "string" beginnt (fehlt das 3. Argument, so reicht die Zeichenkette bis zum Ende von "string")

- TRANSLATE(string-1,string-2,string-3) : Zeichenkette, die dadurch aus "string-1" gebildet wird, dass jedes Zeichen aus "string-2" durch das gemäß der Zeichenposition korrespondierende Zeichen aus "string-3" ersetzt wird

- UPPER(string) : in Großbuchstaben umgewandelte Zeichenkette aus "string".

Weitere Funktionsaufrufe

Als Funktionsaufrufe, aus denen durch die Verarbeitung einzelner Zeichen numerische Werte resultieren, sind zu nennen:

- ASCII(string) : die ganze Zahl, deren Binärdarstellung mit der Binärdarstellung des 1. Zeichens von "string" übereinstimmt

- INSTR(string-1,string-2 [, zahl-1 [, zahl-2]]) : Position des "zahl-2"-ten Auftretens von "string-2" innerhalb von "string-1", beginnend ab der Zeichenposition "zahl-1" in "string-1" (ohne das 4. Argument wird das erstmalige Auftreten und ohne das 3. und das 4. Argument das erstmalige Auftreten ab der 1. Zeichenposition ermittelt)

- LENGTH(string) : Zeichenzahl (Länge) der Zeichenkette "string".

Als Funktionsaufrufe, bei denen die Anzahl der jeweiligen Argumente nicht beschränkt ist, lassen sich beim DB-System ORACLE einsetzen:

- DECODE(ausdruck, ausdruck-1,ergebnis-1 [, ausdruck-2,ergebnis-2]... [default]) : stimmt "ausdruck" erstmals mit einem "ausdruck-i" überein, so ergibt sich das Resultat als der zu "ausdruck-i" zugehörige Wert "ergebnis-i"; ohne eine Übereinstimmung resultiert der in Form von "default" angegebene Wert (fehlt eine derartige Angabe, so wird der Nullwert ermittelt)

- GREATEST(ausdruck-1 [, ausdruck-2]...) : größter Wert

- LEAST(ausdruck-1 [, ausdruck-2]...) : kleinster Wert.

Als Funktionsaufrufe, in denen kein Argument angegeben werden darf, stellt das DB-System ORACLE die folgenden Funktionsaufrufe zur Verfügung:

- SYSDATE : aktuelle Tageszeit und Tagesdatum

- USER : Kennung des Anwenders.

Die Pseudo-Spalte ROWNUM

Es besteht die Möglichkeit, die Tabellenzeilen, die aus der Ausführung einer SELECT-Anweisung resultieren, vor ihrer Anzeige einer weiteren Prüfung zu unterziehen. Ein Einfluss auf die Anzeige lässt sich mittels des Schlüsselwortes ROWNUM bewirken.

- Durch ROWNUM wird eine *Pseudo-Spalte* innerhalb derjenigen Tabellen-Struktur bezeichnet, die aus der Ausführung einer SELECT-Anweisung resultiert. Diese Pseudo-Spalte enthält ganze Zahlen, die die Positionen kennzeichnen, an denen die jeweiligen Tabellenzeilen bei einer Anzeige platziert sein würden. Für die erste Tabellenzeile besitzt ROWNUM den Wert "1", für die zweite Tabellenspalte den Wert "2", usw.

Die Werte von ROWNUM können bei der Auswahl von Tabellenzeilen genutzt werden, um die Anzahl der jeweils aus einer Abfrage resultierenden Zeilen zu beschränken.

Sollen z.B. allein die drei höchsten Umsätze ermittelt werden, so kann dazu die Anweisung

```
SELECT * FROM (SELECT A_STUECK, A_PREIS, A_STUECK*A_PREIS
               FROM ARTIKEL_UMSATZ ORDER BY 3 DESC)
       WHERE ROWNUM < 4;
```

zur Ausführung gebracht werden. Hieraus resultiert die folgende Anzeige:

A_STUECK	A_PREIS	A_STUECK*A_PREIS
35	360	12600
35	110,5	3867,5
10	360	3600

Es ist wichtig, die Sortierung innerhalb der Inline-Tabelle vornehmen zu lassen, da durch die Ausführung der Anweisung

```
SELECT A_STUECK, A_PREIS, A_STUECK*A_PREIS
       FROM ARTIKEL_UMSATZ
       WHERE ROWNUM < 4 ORDER BY 3 DESC;
```

die Auswahl der Tabellenzeilen der Sortierung vorausgeht und somit das folgende Ergebnis erhalten wird:

A_STUECK	A_PREIS	A_STUECK*A_PREIS
10	360	3600
70	44,2	3094
40	39,8	1592

Sollen nicht die drei höchsten, sondern die drei niedrigsten Umsätze ermittelt werden, so kann dies durch die Anweisung

```
SELECT * FROM (SELECT A_STUECK, A_PREIS, A_STUECK*A_PREIS
               FROM ARTIKEL_UMSATZ ORDER BY 3)
       WHERE ROWNUM < 4;
```

bewirkt werden. Aus der Ausführung dieser Anweisung ergibt sich die folgende Anzeige:

```
A_STUECK      A_PREIS A_STUECK*A_PREIS
----------  ----------  ------------------
        10        39,8                 398
         5       110,5               552,5
        20        44,2                 884
```

Anzeige von Zeilennummern

Soll die Anzeige von Tabelleninhalten durch zusätzlich aufgeführte Zeilennummern ergänzt werden, so muss die SELECT-Anweisung eine Funktion namens "ROW_NUM-BER" enthalten. Diese Funktion muss in Verbindung mit einer geeigneten *Fenster-Spezifikation* vor der FROM-Klausel aufgeführt sein.

Eine Fenster-Spezifikation ist durch das Schlüsselwort "OVER" einzuleiten. Dahinter ist eine eingeklammerte ORDER BY-Klausel aufzuführen.

Eine Fenster-Spezifikation ist daher in der folgenden Form festzulegen:

```
OVER ( ORDER BY ausdruck-1 [ DESC ]

                   [ NULLS { FIRST | LAST } ] ]

       [ , ausdruck-2 [ DESC ]

                   [ NULLS { FIRST | LAST } ] ]... )
```

Abbildung 5.19: Struktur einer Fenster-Spezifikation

Zum Beispiel lässt sich durch die Anweisung

```
SELECT ROW_NUMBER() OVER (ORDER BY V_NR, A_NR)
       AS "Tabellenzeile", V_NR, A_NR, A_STUECK, DATUM
       FROM UMSATZ;
```

die folgende Anzeige abrufen:

```
Tabellenzeile          V_NR          A_NR    A_STUECK DATUM
-------------   -----------   -----------  ---------- --------
            1          1215            11          20 25.06.08
            2          1215            12          10 24.06.08
            3          1215            13           5 24.06.08
            4          5016            22          10 24.06.08
            5          5016            22          35 25.06.08
            6          8413            11          70 24.06.08
            7          8413            11          20 25.06.08
            8          8413            12          40 24.06.08
            9          8413            13          35 24.06.08
```

5.10 Vereinbarung und Aufruf von Funktionen

Die CREATE FUNCTION-Anweisung

Es lassen sich nicht nur die standardmäßig vom DB-System ORACLE zur Verfügung gehaltenen Funktionen einsetzen, sondern auch – im Rahmen der individuellen Erfordernisse – geeignete Funktionen verabreden.

Zur Vereinbarung einer Funktion ist eine CREATE FUNCTION-Anweisung einzusetzen, die in der Abbildung 5.20 angegebenen Form strukturiert ist. Eine derartige *Funktions-Vereinbarung* ist als Bestandteil der zum DB-System ORACLE gehörenden prozeduralen Programmiersprache PL/SQL anzusehen. Daher muss am Ende der Vereinbarung ein Schrägstrich "/" angegeben werden. Im Dialog signalisiert dieses Zeichen, dass das Übersetzungssystem von PL/SQL die Funktions-Vereinbarung durchführen soll.

Hinweis: Ausgewählte Sprachelemente von PL/SQL werden im Kapitel 20 im Zusammenhang mit der Einbettung von SQL-Anweisungen vorgestellt.

```
CREATE [ OR REPLACE ] FUNCTION funktionsname

   [ ( parametername-1 IN datentyp-1

     [ , parametername-2 IN datentyp-2 ]... ) ]     RETURN datentyp-3 IS

   [ variablenname-1 datentyp-4 ;

   [ variablenname-2 datentyp-5 ; ]... ]

BEGIN

   [ anweisung-1; [ anweisung-2; ]...    ]

     RETURN ausdruck;

END;

/
```

Abbildung 5.20: Struktur der CREATE FUNCTION-Anweisung

Hinweis: Sofern eine vorhandene Vereinbarung durch eine neue Vereinbarung ersetzt werden soll, müssen die Schlüsselwörter "OR REPLACE" verwendet werden.

Funktionsaufruf und Funktionswert

Durch die Ausführung der CREATE FUNCTION-Anweisung wird innerhalb des Schemas eine Funktion namens "funktionsname" festgelegt. Diese Funktion kann durch einen *Funktionsaufruf* in Form von

```
funktionsname [ ( argument-1 [ , argument-2 ]... ) ]
```

Abbildung 5.21: Funktionsaufruf

innerhalb von SQL-Anweisungen zur Ausführung gebracht werden.

Als Ergebnis eines Funktionsaufrufs resultiert ein *Funktionswert*, dessen Datentyp durch eine geeignete Angabe zwischen den Schlüsselwörtern RETURN und IS bestimmt wird.

Einsatz von Variablen

Um während der Ausführung einer Funktion Werte speichern zu können, lassen sich
Behälter einrichten, auf deren Inhalte sowohl lesend als auch schreibend zugegriffen werden kann. Ein "schreibender Zugriff" bedeutet, dass sich ein gespeicherter Wert durch einen
anderen Wert ersetzen lässt.

- Da die Inhalte derartig vereinbarter Behälter somit variabel sind, wird von *Variablen*
  gesprochen, die sich durch *Variablennamen* benennen (adressieren) lassen.

Um innerhalb einer Funktion eine Variable namens "variablenname" zu vereinbaren, ist
eine Anweisung der folgenden Form zur Ausführung zu bringen:

> variablenname datentyp ;

Abbildung 5.22: Vereinbarung einer Variablen

Zum Beispiel kann durch

```
POS NUMBER(2);
```

eine Variable namens "POS" verabredet werden, sodass innerhalb des zugeordneten
Behälters jeweils ein bis zu zweistelliger ganzzahliger numerischer Wert gesichert werden
kann.

Funktionsargumente und Parameter

Um Werte in eine Funktion – zur weiteren Verarbeitung – übernehmen zu können, müssen
sie beim Funktionsaufruf als *Funktionsargumente* in der oben angegebenen Form aufgeführt werden.

Die aus den Funktionsargumenten ermittelten Werte werden innerhalb der Funktion in
Parametern gespeichert, die hinter dem Funktionsnamen – eingefasst in Klammern – in
der Form

> parametername IN datentyp

Abbildung 5.23: Vereinbarung eines Parameters

aufzuführen sind. Auf die Inhalte dieser Parameter kann während der Funktions-Ausführung lesend zugegriffen werden.

Bei der Übernahme der Funktionsargumente korrespondieren die resultierenden Werte mit
den Parametern im Hinblick auf ihre relative Position, d.h. der erste Parameter erhält den
Wert des ersten Funktionsargumentes, der zweite Parameter erhält den Wert des zweiten
Funktionsargumentes usw.

Hinweis: Sofern beim Funktionsaufruf keine Werte zur Verarbeitung bereitgestellt werden sollen, entfällt die
Vereinbarung von Parametern, sodass – innerhalb der Funktions-Vereinbarung – das Schlüsselwort RETURN
dem Funktionsnamen unmittelbar folgt.

Welche Anweisungen bei der Ausführung der aufgerufenen Funktion durchzuführen sind,
ist im *Funktionsrumpf* anzugeben, der durch das Schlüsselwort

```
BEGIN
```

einzuleiten und durch die Angabe

```
END;
/
```

– innerhalb von zwei aufeinanader folgenden Zeilen – zu beenden ist.

Die RETURN-Anweisung

Innerhalb der Funktions-Ausführung muss die RETURN-Anweisung die dynamisch letzte Anweisung darstellen. Diese Anweisung ist in der folgenden Form festzulegen:

$$\boxed{\text{RETURN ausdruck ;}}$$

Abbildung 5.24: RETURN-Anweisung

Der hinter dem Schlüsselwort RETURN aufgeführte Ausdruck, für den ein einzelner Wert, eine Variable oder ein Funktionsaufruf angegeben werden kann, liefert das *Funktionsergebnis*. Der resultierende Wert ersetzt den Funktionsaufruf an derjenigen Stelle, an der die Funktion innerhalb einer SQL-Anweisung – durch einen *Funktionsaufruf* – zur Ausführung aufgerufen wurde.

Beispiele

Um die Anschrift der Vertreter in Großbuchstaben anzeigen zu können, lässt sich die Funktion UPPER einsetzen. Soll eine derartige Anschrift als Funktionsergebnis einer Funktion namens F_ANSCH erhalten werden, so kann hierzu die folgende Funktions-Vereinbarung getroffen werden:

```
CREATE OR REPLACE FUNCTION F_ANSCH
                (ANSCHRIFT IN CHAR) RETURN VARCHAR2 IS
BEGIN
   RETURN UPPER(ANSCHRIFT);
END;
/
```

Hinweis: Werden bei der Funktions-Vereinbarung fehlerhafte Angaben gemacht, so kann man sich bei der Fehlersuche durch Meldungen unterstützen lassen, die durch die Ausführung der SQL*Plus-Anweisung

```
SHOW ERRORS FUNCTION F_ANSCH
```

abgerufen werden können.

Beim Funktionsaufruf, der z.B. in der Form

```
SELECT F_ANSCH(V_ANSCH) FROM VERTRETER;
```

erfolgen kann, wird – für jede Tabellenzeile – der jeweilige Wert des Funktions-Argumentes V_ANSCH in den Parameter ANSCHRIFT übertragen. Durch die Ausführung der RETURN-Anweisung wird der Wert von ANSCHRIFT – als Funktionsargument – zur Ausführung der Funktion UPPER bereitgestellt. Als Ergebnis des Funktionsaufrufs von F_ANSCH resultiert daher derjenige Wert, der sich als Funktionswert von UPPER ergibt.

Soll die Vertreteradresse nicht nur in Großbuchstaben, sondern auch in veränderter Reihenfolge ermittelt werden, so lässt sich die Funktions-Vereinbarung von F_ANSCH z.B. wie folgt erweitern:

```
CREATE OR REPLACE FUNCTION F_ANSCH
                    (ANSCHRIFT IN CHAR) RETURN VARCHAR2 IS
POS NUMBER(2);
BEGIN
POS:=INSTR(ANSCHRIFT,',');
RETURN UPPER(SUBSTR(RTRIM(ANSCHRIFT),POS+2)
        ||' '||SUBSTR(ANSCHRIFT,1,POS-1));
END;
/
```

Nach einem Funktionsaufruf von F_ANSCH wird eine *Zuweisung* der Form

variablenname := ausdruck ;

Abbildung 5.25: Zuweisung

ausgeführt. Dabei wird der Variablen POS durch

```
POS:=INSTR(ANSCHRIFT,',');
```

derjenige Wert zugeordnet, der aus dem Funktionsaufruf von INSTR mit den Argumenten ANSCHRIFT und "," resultiert. Der Inhalt der Variablen POS kennzeichnet somit die Position, an der das Komma innerhalb des durch V_ANSCH gekennzeichneten Spaltenwertes enthalten ist.

Damit der dem Komma vorausgehende Text hinter der Postleitzahl und der Ortsangabe ergänzt und dieser Text als Ergebnis des Funktionsaufrufs ermittelt wird, ist die RETURN-Anweisung in der Form

```
RETURN UPPER(SUBSTR(RTRIM(ANSCHRIFT),POS+2)
        ||' '||UPPER(SUBSTR(ANSCHRIFT,1,POS-1)));
```

als Verkettung zweier verschachtelter Funktionsaufrufe und des Leerzeichens angegeben worden.

Die DROP FUNCTION-Anweisung

Um eine Funktions-Vereinbarung aus dem Schema zu löschen, ist die DROP FUNCTION-Anweisung in der folgenden Form einzusetzen:

DROP FUNCTION funktionsname

Abbildung 5.26: DROP FUNCTION-Anweisung

Zum Beispiel können wir die zuvor vereinbarte Funktion F_ANSCH durch die folgende Anweisung aus dem Schema entfernen lassen:

```
DROP FUNCTION F_ANSCH;
```

5.11 Durchführung einer Zufallsauswahl

Bislang wurden Auswahlen aus dem Datenbestand durch eine SELECT-Anweisung festgelegt, innerhalb der eine WHERE-Klausel eingetragen war.

Bei Auswahlen, die durch komplexe zusammengesetzte Bedingungen beschrieben werden, ist es vorteilhaft, wenn sich die Auswirkung der jeweils formulierten WHERE-Klausel an einem überschaubaren und repräsentativen Teilbestand des Tabelleninhalts prüfen lässt.

Zunächst erscheint es ausreichend zu sein, die Anzahl der aus einer Abfrage resultierenden Tabellenzeilen durch den Einsatz der Pseudo-Tabellenspalte ROWNUM begrenzen zu können. Allerdings ist dieses Vorgehen nicht geeignet, um eine repräsentative Auswahl aus dem Gesamtbestand zu erhalten. In einer derartigen Situation ist es nützlich, das Ergebnis einer Abfrage in Form einer *Zufallsauswahl* abrufen zu können.

Um eine Zufallsauswahl anzufordern, muss eine SAMPLE-Klausel der Form

> SAMPLE (wert)

Abbildung 5.27: SAMPLE-Klausel

eingesetzt werden. Dabei muss der in Klammern – hinter dem Schlüsselwort SAMPLE – aufgeführte Wert den Prozentsatz kennzeichnen, der durch die Zufallsauswahl ermittelt werden soll.

Die SAMPLE-Klausel ist wie folgt innerhalb einer SELECT-Anweisung aufzuführen:

> SELECT [DISTINCT] ausdruck-1 [, ausdruck-2]...
>
> FROM tabellenname
>
> [WHERE-klausel]
>
> [ORDER BY-klausel]
>
> [SAMPLE (wert)]

Abbildung 5.28: SELECT-Anweisung mit SAMPLE-Klausel

Sollen z.B. durch eine Zufallsauswahl ungefähr 5% der Tabellenzeilen aus einer Tabelle namens UMSATZ_MONAT_MAI_2008 (mit sämtlichen Monatsumsätzen) für die Prüfung der konzipierten komplexen Auswahl-Bedingung "test-bedingung" ermittelt werden, so ist die folgende Form der SELECT-Anweisung zu verwenden:

```
SELECT * FROM (SELECT * FROM UMSATZ_MONAT_MAI_2008
               SAMPLE (5)) WHERE test-bedingung;
```

Wir illustrieren den Einsatz der SAMPLE-Klausel auf der Basis einer fiktiven Tabelle namens UMSATZ_MONAT_MAI_2008, da eine Verwendung der SAMPLE-Klausel nur bei großen Datenbeständen sinnvoll ist. In derartigen Fällen ist es oftmals von Interesse, statistische Kenngrößen zu ermitteln, die nicht auf der statistischen Auswertung des Gesamtbestandes, sondern eines repräsentativen Teilbestandes basieren.

Eine Schätzung für die Varianz des Gesamtumsatzes – auf der Basis einer 25%-igen Zufallsauswahl – kann z.B. durch die Anweisung

```
SELECT VAR_SAMP( A_STUECK * A_PREIS )
    FROM UMSATZ_MONAT_MAI_2008 SAMPLE (25);
```

angefordert werden. Dabei unterstellen wir, dass die Stückzahlen und die Artikelpreise innerhalb der Tabelle UMSATZ_MONAT_MAI_2008 durch die Spaltennamen A_PREIS bzw. A_STUECK gekennzeichnet werden.

Um die Wirkung der SAMPLE-Klausel zu verdeutlichen, betrachten wir die folgende SELECT-Anweisung:

```
SELECT V_NR, A_NR, DATUM FROM UMSATZ SAMPLE (50);
```

Durch die Ausführung dieser Anweisung erhalten wir z.B. das folgende Ergebnis:

```
     V_NR         A_NR DATUM
---------- ----------- --------

     1215           13 24.06.08
     5016           22 25.06.08
     5016           22 24.06.08
     8413           11 24.06.08
     8413           11 25.06.08
```

Ist die Varianz des Gesamtumsatzes zu schätzen, so kann durch die Anforderung

```
SELECT VAR_SAMP( A_STUECK * A_PREIS )
       FROM ARTIKEL_UMSATZ SAMPLE (50);
```

die folgende Anzeige abgerufen werden:

```
VAR_SAMP(A_STUECK*A_PREIS)
--------------------------
               21905046,4
```

KAPITEL 6

VERÄNDERUNG VON TABELLENINHALTEN

6.1 Veränderung von Werten

Um die Inhalte von Tabellen zu ändern, muss die UPDATE-Anweisung in der folgenden Form eingesetzt werden:

```
UPDATE tabellenname
        SET spaltenname-1 = { ausdruck-1 | NULL }
            [ , spaltenname-2 = { ausdruck-2 | NULL }    ] ...
        [ WHERE bedingung ]
```

Abbildung 6.1: Änderung von Spaltenwerten

Dadurch werden die Werte aller angegebenen Spalten der Tabelle "tabellenname" durch diejenigen Werte ersetzt, die durch die zugehörigen Ausdrücke festgelegt sind. Diese Ersetzung wird in allen Tabellenzeilen durchgeführt, sofern die WHERE-Klausel nicht angegeben ist. Ansonsten erfolgt die Ersetzung nur in denjenigen Tabellenzeilen, die durch die innerhalb der WHERE-Klausel aufgeführte Bedingung gekennzeichnet sind.

Sind z.B. die Stückzahlen innerhalb der Tabelle UMSATZ allesamt um den Faktor 10 zu groß eingetragen worden, so schafft die folgende UPDATE-Anweisung Abhilfe:

```
UPDATE UMSATZ SET A_STUECK = A_STUECK / 10;
```

Dadurch wird jeder alte Wert in der Spalte A_STUECK durch einen Wert ersetzt, der sich aus der Division des alten Wertes durch die Zahl 10 ergibt.

Stellt sich z.B. heraus, dass der ursprünglich für den Artikel mit der Artikelnummer 12 eingegebene Stückpreis nicht korrekt war, so lässt sich die Korrektur wie folgt durchführen:

```
UPDATE ARTIKEL SET A_PREIS = 39.80 WHERE A_NR = 12;
```

Hinweis: Bei einer derartigen arithmetischen Operation ist zu beachten, dass das Ergebnis unter Umständen dadurch verfälscht werden kann, dass keine Dezimalstellen bei der Angabe des Datentyps für die betreffende Tabellenspalte (bei der Tabellen-Definition) vereinbart wurden.

6.2 Durchführung eines Tabellen-Upserts

Mit der zuvor vorgestellten UPDATE-Anweisung lässt sich der Inhalt einer Tabelle gezielt korrigieren. Eine derartige Änderung setzt voraus, dass die Tabellenzeilen, die einer Änderung unterzogen werden sollen, auch tatsächlich im Bestand enthalten sind.

In der Situation, in der sich eine Tabellenzeile, die geändert werden soll, noch nicht im Bestand befindet, ist es oftmals wünschenswert, die Tabelle um eine geeignete Tabellenzeile zu ergänzen. Um eine Tabelle in einer derartigen Form modifizieren zu können, steht die MERGE-Anweisung zur Verfügung.

- Da durch die MERGE-Anweisung eine Leistungs-Kombination der UPDATE- und INSERT-Anweisungen bewirkt wird, bezeichnet man eine durch die MERGE-Anweisung erreichte Änderung als *Tabellen-Upsert*.

Zur Durchführung eines Tabellen-Upserts ist die MERGE-Anweisung in der folgenden Form einzusetzen:

```
MERGE  INTO  tabellenname-1 [ aliasname-1 ]

      USING { tabellenname-2 | inline-tabelle } [ aliasname-2 ]

      ON  ( bedingung )

          WHEN MATCHED THEN UPDATE

              SET spaltenname-1 = ausdruck-1 [ , spaltenname-2 = ausdruck-2 ]...

          WHEN NOT MATCHED THEN INSERT

              [ ( spaltenname-3 [ , spaltenname-4 ]... ) ]

                          VALUES  ( ausdruck-3 [ , ausdruck-4 ]... ) ]
```

Abbildung 6.2: Tabellen-Upsert mit der MERGE-Anweisung

Bei der Ausführung der MERGE-Anweisung werden Bestandsänderungen an der Tabelle "tabellenname-1" mittels der Tabellenzeilen der Tabelle "tabellenname-2" bzw. einer geeignet aufgebauten Inline-Tabelle vorgenommen.

Ob die Änderung oder die Übernahme einer Tabellenzeile durchgeführt wird, bestimmt die hinter dem Schlüsselwort ON aufgeführte Bedingung. Trifft diese Bedingung bei einem Vergleich zu, so erfolgt eine Bestandsänderung gemäß der Angaben innerhalb der WHEN MATCHED-Klausel. Andernfalls wird in der Tabelle "tabellenname-1" eine neue Tabellenzeile eingetragen, deren Werte durch die Angaben innerhalb der WHEN NOT MATCHED-Klausel bestimmt sind.

Hierbei ist zu berücksichtigen, dass jede Tabellenzeile von "tabellenname-1" – bei der Ausführung einer MERGE-Anweisung – höchstens einmal geändert werden kann.

Wie eine Änderung bzw. Ergänzung einer Tabellenzeile vorzunehmen ist, wird durch Angaben hinter dem Schlüsselwort SET bzw. dem Schlüsselwort INSERT festgelegt. Die dort zu formulierenden Einträge entsprechen den Angaben, die innerhalb einer UPDATE- bzw. einer INSERT-Anweisung zu machen sind.

- Es ist zu beachten, dass ein Tabellenspaltenname der Tabelle "tabellenname-1", der innerhalb der Bedingung der ON-Klausel aufgeführt wird, nicht Bestandteil der SET-Klausel sein darf.

Der Einsatz der MERGE-Anweisung ist z.B. dann sinnvoll, wenn Bestandsdaten zu ergänzen bzw. zu ändern sind und dazu die Tabellenzeilen einer Bewegungsdaten-Tabelle herangezogen werden sollen.

Sollen z.B. die Artikeldaten um weitere Artikeldaten ergänzt werden und die zu übernehmenden Angaben nicht in einer eigenständigen Tabelle, sondern zusammen mit den Umsatzdaten bereitgehalten werden, so lassen sich die Artikeldaten durch den Einsatz der MERGE-Anweisung ergänzen.

Um diesen Vorgang zu demonstrieren, legen wir die Tabelle ARTIKEL_NEU zugrunde, die wie folgt eingerichtet und mit zwei Tabellenzeilen gefüllt wird:

```
CREATE TABLE ARTIKEL_NEU(ARTIKEL_NR NUMBER(2)
                                    PRIMARY KEY,
                         ARTIKEL_NAME CHAR(20),
                         ARTIKEL_PREIS NUMBER(7,2));
INSERT INTO ARTIKEL_NEU VALUES (12, 'Oberhemd', 39.80);
INSERT INTO ARTIKEL_NEU VALUES (22, 'Mantel', 360.00);
```

Die Ergänzung durch die beiden Tabellenzeilen für die Artikel mit den Nummern "11" und "13" lässt sich – unter Einsatz der Tabelle ARTIKEL_UMSATZ – wie folgt erreichen:

```
MERGE INTO ARTIKEL_NEU
    USING (SELECT DISTINCT A_NR,A_NAME,A_PREIS
           FROM ARTIKEL_UMSATZ)
    ON ( ARTIKEL_NR = A_NR )
    WHEN MATCHED THEN UPDATE SET ARTIKEL_NAME = A_NAME
    WHEN NOT MATCHED
             THEN INSERT VALUES (A_NR,A_NAME,A_PREIS);
```

Durch die Ausführung der MERGE-Anweisung werden die durch die Inline-Tabelle

```
( SELECT DISTINCT A_NR,A_NAME,A_PREIS FROM ARTIKEL_UMSATZ )
```

bestimmten Tabellenzeilen daraufhin untersucht, ob die Bedingung "ARTIKEL_NR = A_NR" zutrifft oder nicht. Gibt es beim zeilenweisen Vergleich der Artikelnummern keine Übereinstimmung, d.h. besitzt eine innerhalb der Inline-Tabelle enthaltene Tabellenzeile eine Artikelnummer, die noch nicht Bestandteil der Tabelle ARTIKEL ist, so wird die Tabelle ARTIKEL um eine Tabellenzeile ergänzt. Die Vorschrift, wie diese neue Tabellenzeile aufzubauen ist, enthält die WHEN NOT MATCHED-Klausel. Für den Fall, dass die in er ON-Klausel angegebene Bedingung erfüllt ist, wird die innerhalb der WHEN MATCHED-Klausel beschriebene Änderung durchgeführt, d.h. es wird der Artikelname durch denselben Artikelnamen ersetzt.

6.3 Löschen von Tabellenzeilen

Sollen eine oder mehrere Zeilen aus einer Tabelle gelöscht werden, so ist die DELETE-Anweisung in der Form

> DELETE FROM tabellenname [WHERE bedingung]

Abbildung 6.3: Löschung von Tabellenzeilen

einzusetzen. Dadurch werden alle Zeilen der Tabelle "tabellenname" entfernt, die die hinter dem Schlüsselwort WHERE aufgeführte Bedingung erfüllen. Ohne Angabe der WHERE-Klausel werden sämtliche Tabellenzeilen gelöscht.

Sind z.B. innerhalb der Tabelle UMSATZ alle Tabellenzeilen zu löschen, die innerhalb der Spalte V_NR den Wert 8413 besitzen, so führt die Eingabe von

```
DELETE FROM UMSATZ WHERE V_NR = 8413;
```

zum gewünschten Ergebnis.

Um sämtliche Tabellenzeilen einer Tabelle zu löschen, kann anstelle der DELETE-Anweisung auch eine TRUNCATE-Anweisung in der folgenden Form eingesetzt werden:

```
TRUNCATE TABLE  tabellenname
```

Abbildung 6.4: Löschung sämtlicher Tabellenzeilen

6.4 Der Einsatz von Triggern

Der Aufbau, die Veränderung und die Löschung von Datenbeständen lässt sich – wie wir zuvor dargestellt haben – durch den Einsatz von INSERT-, UPDATE-, DELETE- und MERGE-Anweisungen bewerkstelligen.

Die Ausführung dieser Modifikationsanweisungen wird seitens des DB-Systems kontrolliert, indem die für die betreffenden Tabellen vereinbarten Integritätsprüfungen systemseitig durchgeführt werden.

Um während der Ausführung von INSERT-, UPDATE- und DELETE-Anweisungen einen zusätzlichen Einfluss auf bestimmte Verarbeitungsschritte nehmen zu können, lässt sich ein Trigger einsetzen.

- Bei einem *Trigger* handelt es sich um ein Schema-Objekt, das durch ein oder mehrere festgelegte Ereignisse Aktivitäten auslöst, die bei der Vereinbarung dieses Schema-Objektes verabredet wurden – man sagt, dass der Trigger "feuert".

  Als Ereignisse lassen sich in diesem Zusammenhang diejenigen Vorgänge nennen, die durch die Ausführung von INSERT-, UPDATE- und DELETE-Anweisungen bewirkt werden.

Trigger setzt man z.B. dann ein, wenn Tabellenänderungen – im Rahmen von Integritätsprüfungen – zu kontrollieren bzw. zu protokollieren sind.

Um Ereignisse festzulegen, die das Feuern eines Triggers bewirken, ist die Vereinbarung eines Triggers wie folgt einzuleiten:

```
CREATE [ OR REPLACE ] TRIGGER trigger-name

    { BEFORE | AFTER }

    { DELETE | INSERT | UPDATE [ OF spaltenname-1 [, spaltenname-2 ]... ] }

    ON  tabellenname   [ WHEN ( bedingung ) ]
```

Abbildung 6.5: Vereinbarung eines Triggers

Durch eine derartige CREATE TRIGGER-Anweisung wird ein Trigger namens "trigger-name" – im aktuellen Schema – vereinbart bzw. eine vorhandene Vereinbarung ersetzt, sofern die Schlüsselwörter "OR REPLACE" verwendet werden.

Hinweis: Der für den Trigger gewählte Name muss der Konvention genügen, die für die Festlegung von Tabellennamen gilt.

Dieser Trigger feuert, wenn für die in der ON-Klausel angegebene Tabelle eine Modifikationsanweisung vom Typ INSERT, UPDATE oder DELETE ausgeführt wird, je nachdem, ob das Schlüsselwort DELETE, INSERT oder UPDATE bei der Trigger-Vereinbarung verwendet wurde. Für eine UPDATE-Anweisung lässt sich gemäß der angegebenen Syntax steuern, dass der Trigger nicht in jedem Fall, sondern nur bei der Veränderung einer der hinter OF aufgeführten Spaltennamen feuert.

Durch die Verwendung des Schlüsselwortes BEFORE ist bestimmt, dass die im Trigger festgelegten Aktionen (siehe unten) *vor* der Ausführung der betreffenden Modifikationsanweisung durchgeführt werden.

Entsprechend wird durch das Schlüsselwort AFTER festgelegt, dass der Trigger erst dann feuert, wenn die jeweilige Modifikationsanweisung bereits ausgeführt wurde.

Durch eine WHEN-Klausel lässt sich über die dort festgelegte Bedingung steuern, dass der Trigger nur dann feuert, wenn die angegebene Bedingung erfüllt ist.

Welche Aktionen beim Feuern eines Triggers durchgeführt werden, ist als Ergänzung der oben angegebenen Einleitung für eine Trigger-Vereinbarung in Form einer oder mehrerer SQL-Anweisungen anzugeben. Diese Anweisungen sind durch das Schlüsselwort

```
BEGIN
```

einzuleiten und durch das Schlüsselwort END in der Form

```
END;
/
```

zu beenden.

Hinweis: Zwischen "BEGIN" und "END;" können beliebige ausführbare Anweisungen der zum DB-System ORACLE gehörenden prozeduralen Programmiersprache PL/SQL eingetragen werden. Ausgewählte Sprachelemente von PL/SQL werden im Kapitel 20 im Zusammenhang mit der Einbettung von SQL-Anweisungen vorgestellt.

Sofern wir z.B. protokollieren lassen wollen, mit welcher Anwenderkennung an welchem Datum eine Ergänzung der Tabelle UMSATZ um eine Tabellenzeile erfolgt ist, können wir eine Protokoll-Tabelle namens UMSATZ_PROTOKOLL durch

```
CREATE TABLE UMSATZ_PROTOKOLL(ANWENDER CHAR(20),
                              DATUM DATE);
```

einrichten lassen und wie folgt einen Trigger namens UMSATZ_TRIGGER vereinbaren:

```
CREATE TRIGGER UMSATZ_TRIGGER
   AFTER INSERT ON UMSATZ
      BEGIN
         INSERT INTO UMSATZ_PROTOKOLL VALUES(USER,SYSDATE);
      END;
/
```

Hinweis: Durch den Funktionsaufruf "USER" wird die Kennung des Anwenders und durch den Funktionsaufruf "SYSDATE" das aktuelle Tagesdatum ermittelt.

Sofern anschließend z.B. die Anweisung

```
INSERT INTO UMSATZ VALUES(8413,12,11,'27.06.2008');
```

ausgeführt wird, feuert der vereinbarte Trigger UMSATZ_TRIGGER. Folglich wird in der Tabelle UMSATZ_PROTOKOLL eine Tabellenzeile mit der Anwenderkennung und dem Datum ergänzt.

Sofern bei der Vereinbarung des Triggers eine *Fehlermeldung* angezeigt wird, können
Fehler-Erklärungen durch die Ausführung der SQL*Plus-Anweisung SHOW ERRORS in
der folgenden Form angefordert werden:

```
SHOW ERRORS TRIGGER UMSATZ_TRIGGER
```

Sollen in die Tabelle UMSATZ_PROTOKOLL auch Angaben über die Vertreternummer
und die Artikelnummer aufgenommen werden, so muss in dem Moment, in dem der Trigger feuert, ein Zugriff auf diejenigen Werte möglich sein, die Bestandteil der den Trigger
auslösenden INSERT-Anweisung sind.

Um dies erreichen zu können, muss der Trigger nicht auf Tabellen-Ebene, sondern auf
Tabellenzeilen-Ebene feuern. Das auslösende Ereignis ist in diesem Fall nicht mehr der
Zugriff auf die innerhalb der ON-Klausel festgelegte Tabelle, sondern der individuelle Zu-
griff auf jede einzelne Tabellenzeile dieser Tabelle.

Damit dies möglich ist, muss die oben aufgeführte Einleitung der Trigger-Vereinbarung
wie folgt ergänzt werden:

FOR EACH ROW

Abbildung 6.6: FOR EACH ROW-Klausel

Diese FOR EACH ROW-Klausel ist im Anschluss an die ON-Klausel festzulegen.

Nur in dem Fall, in dem die FOR EACH ROW-Klausel vereinbart ist, kann bei den Aktionen, die zwischen "BEGIN" und "END;" festgelegt werden, auf Tabellenspalten-Inhalte
derjenigen Tabelle zugegriffen werden, für die der Trigger vereinbart ist.

Ein derartiger Zugriff ist durch den Einsatz der Schlüsselwörter ":NEW" bzw. ":OLD"
möglich, durch die sich Tabellenspalten durch

: NEW.spaltenname

Abbildung 6.7: Qualifizierung mit ":NEW"

bzw. in der folgenden Form qualifizieren lassen:

: OLD.spaltenname

Abbildung 6.8: Qualifizierung mit ":OLD"

Dabei ist – im Hinblick auf die AFTER-Klausel – zu beachten, dass bei Verwendung des
Schlüsselwortes INSERT nur ":NEW", bei Verwendung des Schlüsselwortes DELETE
nur ":OLD" und bei Verwendung des Schlüsselwortes UPDATE sowohl ":NEW" als auch
":OLD" eingesetzt werden dürfen.

Als Erweiterung des oben angegebenen Beispiels können wir z.B. den Trigger UMSATZ_-
TRIGGER wie folgt vereinbaren:

```
CREATE OR REPLACE TRIGGER UMSATZ_TRIGGER
      AFTER INSERT ON UMSATZ FOR EACH ROW
           BEGIN
             INSERT INTO UMSATZ_PROTOKOLL
               VALUES(USER,SYSDATE,:NEW.V_NR,:NEW.A_NR);
           END;
      /
```

Anstelle der Verwendung der Schlüsselwörter "OR REPLACE" könnte der zuvor vereinbarte Trigger UMSATZ_TRIGGER auch durch den Einsatz einer DROP TRIGGER-Anweisung in der Form

> DROP TRIGGER trigger-name

Abbildung 6.9: Löschung eines Triggers

vor einer neuerlichen Vereinbarung gelöscht werden. Darüberhinaus ist zu beachten, dass die Tabelle UMSATZ_PROTOKOLL zuvor z.B. wie folgt einzurichten ist:

```
CREATE TABLE UMSATZ_PROTOKOLL(ANWENDER CHAR(20),
                             DATUM DATE,
                             V_NR NUMBER(4),
                             A_NR NUMBER(2));
```

Soll z.B. dafür gesorgt werden, dass mit der Änderung einer Artikelnummer innerhalb der Tabelle ARTIKEL auch eine entsprechende Änderung in der Tabelle UMSATZ erfolgt, so lässt sich dies durch den Einsatz des folgendermaßen vereinbarten Triggers A_NR_AENDERN_TRIGGER erreichen:

```
CREATE TRIGGER A_NR_AENDERN_TRIGGER
    AFTER UPDATE ON ARTIKEL FOR EACH ROW
        BEGIN
            UPDATE UMSATZ SET UMSATZ.A_NR = :NEW.A_NR
                          WHERE UMSATZ.A_NR = :OLD.A_NR;
        END;
/
```

Hinweis: Dieser Trigger ist nur wirksam, wenn die für die Tabelle UMSATZ vereinbarten CONSTRAINT-Klauseln in der Form

ALTER TABLE UMSATZ DISABLE CONSTRAINT f_umsatz_1;
ALTER TABLE UMSATZ DISABLE CONSTRAINT f_umsatz_2;

deaktiviert und nach der Ausführung einer UPDATE-Anweisung durch

ALTER TABLE UMSATZ ENABLE CONSTRAINT f_umsatz_1;
ALTER TABLE UMSATZ ENABLE CONSTRAINT f_umsatz_2;

wieder aktiviert werden. Zur Aktivierung und Deaktivierung von CONSTRAINT-Klauseln siehe Abschnitt 7.3.

Abschließend ist anzumerken, dass die CREATE TRIGGER-Anweisung der Einfachheit halber immer die Schlüsselwörter "OR REPLACE" enthalten sollte, sodass – zur Modifikation einer Trigger-Vereinbarung – auf den Einsatz der DROP TRIGGER-Anweisung verzichtet werden kann. Insgesamt lässt sich die Syntax der CREATE TRIGGER-Anweisung in der innerhalb der Abbildung 6.10 dargestellten Form angeben.

Es ist zusätzlich erlaubt, anstelle der als alternativ ausgewiesenen Angaben DELETE, INSERT und UPDATE Kombinationen dieser Schlüsselwörter anzugeben. Dadurch ist es möglich, zum Feuern eines Triggers mehr als ein Ereignis für eine Tabelle festzulegen. In diesem Fall ist das Schlüsselwort OR zur Trennung jeweils zweier Angaben zu verwenden.

Zum Beispiel lässt sich durch die Eintragung von "DELETE OR UPDATE", die hinter dem Schlüsselwort AFTER bzw. BEFORE und vor dem Schlüsselwort ON vorzunehmen ist, bestimmen, dass der zugehörige Trigger immer dann feuert, wenn für die betreffende Tabelle eine DELETE- oder eine UPDATE-Anweisung zur Ausführung gelangt.

```
CREATE [ OR REPLACE ] TRIGGER trigger-name
    { BEFORE | AFTER }
    { DELETE | INSERT | UPDATE [ OF spaltenname-1 [, spaltenname-2 ]... ] }
    ON tabellenname
    [ FOR EACH ROW ]  [ WHEN ( bedingung ) ]
BEGIN
    anweisung-1 ;
    [ anweisung-2 ; ]...
    END ;
/
```

Abbildung 6.10: Syntax der CREATE TRIGGER-Anweisung

6.5 Speicherung von LOBs

Interne und externe LOBs

Im Zuge der Entwicklung von multimedialen Anwendungen treten Anforderungen in den Vordergrund des Interesses, die darauf abzielen, unstrukturierte Daten wie z.B. Text-, Grafik-, Video- und Audio-Informationen innerhalb einer Datenbasis zu verwalten.

Im Hinblick auf diesen Sachverhalt stellt das DB-System ORACLE die Datentypen BLOB (Abkürzung von "binary large objects") zur Ablage von Binär-Informationen und CLOB (Abkürzung von "character large objects") zur Ablage von Zeichen-Informationen zur Verfügung.

Darüber hinaus besteht die Möglichkeit, Informationen, die in Dateien und damit außerhalb der Datenbasis gespeichert sind, innerhalb der Datenbasis als Werte vom Datentyp BFILE zu verwalten.

* Um derartige *LOB-Datentypen* im Hinblick auf die jeweilige Speicherung voneinander zu unterscheiden, werden Werte vom Datentyp BLOB und CLOB als *interne LOBs* und Werte vom Datentyp BFILE als *externe LOBs* bezeichnet.

Wie wir es im Abschnitt 2.2.1 bereits mitgeteilt haben, lassen sich bei der Vereinbarung einer Tabelle eine oder mehrere Tabellenspalten festlegen, deren Datentypen durch den Einsatz der Schlüsselwörter BLOB, CLOB und BFILE gekennzeichnet werden.

Hinweis: Es ist dabei grundsätzlich erlaubt, LOB-Datentypen für mehr als eine Tabellenspalte zu verabreden. Dabei darf es sich auch um jeweils denselben Datentyp handeln.

Um z.B. vertreter-spezifische Werbetext-Information sowohl innerhalb von Dateien als auch innerhalb von Tabellen zu speichern, können wir z.B. wie folgt eine Tabelle namens WERBUNG einrichten:

```
CREATE TABLE WERBUNG(V_NR NUMBER(4),
                     WERBETEXT CLOB,
                     DATEINAME BFILE);
```

Dabei beabsichtigen wir, dass der für jeden Vertreter innerhalb einer Datei gespeicherte Werbetext als externer LOB innerhalb der Tabellenspalte DATEINAME zugreifbar und gleichzeitig als interner LOB innerhalb der Spalte WERBETEXT gespeichert sein soll.

Initialisierung von LOBs und Einrichtung von LOB-Zeigern

Um die beiden LOBs, die zum Vertreter mit der Kennzahl 8413 gehören, zu initialisieren, lässt sich unter der Voraussetzung, dass der Werbetext für diesen Vertreter in der Datei "werb8413.txt"gespeichert ist, z.B. die folgende Anweisung einsetzen:

```
INSERT INTO WERBUNG VALUES (8413,
                        EMPTY_CLOB(),
               BFILENAME('VERTRETER_DIR','werb8413.txt'));
```

Durch den Funktionsaufruf

```
EMPTY_CLOB()
```

wird innerhalb der Tabellenzeile ein *LOB-Zeiger*, d.h. ein *Zeiger* auf einen LOB, eingerichtet. Dieser LOB-Zeiger weist auf einen *leeren* LOB vom Datentyp CLOB.

Hinweis: Um einen LOB-Zeiger zu erstellen, der auf einen leeren LOB vom Typ BLOB weist, ist der Funktionsaufruf "EMPTY_BLOB()" zu verwenden.

Wird der LOB, auf den der LOB-Zeiger weist, anschließend mit Information gefüllt, so wird diese Information dann – zusammen mit dem LOB-Zeiger – innerhalb der Tabelle gespeichert, wenn die zu speichernden Daten den Speicherbereich von 4000 Zeichen nicht überschreiten. Andernfalls werden die Daten, die als Bestandteil des LOBs zu sichern sind, gesondert innerhalb des Schemas abgelegt.

Hinweis: LOBs dürfen maximal 4 Gigabyte groß sein.

Durch den Funktionsaufruf

```
BFILENAME('VERTRETER_DIR','werb8413.txt')
```

wird ein LOB-Zeiger auf einen externen LOB vom Datentyp BFILE innerhalb der Tabellenzeile eingerichtet. Dieser Zeiger weist auf eine Datei namens "werb8413.txt", die in einem durch den Alias-Namen "VERTRETER_DIR" gekennzeichneten Ordner gespeichert ist.

Sofern wir davon ausgehen, dass die Datei "werb8413.txt" Bestandteil des Ordners "c:\temp" ist, muss dem Alias-Namen "VERTRETER_DIR" dieser Ordner durch die Ausführung der folgenden CREATE DIRECTORY-Anweisung zugeordnet worden sein:

```
CREATE DIRECTORY VERTRETER_DIR AS 'c:\temp';
```

Der Sachverhalt, dass der Alias-Ordnername durch diese Anweisung intern in Großbuchstaben gespeichert wird, ist bei der Verwendung des Alias-Ordnernamens innerhalb des Funktionsaufrufs von BFILENAME von Bedeutung. Da eine Übereinstimmung in der Schreibweise vorliegen muss, ist der Name "VERTRETER_DIR" beim Funktionsaufruf von "BFILENAME" in Großbuchstaben zu schreiben.

Die CREATE DIRECTORY- und die INSERT-Anweisung sind in unserer Situation in der folgenden Reihenfolge anzugeben:

```
CREATE DIRECTORY VERTRETER_DIR AS 'c:\temp';
INSERT INTO WERBUNG VALUES (8413,
                                 EMPTY_CLOB(),
                   BFILENAME('VERTRETER_DIR','werb8413.txt'));
```

Hinweis: Es ist zu beachten, dass sich beim Einsatz von SQL*Plus keine SELECT-Anweisung zur Anzeige von LOBs verwenden lässt.

Als Alternative zur angegebenen INSERT-Anweisung kann z.B. auch wie folgt vorgegangen werden:

```
INSERT INTO WERBUNG VALUES (8413,NULL,
           BFILENAME('VERTRETER_DIR','werb8413.txt'));
UPDATE WERBUNG SET WERBETEXT = EMPTY_CLOB()
                              WHERE V_NR=8413;
```

Hinweis: Durch diese Form der UPDATE-Anweisung kann ein LOB jederzeit aus dem Bestand gelöscht werden.

Struktur eines PL/SQL-Programms

Um einen LOB mit Daten zu füllen, kann – beim Einsatz von SQL*Plus – ein PL/SQL-Programm zur Ausführung gebracht werden, das wie folgt strukturiert ist:

```
DECLARE

      variablenname-1 datentyp-1 ;

    [ variablenname-2 datentyp-2 ; ]...

BEGIN

      anweisung-1 ; [ anweisung-2 ; ]...

END ;

/
```

Abbildung 6.11: PL/SQL-Programm zur Einrichtung eines LOBs

Zur Speicherung von LOB-Zeigern sind Variablen zu verwenden, die unmittelbar im Anschluss an das Schlüsselwort DECLARE zu vereinbaren sind. Die Übertragung von Daten ist durch geeignete Anweisungen zu beschreiben, die – genauso wie bei einer Funktions-Vereinbarung (siehe Abschnitt 5.10) – zwischen

```
BEGIN
```

und

```
END;
/
```

einzutragen sind.

Hinweis: Bekanntlich signalisiert das Zeichen "/", dass das PL/SQL-Programm von SQL*Plus an das PL/SQL-Übersetzungssystem übermittelt werden soll.

Welche Art von Anweisungen zur Datenübertragung in einen LOB erforderlich sind, geben wir im Folgenden an.

Vereinbarung von LOBs

Um die Daten aus der Datei "werb8413.txt" in den LOB kopieren zu können, der in der Tabelle WERBUNG innerhalb der Spalte WERBETEXT verwaltet werden soll, müssen wir zwei Variablen vom Typ CLOB bzw. BFILE vereinbaren. Dazu verwenden wir die Variablennamen TEXT_DATEN und TEXT_DATEINAME in der Form

```
DECLARE
TEXT_DATEN CLOB;
TEXT_DATEINAME BFILE;
```

sodass sich LOB-Zeiger, die auf einen internen bzw. einen externen LOB verweisen, als Werte von TEXT_DATEN und TEXT_DATEINAME speichern lassen.

Um TEXT_DATEN und TEXT_DATEINAME die benötigten LOB-Zeiger zuzuordnen, können wir die folgende Anweisung ausführen lassen:

```
SELECT WERBETEXT, DATEINAME
            INTO TEXT_DATEN, TEXT_DATEINAME
            FROM WERBUNG WHERE V_NR=8413;
```

Dies ist ein Beispiel für den Einsatz der folgenden speziellen Form der SELECT-Anweisung, innerhalb der eine INTO-Klausel aufgeführt ist:

```
SELECT spaltenname-1 [ , spaltenname-2 ]...

    INTO variablenname-1 [ , variablenname-2 ]...

    FROM tabellenname WHERE bedingung
```

Abbildung 6.12: SELECT-Anweisung mit der INTO-Klausel

Aus der Ausführung dieser Anweisung muss genau eine Tabellenzeile resultieren. Es werden die Spaltenwerte, die durch die vor dem Schlüsselwort INTO aufgeführten Spaltennamen gekennzeichnet sind, den hinter INTO angegebenen Variablen gemäß der vorliegenden Reihenfolge zugeordnet.

Als Ergebnis der SELECT-Anweisung weist TEXT_DATEN auf den leeren internen LOB und TEXT_DATEINAME auf den externen LOB, der Bestandteil einer Datei namens "werb8413.txt" ist.

Einsatz von Prozeduren und Packages

Damit die Datei, die den externen LOB enthält, zur Verarbeitung eröffnet wird, ist die folgende Anforderung zu stellen:

```
DBMS_LOB.FILEOPEN(TEXT_DATEINAME,DBMS_LOB.FILE_READONLY);
```

Hierbei handelt es sich um einen *Prozeduraufruf*, mit dem die Ausführung einer *Prozedur* namens "DBMS_LOB.FILEOPEN" veranlasst wird.

Ein Prozeduraufruf wird wie ein Funktionsaufruf angegeben. Der Unterschied zu einem Funktionsaufruf besteht darin, dass der Aufruf als Anweisung aufgeführt werden muss und kein Ergebniswert zurückgemeldet wird.

Durch die Ausführung der Prozedur "DBMS_LOB.FILEOPEN" wird die durch das erste Argument bestimmte Datei zu einer Verarbeitung eröffnet, deren Form durch das zweite Argument gekennzeichnet wird.

Beim Argument "DBMS_LOB.FILE_READONLY" handelt es ich um den Aufruf einer Funktion ohne Argumente, deren Wirkung darin besteht, dass eine Datei-Eröffnung zum Lesen erfolgt.

Die Prozedur mit dem Namen "DBMS_LOB.FILEOPEN" und die Funktion mit dem Namen "DBMS_LOB.FILE_READONLY" sind Bestandteile einer Sammlung von Prozeduren und Funktionen, die beim DB-System ORACLE – in Form eines *Packages* – als Funktions-/Prozedur-Sammlung für die Bearbeitung von LOBs zur Verfügung gehalten werden. Dieser Sachverhalt wird äußerlich dadurch gekennzeichnet, dass die Funktions- und Prozedurnamen durch das Wort "DBMS_LOB" eingeleitet werden, d.h. qualifiziert werden.

Zum Package "DBMS_LOB" gehört unter anderem eine Funktion mit dem Namen "DBMS_LOB.GETLENGTH", mit der sich die Größe eines LOBs erfragen lässt, sodass wir in unserer Situation den Funktionsaufruf

```
DBMS_LOB.GETLENGTH(TEXT_DATEINAME)
```

verwenden können.

Als weiterer Baustein zählt die Prozedur "DBMS_LOB.LOADFROMFILE" zum Package "DBMS_LOB". Durch sie lassen sich Informationen eines externen LOBs in einen internen LOB übertragen. Beim Prozeduraufruf ist der interne LOB durch das erste Argument und der externe LOB durch das zweite Argument zu kennzeichnen.

Wie viele Zeichen transportiert werden sollen, ist durch das dritte Argument der Funktion "DBMS_LOB.LOADFROMFILE" festzulegen, sodass die Übertragung – in unserer Situation – durch die Anweisung

```
DBMS_LOB.LOADFROMFILE(TEXT_DATEN,TEXT_DATEINAME,
                  DBMS_LOB.GETLENGTH(TEXT_DATEINAME));
```

angefordert werden kann.

Um die eröffnete Datei wieder von der Verarbeitung abzumelden, muss die Anweisung

```
DBMS_LOB.FILECLOSE(TEXT_DATEINAME);
```

verwendet werden.

Nach der Datenübertragung weist der in TEXT_DATEN gespeicherte LOB-Zeiger auf die Daten des internen LOBs, sodass die folgende UPDATE-Anweisung auszuführen ist, sofern der LOB in den Datenbestand der Tabelle WERBUNG übernommen werden soll:

```
UPDATE WERBUNG SET WERBETEXT = TEXT_DATEN WHERE V_NR=8413;
```

Um die von uns gewünschte Übertragung vorzunehmen, muss somit insgesamt das folgende PL/SQL-Programm zur Ausführung gebracht werden:

```
DECLARE
TEXT_DATEN CLOB;
TEXT_DATEINAME BFILE;
BEGIN
SELECT WERBETEXT, DATEINAME
                 INTO TEXT_DATEN, TEXT_DATEINAME
                 FROM WERBUNG WHERE V_NR=8413;
DBMS_LOB.FILEOPEN(TEXT_DATEINAME,DBMS_LOB.FILE_READONLY);
DBMS_LOB.LOADFROMFILE(TEXT_DATEN,TEXT_DATEINAME,
                 DBMS_LOB.GETLENGTH(TEXT_DATEINAME));
DBMS_LOB.FILECLOSE(TEXT_DATEINAME);
UPDATE WERBUNG SET WERBETEXT = TEXT_DATEN WHERE V_NR=8413;
END;
/
```

Anzeige von LOBs

Um einen Einblick in den gespeicherten internen LOB zu erhalten, wollen wir die ersten 60 Zeichen des Werbetextes – unter Einsatz von SQL*Plus – zur Anzeige bringen.

Dazu werden wir die Prozedur"DBMS_OUTPUT.PUT_LINE" verwenden, die Bestandteil des Packages "DBMS_OUTPUT" ist und die wie folgt aufgerufen werden muss:

```
DBMS_OUTPUT.PUT_LINE( variable );
```

Als Ergebnis dieses Prozedur-Aufrufs wird der Inhalt des Arguments "variable" auf dem Bildschirm angezeigt, sofern zuvor die SQL*Plus-Anweisung

```
SET SERVEROUTPUT ON
```

zur Ausführung gebracht wurde.

Um eine vorgegebene Anzahl von Zeichen ab einer bestimmten Zeichenposition aus einem internen LOB lesen und in eine Variable übertragen zu lassen, werden vier Variablen benötigt. Sofern wir für diese Variablen z.B. die Vereinbarungen

```
PUFFER VARCHAR2(60);
TEXT_DATEN CLOB;
TEXTLAENGE NUMBER;
POSITION NUMBER;
```

treffen, lässt sich die Anforderung, eine vorgegebene Anzahl von Zeichen (TEXT-LAENGE) ab einer bestimmten Zeichenposition (POSITION) vom internen LOB (TEXT_DATEN) in eine Zeichen-Variable (PUFFER) übertragen zu lassen, durch den folgenden Prozeduraufruf beschreiben:

```
DBMS_LOB.READ(TEXT_DATEN,TEXTLAENGE,POSITION,PUFFER);
```

Unter der Voraussetzung, dass die SQL*Anweisung

```
SET SERVEROUTPUT ON
```

bereits ausgeführt wurde, kann die Anzeige auf dem Bildschirm insgesamt durch das folgende PL/SQL-Programm angefordert werden:

```
DECLARE
PUFFER VARCHAR2(60);    TEXT_DATEN CLOB;
TEXTLAENGE NUMBER;      POSITION NUMBER;
BEGIN
TEXTLAENGE := 60;       POSITION := 1;
SELECT WERBETEXT INTO TEXT_DATEN
                FROM WERBUNG WHERE V_NR=8413;
DBMS_LOB.READ(TEXT_DATEN,TEXTLAENGE,POSITION,PUFFER);
DBMS_OUTPUT.PUT_LINE(PUFFER);
END;
/
```

Anzeige von LOB-Kenndaten

Um die Größe des gespeicherten LOBs anzeigen zu lassen, kann z.B. das folgende
PL/SQL-Programm ausgeführt werden:

```
DECLARE
TEXT_DATEN CLOB;
BEGIN
SELECT WERBETEXT INTO TEXT_DATEN
                FROM WERBUNG WHERE V_NR=8413;
DBMS_OUTPUT.PUT_LINE('Textlänge: '
                ||DBMS_LOB.GETLENGTH(TEXT_DATEN));
END;
/
```

Soll festgestellt werden, auf welchen Dateinamen und welchen Alias-Ordnernamen der
in der Tabellenzeile gespeicherte externe LOB weist, kann z.B. das folgende PL/SQL-
Programm ausgeführt werden:

```
DECLARE
ORDNER_NAME VARCHAR2(50); DATEI_NAME VARCHAR2(20);
TEXT_DATEINAME BFILE;
BEGIN
SELECT DATEINAME INTO TEXT_DATEINAME
                FROM WERBUNG WHERE V_NR=8413;
DBMS_LOB.FILEGETNAME(TEXT_DATEINAME,
                ORDNER_NAME,DATEI_NAME);
DBMS_OUTPUT.PUT_LINE('Alias-Ordnername:'||ORDNER_NAME);
DBMS_OUTPUT.PUT_LINE('Dateiname:'||DATEI_NAME);
END;
/
```

Durch den folgenden Prozeduraufruf werden der Datei- und der Alias-Ordnername, die
zum durch das erste Argument (TEXT_DATEINAME) gekennzeichneten externen LOB
gehören, als Werte in den Variablen ORDNER_NAME bzw. DATEI_NAME gespeichert:

```
DBMS_LOB.FILEGETNAME(TEXT_DATEINAME,ORDNER_NAME,DATEI_NAME);
```

KAPITEL 7

ÄNDERUNGEN INNERHALB EINER DATENBASIS

Nachdem die Tabellen eingerichtet und mit Werten gefüllt sind, möchte man als Anwender die Möglichkeit besitzen, nachträglich Änderungen an der Namensvergabe und an der Tabellenstruktur vornehmen zu können. Zum Beispiel sollte es möglich sein, weitere Tabellenspalten in bestehenden Tabellen einzufügen bzw. Tabellen wieder aus der Datenbasis zu entfernen. Für diese Forderungen stehen eine Reihe von SQL-Anweisungen zur Verfügung, von denen wir im Folgenden eine Auswahl vorstellen.

7.1   Änderung von Namen und Verabredung von Aliasnamen

Änderung von Tabellennamen

Soll der für eine Tabelle ursprünglich gewählte Tabellenname "tabellenname-1" in den Namen "tabellenname-2" abgeändert werden, so ist hierzu die ALTER TABLE-Anweisung in der Form

```
ALTER TABLE tabellenname-1 RENAME TO tabellenname-2
```

Abbildung 7.1: Änderung eines Tabellennamens

zu verwenden. Fortan steht der Bestand der Tabelle unter dem neuen Tabellennamen zur Verfügung, der innerhalb der RENAME TO-Klausel aufgeführt wird.

So können wir z.B. durch die folgende Anweisung bestimmen, dass VRTRTR zur Bezeichnung der Tabelle mit den Vertreterdaten verwendet werden muss:

```
ALTER TABLE VERTRETER RENAME TO VRTRTR;
```

Vereinbarung von Aliasnamen

Soll keine Namensänderung erfolgen, sondern dafür gesorgt werden, dass eine Tabelle innerhalb eines Schemas nicht nur unter einem, sondern unter verschiedenen Tabellennamen zur Verfügung steht, so sind ein oder mehrere *Aliasnamen* zur Tabellenkennzeichnung zu vergeben. Damit dies möglich ist, muss der DB-Verwalter das "CREATE SYNONYM"-Recht für den Anwender "gast" mittels der folgenden Anweisung vergeben haben:

```
GRANT CREATE SYNONYM TO gast;
```

Mit dieser Berechtigung kann "aliasname" als *Aliasname* für die Tabelle "tabellenname" mittels der folgenden CREATE SYNONYM-Anweisung festgelegt werden:

```
CREATE SYNONYM aliasname FOR tabellenname
```

Abbildung 7.2: Vereinbarung eines Aliasnamens

Fortan lässt sich die Tabelle "tabellenname" auch unter dem Tabellennamen "aliasname" ansprechen. Dieser Name muss sich von den Tabellennamen, die innerhalb des Schemas bereits vergeben wurden, unterscheiden und unterliegt dem gleichen Bildungsgesetz wie ein Tabellenname.

Hinweis: Durch die CREATE SYNONYM-Anweisung können auch Aliasnamen für Views vergeben werden (siehe Kapitel 9).

Wollen wir z.B. für die Tabelle VERTRETER den Namen VRTRTR als *Aliasnamen* verwenden, so ist die folgende Anforderung zu stellen:

```
CREATE SYNONYM VRTRTR FOR VERTRETER;
```

Anschließend können wir den Namen VRTRTR zur Bezeichnung der Tabelle VERTRE-TER verwenden, indem wir z.B. die Kontostände der Vertreter durch die Anweisung

```
SELECT V_KONTO FROM VRTRTR;
```

anzeigen lassen.

Die Verwendung von *Aliasnamen* ist insbesondere in den Fällen empfehlenswert, wenn auf Tabellen zugegriffen werden soll, die in anderen Schemata gespeichert sind und für die der Anwender eine Zugriffsberechtigung besitzt.

Wurde die Anmeldung beim DB-System z.B. mit der Benutzerkennung "guest" durchgeführt, so kann durch

```
CREATE SYNONYM VERTRETER FOR gast.VERTRETER;
```

bestimmt werden, dass sich über den Aliasnamen VERTRETER auf den Datenbestand der Tabelle VERTRETER, die innerhalb des Schemas "gast" vereinbart ist, vom Schema "guest" aus zugreifen lässt – sofern das Zugriffsrecht zuvor geeignet vereinbart wurde (siehe Kapitel 19).

Soll ein Aliasname, der für eine Tabelle vergeben wurde, wieder entfernt werden, so ist dazu die DROP SYNONYM-Anweisung in der folgenden Form zu verwenden:

```
DROP SYNONYM aliasname
```

Abbildung 7.3: Löschung eines Aliasnamens

Somit lässt sich z.B. der zuvor vereinbarte Aliasname VRTRTR durch die Anweisung

```
DROP SYNONYM VRTRTR;
```

aus dem aktuell eingestellten Schema löschen.

Änderung der Namen von Tabellenspalten

Nachdem erläutert wurde, wie der Name einer Tabelle geändert werden kann und wie sich einem Tabellennamen ein oder mehrere Aliasnamen zuordnen lassen, geben wir jetzt an, wie der Name einer Tabellenspalte modifiziert werden kann.

Soll der beim Aufbau einer Tabelle ursprünglich gewählte Spaltenname "spaltenname-1" in den Namen "spaltenname-2" abgeändert werden, so ist hierzu die folgende Form der

ALTER TABLE-Anweisung einzusetzen:

ALTER TABLE tabellenname RENAME COLUMN spaltenname-1 TO spaltenname-2

Abbildung 7.4: Änderung eines Spaltennamens

So können wir z.B. durch die Anweisung

```
ALTER TABLE VERTRETER RENAME COLUMN
              V_NAME TO VERTRETERNAME;
```

bestimmen, dass VERTRETERNAME zur Bezeichnung der Tabellenspalte mit den Vertreternamen zu verwenden ist.

7.2 Änderung der Tabellen-Struktur

Sofern Vereinbarungen, die bezüglich der Spalten einer Tabelle getroffen wurden, nach der Einrichtung dieser Tabelle geändert werden sollen, muss die ALTER TABLE-Anweisung eingesetzt werden.

Ist z.B. der Datentyp einer Tabellenspalte zu ändern, so muss der Spaltenname und dahinter der neue Datentyp aufgeführt werden, sodass die ALTER TABLE-Anweisung in der folgenden Form verwendet werden muss:

ALTER TABLE tabellenname MODIFY (spaltenname datentyp)

Abbildung 7.5: Änderung eines Datentyps

Sind zu dieser Spalte bei der Tabellen-Vereinbarung weitere Angaben in Form von DEFAULT-, NOT NULL-, UNIQUE- oder PRIMARY KEY-Klauseln gemacht worden, so ist jede der verwendeten Klauseln gemäß der folgenden Syntax erneut aufzuführen:

ALTER TABLE tabellenname

MODIFY (spaltenname datentyp

[NOT NULL] [DEFAULT wert] [{ UNIQUE | PRIMARY KEY }])

Abbildung 7.6: Änderung einer Spalten-Vereinbarung

Ist z.B. für eine Tabellenspalte keine NOT NULL-Klausel vereinbart worden und soll nachträglich die Integritätsprüfung auf Nullwerte für die Dateneingabe aktiviert werden, so ist diese Tabellenspalte mit ihrem ursprünglichen Datentyp anzugeben, wobei hinter dem Datentyp die NOT NULL-Klausel aufzuführen ist.

Somit können wir z.B. für die Tabelle VERTRETER durch die Anweisung

```
ALTER TABLE VERTRETER MODIFY(V_KONTO NUMBER(7,2)
              NOT NULL);
```

festlegen, dass in der Spalte V_KONTO keine Nullwerte enthalten sein dürfen.

Sind für eine Tabellenspalte keine Nullwerte bei der Einrichtung einer Tabelle zugelassen worden (CREATE TABLE-Anweisung mit der NOT NULL-Klausel), so ist es – unter Einsatz der ALTER TABLE-Anweisung – *nicht* möglich, eine nachträgliche Eingabe von Nullwerten zu erlauben.

Es ist erlaubt, mehrere Modifikationen von Tabellenspalten einer Tabelle innerhalb einer ALTER TABLE-Anweisung zu vereinbaren. Dazu ist die ALTER TABLE-Anweisung gemäß der folgenden Syntax zu verwenden:

```
ALTER TABLE tabellenname

   MODIFY ( spaltenname-1 datentyp-1

   [ NOT NULL ] [ DEFAULT wert-1 ] [ { UNIQUE | PRIMARY KEY } ]

          [ , spaltenname-2 datentyp-2

   [ NOT NULL ] [ DEFAULT wert-2 ] [ { UNIQUE | PRIMARY KEY } ] ]... )
```

Abbildung 7.7: Änderung mehrerer Spalten-Vereinbarungen

Soll keine Spalten-Vereinbarung modifiziert, sondern eine oder mehrere Tabellenspalten einer vorhandenen Tabelle hinzugefügt werden, so ist in der oben angegebenen Syntax das Schlüsselwort MODIFY wie folgt durch das Schlüsselwort ADD zu ersetzen:

```
ALTER TABLE tabellenname

   ADD ( spaltenname-1 datentyp-1

   [ NOT NULL ] [ DEFAULT wert-1 ] [ { UNIQUE | PRIMARY KEY } ]

          [ , spaltenname-2 datentyp-2

   [ NOT NULL ] [ DEFAULT wert-2 ] [ { UNIQUE | PRIMARY KEY } ] ]... )
```

Abbildung 7.8: Ergänzung von Tabellenspalten

Bei der Ausführung dieser Anweisung werden die aufgeführten Spalten – in der angegebenen Reihenfolge – hinter allen bereits vereinbarten Tabellenspalten der Tabelle "tabellenname" angefügt.

Haben wir z.B. beim Aufbau der Tabelle VERTRETER keine Tabellenspalte für die Vertreterprovision vorgesehen und somit die Anweisung

```
CREATE TABLE VERTRETER(V_NR NUMBER(4) PRIMARY KEY,
                       V_NAME CHAR(30),
                       V_ANSCH CHAR(30),
                       V_KONTO NUMBER(7,2));
```

eingegeben, so lässt sich die Spalte V_PROV durch die Anweisung

```
ALTER TABLE VERTRETER ADD (V_PROV NUMBER(4,2));
```

nachträglich in der Tabelle VERTRETER anfügen. Alle Tabellenzeilen enthalten anschließend innerhalb der Spalte V_PROV den Nullwert als Tabellenwert.

Hinweis: Mit Hilfe der UPDATE-Anweisung (siehe Abschnitt 6.1) können die gewünschten Werte anschließend ergänzt werden.

Es dürfen nicht nur weitere Spalten innerhalb einer bestehenden Tabelle ergänzt werden, sondern es ist ebenfalls erlaubt, bereits vereinbarte Tabellenspalten wieder zu entfernen. Dazu lässt sich die ALTER TABLE-Anweisung gemäß der folgenden Syntax einsetzen:

```
ALTER TABLE tabellenname

    DROP { COLUMN spaltenname-1 |

                ( spaltenname-2 [ , spaltenname-3 ]... ) }

    [ CASCADE CONSTRAINTS ]
```

Abbildung 7.9: Löschung von Tabellenspalten

Soll z.B. die oben ergänzte Tabellenspalte V_PROV wieder aus der Tabelle VERTRETER entfernt werden, so ist die folgende Anforderung zu stellen:

```
ALTER TABLE VERTRETER DROP COLUMN V_PROV;
```

Soll zusätzlich die Tabellenspalte V_ANSCH gelöscht werden, so kann insgesamt die folgende Anweisung zur Ausführung gebracht werden:

```
ALTER TABLE VERTRETER DROP (V_ANSCH,V_PROV);
```

Sofern durch die Löschung einer oder mehrerer Tabellenspalten eine Inkonsistenz eintreten würde, wird die durch die ALTER TABLE-Anweisung formulierte Anforderung *nicht* durchgeführt.

Da die Spalte DATUM Bestandteil des Primärschlüssels der Tabelle UMSATZ ist, wird z.B. die folgende Anweisung *nicht* ausgeführt:

```
ALTER TABLE UMSATZ DROP COLUMN DATUM;
```

Damit in einem derartigen Fall eine Löschung erzwungen werden kann, lässt sich die CASCADE CONSTRAINTS-Klausel innerhalb der ALTER TABLE-Anweisung verwenden. Durch die Anweisung

```
ALTER TABLE UMSATZ DROP COLUMN DATUM CASCADE CONSTRAINTS;
```

kann daher in unserem Beispiel die Spalte DATUM aus der Tabelle UMSATZ entfernt werden.

Diese Löschung hat allerdings zur Folge, dass für UMSATZ kein Primärschlüssel mehr definiert und der Constraint-Name "p_umsatz" gelöscht ist. Ferner ist nicht mehr gesichert, dass in die Spalten A_NR und V_NR nur vom Nullwert verschiedene Werte eingetragen werden können.

7.3 Aktivierung und Deaktivierung von Integritätsprüfungen

Sofern bei der Vereinbarung einer Tabelle eine CONSTRAINT-Klausel festgelegt wurde, kann diese – je nach Bedarf – wieder außer Kraft gesetzt und anschließend erneut aktiviert werden.

Um eine CONSTRAINT-Klausel zu deaktivieren, ist die ALTER TABLE-Anweisung wie folgt zu verwenden:

> ALTER TABLE tabellenname DISABLE CONSTRAINT constraint-name

Abbildung 7.10: Deaktivierung einer Integritätsprüfung

Um eine außer Kraft gesetzte CONSTRAINT-Klausel zu aktivieren, ist die ALTER TABLE-Anweisung gemäß der folgenden Syntax einzusetzen:

> ALTER TABLE tabellenname ENABLE CONSTRAINT constraint-name

Abbildung 7.11: Aktivierung einer Integritätsprüfung

Sofern eine durch eine CONSTRAINT-Klausel bewirkte Integritätsprüfung grundsätzlich aufgehoben werden soll, muss der zugehörige Constraint-Name wie folgt gelöscht werden:

> ALTER TABLE tabellenname DROP CONSTRAINT constraint-name

Abbildung 7.12: Aufhebung einer Integritätsprüfung

Soll für eine bestehende Tabelle nachträglich ein Identifikations-, Primär- oder Fremdschlüssel vereinbart bzw. zusätzlich eine CHECK-Klausel verabredet werden, so ist die ALTER TABLE-Anweisung in der folgenden Form einzusetzen:

> ALTER TABLE tabellenname-1 ADD CONSTRAINT constraint-name
>   { UNIQUE (spaltenname-1 [, spaltenname-2]...)
> | PRIMARY KEY (spaltenname-3 [, spaltenname-4]...)
> | FOREIGN KEY (spaltenname-5 [, spaltenname-6]...)
>   REFERENCES tabellenname-2 (spaltenname-7 [, spaltenname-8]...)
> | CHECK (bedingung) }

Abbildung 7.13: Ergänzung von Integritätsprüfungen

Sofern z.B. die Tabelle UMSATZ bislang nicht als Fremdschlüssel-Tabelle eingerichtet wurde, lässt sich dies durch die Ausführung der beiden folgenden Anweisungen nachholen:

```
ALTER TABLE UMSATZ ADD CONSTRAINT f_umsatz_1
      FOREIGN KEY (V_NR) REFERENCES VERTRETER(V_NR);
ALTER TABLE UMSATZ ADD CONSTRAINT f_umsatz_2
      FOREIGN KEY (A_NR) REFERENCES ARTIKEL(A_NR);
```

Um diese Festlegung wieder rückgängig zu machen, kann wie folgt verfahren werden:

```
ALTER TABLE UMSATZ DISABLE CONSTRAINT f_umsatz_1;
ALTER TABLE UMSATZ DISABLE CONSTRAINT f_umsatz_2;
```

Sollen die CONSTRAINT-Klauseln nicht nur kurzfristig außer Kraft gesetzt werden, sondern ist die Löschung uneingeschränkt vorzunehmen, so sind die beiden folgenden Anweisungen einzugeben:

```
ALTER TABLE UMSATZ DROP CONSTRAINT f_umsatz_1;
ALTER TABLE UMSATZ DROP CONSTRAINT f_umsatz_2;
```

Sollen z.B. die Artikelnummern innerhalb der Tabelle ARTIKEL neu vergeben werden, so kann dies durch die folgenden SQL-Anweisungen geschehen:

```
CREATE SEQUENCE A_NR_SEQ START WITH 30 INCREMENT BY 5;
ALTER TABLE UMSATZ DISABLE CONSTRAINT f_umsatz_2;
UPDATE ARTIKEL SET A_NR = A_NR_SEQ.NEXTVAL;
UPDATE UMSATZ SET A_NR = 30 WHERE A_NR=12;
UPDATE UMSATZ SET A_NR = 35 WHERE A_NR=22;
UPDATE UMSATZ SET A_NR = 40 WHERE A_NR=11;
UPDATE UMSATZ SET A_NR = 45 WHERE A_NR=13;
ALTER TABLE UMSATZ ENABLE CONSTRAINT f_umsatz_2;
```

Nachdem wir zunächst die erforderliche Sequenz mit dem Sequenz-Namen "A_NR_SEQ" zur Generierung der Nummern 30, 35, 40 und 45 einrichten lassen, deaktivieren wir den Constraint-Namen "f_umsatz_2", damit keine referentiellen Integritätsprüfungen bei der Durchführung der nachfolgenden UPDATE-Anweisungen vorgenommen werden. Nachdem die alten Artikelnummern durch die neuen Nummern innerhalb der Tabelle UMSATZ ersetzt wurden, lassen wir den Constraint-Namen "f_umsatz_2" wieder aktivieren, sodass die referentielle Integrität fortan wieder geprüft wird.

7.4 Löschung von Tabellen

Zum Entfernen von Tabellenzeilen haben wir die DELETE-Anweisung kennengelernt. Sollen nicht nur ausgewählte oder alle Tabellenzeilen gelöscht werden, sondern ist die Tabelle aus dem Schema zu entfernen, so ist die DROP TABLE-Anweisung in der folgenden Form einzusetzen:

DROP TABLE tabellenname

Abbildung 7.14: Löschung einer Tabelle

Hierdurch wird der Datenbestand der Tabelle "tabellenname" und dieser Tabellenname aus dem Schema gelöscht. Ferner werden alle eventuell zuvor für diese Tabelle vereinbarten Aliasnamen ebenfalls entfernt.
So können wir z.B. die Tabelle UMSATZ durch die Anweisung

```
DROP TABLE UMSATZ;
```

aus dem aktuellen Schema entfernen lassen.
Sofern ein Schema mehr als eine Tabelle enthält und der Inhalt des Schemas gelöscht werden soll, sind sämtliche Tabellen – und gegebenenfalls weitere zuvor vereinbarte Schema-Objekte – gezielt zu löschen. Es gibt für einen Anwender keine Möglichkeit, alle eingerichteten Schema-Objekte auf einen Schlag aus einem Schema zu entfernen.
Abschließend ist anzumerken, dass eine Tabelle sich *nicht* über die Angabe ihres Aliasnamens löschen lässt.

Wurde z.B. der Aliasname VRTRTR für die Tabelle VERTRETER durch

```
CREATE SYNONYM VRTRTR FOR VERTRETER;
```

vergeben, so führt der Versuch, die Tabelle VERTRETER durch

```
DROP TABLE VRTRTR;
```

aus dem aktuellen Schema zu entfernen, zu einer Fehlermeldung.

KAPITEL 8

SICHERUNG VON ABFRAGEERGEBNISSEN

8.1 Sicherung einer Projektion

Im Abschnitt 4.2 haben wir dargestellt, wie sich durch den Einsatz der SELECT-Anweisung mit dem Schlüsselwort DISTINCT eine Projektion durchführen lässt. Dabei wurden die resultierenden Tabellenzeilen jedoch nur angezeigt und nicht innerhalb einer Tabelle gesichert. Sollen die durch eine Projektion ermittelten Tabellenwerte in eine bereits bestehende Tabelle des aktuellen Schemas aufgenommen werden, so ist die SELECT-Anweisung in Verbindung mit der INSERT-Anweisung gemäß der folgenden Syntax einzusetzen:

```
INSERT INTO tabellenname-1

       [ ( spaltenname-1 [ , spaltenname-2 ]... ) ]

   SELECT DISTINCT { * | ausdruck-1 [ , ausdruck-2 ]... }

       FROM tabellenname-2
```

Abbildung 8.1: Speicherung der Ergebnisse einer einfachen SELECT-Anweisung

In diesem Fall wird eine Projektion von der Tabelle "tabellenname-2" auf die Tabelle "tabellenname-1" durchgeführt.

Die Tabelle "tabellenname-1" muss zuvor durch eine vorausgehende CREATE TABLE-Anweisung eingerichtet und von der Tabelle "tabellenname-2" verschieden sein.

Die aus der Ausführung der SELECT-Anweisung resultierende Spaltenzahl muss mit der Spaltenzahl der Tabelle "tabellenname-1" bzw. der Anzahl der hinter diesem Namen aufgeführten Spaltennamen übereinstimmen.

Die Aufnahme der durch die SELECT-Anweisung bereitgestellten Tabellenzeilen geschieht genauso, wie wir es im Abschnitt 3.1 für die INSERT-Anweisung mit dem Schlüsselwort VALUES beschrieben haben. Sind bereits Tabellenzeilen in der Tabelle "tabellenname-1" vorhanden, so werden die aufzunehmenden Tabellenzeilen an die bereits gespeicherten Zeilen angefügt.

Um ein Beispiel für eine Projektion anzugeben, betrachten wir den Sachverhalt, dass die Tabelle ARTIKEL_UMSATZ durch die Anweisung

```
CREATE TABLE ARTIKEL_UMSATZ (V_NR NUMBER(4) NOT NULL,
                             A_NR NUMBER(2) NOT NULL,
                             A_NAME CHAR(20),
                             A_PREIS NUMBER(7,2),
                             A_STUECK NUMBER(3),
                             DATUM DATE NOT NULL);
```

eingerichtet und wie folgt aufgebaut wurde (siehe Abschnitt 3.2):

ARTIKEL_UMSATZ(V_NR, A_NR,		A_NAME,	A_PREIS,	A_STUECK,	DATUM
8413	12	Oberhemd	39,80	40	24.06.08
5016	22	Mantel	360,00	10	24.06.08
8413	11	Oberhemd	44,20	70	24.06.08
1215	11	Oberhemd	44,20	20	25.06.08
5016	22	Mantel	360,00	35	25.06.08
8413	13	Hose	110,50	35	24.06.08
1215	13	Hose	110,50	5	24.06.08
1215	12	Oberhemd	39,80	10	24.06.08
8413	11	Oberhemd	44,20	20	25.06.08

Abbildung 8.2: Inhalt der Tabelle ARTIKEL_UMSATZ

Sofern die Tabelle ARTIKEL noch nicht Bestandteil des aktuellen Schemas ist, lässt sie
sich durch die Anweisung

```
CREATE TABLE ARTIKEL(A_NR NUMBER(2) PRIMARY KEY,
                     A_NAME CHAR(20),
                     A_PREIS NUMBER(7,2));
```

einrichten und durch die Ausführung der Anweisung

```
INSERT INTO ARTIKEL
      SELECT DISTINCT A_NR, A_NAME, A_PREIS
             FROM ARTIKEL_UMSATZ;
```

mit den gewünschten Tabellenzeilen füllen. Um das Resultat dieser Projektion in der Form

```
    A_NR A_NAME                         A_PREIS
---------- --------------------- -----------
        11 Oberhemd                         44,2
        13 Hose                            110,5
        12 Oberhemd                         39,8
        22 Mantel                           360
```

anzeigen zu lassen, können wir z.B. die folgende Anforderung stellen:

```
SELECT * FROM ARTIKEL;
```

8.2   Verbund-Bildung von Tabellen

Ein Beispiel

Mit Hilfe der SELECT-Anweisung kann nicht nur eine Projektion durchgeführt werden,
sondern es lassen sich auch zwei oder mehrere Tabellen zu einer neuen Tabelle verbinden.

Als Beispiel für die Durchführung eines Verbundes (Joins) haben wir im Abschnitt 1.2.2 angegeben, wie sich die Tabelle VERTRETER-TAETIGKEIT aufbauen lässt, indem ihre Tabellenzeilen über die Inhalte der Spalte V_NR, die Bestandteil der Basis-Tabellen VER-TRETER und ARTIKEL_UMSATZ ist, zusammengeführt werden.

Wollen wir z.B. die beiden Basis-Tabellen ARTIKEL und UMSATZ wieder zur Tabelle ARTIKEL_UMSATZ zusammenführen, so muss der Verbund über die Werte der Tabellenspalten mit den Artikelnummern (A_NR) vorgenommen werden. Die *Verbund-Bedingung* lautet somit:

- Inhalt von A_NR in ARTIKEL gleich Inhalt von A_NR in UMSATZ

Die Durchführung dieses Verbundes, bei dem die beiden Tabellen

`ARTIKEL(A_NR,A_NAME,A_PREIS)`

und

`UMSATZ(V_NR,A_NR,A_STUECK,DATUM)`

zu einer Tabelle der Form

(1)	12	Oberhemd	39,80	8413	12	40	24.06.08
(2)	22	Mantel	360,00	5016	22	10	24.06.08
(3)	11	Oberhemd	44,20	8413	11	70	24.06.08
(4)	11	Oberhemd	44,20	1215	11	20	25.06.08
• • •							

Abbildung 8.3: Ergebnis des Equi-Joins

zusammengeführt werden, lässt sich wie folgt skizzieren:

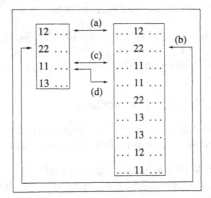

Abbildung 8.4: Durchführung des Equi-Joins

Grundsätzlich wird jede Zeile der Tabelle ARTIKEL mit jeder Zeile der Tabelle UMSATZ im Hinblick auf die Gültigkeit der Verbund-Bedingung hin untersucht. Dabei wird zunächst die Artikelnummer in der 1. Zeile der Tabelle UMSATZ mit der Artikelnummer in der 1. Zeile der Tabelle ARTIKEL verglichen (a). Da eine Übereinstimmung vorliegt, wird die Tabellenzeile (1) als erste Zeile eingerichtet (wie die Tabellenspalte A_NR nur in einfacher Ausfertigung übernommen wird, geben wir unten an). Anschließend wird die Artikelnummer in der 1. Zeile von UMSATZ mit der Artikelnummer in der 2. Zeile von ARTIKEL auf Gleichheit geprüft, usw. Dies führt bei den nächsten drei Übereinstimmungen ("(b)", "(c)" und "(d)") auf die resultierenden Tabellenzeilen, die in der oben angegebenen Darstellung durch (2), (3) und (4) gekennzeichnet sind. Der sukzessive Vergleich mit allen Zeilen von ARTIKEL wird für jede nachfolgende Zeile von UMSATZ wiederholt, bis schließlich die letzte Zeile von UMSATZ und die letzte Zeile von ARTIKEL überprüft sind. Bei jeder Übereinstimmung wird eine neue Tabellenzeile eingerichtet, in der die jeweils zusammengeführten Werte aus den Tabellenzeilen von ARTIKEL und UMSATZ – in dieser Reihenfolge – enthalten sind.

Unterschiedliche Formen von Verbund-Bildungen

Der soeben durchgeführte Verbund ist ein Beispiel für einen *Equi-Join*, weil die Verbund-Bedingung aus einer oder mehreren Vergleichsbedingungen besteht, die allein eine Prüfung auf Gleichheit ("=") enthalten.

Um einen Verbund durchführen zu lassen, ist die SELECT-Anweisung in der folgenden Form einzusetzen:

SELECT [DISTINCT] *

      FROM tabellenname-1, tabellenname-2 [, tabellenname-3]...

   [WHERE bedingung]

Abbildung 8.5: Bestimmung eines Verbundes

Bei der Ausführung dieser Anweisung werden alle Basis-Tabellen, deren Namen innerhalb der FROM-Klausel angegeben sind, zu einer Tabelle zusammengeführt.

Das Schlüsselwort DISTINCT sollte – in diesem Zusammenhang – grundsätzlich verwendet werden, da im Hinblick auf die Entitäts-Integrität sichergestellt werden muss, dass sich die resultierenden Tabellenzeilen paarweise voneinander unterscheiden.

Durch die Form der SELECT-Anweisung wird die Art des jeweiligen Verbundes festgelegt. Von Fachleuten werden z.B. die folgenden Begriffe für bestimmte Verbundarten verwendet:

- *Bulk-Join* (kartesisches Produkt) : Es entfällt die WHERE-Klausel, sodass die Verbund-Bildung keiner Einschränkung unterliegt und daher sämtliche Tabellenzeilen jeder Basis-Tabelle mit sämtlichen Tabellenzeilen jeder anderen Basis-Tabelle kombiniert werden.

- *Theta-Join*: Die WHERE-Klausel ist vorhanden.

- *Equi-Join*: Die Verbund-Bedingung innerhalb der WHERE-Klausel enthält eine oder mehrere Vergleichsbedingungen, die allein auf Gleichheit ("=") abprüfen.

- *Non-Equi-Join*: Die Verbund-Bedingung innerhalb der WHERE-Klausel enthält mindestens eine Vergleichsbedingung, die nicht auf Gleichheit prüft.

Hinweis: Des weiteren unterscheidet man Joins daraufhin, wie viele Basis-Tabellen am Verbund beteiligt sind. Um hervorzuheben, dass mindestens drei Basis-Tabellen zusammengeführt werden, wird von *Multiple-Joins* gesprochen.

Ist eine WHERE-Klausel angegeben und bei der Auswertung der Verbund-Bedingung eine Prüfung durchzuführen, bei der mindestens eine der beteiligten Tabellenzeilen einen Nullwert besitzt, so wird für diese Tabellenzeilen keine Verbindung durchgeführt.

Qualifizierung

Um für das oben angegebene Beispiel die erforderliche Form der SELECT-Anweisung zu formulieren, ist zu beachten, dass die Spalten mit den Artikelnummern in beiden Tabellen mit "A_NR" benannt sind.

Da zu beschreiben ist, dass der Spalteninhalt von A_NR in ARTIKEL mit dem Spalteninhalt von A_NR in UMSATZ verglichen werden soll, muss die Verbund-Bedingung in der Form

```
ARTIKEL.A_NR = UMSATZ.A_NR
```

angegeben werden.

Grundsätzlich gilt:

- Sind innerhalb der Verbund-Bedingung gleichnamige Spalten in den zu verbinden-den Tabellen enthalten, so sind ihre Spaltennamen eindeutig anzugeben. Dazu ist eine *Qualifizierung* durchzuführen, indem einem Spaltennamen der zugehörige Ta-bellenname – gefolgt von einem Punkt "." – voranzustellen ist.

Da die Tabellenspalte A_NR in UMSATZ durch "UMSATZ.A_NR" und die Tabellen-spalte A_NR in ARTIKEL durch "ARTIKEL.A_NR" qualifiziert wird, kann die Verbund-Bedingung in der Form "ARTIKEL.A_NR = UMSATZ.A_NR" formuliert werden.

Der Verbund der Tabellen UMSATZ und ARTIKEL lässt sich somit über die Artikelnum-mer herstellen, indem wir die folgende Anforderung stellen:

```
SELECT * FROM ARTIKEL, UMSATZ
        WHERE ARTIKEL.A_NR = UMSATZ.A_NR;
```

Dies führt zur Anzeige von:

A_NR	A_NAME	A_PREIS	V_NR	A_NR	A_STUECK	DATUM
12	Oberhemd	39,8	8413	12	40	24.06.08
22	Mantel	360	5016	22	35	25.06.08
11	Oberhemd	44,2	8413	11	70	24.06.08
11	Oberhemd	44,2	1215	11	20	25.06.08
22	Mantel	360	5016	22	10	24.06.08
13	Hose	110,5	8413	13	35	24.06.08
13	Hose	110,5	1215	13	5	24.06.08
12	Oberhemd	39,8	1215	12	10	24.06.08
11	Oberhemd	44,2	8413	11	20	25.06.08

Um Tabellennamen in abgekürzter Form innerhalb einer SELECT-Anweisung angeben zu können, besteht die Möglichkeit, hinter dem Schlüsselwort FROM einen Aliasnamen im Anschluss an einen Tabellennamen in der folgenden Form aufzuführen:

```
tabellenname-1 [ aliasname-1 ] [ , tabellenname-2 [ aliasname-2 ] ]...
```

Abbildung 8.6: Aliasnamen von Tabellen

Ein in dieser Form vereinbarter Aliasname lässt sich anschließend – innerhalb dieser SELECT-Anweisung – stellvertretend für den zugeordneten Tabellennamen verwenden.

Derartig festgelegte Aliasnamen müssen das Bildungsgesetz von Tabellennamen erfüllen und sich paarweise voneinander unterscheiden.

Sollen z.B. die beiden Aliasnamen "A" und "U" anstelle der Tabellennamen "ARTIKEL" und "UMSATZ" verwendet werden, so ist die oben eingesetzte SELECT-Anweisung in die folgende Form abzuändern:

```
SELECT * FROM ARTIKEL A, UMSATZ U WHERE A.A_NR = U.A_NR;
```

Einsatz der INNER JOIN-Klausel

Sie soeben vorgestellte Verbund-Bildung der beiden Tabellen ARTIKEL und UMSATZ ist unter Einsatz der WHERE-Klausel durchgeführt worden. Soll die Verwendung dieser Klausel der Auswahl von Tabellenzeilen vorbehalten bleiben, so kann die Verbund-Bildung wie folgt durch die Angabe einer INNER JOIN-Klausel angefordert werden:

```
SELECT * FROM ARTIKEL A INNER JOIN UMSATZ U
                            ON A.A_NR = U.A_NR;
```

Grundsätzlich lässt sich eine INNER JOIN-Klausel in der folgenden Form innerhalb einer SELECT-Anweisung – im Anschluß an einen innerhalb einer FROM-Klausel aufgeführten Tabellennamen – einsetzen:

FROM tabellenname-1 INNER JOIN tabellenname-2 ON verbund-bedingung

Abbildung 8.7: FROM- und INNER JOIN-Klausel

Hierdurch wird festgelegt, dass die Tabellenzeilen der beiden Tabellen "tabellenname-1" und "tabellenname-2" gemäß der hinter dem Schlüsselwort "ON" aufgeführten Verbund-Bedingung zusammengeführt werden. In den Tabellenzeilen, die aus dem Verbund mit der INNER JOIN-Klausel resultieren, werden die Werte in der Reihenfolge der Spaltennamen, die Bestandteil der Tabellen "tabellenname-1" und "tabellenname-2" sind, hintereinander aufgeführt. Bei der Bedingung, die hinter dem Schlüsselwort "ON" angegeben wird, kann es sich um eine einfache oder um eine komplexe Bedingung handeln, durch die ein beliebiger Vergleich beschrieben wird.

Durchführung eines natürlichen Verbundes

Liegt – wie in der vorliegenden Situation – der Fall vor, dass Werte aus gleichnamigen Spalten auf ihre Übereinstimmung verglichen werden, so lässt sich anstelle von ON das Schlüsselwort USING in der folgenden Form verwenden:

FROM tabellenname-1 INNER JOIN tabellbellenname-2 USING (spaltenname)

Abbildung 8.8: FROM- und INNER JOIN-Klausel mit dem Schlüsselwort USING

Somit kann die oben angegebene Anforderung auch wie folgt formuliert werden:

```
SELECT * FROM ARTIKEL INNER JOIN UMSATZ USING (A_NR);
```

Im Gegensatz zur oben angegebenen Anzeige erhalten wir durch diese veränderte Anforderung einer Verbund-Bildung die folgende Anzeige, in der die Spalte A_NR nicht zweimal, sondern nur einmal auftritt:

```
A_NR A_NAME                 A_PREIS        V_NR    A_STUECK DATUM
---- ------------------- ----------- --------- ---------- --------

  12 Oberhemd                   39,8      8413         40 24.06.08
  22 Mantel                      360      5016         10 24.06.08
  11 Oberhemd                   44,2      8413         70 24.06.08
  11 Oberhemd                   44,2      1215         20 25.06.08
  22 Mantel                      360      5016         35 25.06.08
  13 Hose                      110,5      8413         35 24.06.08
  13 Hose                      110,5      1215          5 24.06.08
  12 Oberhemd                   39,8      1215         10 24.06.08
  11 Oberhemd                   44,2      8413         20 25.06.08
```

Die aus den beiden Tabellen ARTIKEL und UMSATZ erzeugten Tabellenzeilen stimmen – bis auf die Reihenfolge der Tabellenspalten – mit den Tabellenzeilen überein, die Bestandteile der in der Abbildung 8.2 dargestellten Tabelle ARTIKEL_UMSATZ sind.

Da bei dem Ergebnis der Verbund-Bildung die Tabellenspalte A_NR nur in einfacher Ausfertigung übernommen wurde, spricht man von einem natürlichen Verbund.

- Bei einem *natürlichem Verbund* (Natural-Join) resultiert grundsätzlich nur jeweils ein Exemplar der an der Verbund-Bedingung beteiligten Tabellenspalten.

Es besteht die Möglichkeit, einen natürlichen Verbund ohne die explizite Angabe der Verbund-Bedingung anzufordern. Dazu ist eine NATURAL INNER JOIN-Klausel in der folgenden Form innerhalb einer SELECT-Anweisung zu verwenden:

```
FROM  tabellenname-1  NATURAL INNER JOIN  tabellenname-2
```

Abbildung 8.9: FROM- und NATURAL INNER JOIN-Klausel

Bei der Ausführung des hierdurch festgelegten Verbundes erfolgt ein Abgleich mittels der Werte, die in den gleichnamigen Tabellenspalten der Tabellen "tabellenname-1" und "tabellenname-2" enthalten sind. Bei dieser Prüfung werden Gleichheitsabfragen durchgeführt und bei einer Übereinstimmung die Werte in der Reihenfolge der Spaltennamen, die Bestandteil der Tabellen "tabellenname-1" und "tabellenname-2" sind, hintereinander aufgeführt. Unter Einsatz der NATURAL INNER JOIN-Klausel lassen sich die oben angezeigten Tabellenzeilen daher auch in der folgenden Form abrufen:

```
SELECT * FROM ARTIKEL NATURAL INNER JOIN UMSATZ;
```

Sofern ein natürlicher Verbund nicht durch den Einsatz der NATURAL INNER JOIN- bzw. der INNER JOIN-Klausel mit dem Schlüsselwort USING, sondern allein unter Einsatz der WHERE-Klausel ermittelt werden soll, müssen die Namen der gewünschten Tabellenspalten explizit innerhalb der SELECT-Anweisung aufgeführt werden. Dies bedeutet, dass dem Verbund eine Projektion auf die gewünschten Tabellenspalten nachfolgen muss.

Hinweis: Da als Ergebnis einer SELECT-Anweisung nicht alle resultierenden Tabellenspalten notwendig voneinander verschieden sein müssen, ist es wichtig, ob bei der Kombination von Projektion und Verbund zuerst eine Projektion oder zuerst ein Verbund durchgeführt werden sollte. Das jeweils gewählte Vorgehen kann eventuell abhängig von der Reihenfolge der Operationen sein und daher das Ergebnis beeinflussen (siehe unten).

Um einem Verbund eine Projektion folgen zu lassen, steht die folgende Form der SELECT-Anweisung zur Verfügung:

SELECT [DISTINCT] { * | spaltenname-1 [, spaltenname-2]... }

         FROM tabellenname-1, tabellenname-2 [, tabellenname-3]...

         [WHERE bedingung]

Abbildung 8.10: Bestimmung eines Verbundes mit nachfolgender Projektion

So können wir z.B. die Tabellenzeilen der oben verwendeten Tabelle ARTIKEL_UMSATZ aus den beiden Tabellen ARTIKEL und UMSATZ dadurch erzeugen, dass wir eine Verbindung über die Artikelnummern herstellen und anschließend eine Projektion auf die Tabellenspalten V_NR, A_NR, A_NAME, A_PREIS, A_STUECK und DATUM durchführen lassen. Dazu lässt sich die Anforderung

```
SELECT V_NR, UMSATZ.A_NR, A_NAME, A_PREIS,
       A_STUECK, DATUM
          FROM ARTIKEL, UMSATZ
          WHERE ARTIKEL.A_NR = UMSATZ.A_NR;
```

stellen, sodass die folgenden Tabellenwerte angezeigt werden:

```
   V_NR     A_NR A_NAME            A_PREIS   A_STUECK DATUM
-------- -------- --------------- ---------- ---------- --------
    8413       12 Oberhemd            39,8         40 24.06.08
    5016       22 Mantel              360          35 25.06.08
    8413       11 Oberhemd            44,2         70 24.06.08
    1215       11 Oberhemd            44,2         20 25.06.08
    5016       22 Mantel              360          10 24.06.08
    8413       13 Hose               110,5         35 24.06.08
    1215       13 Hose               110,5          5 24.06.08
    1215       12 Oberhemd            39,8         10 24.06.08
    8413       11 Oberhemd            44,2         20 25.06.08
```

Durch die soeben verwendete Form der Verbund-Bildung lässt sich – durch die explizite Angabe der Spaltennamen – daher auch erreichen, dass nicht nur der Inhalt der Tabelle ARTIKEL_UMSATZ erzeugt werden kann, sondern dass die ermittelten Werte auch gemäß der Reihenfolge angeordnet werden, in der die einzelnen Tabellenspalten innerhalb der Tabelle ARTIKEL_UMSATZ festgelegt sind (siehe Abbildung 8.2).

Bedeutung der Reihenfolge von Verbund und Projektion

Im Abschnitt 4.2 hatten wir dargestellt, dass als Ergebnis einer SELECT-Anweisung nicht alle resultierenden Tabellenspalten notwendig voneinander verschieden sein müssen. Im

Hinblick darauf ist es von Bedeutung, ob bei der Kombination von Projektion und Verbund zuerst eine Projektion und anschließend ein Verbund durchgeführt wird oder ob diese Tabellen-Operationen in umgekehrter Reihenfolge vorgenommen werden.

Um diese Problematik aufzuzeigen, betrachten wir die folgende Anweisung:

```
SELECT A_NR, A_NAME, A_STUECK
    FROM (SELECT DISTINCT A_NR, A_NAME, A_PREIS,
                     V_NR, A_STUECK, DATUM
          FROM ARTIKEL INNER JOIN UMSATZ USING (A_NR));
```

Aus der zuerst durchgeführten Verbund-Bildung der Tabellen ARTIKEL und UMSATZ resultieren unterschiedlichen Tabellenzeilen. Durch die anschließend vorgenommene Projektion erhalten wir daher die folgende Anzeige:

```
    A_NR A_NAME                        A_STUECK
---------- ----------------------- ----------
      22 Mantel                           10
      12 Oberhemd                         10
      11 Oberhemd                         20
      12 Oberhemd                         40
      11 Oberhemd                         20
      22 Mantel                           35
      13 Hose                              5
      11 Oberhemd                         70
      13 Hose                             35
```

Hinweis: Es ist zu beachten, dass die beiden ersten Ausgabezeilen übereinstimmen.

Um die beiden Tabellen-Operationen in umgekehrter Abfolge durchführen zu lassen, verwenden wir die folgende Anweisung:

```
SELECT DISTINCT A_NR, A_NAME, A_STUECK
    FROM ARTIKEL INNER JOIN
         (SELECT A_NR, A_STUECK FROM UMSATZ) USING (A_NR);
```

Jetzt erfolgt zuerst eine Projektion auf der Basis der Tabelle UMSATZ. Der nachfolgende Verbund führt zu folgendem Resultat:

```
    A_NR A_NAME                        A_STUECK
---------- ----------------------- ----------
      22 Mantel                           10
      11 Oberhemd                         20
      11 Oberhemd                         70
      22 Mantel                           35
      12 Oberhemd                         10
      13 Hose                             35
      13 Hose                              5
      12 Oberhemd                         40
```

Um diese Anzeige – mit 8 statt 9 Tabellenzeilen – auch bei zuerst ausgeführter Verbund-Bildung zu erhalten, muss das Schlüsselwort DISTINCT – vor der ersten FROM-Klausel – eingesetzt und die Anforderung wie folgt formuliert werden:

```
SELECT DISTINCT A_NR, A_NAME, A_STUECK
   FROM (SELECT DISTINCT A_NR, A_NAME, A_PREIS,
                        V_NR, A_STUECK, DATUM
              FROM ARTIKEL INNER JOIN UMSATZ USING (A_NR));
```

Self-Joins

Die Möglichkeit, Aliasnamen für Tabellennamen vergeben zu können, ist von besonderer Bedeutung, falls bei der Verbund-Bildung mehr als nur einmal Bezug auf eine Tabelle genommen werden soll.

Wollen wir z.B. diejenigen Vertreter bestimmen, deren Kontostände sich um mehr als nur 600 Euro unterscheiden, so können wir die folgende Anforderung stellen:

```
SELECT TAB.V_NR, TAB_KOPIE.V_NR,
               TAB.V_KONTO, TAB_KOPIE.V_KONTO
      FROM VERTRETER TAB, VERTRETER TAB_KOPIE
      WHERE TAB.V_KONTO - TAB_KOPIE.V_KONTO > 600;
```

Um zwei Exemplare der Tabelle VERTRETER für den Verbund zur Verfügung zu haben, sind zwei unterschiedliche Namen – nämlich die Namen TAB und TAB_KOPIE – als Aliasnamen für den Tabellennamen VERTRETER vergeben worden. Wir erhalten als Ergebnis:

```
    V_NR          V_NR      V_KONTO     V_KONTO
----------  ----------  ----------  ----------
    8413          1215      725,15       50,5
```

- Wird – wie in diesem Fall – ein Verbund über den Datenbestand einer einzigen Tabelle durchgeführt, so wird von einem *Self-Join* gesprochen.

Alternativ zur angegebenen Anforderung lässt sich der Self-Join auch durch eine SELECT-Anweisung anfordern, innerhalb der eine INNER JOIN-Klausel verwendet wird. Hierbei sind die FROM-Klausel und die INNER JOIN-Klausel wie folgt einzusetzen:

```
FROM  tabellenname-1 aliasname-1  INNER JOIN  tabellenname-2 aliasname-2

                      ON  verbund-bedingung
```

Abbildung 8.11: FROM- und INNER JOIN-Klausel mit Aliasnamen

Die zuvor verwendete SELECT-Anweisung kann daher wie folgt abgeändert werden:

```
SELECT TAB.V_NR, TAB_KOPIE.V_NR,
               TAB.V_KONTO, TAB_KOPIE.V_KONTO
      FROM VERTRETER TAB INNER JOIN VERTRETER TAB_KOPIE
          ON TAB.V_KONTO - TAB_KOPIE.V_KONTO > 600;
```

Eine weitere Anwendung eines *Self-Joins* ergibt sich z.B. dadurch, dass man prüfen möchte, bei welchen gespeicherten Artikeln es sich um gleichnamige Artikel handelt. Um die Tabelle in dieser Hinsicht zu untersuchen, lässt sich die folgende Anforderung stellen:

```
SELECT TAB.A_NR, TAB.A_NAME FROM ARTIKEL TAB
       INNER JOIN ARTIKEL TAB_KOPIE
          ON TAB.A_NR <> TAB_KOPIE.A_NR
             AND TAB.A_NAME = TAB_KOPIE.A_NAME;
```

Hieraus resultiert die folgende Anzeige:

```
  A_NR A_NAME
---------- --------------------
     11 Oberhemd
     12 Oberhemd
```

Eine weitere Einsatzmöglichkeit eines *Self-Joins* besteht z.B. darin, Spalteninhalte in Zeileninhalte umzuformen.

So können wir z.B. den Inhalt der Tabelle T

T	S1	S2	S3
1	1	A
1	2	B
1	3	C
2	1	a
2	2	b
2	3	c

Abbildung 8.12: Inhalt der Tabelle T

durch die Anweisung

```
SELECT T1.S3, T2.S3, T3.S3 FROM T T1, T T2, T T3
       WHERE T1.S1 = T2.S1 AND T2.S1 = T3.S1
       AND T1.S2 = 1 AND T2.S2 = 2 AND T3.S2 = 3;
```

in der folgenden Form anzeigen lassen:

```
S1 S2 S3
-- -- --
A  B  C
a  b  c
```

Dabei haben wir die Aliasnamen T1, T2 und T3 für die Tabelle T gewählt, um so die jeweiligen Tabellenspalten eindeutig kennzeichnen zu können.

Einsatz mehrerer INNER JOIN-Klauseln

Unter Verwendung zweier INNER JOIN-Klauseln lässt sich die angegebene Anzeige auch wie folgt anfordern:

```
SELECT T1.S3, T2.S3, T3.S3 FROM T T1
                      INNER JOIN T T2 ON T1.S1 = T2.S1
                      INNER JOIN T T3 ON T2.S1 = T3.S1
           WHERE T1.S2 = 1 AND T2.S2 = 2 AND T3.S2 = 3;
```

Diese Form des Einsatzes ist erlaubt, weil INNER JOIN-Klauseln in der folgenden Form – im Anschluss an eine FROM-Klausel – hintereinander aufgeführt werden dürfen:

FROM tabellenname-1 [aliasname-1]

    INNER JOIN tabellenname-2 [aliasname-2] ON verbund-bedingung-1

    [INNER JOIN tabellenname-3 [aliasname-3] ON verbund-bedingung-2]...

Abbildung 8.13: FROM-Klausel mit mehreren INNER JOIN-Klauseln

Grundsätzlich gilt:

- Sind mehrere Klauseln zur Beschreibung von Verbund-Bildungen innerhalb einer SELECT-Anweisung eingetragen, so werden sie stets von links nach rechts abgearbeitet.

Da anstelle einer INNER JOIN-Klausel auch ein – durch ein Komma eingeleiteter – Tabellenname innerhalb einer FROM-Klausel aufgeführt werden darf, lässt sich wie folgt eine allgemeinere Form der Syntax einer SELECT-Anweisung angeben:

SELECT [DISTINCT] { * | spaltenname-1 [, spaltenname-2]... }

    FROM tabellenname-1 [aliasname-1]

      { , tabellenname-2 [aliasname-2] |

        INNER JOIN tabellenname-3 [aliasname-3] ON verbund-bedingung-1 }

      [{ , tabellenname-4 [aliasname-4] |

        INNER JOIN tabellenname-5 [aliasname-5] ON verbund-bedingung-2 }]...

    [WHERE bedingung]

Abbildung 8.14: SELECT-Anweisung für die Verbund-Bildung und die Projektion

Sofern durch eine Verbund-Bedingung eine Gleichheitsabfrage von Werten gleichnamiger Tabellenspalten beschrieben wird, lässt sich anstelle des Schlüsselwortes ON das Schlüsselwort USING verwenden. Hinter USING sind die betroffenen Spaltennamen in der folgenden Form – innerhalb einer INNER JOIN-Klausel – anzugeben:

INNER JOIN tabellenname [aliasname] USING (spaltenname-1 [, spaltenname-2]...)

Abbildung 8.15: Verbund-Bildung mittels Abgleich gleichnamiger Spalten

Die oben angegebene SELECT-Anweisung kann daher auch wie folgt abgeändert werden:

```
SELECT T1.S3, T2.S3, T3.S3 FROM T T1
                         INNER JOIN T T2 USING (S1)
                         INNER JOIN T T3 USING (S1)
      WHERE T1.S2 = 1 AND T2.S2 = 2 AND T3.S2 = 3;
```

Die in der Abbildung 8.14 dargestellte Form der SELECT-Anweisung lässt sich im Hinblick auf die Einsatzmöglichkeit von NATURAL INNER JOIN-Klauseln gemäß der folgenden Form erweitern, wobei der Einfachheit halber nur die Variante mit dem Schlüsselwort ON beschrieben wird:

```
SELECT [ DISTINCT ] { * | spaltenname-1 [ , spaltenname-2 ]... }
    FROM  tabellenname-1 [ aliasname-1 ]
     { , tabellenname-2 [ aliasname-2 ]

        | INNER JOIN  tabellenname-3 [ aliasname-3 ] ON  verbund-bedingung-1 }
        | NATURAL INNER JOIN  tabellenname-4 [ aliasname-4 ] }
    [ { , tabellenname-5 [ aliasname-5 ]

        | INNER JOIN  tabellenname-6 [ aliasname-6 ] ON  verbund-bedingung-2 }
        | NATURAL INNER JOIN  tabellenname-7 [ aliasname-7 ] } ]...
    [ WHERE bedingung ]
```

Abbildung 8.16: Einsatz von INNER JOIN- bzw. NATURAL INNER JOIN-Klausel

Zum Beispiel können die Vertreternamen, die Artikelnamen, die Stückzahlen und die Datumsangaben aller Umsätze, bei denen der Artikelpreis über 100 Euro liegt, in der folgenden Weise angefordert werden:

```
SELECT V_NAME, A_NAME, A_STUECK, DATUM
     FROM UMSATZ  NATURAL INNER JOIN ARTIKEL
                    INNER JOIN VERTRETER USING (V_NR)
     WHERE A_PREIS > 100;
```

Diese SELECT-Anweisung führt zur folgenden Anzeige:

```
V_NAME                         A_NAME              A_STUECK DATUM
-------------------------  ----------------  ---------- --------
Meier, Franz               Mantel                  10 24.06.08
Meier, Franz               Mantel                  35 25.06.08
Meyer, Emil                Hose                    35 24.06.08
Schulze, Fritz             Hose                     5 24.06.08
```

- Um die Komplexität in der Darstellung der Syntax zu verringern, wird im Folgenden davon abgesehen, die Angabe einer oder mehrerer möglicher INNER JOIN- bzw. NATURAL INNER JOIN-Klauseln in eine Syntax-Darstellung aufzunehmen. Genau wie in den zuvor angegebenen Fällen kann grundsätzlich innerhalb einer FROM-Klausel anstelle eines weiteren Tabellennamens eine INNER JOIN-Klausel bzw. eine NATURAL INNER JOIN-Klausel verwendet werden.

8.3   Sicherung einer Verbund-Bildung

8.3.1   Übertragung in eine bestehende Tabelle

Bislang haben wir kennen gelernt, wie sich die Anzeige aller oder ausgewählter Zeilen einer Tabelle abrufen lässt, die durch eine Verbund-Bildung ermittelt wurden. Wie wir im Abschnitt 1.2 erläutert haben, ist diese Kenntnis ausreichend, um die jeweils gewünschten Bestandsdaten abrufen zu können.

Aus Gründen einer möglichst redundanzfreien Speicherung ist es im Normalfall nicht wünschenswert, das Ergebnis einer Verbund-Bildung innerhalb der Datenbasis zu speichern.

Hinweis: Im nachfolgenden Kapitel werden wir erläutern, wie sich die Vorschrift zur Durchführung einer Verbund-Bildung langfristig – als sogenanntes *View* – vereinbaren lässt, sodass die für bestimmte Abfragen erforderlichen tabellarischen Strukturen unmittelbar zur Verfügung stehen.

Nur in Ausnahmefällen ist es sinnvoll, das Resultat einer SELECT-Anweisung in den Datenbestand aufzunehmen.

Ein derartiger Fall liegt z.B. dann vor, wenn der strukturelle Aufbau von Tabellen fehlerbehaftet ist und die Ablage von Bestandsdaten verbessert werden soll.

Sofern nicht die Anzeige von Tabellenzeilen abgerufen, sondern der durch eine SELECT-Anweisung ermittelte Datenbestand in der Datenbasis gespeichert werden soll, muss die INSERT-Anweisung in der folgenden Form eingesetzt werden:

```
INSERT INTO tabellenname-1    [ ( spaltenname-1 [ , spaltenname-2 ]... ) ]

   SELECT  DISTINCT  { * | ausdruck-1 [ , ausdruck-2 ]... }

      FROM tabellenname-2 [ aliasname-1 ] ,

          tabellenname-3 [ aliasname-2 ] [ , tabellenname-4 [ aliasname-3 ] ]...

          [ WHERE bedingung ]
```

Abbildung 8.17: Speicherung der Ergebnisse einer komplexen SELECT-Anweisung

Genau wie es oben bei der Durchführung einer Projektion (siehe Abschnitt 8.1) der Fall war, werden die aus der Ausführung der SELECT-Anweisung resultierenden Tabellenzeilen in eine bereits vorhandene Tabelle namens "tabellenname-1" übertragen.

Durch die innerhalb der WHERE-Klausel angegebene Verbund-Bedingung ist bestimmt, wie die innerhalb der FROM-Klausel aufgeführten Tabellen zu verbinden sind.

Soll nach dem Verbund zusätzlich eine Projektion durchgeführt werden, so sind die gewünschten Spalten durch ihre Spaltennamen vor FROM (eindeutig) zu kennzeichnen. Die resultierenden Tabellenzeilen, deren Aufbau auch in Form von beliebigen Ausdrücken festgelegt werden darf, werden in die Tabelle "tabellenname-1" übertragen.

Diese Tabelle muss zuvor durch eine vorausgehende CREATE TABLE-Anweisung eingerichtet worden und der gewählte Tabellenname von den innerhalb der FROM-Klausel angegebenen Tabellennamen verschieden sein.

Die aus der Ausführung der SELECT-Anweisung resultierende Spaltenzahl muss mit der Spaltenzahl der Tabelle "tabellenname-1" bzw. der Anzahl der hinter diesem Namen aufgeführten Spaltennamen übereinstimmen. Die zeilenweise Aufnahme der durch die SELECT-Anweisung bereitgestellten Tabellenzeilen geschieht genauso, wie es im Abschnitt 3.1 für die INSERT-Anweisung mit der VALUES-Klausel dargestellt wurde.

8.3.2 Übertragung in eine einzurichtende Tabelle

Bislang haben wir beschrieben, wie die aus einem Verbund resultierenden Tabellenzeilen – durch den Einsatz der INSERT-Anweisung – innerhalb einer Tabelle gespeichert werden können. Bei diesem Vorgehen ist entscheidend, dass die Tabelle, die die resultierenden Werte aufnehmen soll, zuvor durch eine CREATE TABLE-Anweisung eingerichtet sein muss. Neben dieser Form der Speicherung besteht beim DB-System ORACLE zusätzlich die Möglichkeit, eine neue Tabelle *unmittelbar* aus den Ergebniszeilen einer SELECT-Anweisung aufzubauen, wobei die Kenndaten der neu eingerichteten Tabelle automatisch aus den Angaben innerhalb der SELECT-Anweisung ermittelt werden.

Um eine derartige Anforderung zu stellen, ist die CREATE TABLE-Anweisung in der folgenden Form zu verwenden:

```
CREATE TABLE tabellenname-1

        [ ( spaltenname-1 [ , spaltenname-2 ]... ) ]

    AS

        SELECT [ DISTINCT ]

            { * | spaltenname-3 [ , spaltenname-4 ]... }

            FROM tabellenname-2 [ aliasname-1 ]

                [ , tabellenname-3 [ aliasname-2 ] ]...

            [ WHERE bedingung ]
```

Abbildung 8.18: Einrichtung einer Tabelle mittels einer SELECT-Anweisung

Hinweis: Es ist zu beachten, dass hinter den Spaltennamen – anders als bei einer CREATE TABLE-Anweisung ohne integrierter SELECT-Anweisung – keine Angaben zu den Datentypen erscheinen dürfen.

Durch die Ausführung dieser CREATE TABLE-Anweisung wird eine Tabelle namens "tabellenname-1" aufgebaut. Diese Tabelle besitzt diejenige Struktur, die aus der Ausführung der SELECT-Anweisung resultiert. Sollen für diese Struktur nicht die durch die SELECT-Anweisung spezifizierten Spaltennamen verabredet werden, so sind die gewünschten neuen Namen vor dem Schlüsselwort AS anzugeben. Die Zuordnung zu den Tabellenspalten erfolgt gemäß der Reihenfolge, in der diese Namen hintereinander aufgeführt sind. Die Angabe von Spaltennamen ist z.B. dann erforderlich, wenn etwa arithmetische Ausdrücke vor dem Schlüsselwort FROM innerhalb der SELECT-Anweisung aufgeführt sind.

Zum Beispiel lässt sich eine Tabelle namens GESAMT in der folgenden Weise aus dem Verbund der Tabellen UMSATZ, ARTIKEL und VERTRETER aufbauen:

```
CREATE TABLE GESAMT
        AS SELECT V_NAME, A_NAME, A_STUECK, DATUM
            FROM UMSATZ, ARTIKEL, VERTRETER
            WHERE UMSATZ.A_NR = ARTIKEL.A_NR
                AND UMSATZ.V_NR = VERTRETER.V_NR;
```

Die Anweisung

```
SELECT * FROM GESAMT;
```

führt anschließend zur folgenden Anzeige:

```
V_NAME                          A_NAME              A_STUECK DATUM
-----------------------------   ---------------     -------- --------
Meyer, Emil                     Oberhemd                  40 24.06.08
Meier, Franz                    Mantel                    10 24.06.08
Meyer, Emil                     Oberhemd                  70 24.06.08
Schulze, Fritz                  Oberhemd                  20 25.06.08
Meier, Franz                    Mantel                    35 25.06.08
Meyer, Emil                     Hose                      35 24.06.08
Schulze, Fritz                  Hose                       5 24.06.08
Schulze, Fritz                  Oberhemd                  10 24.06.08
Meyer, Emil                     Oberhemd                  20 25.06.08
```

Unter Einsatz der INNER JOIN-Klausel hätte der Aufbau der Tabelle GESAMT auch in
Form der folgenden Anweisung durchgeführt werden können:

```
CREATE TABLE GESAMT AS
        SELECT V_NAME, A_NAME, A_STUECK, DATUM
            FROM UMSATZ INNER JOIN ARTIKEL  USING (A_NR)
                    INNER JOIN VERTRETER USING (V_NR);
```

Diese Form der CREATE TABLE-Anweisung ist deswegen erlaubt, weil die Struktur der
SELECT-Anweisung, die innerhalb der Abbildung 8.18 dargestellt ist, sich so erweitern
lässt, wie es durch die Abbildung 8.16 beschrieben wird.

Formal ist somit auch der wie folgt angeforderte Aufbau einer Tabelle durch den Einsatz
der NATURAL INNER JOIN-Klausel erlaubt:

```
CREATE TABLE GESAMT AS
            SELECT V_NAME, A_NAME, A_STUECK, DATUM
            FROM UMSATZ NATURAL INNER JOIN ARTIKEL
                        NATURAL INNER JOIN VERTRETER;
```

Allerdings resultiert hierdurch eine Tabelle, deren Inhalt mit 27 Tabellenzeilen nicht dem
gewünschten Ergebnis entspricht.

8.3.3   Übertragung in eine temporäre Tabelle

Sollen die Ergebnisse aus Projektions-, Verbund- und Selektions-Operationen nicht permanent, sondern nur temporär innerhalb einer Tabelle gesichert werden, so sind die
Schlüsselwörter "GLOBAL TEMPORARY" innerhalb einer Anweisung zur Einrichtung
einer temporären Tabelle aufzuführen. Die diesbezügliche CREATE GLOBAL TEMPO-
RARY TABLE-Anweisung besitzt die innerhalb der Abbildung 8.19 angegebene Syntax.

In der hierdurch eingerichteten Tabelle "tabellenname-1" werden am Dialogende alle Tabellenzeilen automatisch gelöscht. Die Tabelle selbst wird nicht aus dem Schema entfernt.
Der Einsatz einer temporären Tabelle ist z.B. dann sinnvoll, wenn eine Zufallsauswahl aus
einem Tabelleninhalt an einer Verbund-Bildung beteiligt werden soll. Dies liegt an folgendem Sachverhalt:

• Eine SAMPLE-Klausel – zur Anforderung einer Zufallsauswahl – darf nur dann innerhalb einer SELECT-Anweisung aufgeführt werden, wenn die FROM-Klausel eine
  einzige Tabelle enthält.

```
CREATE GLOBAL TEMPORARY TABLE tabellenname-1
        [ ( spaltenname-1 [ , spaltenname-2 ]... ) ]
    ON COMMIT PRESERVE ROWS
    AS
        SELECT [ DISTINCT ]
            { * | spaltenname-3 [ , spaltenname-4 ]... }
                FROM tabellenname-2 [ aliasname-1 ]
                    [ , tabellenname-3 [ aliasname-2 ] ]...
                [ WHERE bedingung ] [ SAMPLE ( wert ) ]
```

Abbildung 8.19: Einrichtung einer temporären Tabelle

Soll z.B. ein Verbund zwischen der Tabelle ARTIKEL und einer 50%-igen Zufallsauswahl aus dem Bestand der Tabelle UMSATZ durchgeführt werden, so lässt sich dies durch die beiden folgenden Anweisungen bewerkstelligen:

```
CREATE GLOBAL TEMPORARY TABLE UMSATZ_AUSWAHL
        ON COMMIT PRESERVE ROWS
        AS SELECT * FROM UMSATZ SAMPLE (50);
SELECT A_NR, A_PREIS, A_STUECK, DATUM
    FROM ARTIKEL INNER JOIN UMSATZ_AUSWAHL USING(A_NR);
```

8.4 Simultane Sicherung in mehreren Tabellen

8.4.1 Der Multi-Tabellen-Insert

Bislang wurde erläutert, wie das Ergebnis von Verbund-Bildungen und Projektionen innerhalb einer *einzigen* Tabelle gesichert werden kann.

In bestimmten Fällen ist es wünschenswert, durch eine *einzige* Anweisung dafür zu sorgen, dass die aus den Tabellen-Operationen resultierenden Tabellenzeilen in zwei oder mehrere Tabellen übertragen werden.

- Wird die Sicherung von Tabellenzeilen in mehrere Tabellen mittels einer INSERT-Anweisung bewirkt, so spricht man von einem *Multi-Tabellen-Insert*. Hierdurch lässt sich eine abkürzende Anforderung für die Übertragung in mehrere Tabellen angeben – in herkömmlicher Form müssten geeignet viele INSERT-Anweisungen formuliert werden.

Um einen Multi-Tabellen-Insert anzufordern, lässt sich eine INSERT-Anweisung mit dem Schlüsselwort ALL in der innerhalb der Abbildung 8.20 dargestellten Form einsetzen.

Durch die innerhalb der INSERT-Anweisung enthaltene SELECT-Anweisung wird bestimmt, welche Werte in geeigneten Tabellen gesichert werden sollen.

Die Tabellen, in die diese Werte übertragen werden sollen, sind jeweils innerhalb einer INTO-Klausel anzugeben.

Durch die Anzahl der Tabellen, die im Rahmen eines Multi-Tabellen-Inserts bearbeitet werden sollen, ist die Anzahl der INTO-Klauseln bestimmt, die Bestandteil der INSERT-Anweisung sind.

```
INSERT ALL INTO tabellenname-1 ( spaltenname-1 [ , spaltenname-2 ]... )
                 VALUES  ( ausdruck-1 [ , ausdruck-2 ]... )
        [ INTO tabellenname-2 ( spaltenname-3 [ , spaltenname-4 ]... )
                 VALUES  ( ausdruck-3 [ , ausdruck-4 ]... ) ]...
        SELECT-anweisung
```

Abbildung 8.20: Multi-Tabellen-Insert

Innerhalb einer INTO-Klausel ist durch die – in Klammern eingefassten – Spaltenangaben zu verabreden, in welche Spalten der betreffenden Tabelle Werte übertragen werden sollen. Die jeweils zu übernehmenden Werte sind innerhalb der VALUES-Klausel hintereinander – durch jeweils ein Komma "," voneinander abgegrenzt – in Form von Ausdrücken festzulegen. Dabei ist vor dem ersten Ausdruck die öffnende Klammer "(" und hinter dem letzten Ausdruck die schließende Klammer ")" aufzuführen.

Spaltennamen, die innerhalb von Ausdrücken eingetragen sind, müssen – explizit oder implizit – durch die Angaben innerhalb der SELECT-Anweisung vereinbart sein.

Im Normalfall bestehen die einzelnen Ausdrücke aus jeweils einem Spaltennamen, der durch einen innerhalb der SELECT-Anweisung aufgeführten Spaltennamen bzw. durch eine innerhalb der SELECT-Anweisung angegebene Tabelle festgelegt ist.

Durch die SELECT-Anweisung wird die Tabellen-Operation beschrieben, bei der es sich um eine Verbund-Bildung, eine Projektion bzw. eine Kombination der beiden Tabellen-Operationen handeln kann.

Gegebenenfalls wird durch die SELECT-Anweisung einzig und allein die Anzeige der Tabellenzeilen einer einzigen Tabelle beschrieben. Dies ist z.B. dann der Fall, wenn der Inhalt einer externen Tabelle in den Datenbestand eines Schemas übernommen und dabei auf mehr als eine Tabelle verteilt werden soll.

Sollen z.B. aus der Tabelle ARTIKEL_UMSATZ, die im Abschnitt 3.3 als externe Tabelle eingerichtet wurde, die Artikel- und die Umsatzdaten in die durch die Anweisungen

```
CREATE TABLE ARTIKEL_DATEN(A_NR NUMBER(2),
                           A_NAME CHAR(20),
                           A_PREIS NUMBER(7,2));
CREATE TABLE UMSATZ_DATEN(V_NR NUMBER(4),
                          A_NR NUMBER(2),
                          A_STUECK NUMBER(3),
                          DATUM DATE);
```

vereinbarten Tabellen mittels eines Multi-Tabellen-Inserts übertragen werden, so ist die folgende INSERT-Anweisung zu formulieren:

```
INSERT ALL INTO ARTIKEL_DATEN VALUES (A_NR,A_NAME,
                                       A_PREIS)
           INTO UMSATZ_DATEN VALUES (V_NR,A_NR,
                                     A_STUECK,DATUM)
           SELECT * FROM ARTIKEL_UMSATZ;
```

Die nachfolgende Ausführung der beiden folgenden Anweisungen liefert den Inhalt der Tabellen UMSATZ und ARTIKEL:

```
SELECT * FROM UMSATZ_DATEN;
SELECT DISTINCT * FROM ARTIKEL_DATEN;
```

Hinweis: Es ist zu beachten, dass durch das angegebene Multi-Tabellen-Insert 9 Tabellenzeilen in die Tabelle ARTIKEL_DATEN übernommen werden. Es lässt sich im Rahmen eines Multi-Tabellen-Inserts nicht erreichen, allein den Inhalt der Tabelle ARTIKEL – mit nur 4 Zeilen – innerhalb der Tabelle ARTIKEL_DATEN zu erzeugen.

8.4.2 Bedingter Multi-Tabellen-Insert

Bei der bislang vorgestellten Möglichkeit, einen Multi-Tabellen-Insert durchzuführen, wurden in jede der innerhalb einer INTO-Klausel aufgeführten Tabellen stets gleich viele Tabellenzeilen übernommen.

Oftmals ist es im Zusammenhang mit einem Multi-Tabellen-Insert wünschenswert, dass die Übertragung von Tabellenzeilen durch geeignete Bedingungen gesteuert wird.

- Wird ein Multi-Tabellen-Insert durchgeführt und dabei die Übertragung in die einzelnen Tabellen durch eine oder mehrere Bedingungen gesteuert, so wird von einem *bedingten Multi-Tabellen-Insert* gesprochen.

Um einen bedingten Multi-Tabellen-Insert zur Ausführung zu bringen, lässt sich die innerhalb der folgenden Abbildung angegebene Form der INSERT-Anweisung einsetzen:

```
INSERT ALL WHEN bedingung-1  THEN
                INTO tabellenname-1 ( spaltenname-1 [ , spaltenname-2 ]... )
                    VALUES ( ausdruck-1 [ , ausdruck-2 ]... )
        [ WHEN bedingung-2  THEN
                INTO tabellenname-2 ( spaltenname-3 [ , spaltenname-4 ]... )
                    VALUES ( ausdruck-3 [ , ausdruck-4 ]... ) ]...
        [ ELSE
                INTO tabellenname-3 ( spaltenname-5 [ , spaltenname-6 ]... )
                    VALUES ( ausdruck-5 [ , ausdruck-6 ]... ) ]

        SELECT-anweisung
```

Abbildung 8.21: bedingter Multi-Tabellen-Insert mit dem Schlüsselwort ALL

Die Übertragung der aus der SELECT-Anweisung ermittelten Werte in die Tabellen, die innerhalb der INTO-Klauseln aufgeführt sind, wird durch die Bedingungen gesteuert, die in WHEN-Klauseln innerhalb der INSERT-Anweisung enthalten sind.

Es werden – schrittweise – sämtliche Bedingungen geprüft, die innerhalb der WHEN-Klauseln eingetragen sind. Nur dann, wenn die jeweils angegebene Bedingung zutrifft, wird die Anforderung, die hinter dem Schlüsselwort THEN – in Form einer INTO-Klausel – eingetragen ist, zur Ausführung gebracht.

Sollte keine Bedingung zutreffen und ist die ELSE-Klausel innerhalb der INSERT-Anweisung enthalten, so wird die innerhalb dieser Klausel formulierte Anforderung ausgeführt.

Sollen z.B. – auf der Basis der beiden Tabellen ARTIKEL und UMSATZ – die Umsatzwerte errechnet und die Umsätze in Abhängigkeit vom jeweiligen Datum in die beiden durch die Anweisungen

```
CREATE TABLE UMSATZ_WERT_24
        (V_NR NUMBER(4),A_NR NUMBER(2),WERT NUMBER(7,2));
CREATE TABLE UMSATZ_WERT_25
        (V_NR NUMBER(4),A_NR NUMBER(2),WERT NUMBER(7,2));
```

vereinbarten Tabellen UMSATZ_WERT_24 und UMSATZ_WERT_25 übertragen werden,
so lässt sich diese Speicherung unter Einsatz des folgenden bedingten Multi-Tabellen-
Inserts bewerkstelligen:

```
INSERT ALL WHEN DATUM = TO_DATE('24.06.2008')
            THEN INTO UMSATZ_WERT_24
                VALUES (V_NR, A_NR, WERT)
         WHEN DATUM = TO_DATE('25.06.2008')
            THEN INTO UMSATZ_WERT_25
                VALUES (V_NR, A_NR, WERT)
    SELECT V_NR, A_NR, A_PREIS*A_STUECK  WERT, DATUM
        FROM ARTIKEL INNER JOIN UMSATZ USING(A_NR);
```

Durch die sich anschließenden Anforderungen

```
SELECT * FROM UMSATZ_WERT_24;
SELECT * FROM UMSATZ_WERT_25;
```

wird der Inhalt von UMSATZ_WERT_24 in der Form

```
    V_NR         A_NR         WERT
---------- ----------- -----------
    8413          12         1592
    5016          22         3600
    8413          11         3094
    8413          13        3867,5
    1215          13         552,5
    1215          12          398
```

und der Inhalt von UMSATZ_WERT_25 wie folgt angezeigt:

```
    V_NR         A_NR         WERT
---------- ----------- -----------
    1215          11          884
    5016          22        12600
    8413          11          884
```

Durch den Einsatz des Schlüsselworts ALL ist bei einem bedingten Multi-Tabellen-Insert
festgelegt, dass *alle* innerhalb der INSERT-Anweisung aufgeführten Bedingungen geprüft
werden müssen.

Soll – bei der von oben nach unten vorgenommenen Prüfung – allein diejenige INTO-

Klausel zur Ausführung gelangen, die die erste zutreffende Bedingung enthält, so muss anstelle von ALL das Schlüsselwort FIRST verwendet und der bedingte Multi-Tabellen-Insert in der innerhalb der folgenden Abbildung angegebenen Form angefordert werden:

```
INSERT FIRST WHEN bedingung-1  THEN
                 INTO tabellenname-1 ( spaltenname-1 [ , spaltenname-2 ]... )

                 VALUES  ( ausdruck-1 [ , ausdruck-2 ]... )

      [ WHEN bedingung-2  THEN

                 INTO tabellenname-2 ( spaltenname-3 [ , spaltenname-4 ]... )

                 VALUES  ( ausdruck-3 [ , ausdruck-4 ]... ) ]...

      [ ELSE

                 INTO tabellenname-3 ( spaltenname-5 [ , spaltenname-6 ]... )

                 VALUES  ( ausdruck-5 [ , ausdruck-6 ]... ) ]

      SELECT-anweisung
```

Abbildung 8.22: bedingter Multi-Tabellen-Insert mit dem Schlüsselwort FIRST

Wird die ELSE-Klausel verwendet und ist keine zuvor aufgeführte Bedingung erfüllt, so wird die dieser ELSE-Klausel nachfolgende INTO-Klausel zur Ausführung gebracht.

Sollen z.B. nur diejenigen Umsätze in die Tabelle UMSATZ_WERT_24 bzw. die Tabelle UMSATZ_WERT_25 übernommen werden, deren Umsatzwert größer oder gleich 1000,- Euro ist, so lässt sich auf der Basis der durch die Anweisung

```
CREATE TABLE UMSATZ_ZU_GERING
      (V_NR NUMBER(4), A_NR NUMBER(2), A_NAME CHAR(20),
      A_PREIS NUMBER(7,2), A_STUECK NUMBER(3),
      DATUM DATE, WERT NUMBER(7,2));
```

eingerichteten Tabelle UMSATZ_ZU_GERING die folgende Anforderung stellen:

```
INSERT FIRST
      WHEN WERT < 1000
            THEN INTO UMSATZ_ZU_GERING
                  VALUES (V_NR, A_NR, A_NAME, A_PREIS,
                        A_STUECK, DATUM, WERT)
      WHEN DATUM = TO_DATE('24.06.2008')
            THEN INTO UMSATZ_WERT_24
                  VALUES (V_NR, A_NR, WERT)
      WHEN DATUM = TO_DATE('25.06.2008')
            THEN INTO UMSATZ_WERT_25
                  VALUES (V_NR, A_NR, WERT)
      SELECT V_NR, A_NR, A_NAME, A_PREIS, A_STUECK,
            DATUM, A_PREIS*A_STUECK  WERT
            FROM ARTIKEL INNER JOIN UMSATZ USING(A_NR);
```

Die sich anschließende Anforderung

```
SELECT * FROM UMSATZ_ZU_GERING;
```

führt zur folgenden Anzeige:

V_NR	A_NR	A_NAME	A_PREIS	A_STUECK	DATUM	WERT
1215	11	Oberhemd	44,2	20	25.06.08	884
1215	13	Hose	110,5	5	24.06.08	552,5
1215	12	Oberhemd	39,8	10	24.06.08	398
8413	11	Oberhemd	44,2	20	25.06.08	884

Soll die Gliederung unabhängig von den Datumsangaben erfolgen, so kann ein Multi-Tabellen-Insert in die durch die Anweisungen

```
CREATE TABLE UMSATZ_ZU_GERING
            (V_NR NUMBER(4), A_NR NUMBER(2),
            A_NAME CHAR(20), A_PREIS NUMBER(7,2),
            A_STUECK NUMBER(3), DATUM DATE,
            WERT NUMBER(7,2));
CREATE TABLE UMSATZ_OK
            (V_NR NUMBER(4), A_NR NUMBER(2),
            A_NAME CHAR(20), A_PREIS NUMBER(7,2),
            A_STUECK NUMBER(3), DATUM DATE,
            WERT NUMBER(7,2));
```

vereinbarten Tabellen UMSATZ_ZU_GERING und UMSATZ_OK unter Einsatz der ELSE-Klausel z.B. wie folgt bewirkt werden:

```
INSERT FIRST
        WHEN WERT < 1000 THEN INTO UMSATZ_ZU_GERING
            VALUES (V_NR, A_NR, A_NAME, A_PREIS,
                A_STUECK, DATUM, WERT)
        ELSE INTO UMSATZ_OK
            VALUES (V_NR, A_NR, A_NAME, A_PREIS,
                A_STUECK, DATUM, WERT)
        SELECT V_NR, A_NR, A_NAME, A_PREIS, A_STUECK,
            DATUM, A_PREIS*A_STUECK  WERT
            FROM ARTIKEL INNER JOIN UMSATZ USING(A_NR);
```

KAPITEL 9

VIEWS UND WEITERE TABELLEN-OPERATIONEN

9.1 Vereinbarung und Einsatz von Views

9.1.1 Einrichtung von Views

Die CREATE VIEW-Anweisung

Von Ausnahmen abgesehen ist es – wie wir zuvor erläutert haben – nicht sinnvoll, die aus einer Verbund-Bildung erhaltenen Tabellenzeilen in einer gesonderten Tabelle abspeichern zu lassen, da dadurch die Redundanz innerhalb der Datenbasis erhöht und die Aktualität der jeweiligen Daten gefährdet wird. Vielmehr sollte ein Zugriff auf die resultierenden Werte möglich sein, der auf derjenigen Tabellen-Struktur basiert, die sich aus der auszuführenden Verbund-Bildung ergibt. Als zusätzliche Forderung sollte die Möglichkeit bestehen, bestimmte Tabellen-Inhalte vor dem Einblick unbefugter Anwender abzuschirmen.

- Diese beiden Forderungen lassen sich dadurch erfüllen, dass *Views* eingerichtet werden, die eine durch Verbund-, Projektions- und Selektions-Bildungen ermöglichte Sicht auf einen ausgewählten Datenbestand der Datenbasis zulassen.

Ein View ist eine *virtuelle* Tabelle, deren Zeilen und Spalten durch eine oder mehrere Tabellen der Datenbasis bestimmt sind. Dabei handelt es sich entweder um den Ausschnitt einer Tabelle, bei der der Zugriff auf die restlichen Zeilen und Spalten verdeckt wird, oder um den Verbund (evtl. mit nachfolgender Projektion bzw. Selektion) von Tabellen, der in seiner Gesamtheit bzw. nur als Ausschnitt zur Verfügung gestellt wird.

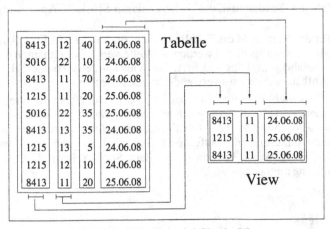

Abbildung 9.1: Beispiel für ein View

Von zentraler Bedeutung ist der Sachverhalt, dass ein View nur als Verweis auf Tabellenzeilen und Tabellenspalten, die physikalischer Bestandteil von bereits vorhandenen Tabellen der Datenbasis sind, zu verstehen ist und nicht als neue Form von physikalisch gespeicherten Datenbeständen.

Zum Beispiel kann man ein View, das auf der Tabelle UMSATZ basiert und nur alle Vertreternummern, Artikelnummern und Datumsangaben für die Umsätze der Artikel mit der

Nummer 11 enthält, einrichten lassen. Dieses View besitzt im Hinblick auf den Inhalt der Tabelle UMSATZ die innerhalb der Abbildung 9.1 angegebene Struktur.

Ein View enthält somit selbst keine Daten, sondern setzt sich aus Teilen einer oder mehrerer zuvor eingerichteter Tabellen (evtl. auch Views, siehe unten) zusammen. Es stellt somit eine Struktur-Beschreibung für den Aufbau einer Tabelle dar. Der zugehörige View-Inhalt lässt sich auf eine Anforderung hin – mittels einer SELECT-Anweisung – aus den Tabellenzeilen derjenigen Tabellen ermitteln, die als Ganzes oder als Tabellen-Ausschnitt innerhalb des Views einbezogen sind.

Views lassen sich wie folgt durch die CREATE VIEW-Anweisung vereinbaren:

```
CREATE [ OR REPLACE ] VIEW view-name
          [ ( spaltenname-1 [ , spaltenname-2 ]... ) ]
          AS  SELECT-anweisung
```

Abbildung 9.2: Aufbau eines Views

Hinweis: Die hinter AS angegebene SELECT-Anweisung darf keine ORDER BY-Klausel enthalten.

Dadurch wird ein View namens "view-name" aufgebaut bzw. – beim Einsatz der Schlüsselwörter "OR REPLACE" – eine bereits vorhandene View-Vereinbarung ersetzt.

Voraussetzung zur Einrichtung eines Views ist, dass der Anwender das CREATE VIEW-Recht besitzt. Dieses Recht muss ihm durch den DB-Verwalter mittels der folgenden Anforderung zugeteilt worden sein:

```
GRANT CREATE VIEW TO gast;
```

Die Bildung von Viewnamen unterliegt denselben Regeln, die für den Aufbau von Tabellennamen gelten. Der Viewname darf zuvor noch nicht für eine Tabelle bzw. ein View innerhalb des aktuellen Schemas verwendet worden sein. Das resultierende View stellt sich als diejenige Tabellen-Struktur dar, die als Ergebnis der SELECT-Anweisung erhalten werden würde.

Grundlegend für das View sind die Tabellennamen, die in der SELECT-Anweisung innerhalb der FROM-Klausel angegeben werden. Anstelle von Tabellennamen dürfen dort auch Viewnamen aufgeführt sein. Dies bedeutet, dass Views – genauso wie Tabellen – als Bausteine für den Aufbau eines Views verwendet werden können.

Sollen für das View nicht die durch die SELECT-Anweisung spezifizierten Spaltennamen verabredet werden, so sind die gewünschten neuen Namen vor dem Schlüsselwort AS anzugeben. Die Zuordnung zu den Tabellenspalten erfolgt gemäß der Reihenfolge, in der diese Namen hintereinander aufgeführt sind. Die Angabe von Spaltennamen ist z.B. dann erforderlich, wenn Ausdrücke vor dem Schlüsselwort FROM innerhalb der SELECT-Anweisung angegeben sind.

Beispiele von Views

Im Hinblick auf die oben angegebene Darstellung lässt sich z.B. durch die Anweisung

```
CREATE VIEW UMSATZ_VIEW_1 AS
    SELECT V_NR, A_NR, DATUM FROM UMSATZ WHERE A_NR = 11;
```

das View UMSATZ_VIEW_1 einrichten, das auf der Tabelle UMSATZ basiert. Es enthält drei Spalten mit den Namen V_NR, A_NR und DATUM, die auf die korrespondierenden

Tabellenspalten der Tabelle UMSATZ weisen. Es werden aus der Basis-Tabelle UMSATZ die Tabellenspalte A_STUECK mit den Stückzahlen und ferner alle diejenigen Tabellenzeilen ausgeblendet, welche die Auswahl-Bedingung "A_NR = 11" nicht erfüllen. Folglich führt etwa die Anweisung

```
SELECT V_NR, A_NR FROM UMSATZ_VIEW_1;
```

zur folgenden Anzeige:

```
     V_NR           A_NR
---------- ----------
      1215             11
      8413             11
      8413             11
```

Wollen wir z.B. ein View einrichten, das durch den Verbund der Tabellen UMSATZ und ARTIKEL über die Tabellenspalten A_NR mit anschließender Projektion auf die Spalten A_NAME, A_STUECK und DATUM und ergänzender Spalte mit den Umsatzwerten aufgebaut werden soll, so können wir dazu die folgende CREATE VIEW-Anweisung eingeben:

```
CREATE VIEW UMSATZ_VIEW_2 (NAME,UMSATZ,STUECKZAHL,DATUM)
   AS SELECT A_NAME, A_PREIS*A_STUECK, A_STUECK, DATUM
           FROM UMSATZ INNER JOIN ARTIKEL USING (A_NR);
```

Dadurch wird das View UMSATZ_VIEW_2 mit den Spalten NAME, UMSATZ, STUECK-ZAHL und DATUM eingerichtet. Die aus der Projektion resultierenden Werte des Produkts "A_PREIS*A_STUECK" sind unter dem Spaltennamen UMSATZ zugänglich.

Da innerhalb einer SELECT-Anweisung hinter dem Schlüsselwort FROM nicht nur Tabellennamen, sondern auch View-Namen angegeben werden dürfen, lässt sich der Inhalt des Views UMSATZ_VIEW_2 anschließend durch

```
SELECT * FROM UMSATZ_VIEW_2;
```

wie folgt anzeigen:

```
NAME                       UMSATZ STUECKZAHL DATUM
-------------------- ---------- ---------- --------
Oberhemd                     1592         40 24.06.08
Mantel                       3600         10 24.06.08
Oberhemd                     3094         70 24.06.08
Oberhemd                      884         20 25.06.08
Mantel                      12600         35 25.06.08
Hose                       3867,5         35 24.06.08
Hose                        552,5          5 24.06.08
Oberhemd                      398         10 24.06.08
Oberhemd                      884         20 25.06.08
```

Wie oben angegeben, ist es erlaubt, bereits vorhandene Views in den Aufbau eines neuen Views einzubeziehen.

So können wir z.B. einen Ausschnitt aus den Werten des Views UMSATZ_VIEW_2 wie folgt festlegen:

```
CREATE VIEW UMSATZ_VIEW_3
        AS SELECT NAME, STUECKZAHL FROM UMSATZ_VIEW_2;
```

Dadurch ist das View UMSATZ_VIEW_3 innerhalb des aktuellen Schemas eingerichtet. Es enthält die Werte der Tabellenspalten A_NAME (der Tabelle ARTIKEL) und A_STUECK (der Tabelle UMSATZ). Somit kann indirekt – über den Einsatz des Views UMSATZ_VIEW_2 – auf den Datenbestand der Tabellen UMSATZ und ARTIKEL zugegriffen werden.

9.1.2   Löschung von Views

Views bleiben innerhalb einer Datenbasis solange vereinbart, bis sie durch die DROP VIEW-Anweisung in der folgenden Form gelöscht werden:

```
DROP VIEW  view-name
```

Abbildung 9.3: Löschung eines Views

Zum Beispiel können wir das oben aufgebaute View UMSATZ_VIEW_3 durch die folgende Anweisung aus dem Schema entfernen:

```
DROP VIEW UMSATZ_VIEW_3;
```

Auf ein View kann auch dann nicht mehr zugegriffen werden, wenn eine Tabelle oder ein View, auf das beim Aufbau des Views Bezug genommen wurde, innerhalb des Schemas entfernt worden ist.
Somit würde nach der Ausführung der Anweisung

```
DROP TABLE ARTIKEL;
```

bzw. der Anweisung

```
DROP VIEW UMSATZ_VIEW_2;
```

auf das oben aufgebaute View UMSATZ_VIEW_3 nicht mehr zugegriffen werden können.

9.1.3   Bestandsänderungen mittels eines Views

Sofern ein View nicht auf einem Verbund mehrerer Tabellen, sondern nur auf einer einzigen Tabelle basiert, besteht die Möglichkeit, über dieses View Veränderungen innerhalb der diesem View zugrunde liegenden Basis-Tabelle vorzunehmen. Dazu ist innerhalb diesbezüglicher INSERT-, UPDATE- bzw. DELETE-Anweisungen der Name des Views aufzuführen.

Somit können wir z.B. über das oben vereinbarte View UMSATZ_VIEW_1 durch die Anweisung

```
INSERT INTO UMSATZ_VIEW_1 VALUES (5016,12,'26.06.2008');
```

der Tabelle UMSATZ eine neue Tabellenzeile hinzufügen, in der für die Tabellenspalte A_STUECK der Nullwert eingetragen wird. Die anschließende Anforderung

```
SELECT * FROM UMSATZ WHERE A_NR = 11;
```

führt zur folgenden Anzeige:

```
    V_NR        A_NR    A_STUECK DATUM
---------- ---------- ---------- --------
    8413         11          70 24.06.08
    1215         11          20 25.06.08
    8413         11          20 25.06.08
    8413         11             26.06.08
```

Grundsätzlich werden in den Tabellenspalten der einem View zugrunde liegenden Tabelle – hier in der Spalte A_STUECK der Tabelle UMSATZ – dann Nullwerte eingetragen, wenn diese Spalten nicht Bestandteil des Views sind. Dies ist natürlich nur dann möglich, wenn die betreffenden Tabellenspalten bei der Vereinbarung der Tabellen nicht durch die Schlüsselwörter "NOT NULL" gekennzeichnet wurden, sodass nur von Nullwerten verschiedene Werte aufgenommen werden können.

Über ein View lassen sich auch Tabellenzeilen in eine Basis-Tabelle eintragen, die anschließend nicht Bestandteil des Views sind. So führt z.B. die folgende Anweisung zur Eingabe einer neuen Tabellenzeile in die Tabelle UMSATZ:

```
INSERT INTO UMSATZ_VIEW_1 VALUES (8413,11,'26.06.2008');
```

Die Anweisung

```
SELECT V_NR, A_NR, DATUM FROM UMSATZ
             WHERE A_NR = 11 OR A_NR = 12;
```

liefert die folgende Anzeige:

```
    V_NR        A_NR DATUM
---------- ---------- --------
    1215         11 25.06.08
    1215         12 24.06.08
    5016         12 26.06.08
    8413         11 24.06.08
    8413         11 25.06.08
    8413         12 24.06.08
```

Hinweis: Es wird davon ausgegangen, dass die zuvor eingetragene Tabellenzeile mit dem Datumswert "26.06.2008" gelöscht wurde, sodass wieder der ursprüngliche Tabelleninhalt von UMSATZ vorliegt.

Dagegen wird durch die Anweisung

```
SELECT V_NR, A_NR, DATUM FROM UMSATZ_VIEW_1;
```

die Anzeige

```
        V_NR          A_NR DATUM
---------- ---------- --------
        1215            11 25.06.08
        8413            11 24.06.08
        8413            11 25.06.08
```

abgerufen, die das Fehlen der neuen Tabellenzeile von UMSATZ innerhalb des Views UM-SATZ_VIEW_1 dokumentiert.

Es besteht die Möglichkeit, dass derartige Veränderungen der Basis-Tabelle, die nicht gleichzeitig durch das View erfasst werden, unterbunden werden können. Dazu sind innerhalb der CREATE VIEW-Anweisung, mit der das View vereinbart wird, die Schlüsselwörter "WITH CHECK OPTION" in der folgenden Form aufzuführen:

```
CREATE VIEW view-name
        [ ( spaltenname-1 [ , spaltenname-2 ]... ) ]
    AS SELECT-anweisung
    WITH CHECK OPTION
```

Abbildung 9.4: Aufbau eines Views mit Integritätsprüfung

Dies bedeutet, dass eine durch eine INSERT-, eine DELETE- oder eine UPDATE-Anweisung durchzuführende Änderung an einer Basis-Tabelle nur dann vorgenommen werden kann, wenn für die jeweils betroffene Tabellenzeile die in der WHERE-Klausel der View-Definition aufgeführte Auswahl-Bedingung zutrifft. Ist diese Bedingung nicht erfüllt, so wird die geforderte Änderung der Basis-Tabelle abgewiesen.

Haben wir ein View namens UMSATZ_VIEW_4 unter Einsatz der Schlüsselwörter "WITH CHECK OPTION" durch die Anweisung

```
CREATE VIEW UMSATZ_VIEW_4
            AS SELECT V_NR, A_NR, DATUM FROM UMSATZ
                                        WHERE A_NR = 11
            WITH CHECK OPTION;
```

definiert, so wird z.B. die durch die INSERT-Anweisung

```
INSERT INTO UMSATZ_VIEW_4 VALUES (5016,12,'26.06.2008');
```

geforderte Bestandsänderung der Tabelle UMSATZ abgewiesen.

Unabhängig von einer derartigen Sicherung werden auch alle Anforderungen zur Änderung eines Views zurückgewiesen, die sich auf eine Spalte beziehen, die sich durch eine arithmetische Operation aus den Werten der Basis-Tabelle ableitet.

Somit ist z.B. eine Änderung des durch die Anweisung

```
CREATE VIEW UMSATZ_ARTIKEL_VIEW (V_NR, A_NR, A_UMSATZ)
        AS SELECT V_NR, A_NR, A_STUECK*A_PREIS
                        FROM ARTIKEL_UMSATZ;
```

vereinbarten Views innerhalb der Spalte A_UMSATZ nicht möglich.

9.1.4 Bestandsänderungen mittels Einsatz von Instead-of-Triggern

Im Abschnitt 8.2 (im Anschluss an die Abbildung 8.10) haben wir erläutert, wie wir uns – auf der Basis der beiden Tabellen ARTIKEL und UMSATZ – durch die Verbund-Bildung

```
SELECT V_NR, UMSATZ.A_NR, A_NAME, A_PREIS,
        A_STUECK, DATUM
    FROM ARTIKEL, UMSATZ WHERE ARTIKEL.A_NR = UMSATZ.A_NR;
```

den bislang getätigten Umsatz anzeigen lassen können. Falls wir diese SELECT-Anweisung als Basis einer View-Vereinbarung verwenden und daher die Anweisung

```
CREATE OR REPLACE VIEW ARTIKEL_UMSATZ_V
        (V_NR,A_NR,A_NAME,A_PREIS,A_STUECK,DATUM)
    AS SELECT V_NR, UMSATZ.A_NR, A_NAME,
        A_PREIS, A_STUECK, DATUM
        FROM ARTIKEL, UMSATZ
        WHERE ARTIKEL.A_NR = UMSATZ.A_NR;
```

zur Ausführung bringen, lassen sich die Umsatzdaten anschließend wie folgt anzeigen:

```
SELECT * FROM ARTIKEL_UMSATZ_V;
```

Sofern die Eingabe neuer Umsatzdaten unmittelbar in Verbindung mit dem Neueintrag eines Artikels stehen soll, lässt sich das vereinbarte View ARTIKEL_UMSATZ_V *nicht* verwenden. Wie wir im vorausgegangenen Abschnitt 9.1.3 dargestellt haben, können in ein View nur dann Eingaben vorgenommen werden, wenn das View auf einer *einzigen* Tabelle basiert.

Um jedoch trotzdem – unter Einsatz des Views ARTIKEL_UMSATZ_V – die gewünschten Operationen durchführen zu können, lässt sich eine besondere Form eines Triggers einsetzen.

- Für Views – aber nicht für Tabellen – können *Instead-of-Trigger* verabredet werden. Falls ein derartiger Trigger feuert, können beliebige INSERT-, UPDATE- oder DELETE-Anweisungen für beliebige Tabellen zur Ausführung gebracht werden.

Hinweis: Es ist verboten, für ein View einen normalen Trigger (siehe Abschnitt 6.4) zu verabreden.

Um einen Instead-of-Trigger zu vereinbaren, ist die CREATE TRIGGER-Anweisung mit der INSTEAD OF-Klausel in der innerhalb der Abbildung 9.5 dargestellten Form einzusetzen.

Hinweis: Bei der Vereinbarung eines Instead-of-Triggers ist keine WHEN-Klausel und auch keine OF-Klausel hinter UPDATE erlaubt.

Ein in dieser Form vereinbarter Instead-of-Trigger feuert in dem Augenblick, in dem der angegebene Viewname innerhalb einer DELETE-, INSERT- bzw. UPDATE-Anweisung aufgeführt wird – je nachdem, welches Schlüsselwort bei der Trigger-Definition angegeben wurde. Es gelangen diejenigen Anweisungen zur Ausführung, die bei der Vereinbarung des Instead-of-Triggers festgelegt wurden.

```
CREATE [ OR REPLACE ] TRIGGER trigger-name
    INSTEAD OF { DELETE | INSERT | UPDATE }
    ON  view-name
BEGIN
    anweisung-1;
    [ anweisung-2; ]...
END;
/
```

Abbildung 9.5: Vereinbarung eines Instead-of-Triggers

Um unsere oben angegebene Anforderung erfüllen zu können, lässt sich z.B. ein Instead-of-Trigger namens ARTIKEL_UMSATZ_V_TRIGGER wie folgt verabreden:

```
CREATE OR REPLACE TRIGGER ARTIKEL_UMSATZ_V_TRIGGER
           INSTEAD OF INSERT ON ARTIKEL_UMSATZ_V
BEGIN
   INSERT INTO ARTIKEL
            VALUES(:NEW.A_NR,:NEW.A_NAME,:NEW.A_PREIS);
   INSERT INTO UMSATZ
      VALUES(:NEW.V_NR,:NEW.A_NR,:NEW.A_STUECK,:NEW.DATUM);
END;
/
```

Hinweis: Zur Bedeutung von ":NEW" und ":OLD" siehe die Darstellung im Abschnitt 6.4.

Wird anschließend z.B. die Anforderung

```
INSERT INTO ARTIKEL_UMSATZ_V
        VALUES(8413,31,'Jacke',99.50,12,'26.06.2008');
```

gestellt, so feuert der Instead-of-Trigger ARTIKEL_UMSATZ_V_TRIGGER. Dies hat die implizite Ausführung von

```
INSERT INTO ARTIKEL VALUES(31,'Jacke',99.50);
```

zur Folge, sodass innerhalb der Tabelle ARTIKEL eine neue Zeile im Artikelbestand eingetragen wird. Zusätzlich wird der getätigte Umsatz in Form einer neuen Tabellenzeile innerhalb der Tabelle UMSATZ ergänzt, weil durch das Feuern des Triggers zusätzlich die Ausführung der folgenden Anweisung veranlasst wird:

```
INSERT INTO UMSATZ VALUES(8413,31,12,'26.06.2008');
```

- Grundsätzlich lässt sich ein Instead-of-Trigger für ein beliebiges View verabreden. Dabei dürfen auch SQL-Anweisungen zur Bestandsänderung von beliebigen Tabellen aufgeführt werden. Der Einsatz eines Instead-of-Triggers ist somit nicht eingeschränkt auf diejenigen Tabellen, die die Basis für den Aufbau des Views bilden.

Zum Beispiel können wir die oben angegebene Trigger-Vereinbarung dahingehend erweitern, dass zusätzlich zu den Ergänzungen in den Tabellen ARTIKEL und UMSATZ auch eine weitere Tabellenzeile in die Protokoll-Tabelle UMSATZ_PROTOKOLL (siehe Abschnitt 6.4) eingetragen wird. Um dies zu erreichen, lässt sich auf der Basis der Tabellen-Vereinbarung

```
CREATE TABLE UMSATZ_PROTOKOLL
             (ANWENDER CHAR(20), DATUM DATE,
             V_NR NUMBER(4), A_NR NUMBER(2));
```

z.B. die folgende Verabredung treffen:

```
CREATE OR REPLACE TRIGGER ARTIKEL_UMSATZ_V_TRIGGER
                INSTEAD OF INSERT ON ARTIKEL_UMSATZ_V
BEGIN
   INSERT INTO ARTIKEL
          VALUES(:NEW.A_NR,:NEW.A_NAME,:NEW.A_PREIS);
   INSERT INTO UMSATZ
          VALUES(:NEW.V_NR,:NEW.A_NR,
                           :NEW.A_STUECK,:NEW.DATUM);
   INSERT INTO UMSATZ_PROTOKOLL
          VALUES(USER,SYSDATE,:NEW.V_NR,:NEW.A_NR);
   END;
/
```

Wir stellen uns jetzt die Aufgabe, das View ARTIKEL_UMSATZ_V dazu einzusetzen, innerhalb der Tabellen ARTIKEL und UMSATZ alle Zeilen mit einer vorgegebenen Artikelnummer zu löschen und gleichzeitig einen Eintrag über jede gelöschte Zeile innerhalb der Tabelle UMSATZ_PROTOKOLL vorzunehmen.
Um diese Aufgabe zu lösen, vereinbaren wir wie folgt einen Instead-of-Trigger namens ARTIKEL_UMSATZ_V_LOESCHEN_TRIG:

```
CREATE OR REPLACE TRIGGER ARTIKEL_UMSATZ_V_LOESCHEN_TRIG
                INSTEAD OF DELETE ON ARTIKEL_UMSATZ_V
   BEGIN
      DELETE FROM UMSATZ WHERE A_NR=:OLD.A_NR;
      DELETE FROM ARTIKEL WHERE A_NR=:OLD.A_NR;
      INSERT INTO UMSATZ_PROTOKOLL
             VALUES(USER,SYSDATE,:OLD.V_NR,:OLD.A_NR);
   END;
/
```

Auf dieser Basis lassen sich z.B. alle Einträge für den Artikel mit der Kennzahl 31 innerhalb der Tabellen ARTIKEL und UMSATZ dadurch löschen, dass wir die Ausführung der folgenden Anweisung veranlassen:

```
DELETE FROM ARTIKEL_UMSATZ_V WHERE A_NR=31;
```

9.2 Die UNION-Bildung

Oftmals ist es wünschenswert, die Inhalte von zwei oder mehreren Tabellenspalten so zu reihen, dass sie untereinander angefügt werden. Dazu lassen sich die Ergebnisse von zwei oder mehreren SELECT-Anweisungen über den *UNION-Operator* miteinander verknüpfen, sodass z.B. das folgende Resultat ermittelt werden kann:

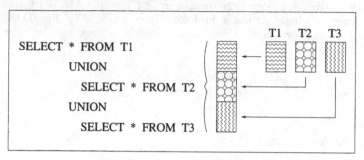

Abbildung 9.6: Beispiel für eine Aneinanderreihung

Hinweis: Bei dem dargestellten Sachverhalt wird unterstellt, dass die Tabellenzeilen der Tabellen T1, T2 und T3 sämtlich paarweise voneinander verschieden sind.

Die Ergebnisse von zwei oder mehreren SELECT-Anweisungen lassen sich in der folgenden Form unter Einsatz des Schlüsselwortes UNION miteinander verbinden:

> SELECT-anweisung-1   UNION SELECT-anweisung-2
>
> [UNION SELECT-anweisung-3]...

Abbildung 9.7: Aneinanderreihung von Tabellenanzeigen

Damit die aus den einzelnen SELECT-Anweisungen resultierenden Spaltenwerte aneinandergereiht werden können, müssen die folgenden Voraussetzungen erfüllt sein:

- jede SELECT-Anweisung muss dieselbe Anzahl von Tabellenspalten liefern (die jeweiligen Spalten müssen nicht gleich benannt sein), und

- die Datentypen der – gemäß der Reihenfolge – miteinander korrespondierenden Spalten müssen identisch sein, d.h. der Datentyp der i. Spalte aus der 1. SELECT-Anweisung muss mit den Datentypen der jeweils i. Spalte aller anderen SELECT-Anweisungen übereinstimmen.

Treffen diese Bedingungen zu, so werden die aus den SELECT-Anweisungen resultierenden Tabellenzeilen durch die UNION-Bildung untereinander angefügt. Die Werte jeder Tabellenzeile ergeben sich aus der Reihenfolge der jeweils miteinander korrespondierenden Spalten. Es wird immer nur jeweils ein Exemplar einer Tabellenzeile in das Ergebnis übernommen, sofern mehrere Tabellenzeilen gleichen Inhalts auftreten.

Somit erhalten wir durch die Anweisung

```
SELECT V_NR FROM VERTRETER UNION SELECT V_NR FROM UMSATZ;
```

die folgende Anzeige:

```
     V_NR
- - - - - - - - - -
     1215
     5016
     8413
```

Zur Sortierung der resultierenden Tabellenzeilen darf die ORDER BY-Klausel zusammen mit der zuletzt aufgeführten SELECT-Anweisung verwendet werden. Dabei dürfen jedoch innerhalb der ORDER BY-Klausel keine Spaltennamen, sondern nur die mit den Spalten korrespondierenden Reihenfolgenummern angegeben werden.

Zum Beispiel erhalten wir durch die Anweisung

```
SELECT V_NR FROM VERTRETER
            UNION SELECT V_NR FROM UMSATZ
            ORDER BY 1 DESC;
```

die folgende Anzeige:

```
     V_NR
- - - - - - - - - -
     8413
     5016
     1215
```

Bei der UNION-Bildung besteht zusätzlich die Möglichkeit, dem Schlüsselwort UNION das Schlüsselwort ALL in der folgenden Form nachzustellen:

```
SELECT-anweisung-1    UNION  ALL  SELECT-anweisung-2
                   [ UNION  ALL  SELECT-anweisung-3 ]...
```

Abbildung 9.8: totale Aneinanderreihung von Tabellenanzeigen

Dadurch werden sämtliche und nicht nur jeweils einzelne Exemplare (bei gleichem Zeileninhalt) der aus der Verknüpfung der SELECT-Anweisungen resultierenden Tabellenzeilen ermittelt. Dabei ist zu beachten, dass das Schlüsselwort ALL jedes Mal hinter dem Schlüsselwort UNION angegeben werden muss.

Somit führt z.B. die Anweisung

```
SELECT V_NR FROM VERTRETER
            UNION ALL SELECT V_NR FROM UMSATZ;
```

zur folgenden Anzeige:

```
     V_NR
- - - - - - - - - -
     1215
     5016
     8413
```

```
1215
1215
1215
5016
5016
8413
8413
8413
8413
```

Hinweis: Es wird davon ausgegangen, dass die zuvor eingetragene Tabellenzeile mit dem Datumswert "26.06.2008" gelöscht wurde, sodass wieder der ursprüngliche Tabelleninhalt von UMSATZ vorliegt.

9.3 Bildung von Outer Joins

Im Abschnitt 8.2 haben wir dargestellt, wie sich ein Verbund von Tabellen durchführen lässt. Die Tabellenspalten, über die der Verbund definiert wird, können z.B. in einer INNER JOIN-Klausel – hinter dem Schlüsselwort ON – innerhalb einer SELECT-Anweisung angegeben werden. Für die Überprüfung der Verbindung zweier Tabellenspalten ist es bedeutungsvoll, ob die jeweiligen Spalten Nullwerte enthalten oder nicht. Im Folgenden gehen wir von den Tabellen

T1	S1	T2	S2	T3	S3
	1		1		1
	3		Null		Null
	Null		2		3
	2		4		

Abbildung 9.9: Inhalt der Tabellen T1 , T2 und T3

aus, die sich wie folgt aufbauen lassen:

```
CREATE TABLE T1(S1 NUMBER(1));
CREATE TABLE T2(S2 NUMBER(1));
CREATE TABLE T3(S3 NUMBER(1));
INSERT INTO T1 VALUES(1);
INSERT INTO T1 VALUES(3);
INSERT INTO T1 VALUES(NULL);
INSERT INTO T1 VALUES(2);
INSERT INTO T2 VALUES(1);
INSERT INTO T2 VALUES(NULL);
INSERT INTO T2 VALUES(2);
INSERT INTO T2 VALUES(4);
INSERT INTO T3 VALUES(1);
INSERT INTO T3 VALUES(NULL);
INSERT INTO T3 VALUES(3);
```

Auf der Basis der Tabellen T1 und T2 führt z.B. die Anweisung

```
SELECT S1, S2 FROM T1 INNER JOIN T2 ON S1 = S2;
```

zur folgenden Anzeige:

S1	S2
1	1
2	2

Ist nämlich in S1 oder S2 ein Nullwert enthalten, so trifft die Bedingung "S1 = S2" für diesen Nullwert nicht zu (auch die Gleichheitsabfrage mit zwei Nullwerten stellt keine zutreffende Bedingung dar). Außerdem gibt es für den Wert 3 in S1 keine Übereinstimmung in S2 und umgekehrt für den Wert 4 in S2 keine Übereinstimmung in S1.

- Anders als bei diesem standardmäßigen Vorgehen besteht die Möglichkeit, dass die Tabellen bei der Vergleichsüberprüfung nicht gleichwertig behandelt werden. Vielmehr lässt sich eine Tabelle gegenüber einer anderen auszeichnen, indem die Werte aller ihrer Tabellenzeilen auf jeden Fall in den Verbund einbezogen werden. Dies ist unabhängig davon, ob beim Abgleich der Tabellenzeilen eine Übereinstimmung mittels der Verbund-Bedingung festgestellt wird oder nicht. Diese besondere Form des Verbundes wird *Outer-Join* genannt.

Ein *Outer-Join* ist z.B. dann von Interesse, wenn die Tabelle ARTIKEL-UMSATZ als Verbund aus den Basis-Tabellen ARTIKEL und UMSATZ über die Artikelnummer aufgebaut werden soll. Liegt nämlich für einen Artikel der (in unserer Situation nicht auftretende) Fall vor, dass für ihn kein Umsatz getätigt wurde, so würde für die korrespondierende Artikelnummer kein Treffer beim Abgleich der Tabellenzeilen erzielt werden. Demzufolge würde dieser Artikel im Verbund nicht vertreten sein, sodass die Tabelle, die durch eine nachfolgende Projektion von ARTIKEL-UMSATZ auf die Tabelle ARTIKEL ermittelt werden würde, nicht mehr mit der Ausgangs-Tabelle ARTIKEL übereinstimmen würde.

Um einen Verbund in Form eines *Outer-Joins* anzufordern, muss – innerhalb einer SELECT-Anweisung – eine FROM-Klausel mit nachfolgender OUTER JOIN-Klausel wie folgt eingesetzt werden:

```
FROM  tabellenname-1
  { RIGHT | LEFT | FULL } OUTER JOIN tabellenname-2 ON verbund-bedingung
```

Abbildung 9.10: Festlegung eines Outer-Joins

- Bei Verwendung des Schlüsselwortes RIGHT spricht man von einem *Right-Outer-Join*, bei Verwendung des Schlüsselwortes LEFT von einem *Left-Outer-Join* und bei Verwendung des Schlüsselwortes FULL von einem *Full-Outer-Join*.

Bei einem Right-Outer-Join werden die Werte sämtlicher Tabellenzeilen der Tabelle "tabellenname-2" und bei einem Left-Outer-Join die Werte sämtlicher Tabellenzeilen der Tabelle "tabellenname-1" in den Verbund übernommen.

Wird ein Full-Outer-Join durchgeführt, so werden sowohl die Werte aller Tabellenzeilen der Tabelle "tabellenname-1" als auch die Werte sämtlicher Tabellenzeilen der Tabelle "tabellenname-2" Bestandteil der aus der Verbund-Bildung resultierenden Tabelle.

Fordern wir z.B. durch die Anweisung

```
SELECT S1, S2 FROM T1 RIGHT OUTER JOIN T2 ON S1 = S2;
```

für die beiden Tabellen T1 und T2 einen *Right-Outer-Join* an, so ergibt sich die folgende
Anzeige:

S1	S2
1	1
2	2
Null	Null
Null	4

Bei der Verbund-Bildung sind die Werte von S1 – aus der Tabelle T1 – zeilenweise mit
den Werten von S2 – aus der Tabelle T2 – abgeglichen worden. Dieser Vergleich führte
nur in den Fällen zu einem Treffer, in denen S1 und S2 beide den Wert "1" bzw. beide
den Wert "2" enthalten. Da es sich um einen Right-Outer-Join handelt, sind aus der Tabelle
T2 die Werte sämtlicher Zeilen übernommen worden. Daher sind in die Verbund-Bildung
zusätzlich die beiden Tabellenzeilen von T2 einbezogen worden, die in der Tabellenspalte
S2 den Nullwert ("Null") bzw. den Wert "4" enthalten. In diesen beiden Tabellenzeilen
ist innerhalb der Spalte S1 – als jeweils zu S2 korrespondierender Wert – der Nullwert
eingetragen worden.

Hinweis: Zur Kennzeichnung eines Outer-Joins lässt sich anstelle der OUTER JOIN-Klausel auch eine WHERE-
Klausel verwenden. Innerhalb dieser Klausel muss diejenige Tabelle durch die Zeichenfolge "(+)" gekennzeichnet
sein, aus der nur dann Werte aus einer Tabellenzeile übernommen werden, wenn die betreffende Tabellenzeile die
Verbund-Bedingung erfüllt. Im vorliegenden Fall kann daher die Anforderung zur Bildung eines Right-Outer-
Joins in der folgenden Form gestellt werden:

```
SELECT S1, S2 FROM T1, T2 WHERE S1 (+) = S2;
```

Sollen die Werte sämtlicher Tabellenzeilen der Tabelle T1 Bestandteil des Verbundes
werden, so kann ein Left-Outer-Join in der Form

```
SELECT S1, S2 FROM T1 LEFT OUTER JOIN T2 ON S1 = S2;
```

bzw. ein Right-Outer-Join in der Form

```
SELECT S1, S2 FROM T2 RIGHT OUTER JOIN T1 ON S1 = S2;
```

angefordert werden. Hieraus resultiert jeweils die folgende Anzeige:

S1	S2
1	1
2	2
Null	Null
3	Null

Hinweis: Alternativ kann die Anforderung zur Bildung eines Left-Outer-Joins auch wie folgt gestellt werden:

```
SELECT S1, S2 FROM T1, T2 WHERE S1 = S2 (+);
```

Sofern alle Werte der Tabellenzeilen von T1 und von T2 in den Verbund einzubeziehen sind, muss ein Full-Outer-Join in der folgenden Form abgerufen werden:

```
SELECT S1, S2 FROM T1 FULL OUTER JOIN T2 ON S1 = S2;
```

Die Ausführung dieser Anweisung ergibt die folgende Anzeige:

S1	S2
1	1
2	2
Null	Null
3	Null
Null	Null
Null	4

Die Verbund-Bedingung ist wiederum nur für die Werte "1" und "2" erfüllt worden, sodass mittels dieser Übereinstimmungen zwei Tabellenzeilen für den Verbund aufgebaut wurden. Ergänzend sind im Verbund zwei weitere Tabellenzeilen mit den Werten "Null" und "3" aus der Tabelle T1 und zusätzlich zwei weitere Tabellenzeilen mit den Werten "Null" und "4" aus der Tabelle T2 eingerichtet worden. An den jeweils zu diesen vier Werten korrespondierenden Positionen wurde jeweils der Nullwert in diesen vier Tabellenzeilen ergänzt.

Generell können Anforderungen gestellt werden, durch die mehr als zwei Tabellen in einen Outer-Join einbezogen werden, sodass sich die allgemeine Struktur einer derartigen Anforderung in der folgenden Form darstellt:

```
SELECT [ DISTINCT ] { * | spaltenname-1 [ , spaltenname-2 ]... }
    FROM tabellenname-1 [ aliasname-1 ]
      { , tabellenname-2 [ aliasname-2 ]
          | INNER JOIN  tabellenname-3 [ aliasname-3 ] ON verbund-bedingung-1
          | NATURAL INNER JOIN  tabellenname-4 [ aliasname-4 ]
          | { RIGHT | LEFT | FULL } OUTER JOIN
                    tabellenname-5 [ aliasname-5 ] ON verbund-bedingung-2 }
      [ { , tabellenname-6 [ aliasname-6 ]
          | INNER JOIN  tabellenname-7 [ aliasname-7 ] ON verbund-bedingung-3
          | NATURAL INNER JOIN  tabellenname-8 [ aliasname-8 ] }
          | { RIGHT | LEFT | FULL } OUTER JOIN
                    tabellenname-9 [ aliasname-9 ] ON verbund-bedingung-4 } ]...
    [ WHERE bedingung ]
```

Abbildung 9.11: SELECT-Anweisung für eine Verbund-Bildung

Zum Beispiel kann die oben angegebene Tabelle T3 wie folgt in einen Verbund einbezogen werden:

```
SELECT S1, S2, S3  FROM T1 INNER JOIN T2 ON S1 = S2
                           LEFT OUTER JOIN T3 ON S2 = S3;
```

In diesem Fall erhalten wir das folgende Ergebnis:

```
S1      S2      S3
--------  -------  -------
1       1       1
2       2       Null
```

Da die Anforderungen – im Falle mehrerer Verbund-Bildungen – stets von links nach rechts abgearbeitet werden, wird zunächst der Verbund zwischen T1 und T2 gebildet, der aufgrund der Verbund-Bedingung "S1 = S2" zu folgendem Resultat führt:

```
S1      S2
--------  -------
1       1
2       2
```

Da alle Zeilen dieser Tabelle in den Verbund mit T3 zu übernehmen sind, führt der Abgleich mittels der Verbund-Bedingung "S2 = S3" dazu, dass die erste Tabellenzeile durch den Wert "1" ergänzt wird.

Um ein Beispiel für die wiederholte Ausführung von Outer-Joins zu geben, betrachten wir die folgende Anweisung:

```
SELECT S1, S2, S3  FROM T1 LEFT OUTER JOIN T2 ON S1 = S2
                          LEFT OUTER JOIN T3 ON S1 = S3;
```

Durch die Ausführung des ersten Left-Outer-Joins ergeben sich – mittels der Verbund-Bedingung "S1 = S2" – die folgenden Tabellenzeilen:

```
S1      S2
--------  --------
1       1
2       2
Null    Null
3       Null
```

Bei dem auf dieser Basis durchgeführten zweiten Left-Outer-Join, der durch die Verbund-Bedingung "S1 = S3" gesteuert wird, wird nur für die Werte "1" und "3" eine Übereinstimmung festgestellt. Die daraus resultierenden beiden Tabellenzeilen werden um zwei Tabellenzeilen ergänzt, die die Werte "Null" und "Null" bzw. "3" und "Null" enthalten. Für diese beiden Zeilen wird jeweils – innerhalb der Spalte S3 – der Nullwert ergänzt, sodass insgesamt das folgende Ergebnis angezeigt wird:

```
S1      S2      S3
--------  --------  -------
1       1       1
2       2       Null
Null    Null    Null
3       Null    3
```

Hinweis: Alternativ kann die Anforderung zur Bildung der beiden angeforderten Left-Outer-Joins auch in der folgenden Form gestellt werden:

```
SELECT S1, S2, S3  FROM T1, T2, T3 WHERE S1 = S2 (+) AND S1 = S3 (+);
```

9.4 Die INTERSECT- und die MINUS-Bildung

Neben der Aneinanderreihung von Spaltenwerten durch die UNION-Bildung ist es oftmals von Interesse, die Tabellenwerte, die über zwei oder mehrere (getrennte) SELECT-Anweisungen ermittelt werden, untereinander zu vergleichen. In diesem Zusammenhang besteht die Frage, ob die jeweiligen Ergebnisse gemeinsame Werte besitzen, bzw. die Frage, welche Werte aus der einen, nicht aber aus einer anderen SELECT-Anweisung resultieren.

Sollen alle diejenigen Werte ermittelt werden, die als Resultate zweier oder mehrerer SELECT-Anweisungen (es dürfen auch jeweils mehrere Spaltenwerte resultieren) übereinstimmen (man spricht vom "gemeinsamen Durchschnitt"), so ist eine INTERSECT-Bildung durchzuführen. Dazu müssen die einzelnen SELECT-Anweisungen durch das Schlüsselwort INTERSECT zu einer einzigen Anweisung in der folgenden Form zusammengefasst werden:

```
SELECT-anweisung-1  INTERSECT  SELECT-anweisung-2

          [ INTERSECT  SELECT-anweisung-3 ]...
```

Abbildung 9.12: Anzeige eines Tabellendurchschnitts

Als Ergebnis werden diejenigen Werte angezeigt, die sämtlich in jeder einzelnen SELECT-Anweisung als Ergebniswert erhalten wurden. Dieser Wirkung lässt sich z.B. in Form der folgenden Skizze deutlich machen:

Abbildung 9.13: Beispiel eines Tabellendurchschnitts

Wollen wir uns z.B. die Nummern nur derjenigen Vertreter ausgeben lassen, die Artikel mit der Kennzahl 11 am 25.6.08 umgesetzt haben, so können wir dazu die folgende Anweisung eingeben:

```
SELECT V_NR FROM VERTRETER
     INTERSECT SELECT V_NR FROM UMSATZ
     WHERE A_NR = 11 AND DATUM = TO_DATE('25.06.2008');
```

Fragen danach, welche Werte aus einer ersten SELECT-Anweisung, nicht aber aus einer zweiten oder weiteren SELECT-Anweisungen ermittelt werden, lassen sich über eine MINUS-Bildung beantworten. Um das jeweils geforderte *Tabellenkomplement* zu ermitteln, sind SELECT-Anweisungen mit dem Schlüsselwort MINUS in der folgenden Form zu verbinden:

> SELECT-anweisung-1 MINUS SELECT-anweisung-2
>
>   [MINUS SELECT-anweisung-3]...

Abbildung 9.14: Anzeige eines Tabellenkomplements

Bei der Verknüpfung zweier SELECT-Anweisungen werden diejenigen Werte als Ergebnis angezeigt, die als Resultat der ersten, nicht aber als Ergebnis der zweiten SELECT-
Anweisung ermittelt wurden.

Sind mehr als zwei SELECT-Anweisungen durch MINUS verbunden, so wird das Ergebnis
dadurch ermittelt, dass – beginnend bei den beiden ersten SELECT-Anweisungen – jeweils
schrittweise die für zwei SELECT-Anweisungen beschriebene Operation von links nach
rechts durchgeführt wird. Dieser Wirkung lässt sich z.B. in Form der folgenden Skizze
deutlich machen:

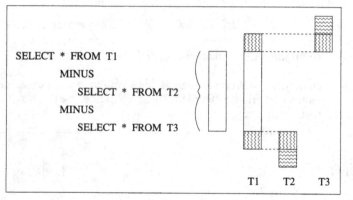

Abbildung 9.15: Beispiel eines Tabellenkomplements

Somit können wir uns z.B. durch die Anweisung

```
SELECT A_NR FROM ARTIKEL
     MINUS SELECT A_NR FROM UMSATZ
              WHERE DATUM = TO_DATE('25.06.2008');
```

diejenigen Artikelnummern anzeigen lassen, für die am 25.6.2008 kein Umsatz getätigt
wurde und demzufolge kein Eintrag in UMSATZ vorliegt. Diese SELECT-Anweisung
führt zu folgendem Ergebnis:

```
A_NR
----
  12
  13
```

KAPITEL 10

BESCHLEUNIGTER DATENZUGRIFF

10.1 Vereinbarung von Indizes

Sollen größere Datenbestände häufiger nach bestimmten Kriterien – z.B. zur Anzeige von Tabellenwerten – durchsucht werden, so lässt sich der Zugriff auf die Zeilen einer Tabelle oftmals dadurch beschleunigen, dass ein oder mehrere *Indizes* für die betreffende Tabelle festgelegt werden. Diese Indizes bilden – als Zeiger – die Referenzinformation auf einzelne Tabellenzeilen, sodass der Datenbestand bei einer Suchanfrage nicht mehr *sequentiell*, d.h. schrittweise von der ersten bis zur letzten Tabellenzeile, durchsucht werden muss, sondern auf die gesuchten Tabellenzeilen *gezielt* zugegriffen werden kann.

Indizes werden als eigenständige Datenbank-Objekte vom DB-System intern verwaltet und sind vom Anwender nicht einsehbar. Sie dienen allein dazu, Suchanfragen und die Verbindung von Tabellenzeilen zweier oder mehrerer Tabellen im Hinblick auf das Antwortzeitverhalten des DB-Systems zu verbessern. Ist ein Index eingerichtet worden, so wird die Pflege der zugehörigen Informationen vom DB-System automatisch bei sämtlichen Einfüge-, Lösch- und Änderungsaktionen der zugehörigen Tabellenzeilen vorgenommen.

Um einen Index einzurichten, muss eine *Indizierung* einer innerhalb des aktuellen Schemas enthaltenen Tabelle wie folgt durch die CREATE INDEX-Anweisung angefordert werden:

```
CREATE INDEX indexname ON tabellenname
   ( spaltenname-1 [ { ASC | DESC } ] [ , spaltenname-2 [ { ASC | DESC } ] ]... )
```

Abbildung 10.1: Einrichtung von Indexnamen

Hierdurch wird ein Index mit dem *Indexnamen* "indexname" für die Tabelle "tabellenname" vereinbart, der dem gleichen Bildungsgesetz wie Tabellennamen unterliegt. Weil Indexnamen eindeutig sein müssen, darf der gewählte Indexname noch nicht als Indexname innerhalb des aktuellen Schemas vergeben sein.

Es lassen sich die Inhalte einer oder mehrerer Spalten (bis zu 16 Spalten sind erlaubt) zu Indexwerten, die aus maximal 240 Zeichen aufgebaut sein dürfen, zusammenfassen. Hinter jeder Spalte darf vermerkt werden, ob die dem vereinbarten Index zugeordnete Sortierfolge der Tabellenzeilen nach aufsteigend (ASC) – dies ist die Voreinstellung – oder nach absteigend (DESC) geordneten Spalteninhalten bestimmt sein soll.

Es ist erlaubt, dass zwei oder mehrere Tabellenzeilen den gleichen Indexwert besitzen dürfen und dass für eine Tabelle zwei oder mehrere Indizes vereinbart sind.

- Grundsätzlich ist beim DB-System ORACLE zu beachten, dass die Vereinbarung von Identifikations- und Primärschlüsseln – über eine UNIQUE-Klausel bzw. eine PRIMARY KEY-Klausel – durch eine intern durchgeführte Indizierung bewirkt wird, sodass derartig benutzte Spaltennamen nicht noch zusätzlich über eine CREATE INDEX-Anweisung für eine Indizierung verwendet werden dürfen.

Durch die Einrichtung der Tabelle ARTIKEL wurde eine interne *Index-Tabelle* aufgebaut, durch deren Inhalt wie folgt auf den Tabelleninhalt der Tabelle ARTIKEL verwiesen wird:

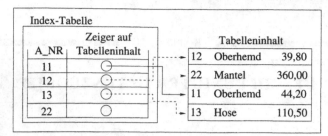

Abbildung 10.2: Beziehungen zwischen Index-Tabelle und Tabelleninhalt

Eine entsprechende Index-Tabelle liegt für die Tabelle UMSATZ im Hinblick auf den vereinbarten Primärschlüssel "(V_NR,A_NR,DATUM)" vor.

Soll zusätzlich eine Indizierung über den Datumswert veranlasst werden, so können wir
z.B. die folgende Anforderung stellen:

```
CREATE INDEX DATUM_IND ON UMSATZ ( DATUM );
```

Eingerichtete Indizes lassen sich dadurch verwenden, dass auf die mit ihnen korrespondierenden Spalten innerhalb der WHERE-Klausel einer SELECT-Anweisung Bezug genommen wird.

Hinweis: Sofern in einer Bedingung, die innerhalb einer WHERE-Klausel aufgeführt ist, auf Ungleichheit bzw.
auf die Verschiedenheit vom Nullwert abgefragt wird, hat eine Indizierung keine Vorteile.
Entsprechendes gilt, wenn das Schlüsselwort LIKE verwendet wird und die innerhalb der LIKE-Klausel
aufgeführte Zeichenkette mit dem Wildcard-Symbol "%" eingeleitet wird.

Nachdem wir den Index UMSATZ_IND vereinbart haben, können wir uns z.B. die
Angaben über die am 24.06.2008 verkauften Artikel wie folgt anzeigen lassen:

```
SELECT A_NAME, A_STUECK, A_PREIS FROM ARTIKEL
        INNER JOIN UMSATZ USING(A_NR)
        WHERE DATUM = TO_DATE('24.06.2008');
```

Dieses Beispiel zeigt, dass innerhalb der hinter dem Schlüsselwort WHERE aufgeführten
Auswahl-Bedingung kein Indexname erscheint. Vielmehr wird vom DB-System *automatisch* festgestellt, ob die Anfrage auf der Basis eines oder mehrerer zuvor vereinbarter Indizes optimiert werden kann.

Neben der bisher vorgestellten Form, eine Indizierung durch die Angabe einer oder mehrerer Spaltennamen festzulegen, besteht darüberhinaus die Möglichkeit, eine Indizierung
mittels beliebiger Ausdrücke zu vereinbaren.

Dieser Sachverhalt wird durch die folgende Syntax beschrieben:

> CREATE INDEX indexname ON tabellenname
>
> (ausdruck-1 [{ ASC | DESC }] [, ausdruck-2 [{ ASC | DESC }]]...)

Abbildung 10.3: Indizierung mittels beliebiger Ausdrücke

Zum Beispiel können wir für die Tabelle VERTRETER vorsehen, dass die Indexwerte
durch die Großbuchstaben des Nachnamens festgelegt sein sollen. Diese Forderung lässt
sich durch die folgende CREATE INDEX-Anweisung realisieren:

```
CREATE INDEX V_NAME_IND ON VERTRETER ( UPPER( V_NAME ) );
```

Sollen die Indexwerte dadurch gebildet werden, dass der Nachname und die Anschrift in Großbuchstaben zusammengefasst werden, so lässt sich die Indizierung durch die folgende Anweisung festlegen:

```
CREATE INDEX V_NAME_IND
         ON VERTRETER (UPPER( V_NAME ) || UPPER( V_ANSCH));
```

Grundsätzlich sollten Indizes nur dann eingerichtet werden, wenn die jeweiligen Tabellen eine genügend große Zahl von Zeilen besitzen (mindestens 200 wird empfohlen). Für Suchzugriffe mit SELECT-Anweisungen, die in ihrer WHERE-Klausel eine Bedingung mit nur einem Spaltennamen besitzen, ist es immer empfehlenswert, bei genügend großer Zeilenzahl einen Index für die betreffende Tabelle festzulegen. Sind in einer Auswahl-Bedingung mehrere Spaltennamen enthalten, so sollten sie gemeinsam für die Einrichtung eines Indexes verwendet werden. Für die Durchführung eines Verbundes wird empfohlen, einen Index für diejenige Tabelle zu vereinbaren, die die größte Zeilenzahl besitzt.

Trotz der Vorteile, die den Anwender zur Einrichtung von Indizes bewegen, sollten auch die Nachteile berücksichtigt werden, die in Kauf genommen werden müssen. Hierzu ist festzustellen, dass der Aufbau von Indizes bei großen Beständen Zeit und entsprechenden Speicherplatz benötigt. Ferner ist zu bedenken, dass jede Aktualisierung des Datenbestandes – insbesondere die Einfügung von Tabellenzeilen – entsprechend hohe zeitliche Ressourcen verlangt. Diese Nachteile sollten jedoch dann in Kauf genommen werden, wenn hohe Anforderungen an die Reaktionszeit bei Abfragen gestellt werden bzw. häufige Verbund-Bildungen über bestimmte Spalten erfolgen sollen. In diesen Fällen sollten stets geeignete Indizes gebildet werden, in deren Aufbau die jeweils beteiligten Spalten einzubeziehen sind.

10.2   Zusammenfassung von Tabellen zu Clustern

Nachdem wir erläutert haben, wie sich der Zugriff auf Tabelleninhalte durch den Einsatz eines oder mehrerer Indizes optimieren lässt, stellen wir im Folgenden dar, wie der Zugriff über Indizes mit einer platzsparenden Speicherung von Tabelleninhalten verbunden werden kann.

Beim DB-System ORACLE kann eine redundanzfreie Ablage von Tabellen mit dem Zugriff über einen Index gekoppelt werden. Damit Tabellenzeilen mehrerer Tabellen zusammengefasst und redundanzfrei im Hinblick auf einen späteren Zugriff gespeichert werden können, müssen diese Tabellen zu einem *Cluster* zusammengefasst werden.

Bevor eine Vereinbarung der Tabellen, die in Form eines *Clusters* aufgebaut werden sollen, erfolgen darf, muss das *Cluster* eingerichtet werden. Hierzu ist eine CREATE CLUSTER-Anweisung in der folgenden Form zu verwenden:

```
CREATE CLUSTER clustername ( spaltenname-1 datentyp-1
                   [ , spaltenname-2 datentyp-2 ]... ) INDEX
```

Abbildung 10.4: Einrichtung eines Clusters

Durch diese Anweisung wird festgelegt, dass ein Cluster namens "clustername" mit einem korrespondierenden *Cluster-Schlüssel* vereinbart wird, dessen Struktur durch die aufgeführten Spaltenangaben bestimmt ist.

Die Clusterung von Tabellen ist vor allen Dingen dann empfehlenswert, wenn sehr häufig lesende Zugriffe auf einen Verbund durchgeführt werden sollen, der aus zwei oder mehreren Tabellen aufgebaut ist. In dieser Hinsicht ist der Cluster-Schlüssel aus Angaben derjenigen Spalten zu vereinbaren, durch die der Tabellen-Verbund festgelegt werden soll.

Besteht zum Beispiel die Absicht, einen Verbund zwischen den Artikel- und Umsatzdaten vorzunehmen, auf den sehr häufig lesend zugegriffen werden soll, so ist eine Clusterung der beiden Tabellen ARTIKEL und UMSATZ durchzuführen. Da der Verbund dieser beiden Tabellen über den Spalteninhalt von A_NR bestimmt wird, ist für dieses Cluster, für das wir den Namen ART_UMS_CLUSTER vergeben, der Cluster-Schlüssel in der folgenden Form festzulegen:

```
CREATE CLUSTER ART_UMS_CLUSTER (A_NR NUMBER(2)) INDEX;
```

Damit der spätere Zugriff auf die im Cluster gespeicherten Werte über einen Index erfolgen kann, muss der Cluster-Schlüssel als *Cluster-Index* festgelegt werden. Hierzu ist die CREATE INDEX-Anweisung in der folgenden Form zu verwenden:

> CREATE INDEX indexname ON CLUSTER clustername

Abbildung 10.5: Festlegung des Cluster-Schlüssels als Cluster-Index

Hinweis: Diese Anweisung kann auch nach der Vereinbarung derjenigen Tabellen erfolgen, die in das Cluster einbezogen werden sollen. Die Einrichtung eines Cluster-Indexes muss bereits erfolgt sein, bevor die ersten Tabellenzeilen in das Cluster eingetragen werden.

Soll zum Beispiel der Index ART_UMS_CLUSTER_IND für das Cluster ART_UMS_CLUSTER eingerichtet werden, so ist die CREATE INDEX-Anweisung wie folgt zu verwenden:

```
CREATE INDEX ART_UMS_CLUSTER_IND
          ON CLUSTER ART_UMS_CLUSTER;
```

Damit nach der Einrichtung eines Clusters die zugehörigen Tabellen bei ihrer Vereinbarung diesem Cluster zugeordnet werden können, ist die CREATE TABLE-Anweisung durch eine wie folgt aufgebaute CLUSTER-Klausel zu ergänzen:

> CLUSTER clustername (spaltenname-1 [, spaltenname-2]...)

Abbildung 10.6: Cluster-Klausel für die CREATE TABLE-Anweisung

Die aufgeführten Spaltennamen müssen Bestandteil der Spaltenvereinbarung der eingerichteten Tabellen sein.

Daher sind in unserem Fall die beiden Tabellen UMSATZ und ARTIKEL wie folgt zu vereinbaren:

```
CREATE TABLE ARTIKEL(A_NR NUMBER(2) PRIMARY KEY,
               A_NAME CHAR(20),
               A_PREIS NUMBER(7,2))
               CLUSTER ART_UMS_CLUSTER (A_NR);
```

```
CREATE TABLE UMSATZ(V_NR NUMBER(4)
                CONSTRAINT f_umsatz_1
                        REFERENCES VERTRETER(V_NR),
                A_NR NUMBER(2)
                CONSTRAINT f_umsatz_2
                        REFERENCES ARTIKEL(A_NR),
                A_STUECK NUMBER(3),
                DATUM DATE,
                CONSTRAINT p_umsatz
                        PRIMARY KEY (V_NR,A_NR,DATUM))
                        CLUSTER ART_UMS_CLUSTER (A_NR);
```

Hinweis: Die Vereinbarung der beiden Tabellen ARTIKEL und UMSATZ darf erst dann erfolgen, wenn die oben angegebene CREATE CLUSTER-Anweisung ausgeführt wurde.

Nachdem die Tabellenzeilen von ARTIKEL und UMSATZ mit der INSERT-Anweisung in das Cluster ART_UMS_CLUSTER eingetragen wurden, ist das Cluster wie folgt gegliedert:

Cluster-Schlüssel					
A_NR	A_NAME	A_PREIS	V_NR	A_STUECK	DATUM
12	Oberhemd	39,80	8413	40	24.06.08
			1215	10	24.06.08
22	Mantel	360,00	5016	10	24.06.08
			5016	35	25.06.08
11	Oberhemd	44,20	8413	70	24.06.08
			1215	20	25.06.08
			8413	20	25.06.08
13	Hose	110,50	8413	35	24.06.08
			1215	10	24.06.08

Abbildung 10.7: Gliederung des Clusters ART_UMS_CLUSTER

Die Daten der beiden Tabellen werden nicht nur in einem gemeinsamen Speicherbereich abgelegt, sondern der Cluster-Schlüssel A_NR wird auch nur in einfacher Ausfertigung gespeichert. Trotzdem wird der Inhalt der Spalte A_NR natürlich in zweifacher Ausfertigung in der Form

```
 V_NR    A_NR    A_STUECK DATUM         A_NR A_NAME        A_PREIS
 ------  ------  -------- --------      ----- ---------    ---------
 8413      12          40 24.06.08        12 Oberhemd          39,8
 1215      12          10 24.06.08        12 Oberhemd          39,8
 5016      22          10 24.06.08        22 Mantel             360
 5016      22          35 25.06.08        22 Mantel             360
 8413      11          70 24.06.08        11 Oberhemd          44,2
 1215      11          20 25.06.08        11 Oberhemd          44,2
 8413      11          20 25.06.08        11 Oberhemd          44,2
 8413      13          35 24.06.08        13 Hose             110,5
 1215      13           5 24.06.08        13 Hose             110,5
```

angezeigt, sofern ein Verbund der Tabellen ARTIKEL und UMSATZ über die folgende
Anweisung abgerufen wird:

```
SELECT * FROM UMSATZ, ARTIKEL
       WHERE ARTIKEL.A_NR = UMSATZ.A_NR;
```

10.3   Löschung und Änderung von Indizes und Clustern

Soll ein Index aus einem Schema gelöscht werden, so ist die DROP INDEX-Anweisung in
der folgenden Form einzusetzen:

DROP INDEX indexname

Abbildung 10.8: Löschung eines Indexes

Zum Beispiel lässt sich der oben vereinbarte Indexname DATUM_IND wie folgt löschen:

```
DROP INDEX DATUM_IND;
```

Indizes lassen sich nicht nur vom Anwender verabreden, sondern werden in bestimmten
Situationen auch automatisch vom DB-System eingerichtet.
Sofern z.B. eindeutige Zugriffsschlüssel für eine Tabelle vereinbart werden, legt das
DB-System automatisch die jeweils zugehörigen Indizes an und kennzeichnet sie durch
technische Indexnamen.
Sollen derartig festgelegte Indexnamen oder auch zuvor – mittels der CREATE INDEX-
Anweisung – vereinbarte Indexnamen abgeändert werden, ist die ALTER INDEX-Anwei-
sung in der folgenden Form einzusetzen:

ALTER INDEX indexname-1 TO indexname-2

Abbildung 10.9: Umbenennung eines Indexes

Haben wir z.B. beim Aufbau des Datenbestands der Tabelle Artikel die Anweisung

```
INSERT INTO ARTIKEL VALUES (12, 'Oberhemd', 39.80);
```

versehentlich ein zweites Mal zur Ausführung gebracht, so erscheint die folgende Anzeige:

```
ORA-00001:Verstoß gegen Eindeutigkeit, Regel(GAST.SYS_C003062)
```

Hieraus lässt sich entnehmen, dass im Zusammenhang damit, dass A_NR als Primärschlüssel vereinbart wurde, ein Index namens SYS_C003062 zur Gewährleistung der Integrität
eingerichtet wurde. Soll dieser Indexname eine sprechende Bezeichnung erhalten, so kann
er z.B. durch die Anweisung

```
ALTER INDEX SYS_C003062 RENAME TO A_NR_INDEX;
```

in den Indexnamen A_NR_INDEX abgeändert werden.

Sind – unter Einsatz der DROP TABLE-Anweisung – sämtliche Tabellen aus einem Cluster entfernt worden, so lässt sich die Löschung eines Clusters – unter Angabe dessen Clusternamens – wie folgt durch die DROP CLUSTER-Anweisung bewerkstelligen:

> DROP CLUSTER clustername

Abbildung 10.10: Löschung eines Clusters

Hinweis: Es reicht nicht aus, dass der Datenbestand durch den Einsatz einer DELETE- bzw. einer TRUNCATE-Anweisung entfernt worden ist (siehe Abschnitt 6.3).
Sofern ein Cluster aus dem Schema entfernt wird, erfolgt die Löschung des zugehörigen Cluster-Indexes automatisch.

Sofern noch Tabellen innerhalb eines zu entfernenden Clusters vorhanden sind und das Cluster durch eine DROP CLUSTER-Anweisung gelöscht werden soll, ist diese Anweisung wie folgt zu verwenden:

> DROP CLUSTER clustername   INCLUDING TABLES

Abbildung 10.11: Löschung eines Clusters samt der zugehörigen Tabellen

Es ist zu beachten, dass die Ausführung dieser Anweisung nur dann Erfolg hat, wenn es außerhalb des Clusters keine Fremdschlüssel-Tabelle gibt, deren Fremdschlüssel auf einen Identifikationsschlüssel (vereinbart durch eine PRIMARY KEY-Klausel bzw. eine UNIQUE-Klausel) einer zum Cluster zugehörigen Tabelle weist.
Sofern die Löschung des Clusters in einer derartigen Situation trotzdem erfolgen soll, muss die DROP CLUSTER-Anweisung wie folgt um eine CASCADE CONSTRAINTS-Klausel ergänzt werden:

> DROP CLUSTER clustername   INCLUDING TABLES   CASCADE CONSTRAINTS

Abbildung 10.12: Einsatz der CASCADE CONSTRAINTS-Klausel

Soll nicht das Cluster, sondern allein der Datenbestand eines Clusters entfernt werden, so lässt sich hierzu die TRUNCATE-Anweisung wie folgt einsetzen:

> TRUNCATE CLUSTER clustername

Abbildung 10.13: Löschung des Datenbestandes eines Clusters

Dabei ist zu beachten, dass keine der im Cluster enthaltenen Tabellen über referentielle Integritätsbedingungen mit einer Tabelle verbunden sein darf, die nicht Bestandteil des Clusters ist.

KAPITEL 11

SUMMARISCHE ANZEIGE UND MATERIALIZED-VIEWS

11.1 Die Funktionen MIN, MAX und COUNT

Bislang haben wir kennengelernt, wie sich einzelne Tabellenwerte mit Hilfe der SELECT-Anweisung ermitteln lassen. Oftmals ist es wünschenswert, sich aggregierte Informationen über die innerhalb einer Tabelle gespeicherten Werte – wie z.B. die aktuelle Zeilenzahl – anzeigen zu lassen. Dazu stehen die folgenden *Aggregations-Funktionen* zur Verfügung:

- MAX(ausdruck) :
  größter Wert von "ausdruck", gebildet über alle Zeilen;

- MIN(ausdruck) :
  kleinster Wert von "ausdruck", gebildet über alle Zeilen;

- COUNT(*) :
  Anzahl der Zeilen, inklusive der Zeilen mit Nullwerten;

- COUNT(DISTINCT spaltenname) :
  Anzahl der Zeilen mit unterschiedlichen Werten.

Die Funktionen COUNT, MIN und MAX dürfen in einer SELECT-Anweisung – vor dem Schlüsselwort FROM – als Ausdruck bzw. als Operanden innerhalb von Ausdrücken verwendet werden.

Wird das Schlüsselwort DISTINCT im Zusammenhang mit der Funktion COUNT verwendet, so werden die Zeilen, die innerhalb der betreffenden Tabellenspalte einen Nullwert enthalten, von der Zählung ausgeschlossen. Sind nur Nullwerte in einer Tabellenspalte vorhanden, so ergibt sich bei COUNT mit dem Schlüsselwort DISTINCT der Funktionswert "0" und für MIN und MAX der Nullwert als Funktionswert.

Wollen wir uns z.B. die Anzahl der Tabellenzeilen von UMSATZ sowie die größte Stückzahl anzeigen lassen, so können wir durch die Anweisung

```
SELECT COUNT(*) AS "Anzahl der Umsätze",
       MAX(A_STUECK) AS "größte Stückzahl" FROM UMSATZ;
```

die folgende Anzeige abrufen:

```
Anzahl der Umsätze größte Stückzahl
------------------ ----------------
                 9               70
```

11.2 Gruppierung von Tabellenzeilen (GROUP BY-Klausel)

Sind die Werte der Funktionen nicht über den gesamten Datenbestand, sondern für bestimmte Gruppen von Tabellenzeilen – *Zeilengruppen* genannt – zu bilden, so müssen diese Gruppierungen durch die GROUP BY-Klausel mit den Schlüsselwörtern "GROUP BY" in der folgenden Form bestimmt werden:

> GROUP BY spaltenname-1 [, spaltenname-2]...

Abbildung 11.1: GROUP BY-Klausel

So legt etwa die Angabe von "GROUP BY A_NR" für eine Tabelle mit der Spalte A_NR (wie z.B. die Tabelle UMSATZ) fest, dass die Zeilengruppen nach den Werten der Tabellenspalte A_NR aufgebaut werden sollen. Dies bedeutet z.B. für die Tabelle UMSATZ, dass vier Gruppen zu bilden sind, wobei die 1. Zeilengruppe durch die Artikelnummer 12, die 2. Gruppe durch 22, die 3. Gruppe durch 11 und die 4. Gruppe durch den Wert 13 festgelegt wird:

3. Gruppe	8413	12	40	24.06.08	
	5016	22	10	24.06.08	
	8413	11	70	24.06.08	2. Gruppe
	1215	11	20	25.06.08	
	5016	22	35	25.06.08	1. Gruppe
4. Gruppe	8413	13	35	24.06.08	
	1215	13	5	24.06.08	
	1215	12	10	24.06.08	
	8413	11	20	25.06.08	

Abbildung 11.2: Festlegung der Gruppen

Eine Gruppierungsangabe ist innerhalb der SELECT-Anweisung durch eine GROUP BY-Klausel in der folgenden Form einzutragen:

> SELECT [DISTINCT] ausdruck-1 [, ausdruck-2]...
>
>   FROM tabellenname-1 [aliasname-1]
>
>   [, tabellenname-2 [aliasname-2]]...
>
> [WHERE bedingung]
>
>   GROUP BY spaltenname-1 [, spaltenname-2]...
>
> [ORDER BY-klausel]

Abbildung 11.3: SELECT-Anweisung mit GROUP BY-Klausel

Jede Wertekombination der hinter den Schlüsselwörtern "GROUP BY" aufgeführten Tabellenspalten legt eine Zeilengruppe fest. Für jede derartige Gruppierung werden die Werte der vor dem Schlüsselwort FROM angegebenen Ausdrücke getrennt ermittelt. Der jeweils pro Gruppierung ermittelte Wert ist gleich dem Wert, der die Zeilengruppe kennzeichnet.

Als Ausdrücke vor FROM sind neben den Spalten, die die Zeilengruppe charakterisieren, Funktionen zu verwenden, die beliebige Tabellenspalten als Argumente enthalten dürfen. Es ist nicht zulässig, dass innerhalb eines Ausdrucks sowohl Spaltennamen auftreten, die eine Zeilengruppe bestimmen, als auch Spaltennamen, die nicht innerhalb der GROUP BY-Klausel angegeben sind und somit keinen Einfluss auf die Gruppierung nehmen.

Um z.B. jeweils die Gruppenstärke der durch A_NR innerhalb der Tabelle UMSATZ festgelegten Gruppierungen anzeigen zu lassen, können wir die folgende Anweisung eingeben:

```
SELECT COUNT(*), A_NR FROM UMSATZ GROUP BY A_NR;
```

Dies führt zur Anzeige von:

```
COUNT(*)      A_NR
--------- ---------

       2        22
       3        11
       2        13
       2        12
```

Den pro Artikel jeweils größten Umsatz erhalten wir z.B. durch die Anweisung

```
SELECT MAX( A_STUECK * A_PREIS ), ARTIKEL.A_NR
            FROM UMSATZ, ARTIKEL
            WHERE UMSATZ.A_NR = ARTIKEL.A_NR
            GROUP BY ARTIKEL.A_NR
            ORDER BY ARTIKEL.A_NR DESC;
```

in der folgenden Form angezeigt:

```
MAX(A_STUECK*A_PREIS)      A_NR
--------------------- ---------

              12600        22
             3867,5        13
               1592        12
               3094        11
```

Da die Spalte ARTIKEL.A_NR – zusammen mit dem Schlüsselwort DESC – innerhalb
der ORDER BY-Klausel aufgeführt ist, erfolgt die Anzeige gemäß absteigend geordneter
Artikelnummern.

11.3 Die Funktionen AVG und SUM

Ergänzend zu den oben angegebenen Funktionen MIN, MAX und COUNT gibt es weitere
Funktionen, mit denen der Bestand ausgewertet werden kann. Zur Bildung von Summen-
und Durchschnittswerten stehen die Funktionen SUM und AVG in der folgenden Form zur
Verfügung:

- AVG(ausdruck) : pro Zeilengruppe wird der durchschnittliche Wert der durch "ausdruck" gekennzeichneten Werte errechnet;

- SUM(ausdruck) : pro Zeilengruppe wird die Summe der durch "ausdruck" gekennzeichneten Werte ermittelt;

- AVG(DISTINCT ausdruck) : wie "AVG(ausdruck)", jedoch nur für die innerhalb
  von "ausdruck" voneinander verschiedenen Werte;

- SUM(DISTINCT ausdruck) : wie "SUM(ausdruck)", jedoch nur für die innerhalb von "ausdruck" voneinander verschiedenen Werte.

Die Argumente dieser Funktionen müssen numerisch sein. Nullwerte werden bei der Aggregation ignoriert. Sind innerhalb einer Zeilengruppe nur Nullwerte vorhanden, so liefert die jeweilige Funktion den Nullwert als Ergebniswert.

Sollen z.B. die Summen der Stückzahlen für die Zeilengruppen, die durch die Artikelnummer innerhalb der Tabelle UMSATZ gekennzeichnet sind, gebildet werden, so können wir dazu die Anweisung

```
SELECT SUM(A_STUECK), A_NR FROM UMSATZ
                        GROUP BY A_NR;
```

eingeben. Als Ergebnis werden die folgenden Werte angezeigt:

```
SUM(A_STUECK)        A_NR
------------- ---------
           45          22
          110          11
           40          13
           50          12
```

Soll die Summation der Stückzahlen gestuft nach Vertreter- und Artikelkennzahlen erfolgen, so ist die Anweisung

```
SELECT SUM(A_STUECK), A_NR, V_NR FROM UMSATZ
                        GROUP BY V_NR, A_NR;
```

einzugeben. Dadurch sind die Zeilengruppen durch Wertekombinationen der Spaltenwerte von V_NR und A_NR bestimmt. Als Ergebnis erhalten wir die folgende Anzeige:

```
SUM(A_STUECK)        A_NR        V_NR
------------- --------- ---------
           20          11        1215
           10          12        1215
            5          13        1215
           45          22        5016
           90          11        8413
           40          12        8413
           35          13        8413
```

Ist zusätzlich der jeweils durchschnittliche Umsatz anzuzeigen, so lässt sich die SELECT-Anweisung in der Form

```
SELECT SUM(A_STUECK),
       AVG( A_STUECK * A_PREIS ), UMSATZ.A_NR, V_NR
              FROM UMSATZ, ARTIKEL
              WHERE UMSATZ.A_NR = ARTIKEL.A_NR
              GROUP BY V_NR, UMSATZ.A_NR;
```

verwenden. Dies führt zur folgenden Anzeige:

```
SUM(A_STUECK) AVG(A_STUECK*A_PREIS)       A_NR      V_NR
------------- ---------------------- ---------- ----------
           20                    884         11       1215
           10                    398         12       1215
            5                  552,5         13       1215
           45                   8100         22       5016
           90                   1989         11       8413
           40                   1592         12       8413
           35                 3867,5         13       8413
```

Um Anzahlen zu kumulieren und Übersichten in Form von Häufigkeitstabellen zu erstellen, lassen sich CASE-Ausdrücke einsetzen.

Um z.B. eine Häufigkeitstabelle der Umsätze in der Form

```
    <1000   1000-2000       >2000
---------- ---------- ----------
         4          1          4
```

zu erhalten, können wir die folgende Anforderung formulieren:

```
SELECT SUM(CASE WHEN A_PREIS*A_STUECK < 1000
                THEN 1 ELSE 0 END) AS "<1000",
       SUM(CASE WHEN A_PREIS*A_STUECK
                BETWEEN 1000 AND 2000
                THEN 1 ELSE 0 END) AS "1000-2000",
       SUM(CASE WHEN A_PREIS*A_STUECK > 2000
                THEN 1 ELSE 0 END) AS ">2000"
       FROM ARTIKEL, UMSATZ
       WHERE ARTIKEL.A_NR = UMSATZ.A_NR;
```

Sollen die Häufigkeiten nicht in der horizontalen Darstellung, sondern in vertikaler Richtung gemäß der Anzeige

```
Umsatz     Anzahl
---------- ----------
1000-2000           1
>2000               4
<1000               4
```

ausgewiesen werden, so müssen wir die SELECT-Anweisung wie folgt formulieren:

```
SELECT CASE WHEN A_PREIS*A_STUECK < 1000
            THEN '<1000'
            WHEN A_PREIS*A_STUECK BETWEEN 1000 AND 2000
            THEN '1000-2000'
```

```
                    WHEN A_PREIS*A_STUECK > 2000
                        THEN '>2000'
            END AS "Umsatz",
            COUNT(*) AS "Anzahl"
            FROM ARTIKEL, UMSATZ
            WHERE ARTIKEL.A_NR = UMSATZ.A_NR
            GROUP BY
                    CASE WHEN A_PREIS*A_STUECK < 1000
                            THEN '<1000'
                        WHEN A_PREIS*A_STUECK
                                    BETWEEN 1000 AND 2000
                            THEN '1000-2000'
                        WHEN A_PREIS*A_STUECK > 2000
                            THEN '>2000' END;
```

Beim Einsatz des DB-Systems ORACLE besteht die Möglichkeit, als Ergänzung zu den Funktionen MAX, MIN, COUNT, AVG und SUM zusätzlich auch die folgenden Funktionen zur Bestimmung von statistischen Kennwerten zu verwenden:

- VARIANCE(ausdruck) : pro Zeilengruppe wird die Varianz der durch "ausdruck" gekennzeichneten Werte errechnet;

- STDDEV(ausdruck) : pro Zeilengruppe wird die Standardabweichung, d.h. die positive Quadratwurzel aus der Varianz, der durch "ausdruck" gekennzeichneten Werte ermittelt;

- VARIANCE(DISTINCT ausdruck) : wie "VARIANCE(ausdruck)", jedoch nur für die innerhalb von "ausdruck" voneinander verschiedenen Werte;

- STDDEV(DISTINCT ausdruck) : wie "STDDEV(ausdruck)", jedoch nur für die innerhalb von "ausdruck" voneinander verschiedenen Werte.

Grundsätzlich werden Nullwerte bei der Ausführung dieser Funktionen ignoriert.

11.4   Kumulierte Aggregationen

Partielle Aggregatonen

Durch die bisher vorgestellte Form der GROUP BY-Klausel war es allein möglich, eine gruppen-spezifische Aggregation durchzuführen. Um die resultierenden Aggregations-Ergebnisse in geeigneter Weise kumulieren und die daraus erhaltenen Werte anzeigen zu lassen, muss eine erweiterte Form der GROUP BY-Klausel eingesetzt werden.

Eine erste Möglichkeit, eine Kumulierung von gruppen-spezifischen Aggregations-Ergebnissen vorzunehmen, besteht darin, das Schlüsselwort ROLLUP in der folgenden Form zu verwenden:

> GROUP BY ROLLUP (spaltenname-1 [, spaltenname-2]...)

Abbildung 11.4: Kumulierungen gruppen-spezifischer Aggregationen

Die hierdurch bewirkte Aggregation von gruppen-spezifischen Ergebnissen wird als *partielle Aggregation* bezeichnet.

Als Beispiel für eine partielle Aggregation ist die Anweisung

```
SELECT SUM(A_STUECK), A_NR, V_NR
       FROM UMSATZ GROUP BY ROLLUP(V_NR, A_NR);
```

anzusehen, durch die die folgende Anzeige angefordert wird:

```
SUM(A_STUECK)           A_NR        V_NR
-------------  ----------  ----------
          20          11        1215
          10          12        1215
           5          13        1215
          35                    1215        <---- (1)
          45          22        5016
          45                    5016        <---- (2)
          90          11        8413
          40          12        8413
          35          13        8413
         165                    8413        <---- (3)
         245                                <---- (4)
```

Durch die Kumulierung der Stückzahlen aller Artikel ergibt sich für den Vertreter mit der Kennzahl "1215" der Wert "35", der in der Zeile "(1)" eingetragen ist. Entsprechend enthalten die Zeilen "(2)" und "(3)" die kumulierten Stückzahlen der Vertreter mit den Kennzahlen "5016" bzw. "8413". Durch die Kumulierung aller Stückzahlen ergibt sich der Wert "245", der als letzter Wert in der Zeile "(4)" angegeben ist.

Die Aggregationen werden gruppen-spezifisch vorgenommen und in derjenigen Reihenfolge ausgewiesen, in der die innerhalb der GROUP BY-Klausel aufgeführten Spaltennamen angeordnet sind. Diese Abfolge der Spaltennamen bestimmt ebenfalls, in welcher Reihenfolge die gruppen-spezifischen Aggregations-Ergebnisse zu kumulieren sind.

Eine Kumulierung erfolgt zunächst für diejenigen Gruppen, die durch die Variation der Werte der zuletzt aufgeführten Spalte gekennzeichnet sind. Anschließend werden diejenigen gruppen-spezifischen Ergebnisse aggregiert, die durch die Werte der vorletzten Spalte bestimmt sind. Diese Aggregations-Strategie wird schrittweise – von rechts nach links – in hierarchischer Form fortgesetzt und endet mit der Aggregation aller gruppen-spezifischen Resultate. Das aus jedem dieser Aggregations-Schritte resultierende Ergebnis wird – genauso wie jedes gruppen-spezifische Ergebnis – in einer gesonderten Zeile ausgewiesen. Dabei folgt das aus einer Kumulierung erhaltene Resultat unmittelbar den Angaben derjenigen Gruppen, durch die diese Kumulierung bestimmt ist.

Sollen die Aggregationen nicht über alle gruppen-spezifischen Ergebnisse vorgenommen werden, so sind die Namen derjenigen Spalten, die von dieser Kumulierung ausgenommen werden sollen, vor dem Schlüsselwort ROLLUP aufzuführen. In dieser Situation lässt sich die GROUP BY-Klausel in der folgenden erweiterten Form einsetzen:

> GROUP BY spaltenname-1 [, spaltenname-2]...
>
>   , ROLLUP (spaltenname-3 [, spaltenname-4]...)

Abbildung 11.5: Kumulierungen ausgewählter gruppen-spezifischer Aggregationen

So wird z.B. durch die Anweisung

```
SELECT SUM(A_STUECK), A_NR, V_NR
       FROM UMSATZ GROUP BY V_NR, ROLLUP(A_NR);
```

die folgende Anzeige angefordert:

```
SUM(A_STUECK)           A_NR        V_NR
- - - - - - - - - - -  - - - - - - - - -  - - - - - - - - -
           20            11        1215
           10            12        1215
            5            13        1215
           35                      1215
           45            22        5016
           45                      5016
           90            11        8413
           40            12        8413
           35            13        8413
          165                      8413
```

Gemäß der Vorgabe entfällt die Aggregation, bei der die Stückzahlen über alle Vertreter-kennzahlen kumuliert werden.

Sämtliche mögliche Aggregationen

Bei der zuvor dargestellten Möglichkeit der partiellen Aggregation erfolgt die Aggregie-rung von gruppen-spezifischen Ergebnissen gemäß einer hierarchischen Struktur, die durch die Reihenfolge bestimmt ist, in der die Spaltennamen innerhalb der GROUP BY-Klausel angeordnet sind.

Sollen die Aggregationen nicht nur partiell, sondern sollen alle möglichen Kumulierungen durchgeführt werden, so ist das Schlüsselwort CUBE in der folgenden Form innerhalb einer GROUP BY-Klausel einzusetzen:

> GROUP BY CUBE (spaltenname-1 [, spaltenname-2]...)

Abbildung 11.6: Kumulierungen sämtlicher gruppen-spezifischer Aggregationen

Durch die Ausführung einer SELECT-Anweisung, die diese Form der GROUP BY-Klausel enthält, werden sämtliche möglichen Aggregationen der gruppen-spezifischen Ergebnisse durchgeführt. Die Resultate werden in einer Form angezeigt, die bei der Darstellung von Kreuztabellen üblich ist.

Zum Beispiel resultiert aus der Ausführung der Anweisung

```
SELECT SUM(A_STUECK), A_NR, V_NR
       FROM UMSATZ GROUP BY CUBE(V_NR, A_NR);
```

die folgende Anzeige:

SUM(A_STUECK)	A_NR	V_NR		
245			<----	(1)
110	11		<----	(2)
50	12		<----	(3)
40	13		<----	(4)
45	22		<----	(5)
35		1215	<----	(6)
20	11	1215		
10	12	1215		
5	13	1215		
45		5016	<----	(7)
45	22	5016		
165		8413	<----	(8)
90	11	8413		
40	12	8413		
35	13	8413		

Die Zeile "(1)" enthält den Wert, der sich durch die Kumulierung aller Stückzahlen ergibt. Die artikel-spezifischen Kumulierungen der von den Vertretern verkauften Stückzahlen sind Bestandteile der Zeilen "(2)", "(3)", "(4)" und "(5)". In den Zeilen "(6)", "(7)" und "(8)" sind – wie bei der partiellen Aggregation – die kumulierten vertreter-spezifischen Stückzahlen ausgewiesen.

Genau wie bei dieser Anzeige werden die einzelnen Aggregationen auch in einem allgemeineren Fall angezeigt. Sind in den Klammern hinter dem Schlüsselwort CUBE mehrere Spaltennamen aufgeführt, so kann man sich sämtliche mögliche Gruppen als Zellen eines mehrdimensionalen Würfels vorstellen, bei denen jede Zelle als Schnittpunkt aller Spalten für die jeweils spalten-spezifischen Werte angesehen werden kann. Auf dieser Basis lassen sich sämtliche möglichen Aggregations-Ergebnisse dadurch ermitteln, dass dimensionsweise kumuliert wird – zunächst über nur eine Dimension, als nächstes über zwei Dimensionen, dann über drei Dimensionen, usw. Letztlich wird die Aggregation aller gruppenspezifischen Resultate durch die Kumulierung über sämtliche Dimensionen erhalten.

11.5 Auswahl von Zeilengruppen (HAVING-Klausel)

Sind Auswertungen nicht für alle, sondern nur für ausgewählte Zeilengruppen durchzuführen, so ist die HAVING-Klausel wie folgt innerhalb einer SELECT-Anweisung zu verwenden:

```
SELECT [ DISTINCT ] ausdruck-1 [ , ausdruck-2 ]...

    FROM tabellenname-1 [ aliasname-1 ]

        [ , tabellenname-2 [ aliasname-2 ] ]...

    [ WHERE bedingung-1 ]

    GROUP BY-klausel

    HAVING bedingung-2

    [ ORDER BY-klausel ]
```

Abbildung 11.7: Auswertungen für ausgewählte Zeilengruppen

In der hinter dem Schlüsselwort HAVING aufgeführten Bedingung ist festzulegen, für welche Zeilengruppen die jeweiligen Auswertungen des Bestands vorzunehmen sind.

Während die WHERE-Klausel auf die Auswahl von Tabellenzeilen einwirkt, beschreibt die HAVING-Klausel, welche Gruppierungen von Tabellenzeilen in die Auswertung einzubeziehen sind.

> WHERE-Klausel   ⟶   Tabellenzeilen
>
> HAVING-Klausel   ⟶   Gruppierungen von Tabellenzeilen

Abbildung 11.8: Unterschied zwischen WHERE- und HAVING-Klausel

Die Bedingung innerhalb der HAVING-Klausel muss eine einfache Bedingung sein bzw. aus einfachen Bedingungen zusammengesetzt sein. Jede dieser einfachen Bedingungen ist wie folgt aufzubauen:

> funktionswert-1 vergleichsoperator { funktionswert-2 | wert }

Abbildung 11.9: Bedingung innerhalb der HAVING-Klausel

Als Funktionen dürfen die Funktionen MIN, MAX, COUNT, SUM und AVG verwendet werden. Beim DB-System ORACLE ist es zusätzlich erlaubt, die Funktionen VARIANCE und STDDEV innerhalb einer HAVING-Klausel aufzuführen.

So erfolgt z.B. durch die Anweisung

```
SELECT SUM(A_STUECK), A_NR, V_NR FROM UMSATZ
                GROUP BY V_NR, A_NR
                HAVING COUNT(*) > 1;
```

eine Summation nur für diejenigen Zeilengruppen, die mehr als eine Tabellenzeile enthalten. Dies führt zu folgendem Ergebnis:

```
SUM(A_STUECK)        A_NR       V_NR
------------- --------- ---------
           45        22       5016
           90        11       8413
```

Sollen z.B. nur die Zeilengruppen ausgewertet werden, für die die durchschnittlichen Umsatzwerte größer als 2000 Euro sind, so ist die SELECT-Anweisung wie folgt abzuändern:

```
SELECT SUM(A_STUECK), UMSATZ.A_NR, V_NR
        FROM UMSATZ, ARTIKEL
        WHERE UMSATZ.A_NR = ARTIKEL.A_NR
    GROUP BY V_NR, UMSATZ.A_NR
    HAVING COUNT(*) > 1 AND AVG(A_PREIS * A_STUECK) > 2000;
```

Daraufhin werden die folgenden Werte angezeigt:

```
SUM(A_STUECK)        A_NR       V_NR
------------- --------- ---------
           45        22       5016
```

11.6 Views, die auf Gruppierungen basieren

Im Abschnitt 9.1.1 haben wir dargestellt, wie sich Views mit Hilfe der CREATE VIEW-
Anweisung einrichten lassen. Wir haben an Beispielen gezeigt, wie sich innerhalb der
SELECT-Anweisung, die die Struktur des jeweiligen Views bestimmt, Projektionen,
Selektionen und Verbund-Bildungen angeben lassen. An dieser Stelle heben wir hervor,
dass bei der Vereinbarung von Views auch auf Gruppierungen Bezug genommen werden
darf. Dazu lässt sich die CREATE VIEW-Anweisung in der folgenden Form verwenden:

```
CREATE VIEW view-name [ ( spaltenname-1 [ , spaltenname-2 ]... ) ]

    AS   SELECT  [ DISTINCT ]  ausdruck-1 [ , ausdruck-2 ]...

           FROM tabellenname-1 [ aliasname-1 ]

              [ , tabellenname-2 [ aliasname-2 ] ]...

           [ WHERE bedingung-1 ]

           [ GROUP BY-klausel

           [ HAVING bedingung-2    ]    ]
```

Abbildung 11.10: Einrichtung eines Views

So können wir z.B. durch die Anweisung

```
CREATE OR REPLACE VIEW SUMME_V (SUMME, A_NR, V_NR) AS
        SELECT SUM(A_STUECK), A_NR, V_NR FROM UMSATZ
                      GROUP BY V_NR, A_NR;
```

ein View einrichten lassen, in dem die verkauften Stückzahlen, nach Vertreter- und
Artikelkennzahlen gestuft, enthalten sind. Die anschließende Eingabe der Anweisung

```
SELECT SUMME, A_NR FROM SUMME_V WHERE V_NR = 8413;
```

führt zur folgenden Ausgabe:

```
 SUMME        A_NR
---------- ----------
      90          11
      40          12
      35          13
```

Soll das View SUMME_V so vereinbart werden, dass nur Gruppierungen berücksichtigt
werden, die mehr als eine Tabellenzeile enthalten, so lässt sich dazu die folgende CREATE
VIEW-Anweisung eingeben:

```
CREATE OR REPLACE VIEW SUMME_V (SUMME, A_NR, V_NR) AS
        SELECT SUM(A_STUECK), A_NR, V_NR FROM UMSATZ
                      GROUP BY V_NR, A_NR
                      HAVING COUNT(*) > 1;
```

In diesem Fall führt die Eingabe der Anweisung

```
SELECT SUMME, A_NR FROM SUMME_V WHERE V_NR = 8413;
```

zur folgenden Anzeige:

```
    SUMME      A_NR
--------- ---------
       90        11
```

11.7 Einsatz von Materialized-Views

Einrichtung eines Materialized-Views

Bei hinreichend großen Datenbeständen ist es in bestimmten Fällen sinnvoll, Informationen in Form von Views zur Verfügung zu halten, deren Inhalte bei einer Abfrage nicht jedesmal erneut aufgebaut werden müssen.

Im Hinblick auf diese Forderung lässt sich eine tabellarische Struktur einrichten, die als *Materialized-View* (materialisierte Sicht) bezeichnet wird.

Zur Einrichtung eines Materialized-Views ist die CREATE MATERIALIZED VIEW-Anweisung einzusetzen, deren Syntax die folgende Form besitzt:

CREATE MATERIALIZED VIEW materialized-view-name

AS SELECT-anweisung

Abbildung 11.11: Einrichtung eines Materialized-Views

Hinweis: Die Voraussetzung dafür, dass ein Materialized-View eingerichtet werden kann, ist der Besitz des "CREATE MATERIALIZED VIEW"-Rechts. Dieses Recht lässt sich dem Anwender mit der Kennung "gast" dadurch zuordnen, dass der DB-Verwalter die folgende Anweisung zur Ausführung bringt:

```
GRANT CREATE MATERIALIZED VIEW TO GAST;
```

Um die aggregierten Stückzahlen der vertreter- und artikel-spezifischen Tagesumsätze für gezielte Zugriffe zur Verfügung zu halten, kann durch die folgende Anweisung ein Materialized-View namens UMSATZ_M_V eingerichtet werden:

```
CREATE MATERIALIZED VIEW UMSATZ_M_V
    AS SELECT V_NR, A_NR, DATUM, SUM(A_STUECK) FROM UMSATZ
           GROUP BY V_NR, A_NR, DATUM;
```

- Bezüglich der Form der SELECT-Anweisung ist zu beachten, dass alle diejenigen Tabellenspalten von UMSATZ, die bei dieser Tabelle als Primärschlüssel verabredet sind, in den Aufbau des Materialized-Views einbezogen sind.

Zugriff auf ein Materialized-View

Nachdem das Materialized-View UMSATZ_M_V eingerichtet wurde, bewirkt ein anschließender Zugriff mittels der Anweisung

```
SELECT * FROM UMSATZ_M_V;
```

die folgende Anzeige:

V_NR	A_NR	DATUM	SUM(A_STUECK)
1215	11	25.06.08	20
1215	12	24.06.08	10
1215	13	24.06.08	5
5016	22	24.06.08	10
5016	22	25.06.08	35
8413	11	24.06.08	70
8413	11	25.06.08	20
8413	12	24.06.08	40
8413	13	24.06.08	35

Bei den angezeigten Werten handelt es sich um die Bestandsdaten von UMSATZ_M_V. Damit auf ausgewählte Teilbestände dieser Daten zugegriffen werden kann, müssen die jeweils betroffenen Spalten adressierbar sein. Dies bedeutet, dass diejenigen Spalten eines Materialized-Views, deren Werte durch eine Aggregation – wie z.B. durch eine Angabe der Form "SUM(A_STUECK)" – entstanden sind, durch einen geeigneten Spaltennamen ansprechbar sein müssen. Derartige Spaltennamen sind bei der Vereinbarung eines Materialized-Views unter Einsatz des Schlüsselworts AS festzulegen. Innerhalb der eingesetzten SELECT-Anweisung ist der jeweils zu vereinbarende Name – im Anschluss an einen Ausdruck – in der folgenden Form vor der FROM-Klausel aufzuführen:

```
ausdruck-1 AS name-1 [ , ausdruck-2 AS name-2 ]...
```

Abbildung 11.12: Vereinbarung von Spaltennamen eines Materialized-Views

In unserem Fall ist es daher sinnvoll, die oben angegebene Anweisung zum Aufbau des Materialized-Views UMSATZ_M_V wie folgt umzuformen:

```
CREATE MATERIALIZED VIEW UMSATZ_M_V
    AS SELECT V_NR, A_NR, DATUM, SUM(A_STUECK) AS SUMME
            FROM UMSATZ GROUP BY V_NR, A_NR, DATUM;
```

Auf dieser Basis kann z.B. die Anfrage

```
SELECT V_NR, A_NR, SUMME FROM UMSATZ_M_V
    WHERE DATUM = '24.06.08';
```

formuliert werden, deren Ausführung die folgende Anzeige liefert:

```
     V_NR           A_NR         SUMME
----------     ----------   ----------

     1215            12           10
     1215            13            5
     5016            22           10
     8413            11           70
     8413            12           40
     8413            13           35
```

Da beliebige Aggregierungen bei der Einrichtung eines Materialized-Views zulässig sind, ist es z.B. auch möglich, die folgende Anweisung ausführen zu lassen:

```
CREATE MATERIALIZED VIEW UMSATZ_CUBE_M_V
    AS SELECT V_NR, A_NR, DATUM, SUM(A_STUECK) AS SUMME
        FROM UMSATZ
            GROUP BY ROLLUP(V_NR, A_NR, DATUM);
```

Durch den anschließenden Einsatz der Anweisung

```
SELECT MAX(SUMME) FROM UMSATZ_CUBE_M_V;
```

kann z.B. die Gesamtsumme wie folgt zur Anzeige gebracht werden:

```
MAX(SUMME)
----------

     245
```

Materialized-Views können nicht nur auf einer, sondern auf beliebig vielen Tabellen aufgebaut werden. Zum Beispiel lässt sich durch die folgende Anweisung das Materialized-View UMSATZ_VERTRETER_M_V als Verbund der beiden Tabellen UMSATZ und VERTRETER einrichten:

```
CREATE MATERIALIZED VIEW UMSATZ_VERTRETER_M_V
        AS SELECT u.V_NR, A_NR, DATUM, A_STUECK, V_NAME
            FROM UMSATZ u, VERTRETER v
            WHERE u.V_NR = v.V_NR;
```

Löschung eines Materialized-Views

Es ist zu beachten, dass die Löschung einer Tabelle, auf deren Basis der Datenbestand eines Materialized-Views aufgebaut wurde, nicht zwangsläufig die Löschung dieses Materialized-Views zur Folge hat. Ein Materialized-View ist daher immer explizit zu löschen. Hierzu ist der Einsatz der DROP MATERIALIZED VIEW-Anweisung erforderlich, die gemäß der folgenden Syntax anzugeben ist:

```
DROP MATERIALIZED VIEW  materialized-view-name
```

Abbildung 11.13: Löschung eines Materialized-Views

Zur Löschung des von uns zuvor eingerichteten Materialized-Views UMSATZ_M_V müssen wir daher die folgende Anweisung einsetzen:

```
DROP MATERIALIZED VIEW UMSATZ_M_V;
```

Nachdem das Materialized-View UMSATZ_M_V aus dem Schema entfernt ist, kann ein neues Materialized-View namens UMSATZ_M_V eingerichtet werden.

- Sofern sich der Datenbestand einer Tabelle ändert, die als Basis-Tabelle eines Materialized-Views gedient hat, liegt eine Inkonsistenz innerhalb des Schemas vor. Diese Inkonsistenz lässt sich z.B. dadurch beheben, dass das betroffene Materialized-View gelöscht und wieder neu eingerichtet wird.

Refresh am Dialogende

Eine erneute Einrichtung eines Materialized-Views ist bei großen Datenbeständen sehr aufwendig und schadet daher der Performance. Ferner ist ein derartiges Vorgehen auch sehr fehler-anfällig, da es schwierig sein kann, die Übersicht über die im einzelnen erfolgten Bestandsänderungen zu behalten.

Deshalb ist es wünschenswert, dass eine Bestandsänderung an einer Basis-Tabelle automatisch auch zu einer Bestandsänderung im betroffenen Materialized-View führt.

Diese Forderung kann z.B. dadurch erfüllt werden, dass ein Materialized-View *am Ende eines Dialogs*, der mit SQL*Plus geführt wurde, automatisch aktualisiert wird.

- Eine derartige Aktualisierung des Bestands wird als *Refresh* bezeichnet.

Soll bestimmt werden, dass ein Refresh für ein Materialized-View am Dialogende erfolgen soll, muss die REFRESH-Klausel "REFRESH ON COMMIT" in der folgenden Form bei der Vereinbarung des Materialized-Views verwendet werden:

```
CREATE MATERIALIZED VIEW materialized-view-name

REFRESH ON COMMIT

AS SELECT-anweisung
```

Abbildung 11.14: Refresh eines Materialized-Views

Hinweis: Um eine Bestandsänderung eines Materialized-Views während des aktuellen Dialogs explizit anzufordern, muss die COMMIT-Anweisung verwendet werden (siehe Kapitel 18).

Wollen wir die REFRESH-Klausel in der oben angegebenen CREATE MATERIALIZED VIEW-Anweisung – beim Aufbau des Materialized-Views UMSATZ_VERTRETER_M_V – ergänzen, so müssen wir die Anweisung in die folgende Form abändern:

```
CREATE MATERIALIZED VIEW UMSATZ_VERTRETER_M_V
    REFRESH ON COMMIT
    AS SELECT u.V_NR, A_NR, DATUM, A_STUECK, V_NAME
        FROM UMSATZ u, VERTRETER v
        WHERE u.V_NR = v.V_NR;
```

Wird anschließend die Anweisung

```
SELECT * FROM UMSATZ_VERTRETER_M_V WHERE A_NR = 11;
```

ausgeführt, so erhalten wir das folgende Ergebnis:

```
    V_NR        A_NR DATUM      A_STUECK V_NAME
---------- ---------- -------- ---------- -------------------
      8413         11 24.06.08        70 Meyer, Emil
      8413         11 25.06.08        20 Meyer, Emil
      1215         11 25.06.08        20 Schulze, Fritz
```

Ändern wir den Bestand durch die Anweisung

```
INSERT INTO UMSATZ VALUES (8413,11,27,'27.06.08');
```

und fordern danach wiederum eine Anzeige durch

```
SELECT * FROM UMSATZ_VERTRETER_M_V WHERE A_NR = 11;
```

an, so ändert sich das Ergebnis *nicht*.

Wird jedoch der Dialog abgeschlossen, so ergibt sich nach einem erneuten Dialogbeginn durch die Ausführung dieser SELECT-Anweisung die folgende Anzeige:

```
    V_NR        A_NR DATUM      A_STUECK V_NAME
---------- ---------- -------- ---------- -------------------
      8413         11 24.06.08        70 Meyer, Emil
      1215         11 25.06.08        20 Schulze, Fritz
      8413         11 25.06.08        20 Meyer, Emil
      8413         11 27.06.08        27 Meyer, Emil
```

Bei der Einrichtung eines Materialized-Views darf die REFRESH-Klausel "REFRESH ON COMMIT" nur in besonderen Fällen verwendet werden.

Diese Klausel darf z.B. dann innerhalb einer CREATE MATERIALIZED VIEW-Anweisung eingesetzt werden, wenn das Materialized-View – wie in dem zuvor angegebenen Beispiel – als Verbund definiert ist.

Sofern bei der Einrichtung eines Materialized-Views Aggregierungen vorgenommen werden sollen, darf die REFRESH-Klausel nur dann angegeben werden, wenn der Aufbau des Views auf nur einer einzigen Tabelle basiert.

Somit kann auch die oben vorgenommene Vereinbarung

```
CREATE MATERIALIZED VIEW UMSATZ_M_V
   AS SELECT V_NR, A_NR, DATUM, SUM(A_STUECK) AS SUMME
            FROM UMSATZ GROUP BY V_NR, A_NR, DATUM;
```

des Materialized-Views UMSATZ_M_V durch den Einsatz der REFRESH-Klausel erweitert werden. Allerdings ist hierbei zu berücksichtigen, dass die automatische Abgleichung am Dialogende sich nur dann durchführen lässt, wenn das Materialized-View weitere Daten enthält, die system-seitig zum Abgleich bei Bestandsänderungen benötigt werden.

In dieser Situation müssen zwei zusätzliche Spalten, die durch die Aggregierungs-Ausdrücke "COUNT(A_STUECK)" und "COUNT(*)" gekennzeichnet sind, in das Materialized-View aufgenommen werden. Daher ist die folgende Anweisung zur Ausführung zu bringen:

```
CREATE MATERIALIZED VIEW UMSATZ_M_V
    AS SELECT V_NR, A_NR, DATUM, SUM(A_STUECK) AS SUMME,
        COUNT(*), COUNT(A_STUECK)
        FROM UMSATZ GROUP BY V_NR, A_NR, DATUM;
```

Im Hinblick auf den in diesem Beispiel vorgestellten Sachverhalt sind grundsätzlich die folgenden Regeln zu beachten:

- Beim Aufbau eines durch Aggregierung(en) festgelegten Materialized-Views, für das – am Dialogende – automatisch ein Refresh durchgeführt werden soll, dürfen für die Aggregierung nur die Funktionen SUM, AVG, VARIANCE, STDDEV und COUNT eingesetzt werden.

- Erfolgt eine Aggregierung über mehr als eine Tabellenspalte, so ist allein der Einsatz der Funktionen SUM, AVG und COUNT zulässig.

- Neben "COUNT(*)" muss für jeden Ausdruck, über den eine Aggregierung erfolgen soll, vor der FROM-Klausel zusätzlich der Funktionsaufruf "COUNT(ausdruck)" aufgeführt werden.

Zum Beispiel kann ein Materialized-View, für das am Dialogende automatisch ein Refresh erfolgen soll, wie folgt eingerichtet werden:

```
CREATE MATERIALIZED VIEW UMSATZ_SUM_STD_M_V
    REFRESH ON COMMIT
    AS SELECT SUM(A_STUECK) AS SUMME,
            STDDEV(A_STUECK) AS STANDARDABWEICHUNG,
            A_NR, DATUM,
            COUNT(*), COUNT(A_STUECK)
            FROM UMSATZ
            GROUP BY A_NR, DATUM;
```

Die anschließende Ausführung der Anweisung

```
SELECT STANDARDABWEICHUNG, SUMME, A_NR, DATUM
    FROM UMSATZ_SUM_STD_M_V;
```

liefert die folgende Anzeige:

```
STANDARDABWEICHUNG      SUMME      A_NR DATUM
------------------   ----------   ------ --------
       21,2132034          40       13 24.06.08
                0          40       11 25.06.08
       21,2132034          50       12 24.06.08
                0          27       11 27.06.08
```

0	70	11 24.06.08
0	10	22 24.06.08
0	35	22 25.06.08

Hinweis: Für das Folgende setzen wir voraus, dass der zuvor durchgeführte Eintrag des Umsatzes vom 27.6.2008 wieder aus der Tabelle UMSATZ entfernt worden ist.

Materialized-View-Log

Basiert ein Materialized-View auf einer einzigen Tabelle, so kann ein Refresh beschleunigt werden, wenn vor der Einrichtung dieses Materialized-Views zuvor ein *Materialized-View-Log* gemäß der folgenden CREATE MATERIALIZED VIEW LOG-Anweisung aufgebaut wurde:

CREATE MATERIALIZED VIEW LOG ON tabellenname

WITH ROWID (spaltenname-1 [, spaltenname-2]...)

INCLUDING NEW VALUES

Abbildung 11.15: Einrichtung eines Materialized-View-Logs

Bei "tabellenname" muss es sich um den Namen der Basis-Tabelle handeln, auf die sich der Aufbau des einzurichtenden Materialized-Views stützen soll. Als Spaltennamen sind alle diejenigen Spalten anzugeben, die innerhalb der CREATE MATERIALIZED VIEW-Anweisung aufgeführt werden.

Somit kann z.B. durch die Ausführung von

```
CREATE MATERIALIZED VIEW LOG ON UMSATZ
     WITH ROWID (A_NR, A_STUECK, DATUM)
     INCLUDING NEW VALUES;
```

für die Tabelle UMSATZ ein Materialized-View-Log eingerichtet und auf dieser Grundlage eine Anforderung zum Aufbau dieses Materialized-Views gestellt werden.

Zur Löschung eines Materialized-View-Logs ist die folgende Anweisung zu verwenden:

DROP MATERIALIZED VIEW LOG ON tabellenname

Abbildung 11.16: Löschung eines Materialized-View-Logs

Refresh in bestimmten Zeitabständen

Unter Berücksichtigung der oben angegebenen Auflagen ist grundsätzlich gesichert, dass aggregierte Informationen, die im Hinblick auf ständig wiederkehrende Abfragen – aus Performance-Gründen – in Form von Materialized-Views gespeichert werden, auch aktualisiert und damit in einem konsistenten Zustand gehalten werden. Im Hinblick auf die oben angegebenen Regeln darf in bestimmten Fällen keine REFRESH-Klausel der Form "REFRESH ON COMMIT" innerhalb einer SELECT-Anweisung verwendet werden. In einem derartigen Fall lässt sich die Konsistenz eines Materialized-Views auch dadurch sichern, dass durch eine START WITH-Klausel und eine NEXT-Klausel in der Form

> REFRESH START WITH zeitangabe-1 NEXT zeitangabe-2

Abbildung 11.17: START WITH- und NEXT-Klausel

festgelegt wird, wann eine Bestandsänderung in Basis-Tabellen zu einer Bestandsänderung im zugehörigen Materialized-View führen soll.

Unter Einsatz dieser Klauseln lässt sich ein Materialized-View wie folgt einrichten:

> CREATE MATERIALIZED VIEW materialized-view-name
>
> REFRESH START WITH zeitangabe-1 NEXT zeitangabe-2
>
> AS SELECT-anweisung

Abbildung 11.18: Refresh eines Materialized-Views in bestimmten Zeitabständen

Dabei legt die Zeitdifferenz, die durch die Differenz der Angabe "zeitangabe-2" und der Angabe "zeitangabe-1" bestimmt ist, den Zeitpunkt fest, zu dem bei dem betroffenen Materialized-View eine stets wiederkehrende, automatische Anpassung des Datenbestandes erfolgen soll.

Ist für das zuvor vereinbarte Materialized-View UMSATZ_SUM_STD_M_V z.B. ein täglicher Abgleich vorgesehen, so ist die oben angegebene Anweisung wie folgt zu ergänzen:

```
CREATE MATERIALIZED VIEW UMSATZ_SUM_STD_M_V
      REFRESH START WITH SYSDATE
      NEXT SYSDATE + 1
      AS SELECT SUM(A_STUECK) AS SUMME,
             STDDEV(A_STUECK) AS STANDARDABWEICHUNG,
             A_NR, DATUM,
             COUNT(*), COUNT(A_STUECK)
      FROM UMSATZ
      GROUP BY A_NR, DATUM;
```

Voraussetzung für die vorgestellte Möglichkeit, eine automatische Anpassung in gleichen Zeitabständen durchführen zu können, ist der Besitz des "QUERY REWRITE"-Rechts.

Hinweis: Dieses Recht kann dem Anwender mit der Kennung "gast" dadurch zugeordnet werden, dass die folgende Anweisung durch den DB-Verwalter zur Ausführung gebracht wird:

```
GRANT QUERY REWRITE TO gast;
```

KAPITEL 12

GESTUFTE DATENAUSWAHL

12.1 Verschachtelung von Auswahlen

Im Kapitel 5 haben wir beschrieben, wie eine Auswahl von Tabellenzeilen durch die SELECT-Anweisung mit der WHERE-Klausel vorgenommen werden kann. Die bislang verwendeten Bedingungen enthielten Vergleiche, in denen Spalteninhalte mit anderen Spalteninhalten bzw. mit vorgegebenen Werten verglichen wurden. Oftmals besteht jedoch die Anforderung, dass die Datenauswahl von Werten abhängig gemacht werden soll, die zuvor aus einer oder mehreren Tabellen ermittelt worden sind.

Sollen z.B. die Artikel, die den maximalen Umsatz pro Einzelverkauf erzielen, festgestellt und deren Name und der errechnete Umsatzwert angezeigt werden, so lässt sich zunächst der maximale Umsatz durch die Anweisung

```
SELECT MAX(A_PREIS*A_STUECK) FROM UMSATZ, ARTIKEL
       WHERE UMSATZ.A_NR=ARTIKEL.A_NR;
```

in der Form

```
MAX(A_PREIS*A_STUECK)
---------------------
                12600
```

abrufen. Verwenden wir den ermittelten maximalen Umsatzwert "12600" anschließend innerhalb der WHERE-Klausel einer SELECT-Anweisung, so führt die Anweisung

```
SELECT A_NAME, A_PREIS*A_STUECK FROM UMSATZ, ARTIKEL
       WHERE UMSATZ.A_NR=ARTIKEL.A_NR
         AND A_PREIS*A_STUECK = 12600;
```

zur folgenden Anzeige:

```
A_NAME               A_PREIS*A_STUECK
-------------------- -----------------
Mantel                           12600
```

In diesem Fall gibt es somit nur einen Artikel, dessen Umsatzwert gleich dem maximalen Umsatzwert ist.

Es ist lästig, dass das Ergebnis der ersten SELECT-Anweisung abgewartet und wertmäßig innerhalb der zweiten SELECT-Anweisung aufgeführt werden muss, zumal bei wiederholten Anfragen bei einem veränderten Datenbestand vermutlich stets andere Werte ermittelt werden. Somit stellt sich die Frage, ob es möglich ist, die beiden SELECT-Anweisungen in Form einer einzigen Anforderung zusammenzufassen, sodass das Ergebnis der einen Anfrage automatisch für die andere Anfrage bereitgestellt wird.

- Grundsätzlich lassen sich zwei oder mehrere SELECT-Anweisungen *schachteln*, indem die Anfrage durch eine Gliederung in eine übergeordnete Auswahl-Bedingung und in eine oder mehrere dieser Bedingung untergeordnete *Subauswahl(en)* strukturiert wird.

Zum Beispiel lässt sich eine zweifache Stufung in der folgenden Form aufgliedern:

```
SELECT ...
      WHERE ...        ◄───────────── Auswahl-Bedingung
         ( SELECT ...
             WHERE ...  ◄──────────── 1. Subauswahl
             ( SELECT ...
                 WHERE ...  )  )  ◄── 2. Subauswahl
```

Abbildung 12.1: Beispiel einer zweifachen Stufung

Für jede Subauswahl ist innerhalb der zugehörigen WHERE-Klausel eine Bedingung anzugeben, in der einfache Bedingungen der folgenden Form auftreten:

```
ausdruck vergleichsoperator

              ( Subauswahl mittels einer SELECT-Anweisung, die

                        einen einzigen Wert als Ergebnis hat )
```

Abbildung 12.2: Subauswahl über eine einfache Bedingung

Ob das Resultat der Subauswahl überhaupt sinnvollerweise mit dem angegebenen Vergleichsoperator in Verbindung gebracht werden kann, lässt sich erst dann – vom DB-System – feststellen, wenn die Subauswahl durchgeführt wurde. Grundsätzlich gilt – unabhängig davon, ob der Vergleichoperator "=", "<>", "<", ">", "<=" oder ">=" verwendet wird –, dass die Forderung nur dann sinnvoll ist, wenn aus der Subauswahl genau ein Wert resultiert.

Hinweis: Grundsätzlich wird das Ergebnis einer Subauswahl nicht angezeigt. Es erfolgt allein eine interne Werteermittlung.

Die oben angegebene Anfrage, bei der der Artikel mit maximalem Umsatz pro Einzelverkauf ermittelt und sein Name und der errechnete Umsatzwert angezeigt werden sollen, lässt sich durch eine Verschachtelung der beiden oben angegebenen SELECT-Anweisungen wie folgt abrufen:

```
SELECT A_NAME, A_PREIS*A_STUECK FROM UMSATZ, ARTIKEL
      WHERE UMSATZ.A_NR=ARTIKEL.A_NR AND A_PREIS*A_STUECK
      = (SELECT MAX(A_PREIS*A_STUECK) FROM UMSATZ, ARTIKEL
          WHERE UMSATZ.A_NR=ARTIKEL.A_NR);
```

Durch die Subauswahl mit der in Klammern eingefassten untergeordneten SELECT-Anweisung, die die Form einer Inline-Tabelle besitzt, wird ein Verbund der Tabellen UMSATZ und ARTIKEL über die Artikelnummer hergestellt. Als Ergebniswert dieser SELECT-Anweisung wird das Maximum der Werte ermittelt, die aus dem Produkt der Spaltenwerte von A_PREIS und A_STUECK errechnet werden. In der übergeordneten

SELECT-Anweisung wird innerhalb der hinter WHERE angegebenen Auswahl-Bedingung auf diesen maximalen Umsatzwert Bezug genommen. Aus der geschachtelten SELECT-Anweisung resultiert daher die folgende Anzeige:

```
A_NAME                    A_PREIS*A_STUECK
--------------------      ------------------
Mantel                                12600
```

12.2   Weitere Auswahloperatoren

Als einführendes Beispiel für die Verschachtelung von SELECT-Anweisungen haben wir einen einfachen Vergleich mit dem Vergleichsoperator "=" kennengelernt. Diese Form der Überprüfung stellt nicht die einzige Möglichkeit dar, Vergleiche mit den aus einer Subauswahl resultierenden Werten durchzuführen. Es lassen sich darüber hinaus Vergleiche durch die Angabe der Schlüsselwörter ANY, ALL und EXISTS in Verbindung mit den Vergleichsoperatoren ">", ">=", "<", "<=" und "<>" formulieren.

Diese im Folgenden dargestellten Möglichkeiten zur Angabe von differenzierten Auswahl-Bedingungen können überall dort eingesetzt werden, wo Bedingungen innerhalb von SQL-Anweisungen aufgeführt werden dürfen – folglich auch z.B. innerhalb von UPDATE- und DELETE-Anweisungen.

12.2.1   Der Auswahloperator IN

Das Schlüsselwort IN lässt sich in einer Auswahl-Bedingung in der Form

> spaltenname IN
>
>   (Subauswahl mittels einer SELECT-Anweisung, die
>
>   als Ergebnis eine Tabelle mit einer Spalte besitzt)

Abbildung 12.3: Subauswahl über eine Werteliste

verwenden. Dadurch wird bewirkt, dass zunächst eine Werteliste aufgebaut wird, in die jeder aus der Subauswahl resultierende Wert übernommen wird. Anschließend wird der Wert von "spaltenname" mit jedem Wert aus dieser Werteliste verglichen. Die Vergleichsbedingung ist nur dann erfüllt, wenn der Wert von "spaltenname" mit mindestens einem der Werte aus der Subauswahl übereinstimmt. Sofern aus der Subauswahl kein Wert resultiert, ist die Auswahl-Bedingung insgesamt nicht zutreffend.

Zur Demonstration einer Schachtelung, bei der innerhalb der Auswahl-Bedingung über das Schlüsselwort IN auf eine Werteliste Bezug genommen wird, betrachten wir die folgende Anforderung:

```
SELECT V_NAME, V_ANSCH FROM VERTRETER WHERE V_NR IN
      (SELECT V_NR FROM UMSATZ WHERE A_NR=11 OR A_NR=12);
```

Hierdurch werden die Namen und Anschriften derjenigen Vertreter ermittelt, die Artikel mit der Kennzahl 11 oder 12 verkauft haben. Als Ergebnis erhalten wir angezeigt:

```
V_NAME                                  V_ANSCH

-------------------------------         ---------------------------------

Schulze, Fritz                          Gemüseweg 3, 28115 Bremen
Meyer, Emil                             Wendeweg 10, 28345 Bremen
```

Wie wir im Abschnitt 4.2 angemerkt haben, ist es im Hinblick auf die jeweilige Aufgabenstellung von Bedeutung, ob die SELECT-Anweisung mit oder ohne dem Schlüsselwort
DISTINCT eingesetzt wird. Solange doppelt vorkommende Tabellenzeilen nur redundant
sind, besteht höchstens ein Problem der Präsentation. Gravierend ist es jedoch, wenn mehrere identische Tabellenzeilen Auswirkungen auf eine Tabellen-Operation wie z.B. einen
Verbund von Tabellen haben.

Hätten wir z.B. die oben gestellte Frage nach dem Namen und der Anschrift derjenigen
Vertreter, die Artikel mit den Kennzahlen 11 oder 12 verkauft haben, durch einen Verbund
beantworten wollen, so hätte sich die Eingabe der folgenden Anweisung angeboten:

```
SELECT V_NAME, V_ANSCH FROM VERTRETER, UMSATZ
      WHERE VERTRETER.V_NR = UMSATZ.V_NR
      AND (A_NR=11 OR A_NR=12);
```

In diesem Fall werden fünf Tabellenzeilen in der Form

```
V_NAME                                  V_ANSCH

-------------------------------         ---------------------------------

Schulze, Fritz                          Gemüseweg 3, 28115 Bremen
Schulze, Fritz                          Gemüseweg 3, 28115 Bremen
Meyer, Emil                             Wendeweg 10, 28345 Bremen
Meyer, Emil                             Wendeweg 10, 28345 Bremen
Meyer, Emil                             Wendeweg 10, 28345 Bremen
```

angezeigt, wobei der Name "Schulze" zweimal und der Name "Meyer" dreimal erscheint.
Das ursprüngliche Ergebnis in der Form

```
V_NAME                                  V_ANSCH

-------------------------------         ---------------------------------

Meyer, Emil                             Wendeweg 10, 28345 Bremen
Schulze, Fritz                          Gemüseweg 3, 28115 Bremen
```

erhalten wir nur dann, wenn wir das Schlüsselwort DISTINCT in der folgenden Form
einsetzen:

```
SELECT DISTINCT V_NAME, V_ANSCH FROM VERTRETER, UMSATZ
            WHERE VERTRETER.V_NR = UMSATZ.V_NR
            AND (A_NR=11 OR A_NR=12);
```

Abschließend geben wir ein Beispiel dafür an, wie eine zweistufige Aggregation von Bestandsdaten mit Hilfe eines Views in Verbindung mit einem geschachtelten SELECT durchgeführt werden kann.

Sollen etwa die Namen und die Adressen derjenigen Vertreter ermittelt werden, deren
Umsatz über dem durchschnittlichen Umsatz aller Vertreter liegt, so können wir dazu z.B.

die beiden folgenden Anweisungen eingeben:

```
CREATE VIEW HILFE ( V_NR, SUMME ) AS
       SELECT V_NR, SUM(A_STUECK * A_PREIS)
              FROM UMSATZ, ARTIKEL
              WHERE UMSATZ.A_NR=ARTIKEL.A_NR
              GROUP BY V_NR;
   SELECT V_NAME, V_ANSCH FROM VERTRETER, HILFE
       WHERE HILFE.V_NR = VERTRETER.V_NR
          AND SUMME > (SELECT AVG(SUMME) FROM HILFE)
       ORDER BY V_NAME;
```

Durch die CREATE VIEW-Anweisung wird ein View namens HILFE eingerichtet, das aus den Spalten V_NR und SUMME aufgebaut ist, wobei jede Zeile die Vertreternummer und den korrespondierenden Umsatzwert enthält. In der nachfolgenden SELECT-Anweisung ermittelt die Subauswahl mit der untergeordneten SELECT-Anweisung den durchschnittlichen Umsatzwert der Vertreter. Das übergeordnete SELECT beschreibt einen Verbund aus der Tabelle VERTRETER und dem View HILFE, der über die Vertreternummer hergestellt wird, wobei ein Abgleich der Umsatzwerte jedes einzelnen Vertreters mit dem durchschnittlichen Umsatzwert erfolgt. Es werden nur die Zeilen mit Vertreternamen und Anschriften angezeigt (sortiert nach den Vertreternamen), für die der zugehörige Umsatzwert größer als der durchschnittliche Umsatzwert ist. Dies führt zur folgenden Anzeige:

```
V_NAME                              V_ANSCH
-----------------------------       ------------------------------
Meier, Franz                        Kohlstr. 1, 28623 Bremen
Meyer, Emil                         Wendeweg 10, 28345 Bremen
```

12.2.2 Der Auswahloperator ANY

Das Schlüsselwort ANY lässt sich in einer Auswahl-Bedingung gemäß der Form

> ausdruck vergleichsoperator ANY
>
> (Subauswahl mittels einer SELECT-Anweisung, die
>
> keinen Wert, genau einen Wert oder
>
> eine Tabelle mit einer Spalte erzeugt)

Abbildung 12.4: Subauswahl unter Einsatz von ANY

verwenden. Resultiert aus der Subauswahl kein Wert, so trifft die Auswahl-Bedingung nicht zu. Wird ein Wert oder eine Spalte mit Werten ermittelt, so wird der Ausdruck mit jedem dieser Werte verglichen. Die angegebene Auswahl-Bedingung ist dann erfüllt, wenn für den Wert des Ausdrucks der durch den Vergleichsoperator gekennzeichnete Vergleich für mindestens einen der aus der Subauswahl resultierenden Werte zutrifft.

Sollen z.B. die Umsatzdaten für diejenigen Artikel mit den Nummern 12, 13 oder 22 angezeigt werden, deren Umsätze betragsmäßig kleiner sind als der größte Umsatz des Artikels mit der Nummer 11, so lässt sich hierzu die folgende Anweisung eingeben:

```
SELECT V_NR, A_STUECK, DATUM FROM UMSATZ, ARTIKEL
      WHERE UMSATZ.A_NR = ARTIKEL.A_NR
        AND UMSATZ.A_NR IN (12, 13, 22)
        AND A_STUECK * A_PREIS <
            ANY ( SELECT A_STUECK * A_PREIS
                  FROM UMSATZ, ARTIKEL
                  WHERE UMSATZ.A_NR = ARTIKEL.A_NR
                    AND UMSATZ.A_NR = 11 );
```

Durch die Subauswahl mit der untergeordneten SELECT-Anweisung werden die Umsatzwerte für den Artikel mit der Artikelnummer 11 ermittelt. Hieraus resultiert die folgende
Tabellenspalte (sie wird nicht angezeigt):

```
3094
 884
 884
```

Anschließend wird ein Verbund von UMSATZ und ARTIKEL über die Artikelnummern
(eingeschränkt auf die Artikelnummern 12, 13 und 22) durchgeführt, wobei für die
resultierenden Tabellenzeilen der jeweilige (durch Multiplikation von A_STUECK und
A_PREIS gebildete) Umsatzwert kleiner sein muss als jeweils einer der oben angegebenen
(aus der untergeordneten Auswahl resultierenden) Spaltenwerte. Dies führt zur folgenden
Anzeige:

```
    V_NR   A_STUECK DATUM
--------- --------- --------
    1215        10 24.06.08
    1215         5 24.06.08
    8413        40 24.06.08
```

12.2.3   Der Auswahloperator ALL

Das Schlüsselwort ALL lässt sich gemäß der folgenden Form in einer Auswahl-Bedingung
verwenden:

```
ausdruck vergleichsoperator ALL

        ( Subauswahl mittels einer SELECT-Anweisung, die

                keinen Wert, genau einen Wert oder

                eine Tabelle mit einer Spalte erzeugt )
```

Abbildung 12.5: Subauswahl unter Einsatz von ALL

Liefert die Subauswahl keinen Wert, so trifft die Auswahl-Bedingung zu. Wird ein Wert
oder eine Spalte mit Werten durch die Subauswahl ermittelt, so wird der Ausdruck mit
jedem dieser Werte verglichen. Nur dann, wenn jeder dieser Vergleiche zutrifft, ist die
Auswahl-Bedingung erfüllt.

Sollen etwa die Umsätze für die Artikel mit den Nummern 11, 13 oder 22 angezeigt werden, die jeweils betragsmäßig größer sind als alle Umsätze des Artikels mit der Nummer 12, so können wir dazu die folgende Anweisung mit dem Schlüsselwort ALL eingeben:

```
SELECT V_NR, A_STUECK, DATUM FROM UMSATZ, ARTIKEL
   WHERE UMSATZ.A_NR = ARTIKEL.A_NR
      AND UMSATZ.A_NR IN (11, 13, 22)
      AND A_STUECK * A_PREIS > ALL
         ( SELECT A_STUECK * A_PREIS FROM UMSATZ, ARTIKEL
               WHERE UMSATZ.A_NR = ARTIKEL.A_NR
                  AND UMSATZ.A_NR = 12 );
```

Durch die Subauswahl werden für alle Artikel mit der Artikelnummer 12 die zugehörigen Umsätze ermittelt. Anschließend werden diejenigen Artikel mit den Nummern 11, 13 und 22 angezeigt, deren Umsätze größer sind als alle Umsätze der Artikel mit der Nummer 12. Die Ausführung dieser SELECT-Anweisung führt zur folgenden Anzeige:

```
 V_NR   A_STUECK DATUM
-------- --------- --------
   5016        10 24.06.08
   8413        70 24.06.08
   5016        35 25.06.08
   8413        35 24.06.08
```

12.3 Unabhängige Stufung

Charakteristisch für die oben angegebenen Verschachtelungen von SELECT-Anweisungen ist, dass jede Subauswahl eigenständig durchgeführt werden kann – ohne Berücksichtigung der jeweils übergeordneten SELECT-Anweisung. Stufungen mit dieser Eigenschaft werden als *unabhängige Stufungen* bezeichnet.

Ist die innerhalb der untergeordneten SELECT-Anweisung angegebene Auswahl-Bedingung für mindestens eine Tabellenzeile zutreffend, so resultiert stets eine einspaltige Tabelle mit einer oder mehreren Zeilen. Diese Tabelle ist die Basis für die Überprüfung der Auswahl-Bedingung der übergeordneten SELECT-Anweisung. Eine derartige unabhängige Stufung lässt sich nicht nur für zwei, sondern auch für mehrere ineinander verschachtelte SELECT-Anweisungen vornehmen.

Als Beispiel für eine Auswahl-Bedingung mit drei ineinander verschachtelten Subauswahlen soll der Name und der Kontostand des Vertreters angezeigt werden, der den zweitgrößten Kontostand besitzt. Dazu geben wir die folgende SELECT-Anweisung ein:

```
SELECT V_NAME, V_KONTO FROM VERTRETER WHERE V_KONTO =
   ( SELECT MAX( V_KONTO ) FROM VERTRETER
      WHERE V_NR NOT IN
         ( SELECT V_NR FROM VERTRETER WHERE V_KONTO =
            ( SELECT MAX( V_KONTO ) FROM VERTRETER )));
```

Hinweis: Gibt es nur einen einzigen Vertreter, der den größten Kontostand besitzt, so darf anstelle des Auswahloperators "NOT IN" der Vergleichsoperator "<>" aufgeführt werden.

Alle ineinander geschachtelten Subauswahlen sind voneinander unabhängig, sodass sie –

in Bezug auf das "Klammergebirge" – von innen nach außen aufgelöst werden können.
Zuerst wird der größte Kontostand aller Vertreter ermittelt und anschließend die Nummer
des Vertreters mit diesem Kontostand festgestellt. Danach wird der größte Kontostand
für alle restlichen Vertreter errechnet, deren Vertreternummer sich von der Nummer
desjenigen Vertreters mit dem größten Kontostand unterscheidet. Es wird der Name und
Kontostand des Vertreters, dessen Kontostand unter den restlichen Vertretern maximal ist,
in der folgenden Form angezeigt:

```
V_NAME                                     V_KONTO

--------------------------------- ---------

Meier, Franz                                   200
```

12.4   Abhängige Stufung

Neben den oben angegebenen unabhängigen Stufungen von SELECT-Anweisungen lassen
sich auch *abhängige Stufungen* vornehmen. Hierbei handelt es sich um Stufungen, bei denen eine Subauswahl – in Form einer *korrelierten Subauswahl* – von einer übergeordneten
Auswahl *abhängig* ist. In diesem Fall muss eine Auswertung von außen nach innen durchgeführt werden. Dies bedeutet, dass für jede Tabellenzeile, für die die Auswahl-Bedingung
in der übergeordneten SELECT-Anweisung überprüft werden soll, die Subauswahl getrennt
durchzuführen ist. Somit muss die untergeordnete SELECT-Anweisung isoliert für jede Tabellenzeile ausgewertet werden.

Als Beispiel für eine abhängige Stufung wollen wir uns für jeden Artikel die Umsätze
anzeigen lassen, die größer sind als der durchschnittliche Umsatz für den betreffenden
Artikel. Dazu geben wir – auf der Basis der im Abschnitt 3.2 eingerichteten Tabelle
ARTIKEL_UMSATZ – die folgende Anweisung ein:

```
SELECT A_PREIS * A_STUECK, A_NR FROM ARTIKEL_UMSATZ X
   WHERE A_PREIS * A_STUECK >
     (SELECT AVG(A_PREIS * A_STUECK) FROM ARTIKEL_UMSATZ
                                WHERE A_NR = X.A_NR);
```

Da über den Platzhalter X bei der Subauswahl auf die übergeordnete Auswahl-Bedingung
Bezug genommen wird, muss für jede Tabellenzeile von ARTIKEL_UMSATZ der
Vergleich der Umsatzwerte getrennt durchgeführt werden. Somit wird zunächst für die 1.
Zeile von ARTIKEL_UMSATZ das Produkt "A_PREIS * A_STUECK" berechnet und mit
dem Wert verglichen, der aus der Subauswahl resultiert. In dieser Subauswahl wird der
Durchschnittswert aller Umsätze für diejenigen Artikel ermittelt, deren Artikelnummer
mit der Artikelnummer innerhalb der 1. Zeile von ARTIKEL_UMSATZ übereinstimmt.
Trifft die Vergleichsbedingung zu, so werden Umsatzwert und Artikelnummer für die 1.
Zeile von ARTIKEL_UMSATZ angezeigt. Anschließend wird in gleicher Weise für die 2.
Zeile von ARTIKEL_UMSATZ verfahren, dann für die 3. Zeile, usw. Dies führt insgesamt
zur folgenden Anzeige:

```
A_PREIS*A_STUECK        A_NR

----------------- ----------

          1592          12
          3094          11
         12600          22
        3867,5          13
```

Soll diese Anzeige nicht über die Tabelle ARTIKEL_UMSATZ abgerufen werden, sondern ist ein Verbund der Tabellen UMSATZ und ARTIKEL durchzuführen, so können wir dazu die folgende Anweisung eingeben:

```
SELECT A_PREIS*A_STUECK, UMSATZ.A_NR
       FROM UMSATZ, ARTIKEL A
       WHERE UMSATZ.A_NR=A.A_NR
         AND A_PREIS*A_STUECK >
                  (SELECT AVG(A_PREIS*A_STUECK)
                      FROM UMSATZ, ARTIKEL
                      WHERE ARTIKEL.A_NR = UMSATZ.A_NR
                        AND A.A_NR = ARTIKEL.A_NR);
```

Eine weitere Alternative zum Abruf der oben angegebenen Anzeige besteht darin, dass zunächst ein View – z.B. mit dem Namen HILF (mit den Spaltenwerten der Umsätze und der Artikelnummern) – eingerichtet und die gewünschte Anzeige anschließend aus dessen Inhalt abgerufen wird. Dazu können die beiden folgenden Anweisungen eingegeben werden:

```
CREATE VIEW HILF(UMSATZ, A_NR) AS
       SELECT A_PREIS*A_STUECK, UMSATZ.A_NR
             FROM UMSATZ, ARTIKEL
             WHERE UMSATZ.A_NR = ARTIKEL.A_NR;
SELECT UMSATZ, A_NR FROM HILF X WHERE UMSATZ >
       (SELECT AVG(UMSATZ) FROM HILF
                      WHERE A_NR = X.A_NR);
```

12.5 Der Operator EXISTS

Das Schlüsselwort EXISTS lässt sich in einer Auswahl-Bedingung gemäß der innerhalb der Abbildung 12.6 angegebenen Form verwenden. Liefert die Subauswahl keinen Wert, so ist die Auswahl-Bedingung nicht erfüllt. Wird ein Wert oder eine Spalte mit Werten durch die Subauswahl ermittelt, so trifft die Auswahl-Bedingung zu.

> EXISTS
>
>   (Subauswahl mittels einer SELECT-Anweisung, die
>
>   keinen Wert, genau einen Wert oder
>
>   eine Tabelle mit einer Spalte erzeugt)

Abbildung 12.6: Subauswahl unter Einsatz von EXISTS

Zum Beispiel werden durch die Anweisung

```
SELECT V_NAME FROM VERTRETER WHERE EXISTS
       ( SELECT * FROM UMSATZ
                   WHERE VERTRETER.V_NR = UMSATZ.V_NR );
```

nur diejenigen Vertreternamen angezeigt, für die innerhalb der Tabellenzeilen von UM-SATZ auch tatsächlich ein Eintrag über einen getätigten Umsatz existiert. In unserem Fall ergibt sich somit:

```
V_NAME
------------------------------

Meyer, Emil
Meier, Franz
Schulze, Fritz
```

Fragt man nach dem Gesamtumsatz des Artikels mit der Artikelnummer 11, so ist zu berücksichtigen, dass diese Anfrage nur dann sinnvoll ist, wenn mindestens ein Umsatz mit diesem Artikel erfolgt ist. Demzufolge lässt sich eine derartige Anfrage z.B. wie folgt formulieren:

```
SELECT SUM(A_PREIS * A_STUECK) FROM ARTIKEL, UMSATZ
                WHERE ARTIKEL.A_NR = UMSATZ.A_NR
                AND UMSATZ.A_NR = 11
                AND EXISTS
                    ( SELECT * FROM UMSATZ
                            WHERE A_NR = 11 );
```

Hieraus resultiert die folgende Anzeige:

```
SUM(A_PREIS*A_STUECK)
---------------------
                 4862
```

12.6   Änderung von Tabellenwerten durch Subauswahlen

Im Abschnitt 6.1 haben wir dargestellt, wie der Inhalt von Tabellen durch den Einsatz der UPDATE-Anweisung geändert werden kann.

Im Hinblick auf die oben angegebenen Möglichkeiten zur Auswahl von Werten ist an dieser Stelle ergänzend anzuführen, dass auch ein durch eine Subauswahl ermittelter Wert aufgeführt werden kann. Dazu ist die UPDATE-Anweisung wie folgt einzusetzen:

```
UPDATE tabellenname

      SET   spaltenname

          = { ausdruck | ( SELECT-anweisung mit einem Ergebniswert ) }

          [ WHERE bedingung ]
```

Abbildung 12.7: Bestandsänderung mittels Subauswahl

Dabei ist jedoch zu beachten, dass die der Subauswahl zugrunde liegende Tabelle nicht mit der zu ändernden Tabelle "tabellenname" übereinstimmen darf.

Im Hinblick auf eine mögliche Auswahl-Bedingung, die sich innerhalb der WHERE-Klausel angeben lässt, ist an dieser Stelle ergänzend anzumerken, dass in ihr auch die Auswahloperatoren ANY, ALL und EXISTS verwendet werden dürfen.

Sollen z.B. erstmalig die Kontostände aus den Umsatzdaten ermittelt werden, so lässt sich dazu die folgende Anweisung ausführen:

```
UPDATE VERTRETER SET  V_KONTO =
      ( SELECT SUM( A_STUECK * A_PREIS * V_PROV )
            FROM UMSATZ, ARTIKEL
            WHERE UMSATZ.A_NR = ARTIKEL.A_NR
                AND UMSATZ.V_NR = VERTRETER.V_NR )
WHERE EXISTS
      ( SELECT * FROM UMSATZ
                WHERE VERTRETER.V_NR = UMSATZ.V_NR );
```

Dadurch wird für jede Tabellenzeile von VERTRETER für die zugehörige Vertreternummer überprüft, ob für sie die innerhalb der WHERE-Klausel aufgeführte Bedingung zutrifft. Ist die jeweilige Vertreternummer in einer Tabellenzeile von UMSATZ innerhalb der Spalte V_NR enthalten, so wird die durch die SELECT-Anweisung gekennzeichnete Subauswahl durchgeführt. In diesem Fall wird die Summe über die Produkte "A_STUECK * A_PREIS * V_PROV" für alle diejenigen Artikel ermittelt, für die von dem betreffenden Vertreter Umsätze getätigt wurden. Das ermittelte Resultat wird innerhalb der aktuellen Zeile der Tabelle VERTRETER in der Spalte V_KONTO eingetragen.

Eine nachfolgende Bearbeitung der Anweisung

```
SELECT V_NR, V_PROV, V_KONTO FROM VERTRETER;
```

führt zur folgenden Anzeige:

```
 V_NR     V_PROV    V_KONTO
--------- --------- ---------
   8413       ,07    660,63
   5016       ,05       810
   1215       ,06    110,07
```

Durch den Einsatz des Auswahloperators EXISTS ist gesichert, dass nur diejenigen Tabellenzeilen von VERTRETER verändert werden, zu deren Vertreternummern auch korrespondierende Tabellenzeilen in der Tabelle UMSATZ enthalten sind (dies ist in unserem Fall stets gegeben).

In Ergänzung zur oben angegebenen Syntax der UPDATE-Anweisung ist es unter dem DB-System ORACLE zusätzlich möglich, nicht nur einen einzigen Spaltennamen, sondern geeignet viele Spaltennamen hinter dem Schlüsselwort SET aufzuführen. Dazu muss die UPDATE-Anweisung gemäß der folgenden Syntax verwendet werden:

```
UPDATE tabellenname
    SET  ( spaltenname-1 [ , spaltenname-2 ]... )
      = ( SELECT-anweisung )
      [ WHERE bedingung ]
```

Abbildung 12.8: Bestandsänderung in mehreren Spalten

Die Anzahl der in Klammern eingefassten Spaltennamen muss mit der Anzahl derjenigen Werte übereinstimmen, die in Form einer Tabellenzeile aus der hinter dem Gleichheitszeichen aufgeführten (in Klammern eingefassten) SELECT-Anweisung resultieren.

Sollen z.B. erstmalig die Kontostände aus den Umsatzdaten (auf der Basis der alten

Provisionen) ermittelt und gleichzeitig die Vertreterprovisionen um 10% (gerundet auf zwei Stellen hinter dem Dezimalkomma) erhöht werden, so lässt sich dazu die folgende Anforderung stellen:

```
UPDATE VERTRETER SET ( V_KONTO, V_PROV ) =
   ( SELECT SUM( A_STUECK * A_PREIS * V_PROV ), V_PROV*1.1
          FROM UMSATZ, ARTIKEL
          WHERE UMSATZ.A_NR = ARTIKEL.A_NR
             AND UMSATZ.V_NR = VERTRETER.V_NR )
   WHERE EXISTS
         ( SELECT * FROM UMSATZ
                WHERE VERTRETER.V_NR = UMSATZ.V_NR );
```

Die Ausführung der Anweisung

```
SELECT V_NR, V_PROV, V_KONTO FROM VERTRETER;
```

führt daraufhin zur folgenden Anzeige:

```
   V_NR      V_PROV     V_KONTO
---------  ---------  ---------
   8413        ,08      660,63
   5016        ,06         810
   1215        ,07      110,07
```

Dabei ist zu beachten, dass wir von dem ursprünglichen Inhalt der Tabelle VERTRETER ausgegangen sind – und nicht von der zuvor durchgeführten Bestandsänderung.

Sollen allein die Kontostände geändert werden, so lässt sich mit Hilfe der oben angegebenen Syntax z.B. die folgende Anforderung stellen:

```
UPDATE VERTRETER SET ( V_KONTO ) =
   ( SELECT VERTRETER.V_KONTO+SUM(A_STUECK*A_PREIS*V_PROV )
          FROM UMSATZ, ARTIKEL
          WHERE UMSATZ.A_NR = ARTIKEL.A_NR
             AND UMSATZ.V_NR = VERTRETER.V_NR )
   WHERE EXISTS
         ( SELECT * FROM UMSATZ
                WHERE VERTRETER.V_NR = UMSATZ.V_NR );
```

Eine nachfolgende Eingabe der Anweisung

```
SELECT V_NR, V_KONTO FROM VERTRETER;
```

```
   V_NR     V_KONTO
---------  ---------
   8413     1385.78
   5016        1010
   1215      160.57
```

KAPITEL 13

EINSATZ VON OBJEKTTYPEN

13.1   Standard-Datentypen

Beim Aufbau einer Tabelle haben wir für die Tabellenspalten bislang einen der Datentypen NUMBER, CHAR bzw. DATE zur Kennzeichnung von numerischen Werten, alphanumerischen Werten bzw. Datums-Werten verabredet.

Diese Datentypen werden *Standard-Datentypen* genannt, weil durch sie die Art der gespeicherten Werte system-seitig bestimmt ist. Durch den jeweils vereinbarten Datentyp ist zusätzlich festgelegt, welche Operationen mit den Werten durchgeführt werden können.

Zum Beispiel haben wir durch die Tabellen-Vereinbarung

```
CREATE TABLE VERTRETER(V_NR NUMBER(4) PRIMARY KEY,
                       V_NAME CHAR(30),
                       V_ANSCH CHAR(30),
                       V_PROV NUMBER(4,2),
                       V_KONTO NUMBER(7,2));
```

für die Spalte V_ANSCH festgelegt, dass in ihr 30 Zeichen lange Zeichenketten gespeichert werden können. In dieser Tabelle haben wir z.B. die Adresse des Vertreters mit der Kennzahl 8413 in der Form "Wendeweg 10, 28345 Bremen" durch eine INSERT-Anweisung in die Spalte V_ANSCH eintragen lassen.

Im Hinblick darauf, dass Zugriffe auf einzelne Adressbausteine in einfacher Weise ermöglicht werden, wäre es günstig, die bisherige Vereinbarung

```
V_ANSCH CHAR(30)
```

z.B. durch

```
STRASSE CHAR(12),
HAUSNR CHAR(3),
PLZ CHAR(5),
ORT CHAR(15)
```

innerhalb der CREATE TABLE-Anweisung zu ersetzen.

Dieses Vorgehen wäre jedoch mit dem Nachteil verbunden, dass sich die Spaltenzahl der Tabelle VERTRETER vergrößern würde und nicht mehr unmittelbar erkennbar wäre, dass die vier Spalten die einzelnen Bausteine der Adresse enthalten.

13.2   Vereinbarung von Objekttypen

Am besten wäre es, wenn sich die Adresse so innerhalb einer Tabellenspalte vereinbaren ließe, dass die Möglichkeit bestehen würde, sowohl auf die gesamte Adresse als auf ihre einzelnen Bausteine unmittelbar zugreifen zu können.

Um diese Forderung zu erfüllen, müssen wir für die Speicherung der Adressdaten einen Datentyp verabreden, der durch den Anwender festgelegt werden kann.

Zur Vereinbarung von anwender-seitig bestimmbaren Datentypen stellt das DB-System ORACLE den Einsatz von Objekttypen zur Verfügung.

- Unter einem *Objekttyp* (abstrakter Datentyp) wird ein Datentyp verstanden, bei dem bekannte Datentypen – wie z.B. die Standard-Datentypen – zu einem neuen Datentyp zusammengefasst werden.

Hinweis: Dabei lassen sich zusätzlich die Operationen festlegen, die für diejenigen Werte ausführbar sein sollen, die in der jeweils verabredeten Form gespeichert sind (siehe Kapitel 15).

Um einen geeigneten Objekttyp für die Ablage von Adressen zu vereinbaren, muss die Adresse in ihre *Attribute* (Eigenschaften) aufgegliedert werden. Wie wir oben erläutert haben, sind dies der Straßenname, die Hausnummer, die Postleitzahl und die Ortsangabe. Jedes dieser Attribute ist durch einen geeigneten *Attributnamen* (Instanz-Variable) zu kennzeichnen, und für jedes Attribut muss ein Datentyp angegeben werden, der die Art des jeweils zugehörigen *Attributwerts* (Eigenschafts-Werts) charakterisiert.

Hinweis: Um den innerhalb des DB-Systems ORACLE verwendeten Begriff des "Objekttyps" in die Terminologie der objekt-orientierten Programmierung einordnen zu können, ist Folgendes zu beachten:
Der Begriff des "Objekttyps" entspricht dem aus der objekt-orientierten Programmierung bekannten Begriff der "Klasse". Hierdurch steht ein Mechanismus zur Verfügung, abstrakte Datentypen in Form von Objekttypen definieren und zusätzlich eine Hierarchie von abstrakten Datentypen vereinbaren zu können, sodass die Prinzipien der "Vererbung" und des "Polymorphismus" wirksam sind.

Zur Vereinbarung des jeweils gewünschten Objekttyps muss eine CREATE TYPE-Anweisung in der folgenden Form eingesetzt werden:

```
CREATE [ OR REPLACE ] TYPE objekttyp AS OBJECT (
              attributname-1  datentyp-1
          [ ,  attributname-2  datentyp-2 ]...                    ) ;
/
```

Abbildung 13.1: Vereinbarung eines Objekttyps

- Die Vereinbarung eines Objekttyps muss als PL/SQL-Anweisung formuliert werden. Daher ist die CREATE TYPE-Anweisung – wie angegeben – durch einen Schrägstrich "/" zu beenden.

Bei der Namensvergabe für einen Objekttyp und die zugehörigen Attribute sind die Regeln zu beachten, die beim DB-System ORACLE für die Vereinbarung von Schema-Objekten festgelegt sind.

Hinweis: Es lassen sich maximal 999 Attribute pro Objekttyp vereinbaren.

Während Objekttypen innerhalb eines Schemas eindeutig bestimmt sein müssen, ist es zulässig, identische Attributnamen innerhalb einer CREATE TYPE-Anweisung bei der Vereinbarung unterschiedlicher Objekttypen zu verwenden.

Soll ein zuvor eingerichteter Objekttyp zu einem späteren Zeitpunkt wieder gelöscht werden, so ist die DROP TYPE-Anweisung wie folgt anzugeben:

```
DROP  TYPE objekttyp [ FORCE ]
```

Abbildung 13.2: Löschung eines Objekttyps

Falls der zu löschende Objekttyp bereits bei der Vereinbarung eines anderen Objekttyps bzw. bei der Vereinbarung einer Tabelle verwendet wurde, muss innerhalb der DROP TYPE-Anweisung das Schlüsselwort FORCE ergänzend hinter dem Objekttyp angegeben werden. Nur so führt die beabsichtigte Löschung des in der DROP TYPE-Anweisung aufgeführten Objekttyps zum Erfolg.

Um für unsere Adressdaten einen geeigneten Objekttyp zu vereinbaren, wählen wir für die Adress-Attribute die Attributnamen STRASSE, HAUSNR, PLZ und ORT. Legen wir als zugehörige Datentypen jeweils den Standard-Datentyp CHAR fest, so können wir die folgende Vereinbarung treffen:

```
CREATE OR REPLACE TYPE ANSCHRIFT_T
        AS OBJECT (STRASSE CHAR(12),
                   HAUSNR  CHAR(3),
                   PLZ     CHAR(5),
                   ORT     CHAR(15));
/
```

Mit dem in dieser Form bestimmten Objekttyp ANSCHRIFT_T lässt sich bei einer nachfolgenden Tabellen-Vereinbarung der Datentyp für eine Tabellenspalte festlegen, in der Adressdaten gespeichert werden sollen.

Sofern wegen einer fehlerhaften CREATE TYPE-Anweisung eine *Fehlermeldung* angezeigt wird, können Fehler-Erklärungen durch die Ausführung der SQL*Plus-Anweisung SHOW ERRORS in der folgenden Form angefordert werden:

```
SHOW ERRORS TYPE ANSCHRIFT_T
```

13.3 Instanziierung von Objekttypen

Soll bei der Vereinbarung der Tabelle VERTRETER für die Spalte V_ANSCH der Objekttyp ANSCHRIFT_T als Datentyp verwendet werden, so muss die CREATE TABLE-Anweisung wie folgt angegeben werden:

```
CREATE TABLE VERTRETER(V_NR NUMBER(4) PRIMARY KEY,
                       V_NAME CHAR(30),
                       V_ANSCH ANSCHRIFT_T,
                       V_PROV NUMBER(4,2),
                       V_KONTO NUMBER(7,2));
```

Hinweis: Da die Tabelle VERTRETER bereits eingerichtet wurde, ist zuvor die Anweisung

```
DROP TABLE VERTRETER CASCADE CONSTRAINTS;
```

zur Ausführung zu bringen.

Beim Aufbau der Tabelle VERTRETER ist zu berücksichtigen, dass der Wert, der für die Spalte V_ANSCH innerhalb einer INSERT-Anweisung aufgeführt wird, mit dem für V_ANSCH festgelegten Objekttyp ANSCHRIFT_T verträglich ist.

Damit wir diese Forderung erfüllen können, müssen wir einen Wert, der zur Ablage innerhalb der Spalte V_ANSCH vorgesehen wird, in einer besonderen Form angeben.

- Sofern sämtliche Attributwerte der zu einem Objekttyp gehörenden Attribute zusammengefasst werden, wird von einer *Instanziierung* des Objekttyps gesprochen und diese Instanziierung als *Objekt* bezeichnet.

Jedes Objekt besitzt eine eindeutige Identität – unabhängig davon, welche Attributwerte das Objekt jeweils besitzt.
Der jeweilige Zustand eines Objektes wird durch die Gesamtheit seiner aktuellen Attributwerte gekennzeichnet.

Um eine Instanziierung eines Objekttyps vorzunehmen, sind die Attributwerte einzuklammern und hinter dem Objekttyp in der Reihenfolge anzugeben, in der die jeweiligen Attribute innerhalb der CREATE TYPE-Anweisung festgelegt wurden. Dabei sind je zwei aufeinander folgende Werte durch jeweils ein Komma voneinander abzutrennen.
Die Instanziierung eines Objekts ist somit durch eine Angabe in der folgenden Form zu beschreiben:

objekttyp (attributwert-1 [, attributwert-2]...)

Abbildung 13.3: Instanziierung eines Objekts

Eine Instanziierung von ANSCHRIFT_T lässt sich daher z.B. in der Form

```
ANSCHRIFT_T('Wendeweg','10','28345','Bremen')
```

angeben. Hierdurch wird die Adresse "Wendeweg 10, 28345 Bremen" gekennzeichnet, die sich aus den Attributwerten "Wendeweg", "10", "28345" und "Bremen" aufbaut.
Um die neu eingerichtete Tabelle VERTRETER mit Tabellenzeilen zu füllen, sind die Adressen für die Vertreter innerhalb einer INSERT-Anweisung als Objekte anzugeben.

- Sofern Objekte in die Spalte einer Tabelle als Werte übernommen werden, bezeichnet man diese Objekte als *Spalten-Objekte*.

Damit die Spalte V_ANSCH die für sie vorgesehenen Spalten-Objekte als Werte enthält, sind die folgenden INSERT-Anweisungen zur Ausführung zu bringen:

```
INSERT INTO VERTRETER VALUES (8413,'Meyer, Emil',
ANSCHRIFT_T('Wendeweg','10','28345','Bremen'),0.07,725.15);
INSERT INTO VERTRETER VALUES (5016,'Meier, Franz',
ANSCHRIFT_T('Kohlstr.','1','28623','Bremen'),0.05,200.00);
INSERT INTO VERTRETER VALUES (1215,'Schulze, Fritz',
ANSCHRIFT_T('Gemüseweg','3','28115','Bremen'),0.06,50.50);
```

Wird anschließend z.B. die Anschrift des Vertreters mit der Kennzahl 8413 in der Form

```
SELECT V_ANSCH FROM VERTRETER WHERE V_NR=8413;
```

abgerufen, so erhalten wir die folgende Anzeige:

```
V_ANSCH(STRASSE, HAUSNR, PLZ, ORT)
- - - - - - - - - - - - - - - - - - - - - - - - - - - - - - - - - - - - - - - -
ANSCHRIFT_T('Wendeweg  ', '10 ', '28345', 'Bremen      ')
```

Diese Ausgabe dokumentiert, dass das Objekt "ANSCHRIFT_T('Wendeweg', '10', '28345', 'Bremen')" in der Spalte V_ANSCH als Spalten-Objekt enthalten ist.

13.4 Objekte und Attribute innerhalb von SQL-Anweisungen

Objekte können in Form von Spalten-Objekten nicht nur innerhalb von INSERT-Anweisungen, sondern überall dort in SQL-Anweisungen aufgeführt werden, wo Angaben von Ausdrücken zulässig sind.

Soll z.B. innerhalb der Tabelle VERTRETER derjenige Vertreter identifiziert werden, dessen Anschrift in Form des Spalten-Objekts

```
ANSCHRIFT_T('Wendeweg','10','28345','Bremen')
```

gespeichert ist, so kann hierzu die SELECT-Anweisung wie folgt eingesetzt werden:

```
SELECT V_NR, V_ANSCH FROM VERTRETER
    WHERE V_ANSCH =
          ANSCHRIFT_T('Wendeweg','10','28345','Bremen');
```

In SQL-Anweisungen können nicht nur Spaltennamen zur Beschreibung von Spalten mit Spalten-Objekten – wie z.B. V_ANSCH –, sondern auch einzelne Attributnamen verwendet werden.

Sollen z.B. nicht sämtliche Adressangaben, sondern nur die Postleitzahlen und die Ortsangaben angezeigt werden, so lassen sich diese Daten durch die Anforderung

```
SELECT v.V_ANSCH.PLZ, v.V_ANSCH.ORT FROM VERTRETER v
                                    WHERE v.V_NR=8413;
```

in Form der folgenden Anzeige abrufen:

```
V_ANS V_ANSCH.ORT
----- ---------------
28345 Bremen
```

- Grundsätzlich wird ein Attribut dadurch gekennzeichnet, dass der zugehörige Attributname – durch einen Punkt getrennt – hinter dem Spaltennamen angegeben wird. Dabei ist zu berücksichtigen, dass der Attributname Bestandteil desjenigen Objekttyps sein muss, der für diese Spalte bei der Tabellen-Vereinbarung festgelegt wurde.

  Es ist ferner zu beachten, dass immer dann, wenn ein Attributname innerhalb einer SQL-Anweisung aufgeführt werden soll, für die zugehörige Tabelle ein Aliasname – wie z.B. oben "v" für VERTRETER – verwendet und – zusammen mit einem nachfolgenden Punkt – der Angabe "spaltenname.attributname" vorangestellt sein muss.

Durch die Angabe von "v.V_ANSCH.PLZ" wird zunächst V_ANSCH als Spaltenname der Tabelle VERTRETER und anschließend PLZ als derjenige Attributname identifiziert, der als Bestandteil des Objekttyps ANSCHRIFT_T, der dem Spaltennamen V_ANSCH als Datentyp zugeordnet ist, vereinbart wurde.

Soll ein Attribut daraufhin geprüft werden, ob der zugehörige Attributwert gleich dem Nullwert ist, so kann dies genauso wie bei einem Spaltenwert geschehen.

Haben wir z.B. die Anweisung

```
INSERT INTO VERTRETER VALUES(2468,NULL,NULL,NULL,NULL);
```

ausführen lassen, so lässt sich die Anzeige von "2468" durch die folgende Anweisung abrufen:

```
SELECT v.V_NR FROM VERTRETER v
       WHERE v.V_ANSCH.ORT IS NULL;
```

Genauso wie für Tabellenspalten lassen sich – unter Einsatz der CREATE INDEX-Anweisung – auch für Attribute geeignete Indizes für die interne Zugriffsoptimierung bilden.

Soll z.B. für die Tabelle VERTRETER ein Index eingerichtet werden, der auf den Postleitzahlen basiert, so kann man wie folgt verfahren:

```
CREATE INDEX VERTRETER_PLZ_INDEX
       ON VERTRETER(V_ANSCH.PLZ);
```

Entsprechend können bei der Vereinbarung einer Tabelle auch Integritäts-Bedingungen – durch CONSTRAINT-Klauseln – unter Einsatz von Attributen festgelegt werden.

So wird z.B. durch die Anweisung

```
CREATE TABLE VERTRETER(V_NR NUMBER(4) PRIMARY KEY,
                       V_NAME CHAR(30),
                       V_ANSCH ANSCHRIFT_T,
                       V_PROV NUMBER(4,2),
                       V_KONTO NUMBER(7,2),
        CONSTRAINT c_vertreter CHECK(V_ANSCH.PLZ IS NOT NULL));
```

bestimmt, dass bei einem Eintrag in diese Tabelle alle diejenigen Tabellenzeilen abgewiesen werden sollen, für die ein Nullwert – als Attributwert der Postleitzahl – aufgeführt ist.

13.5 Schachtelung von Objekttypen

Verschachtelung bei der Tabelle VERTRETER_ALTERNATIV

Bei der Vereinbarung eines Objekttyps darf als Datentyp für einen Attributnamen wiederum ein Objekttyp angegeben werden. Dieses Vorgehen lässt sich beliebig stufen, sodass Objekttypen geschachtelt werden können.

Wollen wir z.B. die Anschrift in eine Straßenangabe und in eine Ortsbezeichnung gliedern und dabei eine Unterteilung in Straße und Hausnummer bzw. Postleitzahl und Ortsname festlegen, so können wir wie folgt vorgehen:

```
CREATE TYPE STRASSENANGABE_T AS OBJECT (STRASSE CHAR(12),
                                        HAUSNR  CHAR(3));
/
CREATE TYPE ORTSANGABE_T AS OBJECT (PLZ CHAR(5),
                                    ORT CHAR(15));
/
```

```
CREATE TYPE ANSCHRIFT_T_ALTERNATIV
            AS OBJECT (STRASSENANGABE STRASSENANGABE_T,
                       ORTSANGABE ORTSANGABE_T );
/
CREATE TABLE VERTRETER_ALTERNATIV
            (V_NR NUMBER(4) PRIMARY KEY,
             V_NAME CHAR(30),
             V_ANSCH ANSCHRIFT_T_ALTERNATIV,
             V_PROV NUMBER(4,2),
             V_KONTO NUMBER(7,2));
INSERT INTO VERTRETER_ALTERNATIV VALUES
(8413,'Meyer, Emil',
ANSCHRIFT_T_ALTERNATIV(STRASSENANGABE_T('Wendeweg','10'),
           ORTSANGABE_T('28345','Bremen')),0.07,725.15);
INSERT INTO VERTRETER_ALTERNATIV VALUES
(5016,'Meier, Franz',
ANSCHRIFT_T_ALTERNATIV(STRASSENANGABE_T('Kohlstr.','1'),
           ORTSANGABE_T('28623','Bremen')),0.05,200.00);
INSERT INTO VERTRETER_ALTERNATIV VALUES
(1215,'Schulze, Fritz',
ANSCHRIFT_T_ALTERNATIV(STRASSENANGABE_T('Gemüseweg','3'),
           ORTSANGABE_T('28115','Bremen')),0.06,50.50);
```

Die letzte INSERT-Anweisung enthält das Objekt

```
ANSCHRIFT_T_ALTERNATIV(STRASSENANGABE_T('Gemüseweg','3'),
                       ORTSANGABE_T('28115','Bremen'))
```

als Instanziierung des Objekttyps ANSCHRIFT_T_ALTERNATIV, wobei es sich bei "STRASSENANGABE_T('Gemüseweg','3')" und "ORTSANGABE_T('28115','Bremen')" um Objekte handelt, die eine Instanziierung des Objekttyps STRASSENANGABE_T bzw. des Objekttyps ORTSANGABE_T darstellen.

Falls sich die Vereinbarung eines Objekttyps auf Attribute stützt, für die ebenfalls Objekttypen als Datentypen festgelegt sind, muss der Zugriff auf einzelne Attribute in verschachtelter Form erfolgen.

Sofern wir z.B. den Objekttyp ANSCHRIFT_T_ALTERNATIV in der oben angegebenen Form festgelegt haben und von der Vereinbarung der Tabelle VERTRETER_ALTERNATIV ausgehen, können wir die Anzeige der Postleitzahl und des Ortes wie folgt anfordern:

```
SELECT v.V_ANSCH.ORTSANGABE.PLZ, v.V_ANSCH.ORTSANGABE.ORT
                       FROM VERTRETER_ALTERNATIV v
                       WHERE v.V_NR=8413;
```

In diesem Fall wird innerhalb von "v.V_ANSCH.ORTSANGABE.PLZ" – auf der Basis des vereinbarten Aliasnamens "v" – zunächst V_ANSCH als Spaltenname der Tabelle VERTRETER erkannt. Anschließend wird festgestellt, dass ORTSANGABE ein zulässiger Attributname innerhalb des für V_ANSCH festgelegten Objekttyps ANSCHRIFT_T_ALTERNATIV ist. Abschließend wird erkannt, dass PLZ ein zulässiger Attributname innerhalb des Objekttyps ORTSANGABE_T ist, der als Datentyp dem Attributnamen ORTSANGABE zugeordnet wurde.

- Um Attributwerte innerhalb einer SQL-Anweisung zu ermitteln, wird grundsätzlich wie folgt verfahren:

Sofern mehrere Namen in der Form

> name-1.name-2. .... .name-n

Abbildung 13.4: Ermittlung eines Attributwertes

innerhalb einer SQL-Anweisung an der Position eines Ausdrucks aufgeführt sind, wird zunächst – von rechts beginnend – derjenige Bezeichner bestimmt, der als Spaltenname der jeweiligen Tabelle festgelegt ist. Sofern rechts von diesem Bezeichner weitere Namen aufgeführt sind, werden sie – normalerweise – als Attributnamen aufgefasst. Dabei muss die Reihenfolge der Namen konform mit der Verschachtelungsabfolge sein, in der die Namen innerhalb der Vereinbarung von verschachtelten Objekttypen verwendet wurden.

Hinweis: Wie wir später kennen lernen werden, können rechts von den Attributnamen Angaben zur Ausführung von Methoden aufgeführt werden (siehe Abschnitt 14.2).

Verschachtelung am Beispiel der Tabelle TAB_N

Um die Kenntnisse zu vertiefen, die wir zur Adressierung von Attributen erworben haben, wollen wir eine einspaltige Tabelle TAB_N mit dem Spaltennamen A und dem Objekttyp A_TYP als Datentyp aufbauen. Dabei soll der Objekttyp A_TYP in einen Objekttyp B_TYP und den Datentyp DATE gegliedert sein und der Objekttyp B_TYP aus der Zusammenfassung von "CHAR(1)" und "NUMBER(1)" bestehen.

Wir unterstellen somit die folgende Strukturierung:

```
Tabelle TAB_N:  |————————  A_TYP  ————————|
                |———— B_TYP ————|  DATE
                CHAR(1)   NUMBER(1)
```

Abbildung 13.5: Struktur der Tabelle TAB_N

Zum Aufbau der Tabelle TAB_N lassen wir die folgenden SQL-Anweisungen ausführen:

```
CREATE TYPE B_TYP AS OBJECT (C CHAR(1),D NUMBER(1));
/
CREATE TYPE A_TYP AS OBJECT (B B_TYP,  E DATE);
/
CREATE TABLE TAB_N (A A_TYP);
```

Tragen wir in die Tabelle TAB_N z.B. zwei Tabellenzeilen durch die beiden Anweisungen

```
INSERT INTO TAB_N VALUES(A_TYP(B_TYP('1',1),SYSDATE));
INSERT INTO TAB_N VALUES(A_TYP(B_TYP('2',2),SYSDATE));
```

ein, so lässt sich der Zugriff auf die Attributwerte von B, d.h. auf die Spalten-Objekte vom Objekttyp B_TYP, wie folgt vornehmen:

```
SELECT t.A.B FROM TAB_N t;
```

Sollen die durch E gekennzeichneten Datumswerte angezeigt werden, so ist die Anweisung

```
SELECT t.A.E FROM TAB_N t;
```

anzugeben. Durch die folgenden Anweisungen kann auf die als Zeichen in C gespeicherten Attributwerte bzw. auf die als Zahlen in D enthaltenen Attributwerte zugegriffen werden:

```
SELECT t.A.B.C FROM TAB_N t;
SELECT t.A.B.D FROM TAB_N t;
```

13.6   Spezialisierung von Objekttypen

Im Abschnitt 13.2 wurde der Objekttyp ANSCHRIFT_T mit den Attributen STRASSE, HAUSNR, PLZ und ORT vereinbart, um die Adressdaten – in strukturell kompakter Form – innerhalb der Tabelle VERTRETER festlegen zu können.

Als ergänzende Maßnahme kann es erforderlich sein, Vorsorge für eine Speicherung von Kenndaten über den Besitz eines Postfachs zu treffen. Da sicherlich nicht jeder Vertreter ein Postfach besitzt, ist es nicht sinnvoll, ein weiteres Attribut in die Vereinbarung der Tabelle VERTRETER aufzunehmen. Vielmehr bietet es sich an, den Objekttyp ANSCHRIFT_T geeignet zu *spezialisieren*. Dazu ist ein neuer Objekttyp zu definieren, dessen Instanziierung sämtliche Attribute einer Instanziierung von ANSCHRIFT_T und zudem alle diejenigen Attribute besitzt, durch die sich ein Postfach kennzeichnen lässt. Um eine derartige Spezialisierung durchführen zu können, muss zunächst dafür gesorgt werden, dass sich der Objekttyp ANSCHRIFT_T überhaupt spezialisieren lässt. Ist dies geschehen, muss ihm anschließend ein geeigneter Objekttyp – in Form eines *Subtyps* – untergeordnet werden.

Um im Zusammenhang mit der Vereinbarung eines Objekttyps Vorkehrungen dafür zu treffen, dass eine spätere Spezialisierung möglich ist, muss die CREATE TYPE-Anweisung gemäß der folgenden Syntax – unter Einsatz der Schlüsselwörter NOT FINAL – wie folgt verwendet werden:

```
CREATE [ OR REPLACE ] TYPE objekttyp AS OBJECT (
        attributname-1 datentyp-1
        [ ,  attributname-2 datentyp-2 ]...                    )
        NOT FINAL ;
/
```

Abbildung 13.6: Vereinbarung eines spezialisierbaren Objekttyps

Damit der Objekttyp ANSCHRIFT_T spezialisierbar ist, muss er wie folgt vereinbart werden (Da dieser Objekttyp bereits beim Aufbau der Tabelle VERTRETER verwendet wurde, muss zuvor die Tabelle VERTRETER gelöscht worden sein!):

```
CREATE OR REPLACE TYPE ANSCHRIFT_T AS OBJECT (
                    STRASSE CHAR(12),
                    HAUSNR CHAR(3),
                    PLZ CHAR(5),
                    ORT CHAR(15)) NOT FINAL;
/
```

Um den Objekttyp "objekttyp-1" als Spezialisierung des Objekttyps "objekttyp-2" festzulegen, muss die CREATE TYPE-Anweisung – unter Einsatz des Schlüsselwortes UNDER
– gemäß der folgenden Syntax verwendet werden:

```
CREATE [ OR REPLACE ] TYPE objekttyp-1 UNDER objekttyp-2

            ( attributname-1 datentyp-1 [ , attributname-2 datentyp-2 ]... ) ;

/
```

Abbildung 13.7: Vereinbarung eines Subtyps

Sofern das Attribut zur Kennzeichnung eines Postfachs durch POSTFACH benannt werden
soll, kann z.B. ein dem Objekttyp ANSCHRIFT_T untergeordneter Subtyp durch den
Namen ANSCHRIFT_POSTFACH_T festgelegt und wie folgt vereinbart werden:

```
CREATE OR REPLACE TYPE ANSCHRIFT_POSTFACH_T
        UNDER ANSCHRIFT_T (POSTFACH POSTFACH_T);
/
```

Dabei wird davon ausgegangen, dass der Objekttyp POSTFACH_T – zur Vereinbarung
der Attribute POSTFACH_NR und POSTFACH_PLZ – zuvor wie folgt definiert worden ist:

```
CREATE OR REPLACE TYPE POSTFACH_T AS OBJECT (
                POSTFACH_NR CHAR(6),
                POSTFACH_PLZ CHAR(5));
/
```

Generell gilt:

• Sofern ein Objekttyp "objekttyp-2" einem Objekttyp "objekttyp-1" untergeordnet
  ist, *erbt* jede Instanziierung von "objekttyp-2" alle Attribute, die Bestandteile des
  Objekttyps "objekttyp-1" sind. Zusätzlich gehören zu dieser Instanziierung alle Attribute, die durch den Objekttyp "objekttyp-2" definiert sind. Sind mehrere Objekty-
  pen einander hierarchisch untergeordnet, so erbt jede Instanziierung eines Objekttyps
  sämtliche Attribute, die Bestandteile von übergeordneten Objekttypen sind.

Jede Instanziierung von ANSCHRIFT_POSTFACH_T enthält somit die durch STRASSE,
HAUSNR, PLZ und ORT (aus ANSCHRIFT_T) sowie die durch POSTFACH_NR und
POSTFACH_PLZ (aus POSTFACH_T) gekennzeichneten Attribute.

Hat z.B. der Vertreter mit der Vertreternummer "8413" ein Postfach mit der Nummer
"980471" und der zugehörigen Postleitzahl "28835", so lässt sich die zugehörige Instanziierung des Objekttyps ANSCHRIFT_POSTFACH_T wie folgt angeben:

```
ANSCHRIFT_POSTFACH_T('Wendeweg','10','28345',
                'Bremen',POSTFACH_T('980471','28835'))
```

Wir gehen davon aus, dass die Tabelle VERTRETER_POSTFACH so vereinbart ist:

```
CREATE TABLE VERTRETER_POSTFACH
            (V_NR NUMBER(4) PRIMARY KEY,
            V_NAME CHAR(30),
            V_ANSCH ANSCHRIFT_T,
            V_PROV NUMBER(4,2),
            V_KONTO NUMBER(7,2));
```

Besitzt außer dem Vertreter mit der Kennzahl "8413" kein weiterer Vertreter ein Postfach, so lassen sich die Tabellenzeilen von VERTRETER_POSTFACH wie folgt erzeugen:

```
INSERT INTO VERTRETER_POSTFACH VALUES(8413,'Meyer, Emil',
    ANSCHRIFT_POSTFACH_T('Wendeweg','10','28345','Bremen',
        POSTFACH_T('980471','28835')),0.07,725.15);
INSERT INTO VERTRETER_POSTFACH VALUES(5016,'Meier, Franz',
    ANSCHRIFT_POSTFACH_T('Kohlstr.','1','28623','Bremen',
        POSTFACH_T(NULL,NULL)),0.05,200.00);
INSERT INTO VERTRETER_POSTFACH VALUES(1215,'Schulze, Fritz',
    ANSCHRIFT_POSTFACH_T('Gemüseweg','3','28115','Bremen',
        POSTFACH_T(NULL,NULL)),0.06,50.50);
```

Hinweis: Zur Bezeichnung der Tabelle mit den Vertreterdaten wurde – statt des Bezeichners VERTRETER – an dieser Stelle der Name VERTRETER_POSTFACH gewählt, weil hier eine Modifikation der ursprünglich gewählten Tabellenstruktur vorgestellt wird, die im Folgenden keine weitere Verwendung findet.

Im Hinblick auf den für eine Tabellenspalte vereinbarten Objekttyp und die Instanziierung, die im Zusammenhang mit der INSERT-Anweisung zum Aufbau der Tabellenzeilen verwendet wird, ist Folgendes zu beachten:

- Es ist zulässig, dass für den Wert einer Tabellenspalte anstelle des Objekttyps, der innerhalb der Tabellen-Vereinbarung aufgeführt wurde, Instanziierungen eines Subtyps dieses Objekttyps verwendet werden.

Wird nach der Dateneingabe in die Tabelle VERTRETER_POSTFACH anschließend der Inhalt der Spalte V_ANSCH durch die Anweisung

```
SELECT V_ANSCH FROM VERTRETER_POSTFACH;
```

zur Anzeige gebracht, so wird das folgende Ergebnis erhalten:

```
V_ANSCH(STRASSE, HAUSNR, PLZ, ORT)
-----------------------------------------------------------------------
ANSCHRIFT_POSTFACH_T('Wendeweg  ','10','28345','Bremen ',POSTFACH_T('980471','28835'))
ANSCHRIFT_POSTFACH_T('Kohlstr.  ','1 ','28623','Bremen ',POSTFACH_T(NULL, NULL))
ANSCHRIFT_POSTFACH_T('Gemüseweg ','3 ','28115','Bremen ',POSTFACH_T(NULL, NULL))
```

Da in die Tabelle VERTRETER_POSTFACH Instanziierungen eingetragen wurden, bei denen der dem Attribut V_ANSCH zugeordnete Wert eine Instanziierung des Objekttyps ANSCHRIFT_T darstellt, kann auf die Werte der Attribute POSTFACH_NR und POSTFACH_PLZ, die Bestandteile des Objekttyps POSTFACH_T sind, nicht direkt zugegriffen werden.

Damit ein unmittelbarer Zugriff auf diese Attribute möglich ist, muss es sich bei dem Wert, der dem Attribut V_ANSCH zugeordnet ist, um eine Instanziierung des Objekttyps ANSCHRIFT_POSTFACH_T handeln.

Um einen derartigen Zugriff zu ermöglichen, ist der folgende Sachverhalt zu beachten:

- Damit von einer Instanziierung eines Objekttyps auf die Attribute eines durch Spezialisierung eingerichteten Subtyps zugegriffen werden kann, lässt sich die Funktion TREAT gemäß der folgenden Syntax einsetzen:

```
TREAT ( objekttyp-instanziierung AS subtyp )
```

Als Ergebnis dieses Funktionsaufrufs wird eine Instanziierung des Objekttyps "subtyp" erhalten.

Mittels der Funktion TREAT kann daher die Anzeige der Postleitzahlen (Attributwerte von PLZ aus ANSCHRIFT_T), der Postfachnummern (Attributwerte von POSTFACH_NR aus POSTFACH_T) sowie der zu den Postfächern zugehörigen Postleitzahlen (Attributwerte von POSTFACH_PLZ aus POSTFACH_T) wie folgt angefordert werden:

```
SELECT v.V_ANSCH.PLZ,
       TREAT(v.V_ANSCH AS
             ANSCHRIFT_POSTFACH_T).POSTFACH.POSTFACH_NR,
       TREAT(v.V_ANSCH AS
             ANSCHRIFT_POSTFACH_T).POSTFACH.POSTFACH_PLZ
       FROM VERTRETER_POSTFACH v;
```

Die hieraus resultierende Anzeige lässt sich besser dokumentieren, wenn die Anforderung in der folgenden Form gestellt wird:

```
SELECT V_NR, CONCAT(v.V_ANSCH.PLZ,'           ')
       "PLZ aus ANSCHRIFT_T",
       CONCAT(TREAT(v.V_ANSCH AS
          ANSCHRIFT_POSTFACH_T).POSTFACH.POSTFACH_NR,'   ')
       "Postfach",
       CONCAT(TREAT(v.V_ANSCH AS
          ANSCHRIFT_POSTFACH_T).POSTFACH.POSTFACH_PLZ,
       '              ') "PLZ aus POSTFACH_T"
    FROM VERTRETER_POSTFACH v;
```

In diesem Fall ergibt sich die folgende Anzeige:

```
V_NR PLZ aus ANSCHRIFT_T Postfach PLZ aus POSTFACH_T
---- ------------------- -------- --------------------
8413 28345                 980471   28835
5016 28623
1215 28115
```

Sollen nachträglich für den Vertreter mit z.B. der Vertreternummer "1215" die Angaben für ein Postfach – in Form der Nummer "771317" mit der zugehörigen Postleitzahl "28227" – ergänzt werden, so ist die UPDATE-Anweisung in der folgenden Form auszuführen:

```
UPDATE VERTRETER_POSTFACH v
    SET v.V_ANSCH = ANSCHRIFT_POSTFACH_T('Gemüseweg',
          '3','28115','Bremen',POSTFACH_T(771317,28227))
         WHERE V_NR = 1215;
```

Mittels der oben angegebenen SELECT-Anweisung resultiert daher die folgende Anzeige:

```
V_NR PLZ aus ANSCHRIFT_T Postfach PLZ aus POSTFACH_T
---- ------------------- -------- --------------------
8413 28345                 980471   28835
5016 28623
1215 28115                 771317   28227
```

KAPITEL 14

EINSATZ VON METHODEN

14.1 Vereinbarung von Methoden

Methoden-Interface

Im Zusammenhang mit der im Abschnitt 13.1 angegebenen Erläuterung, mit der der Einsatz von benutzer-seitig vereinbarten Datentypen motiviert wurde, haben wir hervorgehoben, dass jeder Standard-Datentyp auch die Gesamtheit der Operationen festlegt, die auf Werte des jeweiligen Datentyps angewendet werden können.

Zum Beispiel ist für einen numerischen Datentyp die Operation "Absolutbetrag" und für einen Wert vom Typ Datum die Operation "Wandlung in eine Zeichenkette" zulässig und durch den Einsatz der Funktionen ABS bzw. TO_CHAR realisierbar (siehe Abschnitt 5.9).

Entsprechend lassen sich auch bei der benutzer-seitigen Datentyp-Vereinbarung eine oder mehrere Operationen festlegen, die für die jeweiligen Objekte – als Instanziierungen der betreffenden Objekttypen – als zulässige Operationen ausgewiesen werden.

- Handlungen, die auf Objekte eines bestimmten Objekttyps wirken können und im Zusammenhang mit der Vereinbarung dieses Objekttyps festzulegen sind, werden als *Methoden* bezeichnet. Durch die vereinbarten Methoden ist bestimmt, in welcher Form eine Instanziierung des Objekttyps angesprochen werden kann und welches Verhalten diese Instanziierung daraufhin zeigt.

Die Wirkungsweise einer Methode ist in Form einer *Member-Funktion* anzugeben.

Wie eine Member-Funktion durch einen *Funktionsaufruf* zur Ausführung gebracht werden muss, damit die ihr zugeordnete Methode auf ein Objekt angewendet wird, ist bei der Vereinbarung des Objekttyps wie folgt innerhalb der CREATE TYPE-Anweisung festzulegen:

```
CREATE [ OR REPLACE ] TYPE objekttyp AS OBJECT (
            attributname-1 datentyp-1
        [ , attributname-2 datentyp-2 ]...   ,
    MEMBER FUNCTION funktionsname [ ( argumentname-1 argumenttyp-1
                          [ , argumentname-2 argumenttyp-2 ]... ) ]
                RETURN typname,
    PRAGMA RESTRICT_REFERENCES ( funktionsname, WNDS, WNPS ) );
/
```

Abbildung 14.1: Vereinbarung einer Member-Funktion

Hinweis: Diese CREATE TYPE-Anweisung ist die Verallgemeinerung derjenigen Form einer CREATE TYPE-Anweisung, die bislang von uns allein zur Definition eines Objekttyps – ohne die Festlegung von zugehörigen Methoden – eingesetzt wurde.

Der Name, der für die zu definierende Methode gewählt wird, ist als *Funktionsname* hinter den Schlüsselwörtern MEMBER FUNCTION anzugeben. Der Typ des Ergebniswertes ist als *Typname* hinter dem Schlüsselwort RETURN aufzuführen. Dabei kann es sich um einen der Standard-Datentypen NUMBER, CHAR, VARCHAR2 oder DATE (das Funktionsergebnis ist eine Zahl, eine Zeichenkette oder ein Datumswert) oder um einen Objekttyp (das Funktionsergebnis ist ein Objekt, d.h. es resultiert ein Ergebnis-Objekt) handeln.

Falls ein oder mehrere Werte zur Ausführung der Methode bereitgestellt werden sollen, sind diese Werte in Form von Argumenten "argumentname-i argumenttyp-i" aufzuführen. Dabei sind sämtliche Argument-Angaben einzuklammern und jeweils zwei Argument-Angaben durch ein Komma voneinander abzutrennen.

- Sämtliche Angaben, die innerhalb der CREATE TYPE-Anweisung bezüglich der vereinbarten Member-Funktionen gemacht werden, kennzeichnen das *Methoden-Interface*, d.h. die Beschreibung dessen, *was* von einem Objekt getan werden kann.

Das Methoden-Interface besitzt somit die Funktion einer Schnittstelle zwischen einem Objekt und seiner Umgebung, durch die erkennbar ist, welche Methoden in welcher Form für eine Instanziierung eines bestimmten Objekttyps ausführbar sind.

Zusammenfassend lässt sich somit folgender Sachverhalt feststellen:

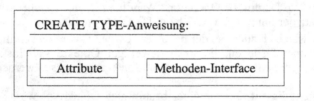

Abbildung 14.2: Vereinbarung des Methoden-Interfaces

- Implizit ist durch einen Objekttyp stets eine besondere Member-Funktion definiert, die den Namen des Objekttyps als Funktionsnamen besitzt. Die zugehörige Methode wird als *Konstruktor-Methode* bezeichnet, weil jede Instanziierung eines Objekts mit diesem Objekttyp stets durch den Funktionsaufruf mit dieser Member-Funktion angegeben werden muss, d.h. als Ergebniswert der Konstruktor-Methode resultiert eine Instanz des zugehörigen Objekttyps.

Auf der Basis der gemäß der im Abschnitt 13.3 enthaltenen Darstellung zum Aufbau der Tabelle VERTRETER wird bei der durch die Angabe von "AN-SCHRIFT_T('Wendeweg','10','28345','Bremen')" vorgenommenen Instanziierung eines Objekts des Objekttyps ANSCHRIFT_T die Konstruktor-Methode ANSCHRIFT_T ausgeführt, indem die Member-Funktion ANSCHRIFT_T mit den vier aufgeführten Argumenten aufgerufen wird. Als Ergebnis des Funktionsaufrufs resultiert das Objekt "AN-SCHRIFT_T('Wendeweg','10','28345','Bremen')".

Im Hinblick auf Vorkehrungen, die das DB-System ORACLE bei der Ausführung einer Methode treffen muss, sind sogenannte Kompilierer-Direktiven in Form der Angaben

```
PRAGMA RESTRICT_REFERENCES (funktionsname, WNDS, WNPS)
```

mitzuteilen. Dabei kennzeichnen die Schlüsselwörter "WNDS" und "WNPS", dass die Member-Funktion keine Änderung an einem Schema-Objekt vornimmt.

Sollen für einen Objekttyp mehrere Methoden vereinbart werden, so ist deren Definition wie folgt innerhalb der CREATE TYPE-Anweisung vorzunehmen:

```
CREATE [ OR REPLACE ] TYPE objekttyp AS OBJECT (
                attributname-1 datentyp-1
            [ , attributname-2 datentyp-2 ]...   ,
   MEMBER FUNCTION funktionsname-1 [ ( argumentname-1-1 argumenttyp-1-1
                            [ , argumentname-1-2 argumenttyp-1-2 ]... ) ]
                        RETURN typname-1,
      PRAGMA RESTRICT_REFERENCES ( funktionsname-1, WNDS, WNPS )

   [ , MEMBER FUNCTION funktionsname-2 [ ( argumentname-2-1 argumenttyp-2-1
                            [ , argumentname-2-2 argumenttyp-2-2 ]... ) ]
                        RETURN typname-2,
      PRAGMA RESTRICT_REFERENCES ( funktionsname-2, WNDS, WNPS )     ]...
);
/
```

Abbildung 14.3: Vereinbarung mehrerer Methoden

Um den Einsatz einer Methode zu erläutern, betrachten wir den Sachverhalt, dass bei der Ausführung von

```
SELECT V_ANSCH FROM VERTRETER WHERE V_NR=8413;
```

sämtliche redundanten Leerzeichen innerhalb der Adresse angezeigt werden. In dieser Situation wünschen wir uns eine Methode, durch deren Einsatz sich die Anzeige der Anschrift in der komprimierten Form "Wendeweg 10, 28345 Bremen" abrufen lässt.

Um die von uns gewünschte Methode als Member-Funktion mit dem Funktionsnamen F_ANSCHRIFT festzulegen, ändern wir die im Abschnitt 13.6 angegebene Vereinbarung des Objekttyps ANSCHRIFT_T wie folgt ab:

```
DROP TYPE ANSCHRIFT_T FORCE;
CREATE TYPE ANSCHRIFT_T AS OBJECT (
                        STRASSE CHAR(12),
                        HAUSNR CHAR(3),
                        PLZ CHAR(5),
                        ORT CHAR(15),
      MEMBER FUNCTION F_ANSCHRIFT RETURN VARCHAR2,
       PRAGMA RESTRICT_REFERENCES (F_ANSCHRIFT, WNDS, WNPS)
  ) NOT FINAL;
/
```

Durch diese CREATE TYPE-Anweisung haben wir vereinbart, dass der Methodenaufruf ohne ein Argument anzugeben ist, sofern die Methode F_ANSCHRIFT auf eine Instanziierung des Objekttyps ANSCHRIFT_T angewendet werden soll.

Methoden-Implementierung

Nachdem das Methoden-Interface angegeben ist, muss bestimmt werden, welcher Algorithmus beim Methodenaufruf zur Ausführung gebracht werden soll. Dies ist durch die *Implementierung* der Member-Funktion festzulegen, indem beschrieben werden muss, *wie* die Ausführung einer Methode konkret vonstatten gehen soll.

Dazu muss die Gesamtheit der Anweisungen angegeben werden, die durch einen Funktionsaufruf zur Ausführung kommen sollen. Diese Festlegung ist in Form einer *Funktions-Vereinbarung* zu treffen, die wie folgt innerhalb einer CREATE TYPE BODY-Anweisung aufgeführt werden muss:

```
CREATE [ OR REPLACE ] TYPE BODY objekttyp AS

   MEMBER FUNCTION funktionsname-1 [ ( argumentname-1-1 argumenttyp-1-1

                              [ , argumentname-1-2 argumenttyp-1-2 ]... ) ]

               RETURN typname-1 IS

               funktions-vereinbarung-1

   [ MEMBER FUNCTION funktionsname-2 [ ( argumentname-2-1 argumenttyp-2-1

                              [ , argumentname-2-2 argumenttyp-2-2 ]... ) ]

               RETURN typname-2 IS

               funktions-vereinbarung-2    ]...

END ;

/
```

Abbildung 14.4: Festlegung von Funktions-Vereinbarungen

Zusammenfassend lässt sich eine Methoden-Vereinbarung schematisch wie folgt beschreiben:

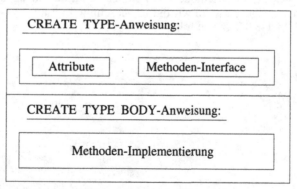

Abbildung 14.5: strukturelles Schema einer Methoden-Vereinbarung

In einer CREATE TYPE BODY-Anweisung müssen Funktions-Vereinbarungen gemäß der innerhalb der Abbildung 14.6 angegebenen Form strukturiert werden.

Zwischen "BEGIN" und "END;" können beliebige Anweisungen der ORACLE-spezifischen prozeduralen Programmiersprache PL/SQL eingetragen werden.

Hinweis: Die im Folgenden verwendeten Sprachelemente von PL/SQL werden im Kapitel 20 ausführlicher erläutert.

```
BEGIN
    anweisung-1;
    [ anweisung-2; ]...
END;
```

Abbildung 14.6: Struktur einer Funktions-Vereinbarung

Wichtig ist, dass keine der SQL-Anweisungen INSERT, DELETE und UPDATE innerhalb einer Funktions-Vereinbarung eingesetzt werden darf.

Zur Übertragung eines Ergebniswertes muss die PL/SQL-Anweisung RETURN in der Form

```
RETURN ergebniswert
```

Abbildung 14.7: Übermittlung des Ergebniswertes

als Anweisung innerhalb einer Funktions-Vereinbarung enthalten sein.

Dadurch, dass die Methoden-Interfaces durch die Form der zugehörigen Member-Funktionsaufrufe innerhalb der CREATE TYPE-Anweisung beschrieben werden und die zugehörigen Funktions-Vereinbarungen innerhalb der CREATE TYPE BODY-Anweisung anzugeben sind, wird die Implementierung der Methoden von den durch die CREATE TYPE-Anweisung bestimmten Schnittstellen-Festlegungen getrennt. Dies hat den Vorteil, dass die Implementierungen jederzeit – ohne globale Auswirkungen zu haben – geändert werden können.

Die Funktions-Vereinbarung der Member-Funktion F_ANSCHRIFT legen wir in unserem Fall innerhalb der folgenden CREATE TYPE BODY-Anweisung fest:

```
CREATE OR REPLACE TYPE BODY ANSCHRIFT_T AS
MEMBER FUNCTION F_ANSCHRIFT RETURN VARCHAR2 IS
BEGIN
    RETURN CONCAT(RTRIM(STRASSE),
            CONCAT(' ',
                CONCAT(RTRIM(HAUSNR),
                    CONCAT(', ',
                        CONCAT(RTRIM(PLZ),
                            CONCAT(' ',RTRIM(ORT))))))));
END;
END;
/
```

Sofern wegen einer fehlerhaften CREATE TYPE BODY-Anweisung eine *Fehlermeldung* angezeigt wird, können Fehler-Erklärungen durch die Ausführung der SQL*Plus-Anweisung SHOW ERRORS in z.B. der Form

```
SHOW ERRORS TYPE BODY ANSCHRIFT_T
```

angefordert werden.

Damit die Methode F_ANSCHRIFT verwendet werden kann, muss die Tabelle VERTRETER – auf der Basis dieser *neuen* Festlegung des Objekttyps ANSCHRIFT_T – *neu* aufgebaut werden, d.h. es sind die folgenden Anweisungen zur Ausführung zu bringen:

```
DROP TABLE VERTRETER;
CREATE TABLE VERTRETER(V_NR NUMBER(4) PRIMARY KEY,
                       V_NAME CHAR(30),
                       V_ANSCH ANSCHRIFT_T,
                       V_PROV NUMBER(4,2),
                       V_KONTO NUMBER(7,2));
INSERT INTO VERTRETER VALUES (8413,'Meyer, Emil',
        ANSCHRIFT_T('Wendeweg','10','28345','Bremen'),
        0.07,725.15);
INSERT INTO VERTRETER VALUES (5016,'Meier, Franz',
        ANSCHRIFT_T('Kohlstr.','1','28623','Bremen'),
        0.05,200.00);
INSERT INTO VERTRETER VALUES (1215,'Schulze, Fritz',
        ANSCHRIFT_T('Gemüseweg','3','28115','Bremen'),
        0.06,50.50);
```

14.2   Ausführung von Methoden

Damit eine Methode auf ein Objekt angewendet wird, muss ein *Methodenaufruf* erfolgen. Dies wird dadurch erreicht, dass ein *Funktionsaufruf* der zur Methode zugehörigen Member-Funktion angegeben wird. Innerhalb einer SQL-Anweisung ist ein derartiger Methodenaufruf – durch einen Punkt getrennt – unmittelbar im Anschluss an die Bezeichnung desjenigen Objektes anzugeben, für das die Methode ausgeführt werden soll, d.h. in der Form:

> objekt-kennzeichnung.methodenaufruf

Abbildung 14.8: Methodenaufruf

Dabei besitzt der Methodenaufruf – im Hinblick auf die mit der Methode assoziierte Member-Funktion – die folgende Form:

> funktionsname([argument-1 [, argument-2]...])

Abbildung 14.9: Funktionsaufruf einer Member-Funktion

Genau wie beim Einsatz von Attributen ist der gesamte Ausdruck, durch den das Objekt und der Methodenaufruf gekennzeichnet wird, durch einen Aliasnamen mit nachfolgendem Punkt einzuleiten.

- Sofern eine Member-Funktion ohne Argument – wie in unserem Fall F_ANSCHRIFT – vereinbart wurde, müssen dem Funktionsnamen beim Funktionsaufruf die Klammern "()" folgen.

Damit sich der Methodenaufruf "F_ANSCHRIFT()" an ein Spalten-Objekt, das in der Spalte V_ANSCH gespeichert ist, richtet, muss die SELECT-Anweisung in der Form

```
SELECT v.V_ANSCH.F_ANSCHRIFT() FROM VERTRETER v;
```

```
V.V_ANSCH.F_ANSCHRIFT()
----------------------------------------
Wendeweg 10, 28345 Bremen
Kohlstr. 1, 28623 Bremen
Gemüseweg 3, 28115 Bremen
```

Generell gilt:

- Methodenaufrufe dürfen auch als Argumente innerhalb von Funktionsaufrufen enthalten sein.

Daher ist auch eine Anforderung in Form der folgenden SELECT-Anweisung erlaubt, durch deren Ausführung sich die Zeichenzahl bei der Adress-Anzeige reduzieren lässt:

```
SELECT SUBSTR(v.V_ANSCH.F_ANSCHRIFT(),1,30)
       FROM VERTRETER v;
```

Um z.B. den gesamten Inhalt der Tabelle VERTRETER anzeigen zu lassen, kann die SELECT-Anweisung daher wie folgt eingesetzt werden:

```
SELECT v.V_NR, v.V_NAME,
       SUBSTR(v.V_ANSCH.F_ANSCHRIFT(),1,30),
       v.V_PROV, v.V_KONTO FROM VERTRETER v;
```

- Grundsätzlich lässt sich ein Methodenaufruf an jeder beliebigen Position einer SQL-Anweisung, an der ein Ausdruck erlaubt ist, verwenden.

Somit kann z.B. wie folgt eine Auswahl aus den Zeilen der Tabelle VERTRETER abgerufen werden:

```
SELECT * FROM VERTRETER v WHERE v.V_ANSCH.F_ANSCHRIFT()
                = 'Wendeweg 10, 28345 Bremen';
```

- Beim Einsatz einer Methode ist grundsätzlich zu beachten, dass sie sich einzig und allein auf Objekte anwenden lässt, die aus demjenigen Objekttyp instanziiert wurden, bei dessen Definition diese Methode in Form einer Member-Funktion festgelegt wurde.

Damit z.B. eine Methode namens F_STRASSENANGABE, durch die sich die Straßenangaben komprimiert anzeigen lassen, innerhalb einer SELECT-Anweisung in der Form

```
SELECT v.V_ANSCH.STRASSENANGABE.F_STRASSENANGABE()
       FROM VERTRETER_ALTERNATIV v;
```

verwendet werden kann, müssen zuvor z.B. die folgenden Anweisungen zur Ausführung gelangt sein:

```
DROP TYPE ANSCHRIFT_T_ALTERNATIV FORCE;
CREATE OR REPLACE TYPE STRASSENANGABE_T AS OBJECT (
                                       STRASSE CHAR(12),
                                       HAUSNR CHAR(3),
  MEMBER FUNCTION F_STRASSENANGABE RETURN VARCHAR2,
  PRAGMA RESTRICT_REFERENCES (F_STRASSENANGABE,WNDS,WNPS)
);
/
CREATE OR REPLACE TYPE BODY STRASSENANGABE_T AS
MEMBER FUNCTION F_STRASSENANGABE RETURN VARCHAR2 IS
BEGIN
 RETURN CONCAT(RTRIM(STRASSE),CONCAT(' ',RTRIM(HAUSNR)));
END;
END;
/
CREATE OR REPLACE TYPE ORTSANGABE_T
                  AS OBJECT (PLZ CHAR(5),ORT CHAR(15));
/
CREATE TYPE ANSCHRIFT_T_ALTERNATIV AS OBJECT (
                  STRASSENANGABE STRASSENANGABE_T,
                  ORTSANGABE ORTSANGABE_T );
/
DROP TABLE VERTRETER_ALTERNATIV;
CREATE TABLE VERTRETER_ALTERNATIV
              (V_NR NUMBER(4) PRIMARY KEY,
               V_NAME CHAR(30),
               V_ANSCH ANSCHRIFT_T_ALTERNATIV,
               V_PROV NUMBER(4,2),
               V_KONTO NUMBER(7,2));
INSERT INTO VERTRETER_ALTERNATIV VALUES
       (8413,'Meyer, Emil',
        ANSCHRIFT_T_ALTERNATIV(
                STRASSENANGABE_T('Wendeweg','10'),
                   ORTSANGABE_T('28345','Bremen')),
        0.07,725.15);
INSERT INTO VERTRETER_ALTERNATIV VALUES
       (5016,'Meier, Franz',
        ANSCHRIFT_T_ALTERNATIV(
                STRASSENANGABE_T('Kohlstr.','1'),
                   ORTSANGABE_T('28623','Bremen')),
        0.05,200.00);
INSERT INTO VERTRETER_ALTERNATIV VALUES
       (1215,'Schulze, Fritz',
        ANSCHRIFT_T_ALTERNATIV(
                STRASSENANGABE_T('Gemüseweg','3'),
                   ORTSANGABE_T('28115','Bremen')),
        0.06,50.50);
```

14.3 Aufruf von Methoden beim Einsatz von Subtypen

Aufruf einer Methode durch die Instanziierung eines Subtyps

Im Abschnitt 13.6 wurde erläutert, wie sich ein Objekttyp spezialisieren lässt. In diesem Zusammenhang stellt sich die Frage, welche Methoden von Instanziierungen eines Subtyps zur Ausführung gebracht werden können.

- Zunächst lässt sich feststellen, dass eine Methode, die bei der Definition eines Objekttyps vereinbart wird, durch jede Instanziierung eines Subtyps, der diesen Objekttyp spezialisiert, zur Ausführung gebracht werden kann. Dabei kann diese Methode auf die Attribute zugreifen, die für den Objekttyp sowie alle diesem Objekttyp übergeordneten Objekttypen vereinbart sind.

Im Folgenden gehen wir davon aus, dass der Objekttyp ANSCHRIFT_T und die Methode F_ANSCHRIFT gemäß der im Abschnitt 14.1 angegebenen Darstellung definiert und die zugehörige Member-Funktion F_ANSCHRIFT wie im Abschnitt 14.1 vereinbart worden sind. Ferner unterstellen wir, dass der Objekttyp ANSCHRIFT_POSTFACH_T wie im Abschnitt 13.6 definiert und die Tabelle VERTRETER_POSTFACH durch die Anweisung

```
CREATE TABLE VERTRETER_POSTFACH(
                V_NR NUMBER(4) PRIMARY KEY,
                V_NAME CHAR(30),
                V_ANSCH ANSCHRIFT_POSTFACH_T,
                V_PROV NUMBER(4,2),
                V_KONTO NUMBER(7,2));
```

vereinbart und in der im Abschnitt 13.6 angegebenen Form mit den drei Tabellenzeilen gefüllt worden ist.

Auf dieser Basis lässt sich die für den Objekttyp ANSCHRIFT_T definierte Methode F_ANSCHRIFT innerhalb der Anweisung

```
SELECT v.V_ANSCH.F_ANSCHRIFT() FROM VERTRETER_POSTFACH v;
```

zur Anforderung der folgenden Anzeige abrufen:

```
V.V_ANSCH.F_ANSCHRIFT()
-------------------------------
Wendeweg 10, 28345 Bremen
Kohlstr. 1, 28623 Bremen
Gemüseweg 3, 28115 Bremen
```

Grundsätzlich ist – im Hinblick auf die Ausführung von Methoden – Folgendes zu beachten:

- Löst eine Instanziierung einen Methodenaufruf aus, so wird diese Methode als erstes in der Definition des Objekttyps gesucht, für den diese Instanziierung erfolgt ist. Ist diese Suche erfolgreich, so wird die identifizierte Methode ausgeführt.
  Wird die gesuchte Methode jedoch nicht in der Definition des Objekttyps gefunden, so wird die Suche in dem *unmittelbar* übergeordneten Objekttyp fortgesetzt, bei erneut erfolgloser Suche anschließend in dem nächst übergeordneten Objekttyp, usw.

Bei der oben angegebenen Anforderung handelt es sich bei "v.V_ANSCH" um eine Instanziierung des Objekttyps ANSCHRIFT_POSTFACH_T. Daher wird die Methode F_ANSCHRIFT zunächst in der Definition des Objekttyps ANSCHRIFT_POSTFACH_T gesucht. Da diese Suche erfolglos ist, wird der übergeordnete Objekttyp ANSCHRIFT_T untersucht. Diese Prüfung führt zum Erfolg, und es wird die für diesen Objekttyp definierte Member-Funktion F_ANSCHRIFT zur Ausführung gebracht.

Vereinbarung einer Methode bei der Definition eines Subtyps

Im Hinblick auf die innerhalb der Tabelle VERTRETER_POSTFACH gespeicherten Postfach-Adressen ist es von Interesse, nicht zur die Haus-, sondern auch die vorhandenen Postfach-Angaben zur Anzeige bringen zu können.

Um eine derartige Anforderung stellen zu können, ist der folgende Sachverhalt zu berücksichtigen:

• Eine Methode, die bei der Definition eines Subtyps vereinbart wird, kann durch jede Instanziierung dieses Subtyps zur Ausführung gebracht werden. Dabei ist der Zugriff nicht nur auf die Attribute des Subtyps, sondern auf sämtliche Attribute aller diesem Subtyp übergeordneten Objekttypen möglich.

Sind daher die Objekttypen ANSCHRIFT_T und POSTFACH_T gemäß den Angaben im Abschnitt 14.1 bzw. 13.6 definiert worden, so lässt sich eine Member-Funktion namens F_ANSCHRIFT2 wie folgt bei der Definition des Subtyps ANSCHRIFT_POSTFACH_T – bei zuvor gelöschten Tabellen VERTRETER und VERTRETER_POSTFACH – festlegen:

```
DROP TYPE ANSCHRIFT_POSTFACH_T FORCE;
CREATE OR REPLACE TYPE ANSCHRIFT_POSTFACH_T
  UNDER ANSCHRIFT_T (POSTFACH POSTFACH_T,
    MEMBER FUNCTION F_ANSCHRIFT2 RETURN VARCHAR2,
    PRAGMA RESTRICT_REFERENCES (F_ANSCHRIFT2,WNDS,WNPS));
/
```

Sofern ein Vertreter ein Postfach besitzt, soll als Ergebnis des Funktionsaufrufs von F_ANSCHRIFT die Postfach-Adresse erhalten werden. Andernfalls soll aus dem Funktionsaufruf die Haus-Adresse resultieren.

In Anlehnung an die im Abschnitt 14.1 vorgestellte Methode F_ANSCHRIFT lässt sich die Funktions-Vereinbarung von F_ANSCHRIFT2 wie folgt angeben:

```
CREATE OR REPLACE TYPE BODY ANSCHRIFT_POSTFACH_T AS
MEMBER FUNCTION F_ANSCHRIFT2 RETURN VARCHAR2 IS
BEGIN
  IF POSTFACH.POSTFACH_NR IS NULL
  THEN
  RETURN CONCAT(RTRIM(STRASSE),
          CONCAT(' ',
              CONCAT(RTRIM(HAUSNR),
                  CONCAT(', ',
                      CONCAT(RTRIM(PLZ),
                          CONCAT(' ',RTRIM(ORT))))))) ;
  ELSE
  RETURN CONCAT('Postfach ',
```

```
                    CONCAT(RTRIM(POSTFACH.POSTFACH_NR),
                        CONCAT(', ',
                            CONCAT(RTRIM(POSTFACH.PLZ),
                                CONCAT(' ',RTRIM(ORT))))));
        END IF;
    END;
    END;
    /
```

Um die erforderliche Fallunterscheidung zu programmieren, haben wir eine IF-Anweisung eingesetzt, die folgendermaßen strukturiert ist:

```
IF  bedingung
   THEN
          anweisung-1; [ anweisung-2; ]...
   ELSE
          anweisung-3; [ anweisung-4; ]...
END  IF;
```

Abbildung 14.10: Syntax der PL/SQL-Anweisung IF

Falls die aufgeführte Bedingung zutrifft, werden die hinter dem Schlüsselwort THEN angegebenen Anweisungen ausgeführt. Ist die Bedingung nicht erfüllt, so werden die Anweisungen durchlaufen, die hinter dem Schlüsselwort ELSE eingetragen sind.

Wir unterstellen, dass die Tabelle VERTRETER_POSTFACH durch die Anweisung

```
CREATE TABLE VERTRETER_POSTFACH(
                    V_NR NUMBER(4) PRIMARY KEY,
                    V_NAME CHAR(30),
                    V_ANSCH ANSCHRIFT_POSTFACH_T,
                    V_PROV NUMBER(4,2),
                    V_KONTO NUMBER(7,2));
```

neu vereinbart und wiederum in der im Abschnitt 13.6 angegebenen Form mit den drei Tabellenzeilen gefüllt worden ist.

Für die Instanziierung "v.V_ANSCH" des Objekttyps ANSCHRIFT_POSTFACH_T kann der Funktionsaufruf der Methode F_ANSCHRIFT2 z.B. wie folgt angefordert werden:

```
SELECT v.V_ANSCH.F_ANSCHRIFT2() FROM VERTRETER_POSTFACH v;
```

Hieraus resultiert die gewünschte Anzeige:

```
V.V_ANSCH.F_ANSCHRIFT2()
--------------------------------------------
Postfach 980471, 28835 Bremen
Kohlstr. 1, 28623 Bremen
Gemüseweg 3, 28115 Bremen
```

14.4 Überdeckung von Methoden und Polymorphismus

Im Abschnitt 14.1 haben wir bei der Definition des Objekttyps ANSCHRIFT_T eine Methode zur Anzeige der Anschriften namens F_ANSCHRIFT vereinbart. Ergänzend wurde im Abschnitt 14.3 bei der Definition des dem Objekttyp ANSCHRIFT_T untergeordneten Objekttyps ANSCHRIFT_POSTFACH_T eine weitere Methode namens F_ANSCHRIFT2 festgelegt, durch die die Anzeige der Anschriften gegenüber der Methode F_ANSCHRIFT leicht modifiziert wurde. Jetzt stellen wir dar, wie eine derartige Methode zur Anzeige der Anschriften *gleichzeitig* innerhalb beider Objekttypen, d.h. sowohl bei der Definition des Objekttyps ANSCHRIFT_T als auch bei der Definition des Objekttyps ANSCHRIFT_POSTFACH_T vereinbart werden kann.

- Sind Methoden, die in einander hierarchisch untergeordneten Objekttypen vereinbart sind, gleichnamig, so spricht man von einer *Überdeckung*. Dabei überdeckt die in einem Subtyp vereinbarte Methode diejenige Methode, die in einem übergeordneten Objekttyp definiert ist.

Um eine *Überdeckung* der in ANSCHRIFT_T definierten Methode F_ANSCHRIFT durch eine gleichnamige in ANSCHRIFT_POSTFACH_T definierte Methode vornehmen zu können, müssen wir – nach der Löschung der Tabelle VERTRETER_POSTFACH und des Objekttyps ANSCHRIFT_POSTFACH_T – bei der Definition des Objekttyps ANSCHRIFT_T angeben, dass die Methode F_ANSCHRIFT in einem Subtyp erneut definiert werden darf. Hierzu sind – am Ende der CREATE TYPE-Anweisung – die beiden folgenden Schlüsselwörter aufzuführen:

```
NOT  FINAL
```

Die Vereinbarung des Objekttyps ANSCHRIFT_T ist daher wie folgt vorzunehmen:

```
CREATE OR REPLACE TYPE ANSCHRIFT_T AS OBJECT (
        STRASSE CHAR(12), HAUSNR CHAR(3),
        PLZ CHAR(5), ORT CHAR(15),
     NOT FINAL MEMBER FUNCTION F_ANSCHRIFT RETURN VARCHAR2,
     PRAGMA RESTRICT_REFERENCES
                     (F_ANSCHRIFT, WNDS, WNPS)) NOT FINAL;
/
CREATE OR REPLACE TYPE BODY ANSCHRIFT_T AS
MEMBER FUNCTION F_ANSCHRIFT RETURN VARCHAR2 IS
BEGIN RETURN CONCAT(RTRIM(STRASSE),
            CONCAT(' ',
              CONCAT(RTRIM(HAUSNR),
                CONCAT(', ',
                  CONCAT(RTRIM(PLZ),
                    CONCAT(' ',RTRIM(ORT))))))));
END;
END;
/
```

Um die Methode F_ANSCHRIFT im Subtyp ANSCHRIFT_POSTFACH_T von ANSCHRIFT_T erneut definieren zu können, müssen wir bei der Definition des Objekttyps ANSCHRIFT_POSTFACH_T angeben, dass für die Methode F_ANSCHRIFT eine Überdeckung erfolgen soll. Hierzu ist – innerhalb der CREATE TYPE- und der zugehörigen CREATE TYPE BODY-Anweisung – das Schlüsselwort

```
OVERRIDING
```

den Schlüsselwörtern "MEMBER FUNCTION" voranzustellen. Die Vereinbarung des Objekttyps ANSCHRIFT_POSTFACH_T nehmen wir daher wie folgt vor:

```
CREATE OR REPLACE TYPE ANSCHRIFT_POSTFACH_T
      UNDER ANSCHRIFT_T (
      POSTFACH POSTFACH_T,
      OVERRIDING MEMBER FUNCTION F_ANSCHRIFT
                            RETURN VARCHAR2,
      PRAGMA RESTRICT_REFERENCES;
                        (F_ANSCHRIFT, WNDS, WNPS) );
/
CREATE OR REPLACE TYPE BODY ANSCHRIFT_POSTFACH_T AS
      OVERRIDING MEMBER FUNCTION F_ANSCHRIFT
                            RETURN VARCHAR2 IS
BEGIN
   RETURN CONCAT('Postfach ',
            CONCAT(RTRIM(POSTFACH.POSTFACH_NR),
              CONCAT(', ',
                CONCAT(RTRIM(POSTFACH.PLZ),
                  CONCAT(' ',RTRIM(ORT))))));
END;
END;
/
```

Es ist erkennbar, dass wir bei den Funktions-Vereinbarungen von F_ANSCHRIFT auf den Einsatz der im Abschnitt 14.3 verwendeten IF-Anweisung verzichten konnten.

Diese Änderung innerhalb der angegebenen Definition der Methode F_ANSCHRIFT ist deswegen sinnvoll, weil – wie im Abschnitt 14.3 mitgeteilt wurde – beim Methodenaufruf grundsätzlich durch den Objekttyp der Instanziierung bestimmt wird, welche Methode zur Ausführung gelangt.

Grundsätzlich gilt:

- Da eine Überdeckung von Methoden erlaubt ist, können gleichlautende Methodenaufrufe die Ausführung völlig unterschiedlicher Member-Funktionen auslösen. Zu welcher Wirkung ein Methodenaufruf jeweils führt, wird stets durch die Instanzierung bestimmt, die den Methodenaufruf veranlasst.
  Dieses Grundprinzip, nach der Aufrufe gleichnamiger Methoden zu unterschiedlichen Ergebnissen führen können, wird als *Polymorphismus* bezeichnet.

Da bei einer Überdeckung von gleichnamigen Methoden der jeweilige Objekttyp der Instanziierung, die den Funktionsaufruf bewirkt, ausschlaggebend ist, kann die Methode F_ANSCHRIFT – auf der Basis der angegebenen Vereinbarungen des Objekttyps ANSCHRIFT_T und des Subtyps ANSCHRIFT_POSTFACH_T – jetzt sowohl von einer Instanziierung von ANSCHRIFT_T als auch von einer Instanziierung von ANSCHRIFT_POSTFACH_T aufgerufen werden.

Da die Tabelle VERTRETER_POSTFACH sowohl Tabellenzeilen, die in der Tabellenspalte V_ANSCH eine Instanziierung aus ANSCHRIFT_T enthalten, als auch Tabellenzeilen, die in der Tabellenspalte V_ANSCH eine Instanziierung aus ANSCHRIFT_POSTFACH_T enthalten, aufnehmen können soll, wird die Tabelle VERTRETER_POSTFACH wie folgt vereinbart:

```
CREATE TABLE VERTRETER_POSTFACH(
                         V_NR NUMBER(4) PRIMARY KEY,
                         V_NAME CHAR(30),
                         V_ANSCH ANSCHRIFT_T,
                         V_PROV NUMBER(4,2),
                         V_KONTO NUMBER(7,2));
```

Um in diese Tabelle Tabellenzeilen mit Werten innerhalb der Tabellenspalte V_ANSCH einzutragen, die Instanziierungen des Objekttyps ANSCHRIFT_T oder aber des zugehörigen Subtyps ANSCHRIFT_POSTFACH_T darstellen, können wir z.B. die folgenden INSERT-Anweisungen ausführen lassen:

```
INSERT INTO VERTRETER_POSTFACH VALUES(
       5016,'Meier, Franz',
       ANSCHRIFT_T('Kohlstr.','1','28623','Bremen'),
       0.05,200.00);
INSERT INTO VERTRETER_POSTFACH VALUES(
       8413,'Meyer, Emil',
       ANSCHRIFT_POSTFACH_T('Wendeweg','10',
                             '28345','Bremen',
       POSTFACH_T('980471','28835')),
       0.07,725.15);
INSERT INTO VERTRETER_POSTFACH VALUES(
       1215,'Schulze, Fritz',
       ANSCHRIFT_T('Gemüseweg','3','28115','Bremen'),
       0.06,50.50);
```

Hinweis: Um diese hier vorgestellte Form der Eingabe von Tabellenzeilen – mit unterschiedlichen Instanziierungen auf einer Tabellenspalten-Position – zu verbieten, muss die betreffende Tabellenspalte innerhalb der CREATE TABLE-Anweisung im Rahmen einer COLUMN-Klausel die folgende Syntax besitzen:

> CREATE TABLE tabellenname (spaltenname-1 datentyp-1 [, spaltenname-2 datentyp-2]...)
>
> COLUMN spaltenname-3 [, spaltenname-4]... NOT SUBSTITUTABLE AT ALL LEVELS

Abbildung 14.11: CREATE TABLE-Anweisung mit COLUMN-Klausel

Sofern V_ANSCH innerhalb der COLUMN-Klausel eingetragen wäre, könnten nur Tabellenzeilen in die Tabelle übernommen werden, bei denen der Wert für die Tabellenspalte V_ANSCH eine Instanziierung aus dem Objekttyp ANSCHRIFT_T darstellt.

Nach der Eingabe der Tabellenzeilen lässt sich die folgende Anforderung stellen:

```
SELECT v.V_ANSCH.F_ANSCHRIFT() FROM VERTRETER_POSTFACH v;
```

Daraufhin erscheint die folgende Anzeige:

```
V.V_ANSCH.F_ANSCHRIFT()
-------------------------------------
Kohlstr. 1, 28623 Bremen
Postfach 980471, 28835 Bremen
Gemüseweg 3, 28115 Bremen
```

Dieses Ergebnis, das durch den Methodenaufruf von "v.V_ANSCH" angefordert wurde, basiert darauf, dass die Methode, deren Aufruf von einer Instanziierung ausgelöst wird, als erstes in der Definition des Objekttyps gesucht wird, für den diese Instanziierung erfolgt ist.

Die zuerst und die zuletzt bearbeitete Tabellenzeile enthält innerhalb der Tabellenspalte V_ANSCH eine Instanziierung des Objekttyps ANSCHRIFT_T, sodass die Methode F_ANSCHRIFT in der in diesem Objekttyp definierten Form zur Ausführung gelangt ist. Bei der zweiten Tabellenzeile handelt es sich um eine Instanziierung des Objekttyps AN-SCHRIFT_POSTFACH_T, sodass die Methode F_ANSCHRIFT so ausgeführt wurde, wie sie beim Objekttyp ANSCHRIFT_POSTFACH_T definiert ist.

14.5 Objekte als Ergebnisse von Methodenaufrufen

Bislang haben wir geschildert, wie sich durch den Aufruf einer Member-Funktion ein Wert als Funktionsergebnis festlegen lässt, bei dessen Datentyp es sich um einen Standard-Datentyp handelt.

- Grundsätzlich kann zum Ergebnis eines Methodenaufrufs ein Objekt von einem beliebigen Objekttyp bestimmt werden, d.h. das Funktionsergebnis einer Member-Funktion kann ein *Ergebnis-Objekt* sein.

Zum Beispiel können wir nach der Löschung der Tabelle VERTRETER_ALTERNATIV und der Objekttypen STRASSENANGABE_T und ORTSANGABE_T auf der Basis deren Neudefinition mittels der Anweisungen

```
DROP TABLE VERTRETER_ALTERNATIV;
DROP TYPE STRASSENANGABE_T FORCE;
DROP TYPE ORTSANGABE_T FORCE;
CREATE OR REPLACE TYPE STRASSENANGABE_T AS OBJECT (
                 STRASSE CHAR(12), HAUSNR CHAR(3));
/
CREATE OR REPLACE TYPE ORTSANGABE_T AS OBJECT (
                 PLZ CHAR(5), ORT CHAR(15));
/
```

eine Methode F_ANSCHRIFT_STRASSENANGABE_W, bei der ein Objekt vom Objekttyp STRASSENANGABE_T als Ergebnis ermittelt wird, wie folgt bei der Vereinbarung des Objekttyps ANSCHRIFT_T_ALTERNATIV festlegen:

```
CREATE OR REPLACE TYPE ANSCHRIFT_T_ALTERNATIV AS OBJECT (
                 STRASSENANGABE STRASSENANGABE_T,
                 ORTSANGABE ORTSANGABE_T,
     MEMBER FUNCTION F_ANSCHRIFT_STRASSENANGABE_W
          RETURN STRASSENANGABE_T,
     PRAGMA RESTRICT_REFERENCES
          (F_ANSCHRIFT_STRASSENANGABE_W, WNDS, WNPS)
);
/
CREATE OR REPLACE TYPE BODY ANSCHRIFT_T_ALTERNATIV AS
MEMBER FUNCTION F_ANSCHRIFT_STRASSENANGABE_W
          RETURN STRASSENANGABE_T IS
```

```
BEGIN
    RETURN STRASSENANGABE;
END;
END;
/
```

Ist anschließend die Tabelle VERTRETER_ALTERNATIV in der im Abschnitt 14.2 angegebenen Form neu vereinbart und mit Tabellenzeilen gefüllt worden, so liefert z.B. die Anweisung

```
SELECT v.V_ANSCH.F_ANSCHRIFT_STRASSENANGABE_W()
       FROM VERTRETER_ALTERNATIV v;
```

die folgende Anzeige:

```
V.V_ANSCH.F_ANSCHRIFT_STRASSENANGABE_W()(STRASSE, HAUSNR)
-----------------------------------------------------------------
STRASSENANGABE_T('Wendeweg       ', '10 ')
STRASSENANGABE_T('Kohlstr.       ', '1  ')
STRASSENANGABE_T('Gemüseweg      ', '3  ')
```

14.6   Vergleich von Objekten

Ist die Tabelle VERTRETER unter Verwendung des Objekttyps ANSCHRIFT_T so vereinbart worden, wie es im Abschnitt 14.1 beschrieben wurde, so lässt sich die folgende Anweisung ausführen:

```
SELECT * FROM VERTRETER WHERE V_ANSCH
       = ANSCHRIFT_T('Wendeweg','10','28345','Bremen');
```

Dass diese Anforderung formal korrekt ist, basiert auf dem folgenden Sachverhalt:

- Zwei Objekte, die aus ein und demselben Objekttyp instanziiert wurden, können stets auf Gleichheit und auf Ungleichheit geprüft werden.

  Eine Gleichheit liegt dann vor, wenn beide Objekte in sämtlichen Attributwerten übereinstimmen. Unterscheiden sich die Objekte in mindestens einem Attributwert, so sind sie voneinander verschieden.

Daher ist auch die folgende Anweisung eine zulässige Anforderung:

```
SELECT v.V_NR, v.V_ANSCH FROM VERTRETER v WHERE v.V_ANSCH
       <> ANSCHRIFT_T('Wendeweg','10','28345','Bremen');
```

Nicht zulässig ist die Anforderung andersartiger Vergleiche – wie z.B. die wie folgt formulierte Prüfung auf Ungleichheit:

```
SELECT v.V_NR, v.V_ANSCH FROM VERTRETER v WHERE v.V_ANSCH
       < ANSCHRIFT_T('Wendeweg','10','28345','Bremen');
```

Um zwei Objekte im Hinblick auf die Beziehung "<" vergleichen zu können, muss eine dazu geeignete Methode zur Verfügung stehen.
Zum Beispiel können wir die gewünschte Auswertung durch

```
SELECT v.V_NR, v.V_ANSCH FROM VERTRETER v
       WHERE v.V_ANSCH.VERGLEICH(
       ANSCHRIFT_T('Wendeweg','10','28345','Bremen'))=1;
```

anfordern, sofern wir uns auf eine für den Objekttyp ANSCHRIFT_T vereinbarte Methode VERGLEICH stützen. Dabei ist festzulegen, wie das beim Methodenaufruf angegebene Argument vom Objekttyp ANSCHRIFT_T mit dem Objekt verglichen wird, auf das die Methode VERGLEICH wirkt (hier: das durch "v.V_ANSCH" gekennzeichnete Spalten-Objekt).

Wir führen diesen Vergleich auf den Vergleich zweier Zeichenketten zurück, die aus den beiden Objekten jeweils durch die Anwendung der Methode F_ADRESSE_INV resultieren. Dabei soll diese Methode, die ebenfalls für den Objekttyp ADRESSE_T festgelegt sein muss, aus den Attributwerten eines Objektes vom Objekttyp ADRESSE_T eine Zeichenkette – ohne Leerzeichen – aufbauen, innerhalb der zunächst der Ort, dann die Postleitzahl, danach die Straße und letztlich die Hausnummer angeordnet ist.

Sofern die Zeichenkette, die aus dem Argument der Methode VERGLEICH resultiert, in der lexikographischen Sortierordnung größer (kleiner) als die Zeichenkette ist, die aus dem Objekt aufgebaut wird, auf das die Methode VERGLEICH wirkt, soll der Funktionswert der korrespondierenden Member-Funktion den numerischen Wert 1 (-1) annehmen. Bei Gleichheit der beiden ermittelten Zeichenketten soll sich der Funktionswert 0 ergeben.

Um diese Anforderungen zu erfüllen, kann der Objekttyp ANSCHRIFT_T durch die folgende CREATE TYPE-Anweisung verabredet werden:

```
DROP TYPE ANSCHRIFT_T FORCE;
CREATE TYPE ANSCHRIFT_T AS OBJECT (
                    STRASSE CHAR(12),
                    HAUSNR CHAR(3),
                    PLZ CHAR(5),
                    ORT CHAR(15),
   MEMBER FUNCTION F_ANSCHRIFT_INV RETURN VARCHAR2,
   MEMBER FUNCTION VERGLEICH (OBJ ANSCHRIFT_T)
                    RETURN NUMBER,
   PRAGMA RESTRICT_REFERENCES (F_ANSCHRIFT_INV,WNDS,WNPS),
   PRAGMA RESTRICT_REFERENCES (VERGLEICH, WNDS, WNPS)
   );
/
```

Die Implementierung der beiden Member-Funktionen F_ANSCHRIFT_INV und VER-GLEICH wird wie folgt vereinbart:

```
CREATE OR REPLACE TYPE BODY ANSCHRIFT_T AS
MEMBER FUNCTION F_ANSCHRIFT_INV RETURN VARCHAR2 IS
BEGIN
   RETURN CONCAT(RTRIM(ORT),CONCAT(RTRIM(PLZ),
       CONCAT(RTRIM(STRASSE),RTRIM(HAUSNR))));
END;
```

```
MEMBER FUNCTION VERGLEICH(OBJ ANSCHRIFT_T) RETURN NUMBER
    IS BEGIN
-- Funktionsergebnis = 1, falls das Argument
-- in der Sortierordnung größer ist:
    IF SELF.F_ANSCHRIFT_INV() < OBJ.F_ANSCHRIFT_INV()
        THEN RETURN 1;
-- Funktionsergebnis = -1, falls das Argument
-- in der Sortierordnung kleiner ist:
    ELSIF SELF.F_ANSCHRIFT_INV() >OBJ.F_ANSCHRIFT_INV()
        THEN RETURN -1;
-- Funktionsergebnis = 0, falls das Argument
-- in der Sortierordnung gleich ist:
    ELSE RETURN 0;
    END IF;
    END;
END;
/
```

In der Funktions-Vereinbarung der Member-Funktion VERGLEICH sind Kommentar-Informationen sowie die PL/SQL-Anweisungen IF, ELSIF, ELSE und END IF enthalten.

- Grundsätzlich lassen sich Texte als *Kommentare* innerhalb von PL/SQL- und SQL-Anweisungen dadurch kenntlich machen, dass sie – wie in diesem Fall als Kommentar-Zeile – durch zwei aufeinanderfolgende Bindestriche "–" eingeleitet werden.
  Wie bereits zuvor dargestellt, kann ein Text auch dadurch als Kommentar ausgewiesen werden, dass ihm die beiden Zeichen "/∗" – innerhalb einer vorausgehenden Zeile – vorangestellt werden und ihm die beiden Zeichen "∗/" als Endekennung folgen.

Durch die IF-Anweisung

```
IF SELF.F_ANSCHRIFT_INV() < OBJ.F_ANSCHRIFT_INV()
    THEN RETURN 1;
```

wird festgelegt, dass "1" als Funktionswert bestimmt ist, sofern die Bedingung

```
SELF.F_ANSCHRIFT_INV() < OBJ.F_ANSCHRIFT_INV()
```

erfüllt wird. Während der Methodenaufruf "F_ANSCHRIFT_INV()", der rechts vom Ungleichheitszeichen angegeben ist, auf dasjenige Objekt wirkt, das als Argument der Member-Funktion VERGLEICH aufgeführt wird, beschreibt der links vom Ungleichheitszeichen stehende Ausdruck

```
SELF.F_ANSCHRIFT_INV()
```

dass die Methode F_ANSCHRIFT für das Objekt ausgeführt werden soll, auf das die Methode VERGLEICH angewendet wird.

Generell gilt:

- Das Schlüsselwort SELF, das innerhalb der Funktions-Vereinbarung der Member-Funktion aufgeführt ist, steht stellvertretend für dasjenige Objekt, auf das die Methode, die mit der Member-Funktion korrespondiert, angewendet wird.

Durch die IF-Anweisung

```
IF SELF.F_ANSCHRIFT_INV() < OBJ.F_ANSCHRIFT_INV()
    THEN RETURN 1;
```

wird folglich der Wert "1" als Funktionswert ermittelt, wenn das Argument von VERGLEICH in der Sortierordnung größer als dasjenige Objekt ist, auf das die Methode VERGLEICH wirkt. Entsprechend wird durch die ELSIF-Anweisung

```
ELSIF SELF.F_ANSCHRIFT_INV() > OBJ.F_ANSCHRIFT_INV()
        THEN RETURN -1;
```

dafür gesorgt, dass der Wert "-1" als Funktionswert ermittelt wird, sofern das Argument von VERGLEICH in der Sortierordnung kleiner als dasjenige Objekt ist, auf das die Methode VERGLEICH wirkt.

Dafür, dass im Fall der Gleichheit der Wert 0 als Ergebnis erhalten wird, sorgt die folgende ELSE-Anweisung:

```
ELSE RETURN 0;
```

Nachdem die Methoden F_ANSCHRIFT_INV und VERGLEICH verabredet und die im Abschnitt 14.1 aufgeführten Anweisungen zur erneuten Einrichtung der Tabelle VERTRETER in der dort angegebenen Form ausgeführt sind, lässt sich die SELECT-Anweisung

```
SELECT t.V_NR, t.V_ANSCH FROM VERTRETER t WHERE
    t.V_ANSCH.VERGLEICH(
        ANSCHRIFT_T('Wendeweg','10','28345','Bremen'))=1;
```

zur Ausführung bringen. Da hierdurch die Zeilen der Tabelle VERTRETER bestimmt werden, bei denen der Inhalt von V_ANSCH in der verabredeten Sortierfolgeordnung kleiner als die durch "ANSCHRIFT_T('Wendeweg','10', '28345','Bremen')" gekennzeichnete Adresse ist, resultiert die folgende Anzeige:

```
V_NR V_ANSCH(STRASSE, HAUSNR, PLZ, ORT)
---- ---------------------------------------------------------------
1215 ANSCHRIFT_T('Gemüseweg  ', '3 ', '28115', 'Bremen   ')
```

14.7 Vereinbarungen für den Vergleich von Objekten

14.7.1 Einsatz einer Map-Methode

Nachdem wir eine Möglichkeit vorgestellt haben, wie sich eine Methode zur Durchführung spezieller Vergleiche einsetzen lässt, geben wir nachfolgend an, wie man eine generell wirkende Vergleichs-Methode vereinbaren kann. Eine derartig verabredete Methode hat den Vorteil, dass auf sie system-seitig immer dann intern zurückgegriffen wird, wenn Vergleiche für Objekte desjenigen Objekttyps durchgeführt werden müssen, bei dessen Vereinbarung eine derartige Methode definiert wurde.

Als erstes stellen wir eine Möglichkeit vor, bei der eine Vergleichs-Methode – als *Map-Methode* – in Form einer *Map-Member-Funktion* festgelegt wird. Das durch die Ausführung dieser Funktion resultierende Funktionsergebnis, das eine Zahl, eine Zeichenkette oder ein Datum sein muss, bildet die Basis für den Objekt-Vergleich.

Sofern wir beim Vergleich zweier Objekte vom Typ ANSCHRIFT_T den Vergleich mittels Zeichenketten vornehmen lassen wollen, bei denen jeweils zunächst der Ort, dann die Postleitzahl, dann die Straße und schließlich die Hausnummer aufgeführt sind, gehen wir wie folgt vor:

```
DROP TYPE ANSCHRIFT_T FORCE;
CREATE TYPE ANSCHRIFT_T AS OBJECT (STRASSE CHAR(12),
                                   HAUSNR CHAR(3),
                                   PLZ CHAR(5),
                                   ORT CHAR(15),
       MEMBER FUNCTION F_ANSCHRIFT RETURN VARCHAR2,
       MAP MEMBER FUNCTION F_ANSCHRIFT_MAP RETURN VARCHAR2,
       PRAGMA RESTRICT_REFERENCES (F_ANSCHRIFT,WNDS,WNPS),
       PRAGMA RESTRICT_REFERENCES
                 (F_ANSCHRIFT_MAP, WNDS, WNPS, RNDS, RNPS)
);
/
CREATE OR REPLACE TYPE BODY ANSCHRIFT_T AS
MEMBER FUNCTION F_ANSCHRIFT RETURN VARCHAR2 IS
BEGIN
   RETURN CONCAT(RTRIM(STRASSE),
          CONCAT(' ',
            CONCAT(RTRIM(HAUSNR),
              CONCAT(', ',
                CONCAT(RTRIM(PLZ),
                  CONCAT(' ',RTRIM(ORT))))))) ;
END;
MAP MEMBER FUNCTION F_ANSCHRIFT_MAP RETURN VARCHAR2 IS
BEGIN
   RETURN CONCAT(RTRIM(ORT),
          CONCAT(RTRIM(PLZ),
            CONCAT(RTRIM(STRASSE),RTRIM(HAUSNR)))) ;
END;
END;
/
```

Hinweis: Bei der Vereinbarung einer standardmäßig wirkenden Methode zum Vergleich zweier Objekte müssen die Schlüsselwörter "RNDS" und "RNPS" zusätzlich in die Kompilierer-Direktive "PRAGMA" aufgenommen werden.

Generell gilt:

- Innerhalb der CREATE TYPE-Anweisung und der CREATE TYPE BODY-Anweisung muss die Map-Member-Funktion mit dem Schlüsselwort MAP eingeleitet werden.

Nachdem die Map-Member-Funktion F_ANSCHRIFT_MAP verabredet und die Anweisungen zum Neuaufbau der Tabelle VERTRETER und der zugehörigen Tabellenzeilen in der im Abschnitt 14.1 angegebenen Form ausgeführt wurden, resultiert aus der Anweisung

```
SELECT V_NR, V_ANSCH FROM VERTRETER ORDER BY V_ANSCH;
```

das folgende Ergebnis, bei dem eine aufsteigende Sortierung gemäß der Adressdaten vorliegt:

```
V_NR V_ANSCH(STRASSE, HAUSNR, PLZ, ORT)
---- ----------------------------------------------------------------
1215 ANSCHRIFT_T('Gemüseweg   ', '3  ', '28115', 'Bremen  ')
8413 ANSCHRIFT_T('Wendeweg    ', '10 ', '28345', 'Bremen  ')
5016 ANSCHRIFT_T('Kohlstr.    ', '1  ', '28623', 'Bremen  ')
```

Dagegen resultiert die Anzeige

```
V_NR V_ANSCH(STRASSE, HAUSNR, PLZ, ORT)
---- ----------------------------------------------------------------
8413 ANSCHRIFT_T('Wendeweg    ', '10 ', '28345', 'Bremen  ')
5016 ANSCHRIFT_T('Kohlstr.    ', '1  ', '28623', 'Bremen  ')
1215 ANSCHRIFT_T('Gemüseweg   ', '3  ', '28115', 'Bremen  ')
```

sofern die Anweisung – ohne eine ORDER BY-Klausel – in der Form

```
SELECT V_NR, V_ANSCH FROM VERTRETER;
```

ausgeführt wird. Durch die vereinbarte Map-Member-Funktion F_ANSCHRIFT_MAP ist nun auch die Anweisung

```
SELECT V_NR, V_ANSCH FROM VERTRETER
   WHERE V_ANSCH <
       ANSCHRIFT_T('Wendeweg','10','28345','Bremen');
```

ausführbar, die das folgende Ergebnis liefert:

```
V_NR V_ANSCH(STRASSE, HAUSNR, PLZ, ORT)
---- ----------------------------------------------------------------
1215 ANSCHRIFT_T('Gemüseweg   ', '3  ', '28115', 'Bremen  ')
```

14.7.2 Einsatz einer Order-Methode

Anstelle einer Map-Methode kann – alternativ – auch eine *Order-Methode* eingesetzt werden, die in Form einer *Order-Member-Funktion* bei der Vereinbarung eines Objekttyps festgelegt werden muss. Eine derartige Order-Member-Funktion muss einen numerischen Ergebniswert liefern, der die Größenbeziehung zwischen dem Objekt, auf das die Order-Methode wirkt, und einem zweiten Objekt bestimmt, das als Argument angegeben werden muss.

Um eine Order-Methode festzulegen, vereinbaren wir die Order-Member-Funktion F_AN-SCHRIFT_ORDER wie folgt mit einem Argument vom Objekttyp ANSCHRIFT_T:

```
DROP TYPE ANSCHRIFT_T FORCE;
CREATE TYPE ANSCHRIFT_T AS OBJECT (
                    STRASSE CHAR(12),
                    HAUSNR CHAR(3),
                    PLZ CHAR(5),
                    ORT CHAR(15),
```

```
   MEMBER FUNCTION F_ANSCHRIFT RETURN VARCHAR2,
   ORDER MEMBER FUNCTION F_ANSCHRIFT_ORDER(OBJ ANSCHRIFT_T)
                    RETURN INTEGER,
   PRAGMA RESTRICT_REFERENCES (F_ANSCHRIFT, WNDS, WNPS),
   PRAGMA RESTRICT_REFERENCES
                  (F_ANSCHRIFT_ORDER,WNDS,WNPS,RNPS,RNDS)
   );
/
CREATE OR REPLACE TYPE BODY ANSCHRIFT_T AS
MEMBER FUNCTION F_ANSCHRIFT RETURN VARCHAR2 IS
BEGIN RETURN CONCAT(RTRIM(STRASSE),
              CONCAT(' ',
                CONCAT(RTRIM(HAUSNR),
                  CONCAT(', ',
                    CONCAT(RTRIM(PLZ),
                      CONCAT(' ',RTRIM(ORT))))))));
END;
ORDER MEMBER FUNCTION F_ANSCHRIFT_ORDER (OBJ ANSCHRIFT_T)
                  RETURN INTEGER IS
BEGIN
IF CONCAT(RTRIM(SELF.ORT),CONCAT(RTRIM(SELF.PLZ),
     CONCAT(RTRIM(SELF.STRASSE),RTRIM(SELF.HAUSNR))))
  <=
     CONCAT(RTRIM(OBJ.ORT),CONCAT(RTRIM(OBJ.PLZ),
       CONCAT(RTRIM(OBJ.STRASSE),RTRIM(OBJ.HAUSNR))))
THEN RETURN 1;
ELSE RETURN -1;
END IF;
END;
END;
/
```

Hinweis: Es ist zu beachten, dass bei der Ausführung einer SELECT-Anweisung – durch die von uns vereinbarte Order-Methode – dann keine Anzeige resultiert, wenn innerhalb der WHERE-Klausel für eine Instanziierung des Objekttyps ANSCHRIFT_T eine Abfrage auf Gleichheit durchgeführt wird.

Generell gilt:

- Innerhalb der **CREATE TYPE**-Anweisung und innerhalb der **CREATE TYPE BODY**-Anweisung muss die Order-Member-Funktion jeweils mit dem Schlüsselwort ORDER eingeleitet werden.

  Es dürfen niemals eine Map- und eine Order-Methode gleichzeitig vereinbart sein.

Nachdem die Order-Member-Funktion F_ANSCHRIFT_ORDER vereinbart ist und wiederum die Anweisungen zum Neuaufbau der Tabelle VERTRETER in der im Abschnitt 14.1 angegebenen Form ausgeführt sind, liefert die Anweisung

```
SELECT V_NR, V_ANSCH FROM VERTRETER ORDER BY V_ANSCH;
```

das folgende Ergebnis, bei dem eine fallende Sortierung vorliegt:

```
V_NR V_ANSCH(STRASSE, HAUSNR, PLZ, ORT)
---- --------------------------------------------------------------
5016 ANSCHRIFT_T('Kohlstr.    ', '1  ', '28623', 'Bremen   ')
8413 ANSCHRIFT_T('Wendeweg    ', '10 ', '28345', 'Bremen   ')
1215 ANSCHRIFT_T('Gemüseweg   ', '3  ', '28115', 'Bremen   ')
```

14.8 Überladung von Methoden

In den vorausgehenden Abschnitten haben wir dargestellt, dass sich beim DB-System ORACLE Objekttypen als benutzer-seitig definierte Datentypen festlegen lassen, aus denen Objekte instanziiert werden können. Jedes Objekt ist durch ein oder mehrere Attribute gekennzeichnet, deren zugehörige Attributwerte in Instanz-Variablen gespeichert sind. Diese Instanz-Variablen werden durch die Attributnamen gekennzeichnet, die – bei der Vereinbarung des jeweiligen Objekttyps – innerhalb einer CREATE TYPE-Anweisung aufgeführt werden. Instanziierte Objekte können diejenigen Methoden ausführen, die innerhalb des jeweils zugehörigen Objekttyps als Member-Funktionen vereinbart wurden. Objekte, die aus demselben Objekttyp instanziiert wurden, können untereinander in beliebiger Form verglichen werden, wenn eine Map-Methode bzw. eine Order-Methode für den Objekttyp vereinbart worden ist. Da Methoden objekttyp-spezifisch festgelegt werden, ist es zulässig, dass gleichnamige Methoden für verschiedene Objekttypen vereinbart werden.

- Darüber hinaus ist es unter bestimmten Umständen zusätzlich möglich, gleichnamige Methoden innerhalb einer Objekttyp-Vereinbarung festzulegen. Man spricht in dieser Situation von einer *Überladung*.

Methoden einander überladen zu können, ist dann vorteilhaft, wenn die Form von Methoden-Ausführungen durch die jeweiligen Argumente gesteuert werden soll.

Zum Beispiel kann die oben angegebene Objekttyp-Vereinbarung von ANSCHRIFT_T wie folgt erweitert werden:

```
DROP TYPE ANSCHRIFT_T FORCE;
CREATE TYPE ANSCHRIFT_T AS OBJECT (STRASSE CHAR(12),
        HAUSNR CHAR(3), PLZ CHAR(5), ORT CHAR(15),
 MEMBER FUNCTION F_ANSCHRIFT_INV RETURN VARCHAR2,
 PRAGMA RESTRICT_REFERENCES(F_ANSCHRIFT_INV,WNDS,WNPS),
 MEMBER FUNCTION VERGLEICH(OBJ ANSCHRIFT_T) RETURN NUMBER,
 PRAGMA RESTRICT_REFERENCES(VERGLEICH, WNDS, WNPS),
 MEMBER FUNCTION VERGLEICH RETURN NUMBER,
 PRAGMA RESTRICT_REFERENCES(VERGLEICH, WNDS, WNPS)
);
/
CREATE OR REPLACE TYPE BODY ANSCHRIFT_T AS
MEMBER FUNCTION F_ANSCHRIFT_INV RETURN VARCHAR2 IS
BEGIN
    RETURN CONCAT(RTRIM(ORT),CONCAT(RTRIM(PLZ),
        CONCAT(RTRIM(STRASSE),RTRIM(HAUSNR))));
END;
MEMBER FUNCTION VERGLEICH(OBJ ANSCHRIFT_T) RETURN NUMBER
IS BEGIN
    IF SELF.F_ANSCHRIFT_INV() < OBJ.F_ANSCHRIFT_INV()
        THEN RETURN 1;
```

```
      ELSIF SELF.F_ANSCHRIFT_INV() > OBJ.F_ANSCHRIFT_INV()
             THEN RETURN -1;
      ELSE RETURN 0;
      END IF;
  END;
  MEMBER FUNCTION VERGLEICH RETURN NUMBER IS
    BEGIN IF ORT = 'Bremen' THEN RETURN 1;
         ELSE RETURN 0;
         END IF;
    END;
  END;
  /
```

In dieser Situation gibt es zwei Methoden namens VERGLEICH. In dem einen Fall ist
(wie bisher) beim Methodenaufruf ein Argument anzugeben, und in dem anderen Fall
darf kein Argument aufgeführt werden. Führen wir z.B. nach dem Neuaufbau der Tabelle
VERTRETER in der im Abschnitt 14.1 angegebenen Form die Anweisung

```
SELECT v.V_NR FROM VERTRETER v
   WHERE v.V_ANSCH.VERGLEICH(
         ANSCHRIFT_T('Wendeweg','10','28345','Bremen'))=1;
```

aus, so erhalten wir die Anzeige:

```
   V_NR
----------
   1215
```

Dagegen ergibt sich durch die Ausführung von

```
SELECT v.V_NR FROM VERTRETER v
              WHERE v.V_ANSCH.VERGLEICH() = 1;
```

das folgende Ergebnis:

```
   V_NR
----------
   8413
   5016
   1215
```

Generell ist die Überladung einer Methode durch eine oder mehrere gleichnamige Methoden immer dann bei der Vereinbarung eines Objekttyps möglich, wenn mindestens eine der
folgenden Voraussetzungen erfüllt ist:

- Die zugehörigen Member-Funktionen besitzen eine unterschiedliche Anzahl von Argumenten.

- Die Argumente der zugehörigen Member-Funktionen unterscheiden sich im Hinblick auf ihre Reihenfolge.

- Die für die Argumente festgelegten Datentypen unterscheiden sich bei den zugehörigen Member-Funktionen in mindestens einem Argument.

KAPITEL 15

SPEZIELLE OBJEKTTYPEN ZUM SAMMELN VON OBJEKTEN

15.1 Einsatz von Sammlern

Ergänzend zu den bislang betrachteten Bestandsdaten unterstellen wir für das Folgende, dass für die einzelnen Vertreter zusätzliche Informationen in Form von Gebietsangaben vorliegen, die durch die folgenden Zeichenketten festgelegt sind:

```
"Ostfriesland, Aurich"
"Ostfriesland, Borkum"
"Land Bremen, Bremerhaven"
"Land Bremen, Stadtteil Walle"
```

Sofern für jeden Vertreter nur eine einzige Gebietsangabe im Bestand enthalten sein soll, kann die Tabelle VERTRETER – auf der Basis ihrer ursprünglichen Vereinbarung unter Verwendung von "V_ANSCH CHAR(30)" – um eine Spaltenangabe der Form

```
GEBIETS_NAME CHAR(30)
```

erweitert werden, sodass die Vereinbarung der Tabelle VERTRETER wie folgt vorgenommen werden müsste:

```
CREATE TABLE VERTRETER(V_NR NUMBER(4) PRIMARY KEY,
                       V_NAME CHAR(30),
                       V_ANSCH CHAR(30),
                       V_PROV NUMBER(4,2),
                       V_KONTO NUMBER(7,2),
                       GEBIETS_NAME CHAR(30));
```

Im Hinblick auf eine möglichst redundanzfreie Speicherung ist es jedoch sinnvoller, eine Tabelle namens GEBIET in der Form

```
CREATE TABLE GEBIET(V_NR        NUMBER(4),
                    GEBIETS_NAME CHAR(30));
```

aufzubauen und die Verbindung mit den Daten der Tabelle VERTRETER über die Spalte V_NR herzustellen.

Da jedoch einem Vertreter im Normalfall mehrere Gebiete zugeteilt sind – z.B. könnten für den Vertreter mit der Kennzahl 8413 die Gebiete "Ostfriesland, Aurich" und "Ostfriesland, Borkum" festgelegt sein –, ist diese Form der Strukturierung nicht ausreichend.

Es ist naheliegend, sich eine Speicherung zu wünschen, bei der sich die einzelnen Gebiete als Zeilen innerhalb einer zeilen-orientierten Struktur sammeln lassen.

Um Werte in dieser Form aufbewahren zu können, stellt das DB-System ORACLE spezielle Objekttypen zur Verfügung.

- Es gibt tabellenartig strukturierte Objekttypen, in deren Instanziierungen sich Werte vom selben Datentyp aufbewahren lassen. Wegen dieser Fähigkeit werden derartige Instanziierungen als *Sammler* bezeichnet.

Im Folgenden werden wir erläutern, wie sich Sammler einrichten und bearbeiten lassen. Dabei werden wir zwischen Varray-Sammlern, für die die Anzahl der sammelbaren Werte nach oben hin beschränkt ist, und Nested-Sammlern unterscheiden, in denen beliebig viele Werte aufbewahrt werden können.

15.2 Vereinbarung von Objekttypen zum Aufbau von Varray-Sammlern

Um einen Sammler einzurichten, kann die folgende Form der CREATE TYPE-Anweisung eingesetzt werden:

CREATE [OR REPLACE] TYPE objekttyp AS VARRAY (anzahl) OF datentyp ;

/

Abbildung 15.1: Einrichtung eines Varray-Sammlers

Diese Anweisung bestimmt, dass der Objekttyp "objekttyp" eine tabellenartige Strukturierung besitzt, die in "anzahl" Einheiten gegliedert ist. Dabei lässt sich in jeder Einheit ein Wert vom Datentyp "datentyp" speichern.

Hinweis: Als Datentyp kann ein Standard-Datentyp oder ein Objekttyp verwendet werden.

- Ein Sammler mit der Eigenschaft, *beschränkt viele* Werte aufbewahren zu können, muss als Instanziierung eines Objekttyps eingerichtet werden, der durch eine CREATE TYPE-Anweisung der angegebenen Form vereinbart wurde.

  Einen derartigen Sammler bezeichnen wir fortan als *Varray-Sammler*.

Wir erläutern den Einsatz eines Varray-Sammlers, indem wir eine Tabelle einrichten, in der sich die Vertreterkennzahlen sowie die zugehörigen Sammler, in denen die Gebietsangaben aufbewahrt werden, speichern lassen.

Da jede einzelne Gebietsangabe in Form einer Zeichenkette vorliegt, die aus maximal 30 Zeichen bestehen kann, lässt sich der Objekttyp, aus dem die benötigten Sammler als Instanziierungen eingerichtet werden sollen, z.B. durch die folgende CREATE TYPE-Anweisung einrichten:

```
CREATE TYPE GEBIETS_NAMEN_TYP AS VARRAY(3) OF CHAR(30);
/
```

Jeder Sammler, der durch die Instanziierung des Objekttyps GEBIETS_NAMEN_TYP eingerichtet wird, kann bis zu drei Gebietsangaben pro Vertreter aufbewahren.

Um einen allgemeineren Ansatz vorzustellen, erläutern wir nachfolgend, wie die benötigten Sammler zu vereinbaren sind, wenn der Datentyp für die zu sammelnden Werte nicht durch den Standard-Datentyp CHAR, sondern in Form eines Objekttyps festgelegt wird.

Hinweis: Eine derartige Vereinbarung stellt die Basis für eine Übertragung der gesammelten Gebietsangaben in einen anders strukturierten Sammler dar, den wir im Abschnitt 15.4 als "Nested-Sammler" kennen lernen werden.

Um für die zu sammelnden Gebietsangaben geeignete Sammler einzurichten, in denen sich Objekte als Instanziierungen eines geeigneten Objekttyps sammeln lassen, stellen wir die folgenden Anforderungen:

```
CREATE TYPE GEBIETS_NAME_T
                    AS OBJECT(GEBIETS_NAME CHAR(30));
/
CREATE TYPE GEBIETS_NAMEN_V_T
                    AS VARRAY(3) OF GEBIETS_NAME_T;
/
```

Hierdurch ist festgelegt, dass es sich bei jeder Instanziierung des Objekttyps "GE-BIETS_NAMEN_V_T" um einen Varray-Sammler handelt, in dem sich maximal drei Objekte vom Objekttyp "GEBIETS_NAME_T" sammeln lassen.

Die Tabelle, in der die Gebietsangaben gespeichert werden sollen, können wir z.B. durch die folgende Anweisung erstellen:

```
CREATE TABLE GEBIET_V(V_NR NUMBER(4),
                    GEBIETS_NAMEN_V GEBIETS_NAMEN_V_T);
```

Hinweis: Zur Verdeutlichung, dass wir Varray-Sammler zum Sammeln der vertreter-spezifischen Gebietsangaben verwenden, haben wir anstelle des oben für eine derartige Tabelle vorgeschlagenen Namens "GEBIET" den Tabellennamen "GEBIET_V" vergeben.

Durch die angegebene Vereinbarung wird in der Tabelle GEBIET_V eine Spalte namens GEBIETS_NAMEN_V eingerichtet, in der sich Spalten-Objekte vom Objekttyp GE-BIETS_NAMEN_V_T, d.h. Varray-Sammler, speichern lassen.

15.3 Instanziierung und Verarbeitung von Varray-Sammlern

Um die Vertreterkennzahl sowie die oben aufgeführten Gebietsangaben für den Vertreter mit der Kennzahl 8413 innerhalb der Tabelle GEBIET_V zu speichern, verwenden wir die folgende INSERT-Anweisung:

```
INSERT INTO GEBIET_V
        VALUES(8413, GEBIETS_NAMEN_V_T (
            GEBIETS_NAME_T('Ostfriesland, Aurich'),
            GEBIETS_NAME_T('Ostfriesland, Borkum') )
            );
```

Bei der Einrichtung der Tabellenzeile wird der der Kennzahl 8413 zugeordnete Varray-Sammler mit den Objekten "GEBIETS_NAME_T('Ostfriesland, Aurich')" und "GE-BIETS_NAME_T('Ostfriesland, Borkum')" gefüllt.

- Die Objekte, die im Sammler aufbewahrt werden sollen, sind hinter der Klammer "(", die dem Namen des Varray-Sammlers folgt, aufzuführen und paarweise durch jeweils ein Komma voneinander abzugrenzen.

  Ein Varray-Sammler darf auch als *leerer* Varray-Sammler eingerichtet werden, indem bei seiner Instanziierung kein Objekt angegeben wird.

  Hinweis: In dieser Situation lässt sich der leere Sammler durch "GEBIETS_NAMEN_V_T()" kennzeichnen.

Eine entsprechende Speicherung erfolgt für einen der Kennzahl 1215 zugeordneten Varray-Sammler, indem wir die folgende INSERT-Anweisung zur Ausführung bringen:

```
INSERT INTO GEBIET_V VALUES(1215, GEBIETS_NAMEN_V_T (
      GEBIETS_NAME_T('Ostfriesland, Borkum'),
      GEBIETS_NAME_T('Land Bremen, Stadtteil Walle')));
```

Hierdurch wird der der Kennzahl 1215 zugeordnete Sammler mit den Gebietsangaben "Ostfriesland, Borkum" und "Land Bremen, Stadtteil Walle" gefüllt. Diese Angaben werden im Sammler durch die Objekte GEBIETS_NAME_T('Ostfriesland, Borkum') und GEBIETS_NAME_T ('Land Bremen, Stadtteil Walle') verkörpert.

Sofern wir den aktuellen Inhalt der Tabelle GEBIET_V durch die Anforderung

```
SELECT * FROM GEBIET_V;
```

abrufen lassen, erhalten wir die folgende Anzeige:

```
V_NR   GEBIETS_NAMEN_V(GEBIETS_NAME)
----   -------------------------------------------------------------------
8413   GEBIETS_NAMEN_V_T(GEBIETS_NAME_T('Ostfriesland, Aurich'),
                         GEBIETS_NAME_T('Ostfriesland, Borkum'))

1215   GEBIETS_NAMEN_V_T(GEBIETS_NAME_T('Ostfriesland, Borkum'),
                         GEBIETS_NAME_T('Land Bremen, Stadtteil Walle'))
```

Um allein die Gebietsangaben für den Vertreter mit der Kennzahl 8413 zu erhalten, ist die SELECT-Anweisung wie folgt abzuändern:

```
SELECT GEBIETS_NAMEN_V FROM GEBIET_V WHERE V_NR = 8413;
```

Um den Inhalt des für den Vertreter mit der Kennzahl 8413 eingerichteten Varray-Sammlers *insgesamt* zu ersetzen, kann in der aktuellen Situation z.B. die folgende Anweisung formuliert werden:

```
UPDATE GEBIET_V SET GEBIETS_NAMEN_V = GEBIETS_NAMEN_V_T (
             GEBIETS_NAME_T('Ostfriesland, Aurich'),
             GEBIETS_NAME_T('Ostfriesland, Borkum'))
             WHERE V_NR=8413;
```

Sollen z.B. die Angaben vom Vertreter mit der Kennzahl 8413 für den Vertreter mit der Kennzahl 5016 übernommen werden, so lässt sich hierzu die Anweisung

```
INSERT INTO GEBIET_V
      SELECT 5016, GEBIETS_NAMEN_V
             FROM GEBIET_V WHERE V_NR=8413;
```

zur Ausführung bringen.

15.4 Vereinbarung von Objekttypen zum Aufbau von Nested-Sammlern

Die bisherige Vorgehensweise ist dann nachteilig, wenn die Anzahl der maximal möglichen Gebietsangaben vorab nicht einschätzbar ist. In diesem Fall wünscht man sich Sammler, die wie normale Tabellen strukturiert sind, sodass keine Begrenzungen im Hinblick auf deren Zeilenanzahlen bestehen.

Um derartige Sammler einrichten zu können, muss die folgende Form der CREATE TYPE-Anweisung verwendet werden:

```
CREATE [ OR REPLACE ] TYPE objekttyp-1 AS TABLE OF objekttyp-2 ;
/
```

Abbildung 15.2: Einrichtung eines Objekttyps mit Tabellen-Struktur

Hierdurch wird vereinbart, dass "objekttyp-1" die Struktur einer Tabelle besitzt, deren Zeilen-Strukturierung durch den Objekttyp "objekttyp-2" festgelegt ist.

- Ein Sammler mit der Eigenschaft, *beliebig viele* Werte aufbewahren zu können, lässt sich als Instanziierung von "objekttyp-1" einrichten. Zur Abgrenzung von einem Varray-Sammler bezeichnen wir einen derartigen Sammler fortan als *Nested-Sammler*.

Um den Einsatz von Nested-Sammlern zu erläutern, richten wir zunächst die Tabelle ein, in der die Vertreterkennzahlen zusammen mit den Gebietsangaben gespeichert werden sollen.

Hinweis: Um den Unterschied zum Einsatz eines Varray-Sammlers zu dokumentieren, wählen wir für die einzurichtende Tabelle mit den Gebietsangaben – anstelle des bislang verwendeten Namens "GEBIET_V" – den Namen "GEBIET_N" als Tabellennamen.

Zunächst bestimmen wir die Struktur der zu vereinbarenden Nested-Sammler auf der Basis des von uns eingerichteten Objekttyps "GEBIETS_NAME_T", indem wir die folgende CREATE TYPE-Anweisung ausführen lassen:

```
CREATE OR REPLACE TYPE GEBIETS_NAMEN_N_T
                    AS TABLE OF GEBIETS_NAME_T;
/
```

Diese Vereinbarung ist die Basis, auf der die Instanziierung der benötigten Nested-Sammler zu einem späteren Zeitpunkt erfolgen wird. Zunächst müssen wir für die einzurichtende Tabelle GEBIET_N festlegen, wie ihre Tabellenzeilen strukturiert sein sollen.

Den in dieser Hinsicht benötigten Objekttyp legen wir wie folgt fest:

```
CREATE OR REPLACE TYPE GEBIET_N_T
        AS OBJECT (V_NR NUMBER(4),
                GEBIETS_NAMEN_N GEBIETS_NAMEN_N_T);
/
```

Damit Nested-Sammler eingerichtet werden können, die durch Instanziierungen des Objekttyps "GEBIETS_NAMEN_N_T" erhalten werden, muss die Tabelle GEBIET_N in der folgenden Form festgelegt werden:

```
CREATE TABLE GEBIET_N OF GEBIET_N_T
                    NESTED TABLE GEBIETS_NAMEN_N
                    STORE AS GEBIET_NESTED;
```

Durch diese Vereinbarung ist bestimmt, dass die Tabellenzeilen von GEBIET_N die durch den Objekttyp "GEBIET_N_T" festgelegte Struktur besitzen. Ferner ist für die Attributwerte des Attributs "GEBIETS_NAMEN_N" verabredet, dass es sich um Instanziierungen des Objekttyps "GEBIETS_NAMEN_N_T", d.h. um Nested-Sammler, handeln muss.

In der Tabelle GEBIET_NESTED, die dem Anwender nicht zugänglich ist, werden die im Nested-Sammler aufbewahrten Objekte gespeichert.

Diese Speicher-Tabelle enthält die Spalte "NESTED_TABLE_ID", über die die Tabelleninhalte referenziert werden.

Sofern für diesen Zugriff ein Index verabredet werden soll, ist in unserer Situation die folgende Anforderung zu stellen:

```
CREATE INDEX GEBIET_INDEX
                    ON GEBIET_NESTED(NESTED_TABLE_ID);
```

15.5 Aufbau von Nested-Sammlern

Der Sachverhalt, dass dem Vertreter mit der Kennzahl 8413 die Gebietsangaben "Ostfriesland, Aurich" und "Ostfriesland, Borkum" zugeordnet werden, lässt sich wie folgt beschreiben:

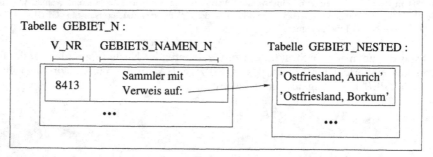

Abbildung 15.3: Beispiel mit Gebietsangaben

Um die Gebietsangaben für den Vertreter mit der Kennzahl 8413 in dieser Form speichern zu lassen, ist die zugehörige Tabellenzeile von GEBIET_N wie folgt aufzubauen:

```
INSERT INTO GEBIET_N VALUES(8413, GEBIETS_NAMEN_N_T (
                    GEBIETS_NAME_T('Ostfriesland, Aurich'),
                    GEBIETS_NAME_T('Ostfriesland, Borkum')) );
```

Der 8413 zugeordnete Nested-Sammler wird durch eine Instanziierung des Objekttyps GEBIETS_NAMEN_N_T eingerichtet und mit den beiden folgenden Objekten gefüllt: "GEBIETS_NAME_T('Ostfriesland, Aurich')" und "GEBIETS_NAME_T('Ostfriesland, Borkum')".

Hinweis: Sofern ein Nested-Sammler nur instanziiert, aber noch nicht mit Objekten gefüllt wird, handelt es sich um einen leeren Nested-Sammler. Ein derartiger Sammler würde sich in unserer Situation durch die Angabe "GEBIETS_NAMEN_N_T()" beschreiben lassen.

Um für den Vertreter mit der Kennzahl 1215 die Gebietsangaben "Ostfriesland, Borkum"
und "Land Bremen, Stadtteil Walle" zu speichern, ist die folgende INSERT-Anweisung zu
formulieren:

```
INSERT INTO GEBIET_N VALUES(1215, GEBIETS_NAMEN_N_T (
        GEBIETS_NAME_T('Ostfriesland, Borkum'),
        GEBIETS_NAME_T('Land Bremen, Stadtteil Walle')));
```

Um Gebietsangaben in einen gespeicherten Nested-Sammler übertragen zu können, muss
der Nested-Sammler adressierbar sein.

Ein Zugriff auf einen Nested-Sammler kann auf der Basis einer geeignet formulierten Subauswahl beschrieben werden.

- Um einen Nested-Sammler durch eine *Subauswahl* kennzeichnen zu können, ist der
  SQL-Operator THE in der folgenden Form einsetzbar:

$$\boxed{\text{THE (subauswahl)}}$$

Abbildung 15.4: Kennzeichnung einer Subauswahl mittels THE

Zum Beispiel lässt sich der Nested-Sammler mit den Gebietsnamen für den Vertreter mit
der Kennzahl 8413 wie folgt kennzeichnen:

```
THE ( SELECT GEBIETS_NAMEN_N FROM GEBIET_N WHERE V_NR = 8413 )
```

Um einen Gebietsnamen – wie z.B. "Land Bremen, Bremerhaven" – in diesen Nested-
Sammler zu übertragen, kann die INSERT-Anweisung wie folgt eingesetzt werden:

```
INSERT INTO THE ( SELECT GEBIETS_NAMEN_N FROM GEBIET_N
                                        WHERE V_NR=8413)
    VALUES (GEBIETS_NAME_T('Land Bremen, Bremerhaven'));
```

Grundsätzlich ist zu berücksichtigen, dass ein Nested-Sammler, in den Objekte in dieser
Form übertragen werden sollen, auch tatsächlich vorhanden sein muss. Sofern noch keine
Instanziierung des betreffenden Objekttyps erfolgt ist, darf der THE-Operator *nicht* ver-
wendet werden.

Hinweis: Da wir bereits eine Zeile mit der Kennzahl 8413 und einen zugeordneten Sammler in der Tabelle
GEBIET_N eingerichtet haben, dürfen wir die angegebene INSERT-Anweisung zur Ausführung bringen.

15.6 Anzeigen von Inhalten eines Nested-Sammlers

Um den gesamten Inhalt der Tabelle GEBIET_N anzeigen zu lassen, kann die Anforderung

```
SELECT * FROM GEBIET_N;
```

gestellt werden. Sie führt zu folgendem Ergebnis:

```
V_NR GEBIETS_NAMEN_N(GEBIETS_NAME)
---- -------------------------------------------------------------
8413 GEBIETS_NAMEN_N_T(GEBIETS_NAME_T('Ostfriesland,Aurich'),
        GEBIETS_NAME_T('Ostfriesland, Borkum'),
        GEBIETS_NAME_T('Land Bremen, Bremerhaven'))

1215 GEBIETS_NAMEN_N_T(GEBIETS_NAME_T('Ostfriesland,Borkum'),
      GEBIETS_NAME_T('Land Bremen, Stadtteil Walle'))
```

Um sich allein über die Gebietsangaben für den Vertreter mit der Kennzahl 8413 zu informieren, ist die SELECT-Anweisung wie folgt zu verwenden:

```
SELECT GEBIETS_NAMEN_N FROM GEBIET_N WHERE V_NR = 8413;
```

Wird der THE-Operator eingesetzt, so führt die SELECT-Anweisung

```
SELECT * FROM THE ( SELECT GEBIETS_NAMEN_N
                    FROM GEBIET_N WHERE V_NR = 8413 );
```

zum folgenden Ergebnis:

```
GEBIETS_NAME
------------------------------
Ostfriesland, Aurich
Ostfriesland, Borkum
Land Bremen, Bremerhaven
```

Soll die Subauswahl – mit dem THE-Operator – innerhalb einer SELECT-Anweisung als *Ausdruck* aufgeführt werden, so kann wie folgt verfahren werden:

```
SELECT THE ( SELECT GEBIETS_NAMEN_N
             FROM GEBIET_N WHERE V_NR = 8413 ) FROM DUAL;
```

Als Anzeige erhalten wir:

```
THE(SELECTGEBIETS_NAMEN_NFROMGEBIET_NWHEREV_NR=8413)(GEBIETS_NAME)
------------------------------------------------------------------
GEBIETS_NAMEN_N_T(GEBIETS_NAME_T('Ostfriesland, Aurich'),
                 GEBIETS_NAME_T('Ostfriesland, Borkum'),
                 GEBIETS_NAME_T('Land Bremen, Bremerhaven'))
```

Um einzelne im Nested-Sammler enthaltene Objekte durch ein Suchkriterium – wie z.B. "fries" – prüfen zu lassen, kann z.B. die folgende Anweisung eingesetzt werden:

```
SELECT GEBIETS_NAME FROM THE (
  SELECT GEBIETS_NAMEN_N FROM GEBIET_N WHERE V_NR = 8413)
              WHERE GEBIETS_NAME LIKE '%fries%';
```

In diesem Fall werden alle Gebietsangaben angezeigt, in denen der Text "fries" enthalten ist.

Sollen mehrere Nested-Sammler gleichzeitig untersucht werden, so kann hierzu der Operator UNION verwendet werden.

Um z.B. die Gebietsangaben für die beiden Vertreter mit den Kennzahlen 8413 und 1215 prüfen zu lassen, ist die folgende Anforderung zu stellen:

```
SELECT GEBIETS_NAME FROM
            THE ( SELECT GEBIETS_NAMEN_N FROM GEBIET_N
                               WHERE V_NR = 8413 )
            WHERE GEBIETS_NAME LIKE '%fries%'
UNION
SELECT GEBIETS_NAME FROM
            THE ( SELECT GEBIETS_NAMEN_N FROM GEBIET_N
                               WHERE V_NR = 1215 )
            WHERE GEBIETS_NAME LIKE '%fries%';
```

15.7 Änderungen innerhalb von Nested-Sammlern

Einsatz des THE-Operators

Soll der Gebietsname "Land Bremen, Bremerhaven", der oben für den Vertreter mit der Kennzahl 8413 in den Nested-Sammler nachgetragen wurde, wieder aus dem Sammler gelöscht werden, so ist die DELETE-Anweisung wie folgt zu verwenden:

```
DELETE FROM THE ( SELECT GEBIETS_NAMEN_N
                     FROM GEBIET_N WHERE V_NR=8413 )
       WHERE GEBIETS_NAME = 'Land Bremen, Bremerhaven';
```

Entsprechend ist die DELETE-Anweisung in der Form

```
DELETE FROM THE ( SELECT GEBIETS_NAMEN_N
                     FROM GEBIET_N WHERE V_NR=8413 );
```

zu formulieren, sofern der gesamte Inhalt des Nested-Sammlers, der der Vertreternummer 8413 zugeordnet ist, gelöscht werden soll. Um den Inhalt des für den Vertreter mit der Kennzahl 8413 eingerichteten Nested-Sammlers insgesamt zu ersetzen, kann in der aktuellen Situation z.B. die folgende Anweisung formuliert werden:

```
UPDATE GEBIET_N
       SET GEBIETS_NAMEN_N = GEBIETS_NAMEN_N_T(
           GEBIETS_NAME_T('Ostfriesland, Aurich'),
           GEBIETS_NAME_T('Ostfriesland, Borkum') )
       WHERE V_NR=8413;
```

Sofern der THE-Operator eingesetzt werden soll, können wir auch die folgende Anforderung stellen:

```
UPDATE GEBIET_N
      SET GEBIETS_NAMEN_N =
          THE ( SELECT GEBIETS_NAMEN_N_T(
                 GEBIETS_NAME_T('Ostfriesland, Aurich'),
                 GEBIETS_NAME_T('Ostfriesland, Borkum')
                 ) FROM DUAL ) WHERE V_NR=8413;
```

Einsatz des CAST-Operators

Objekte, die in einem Nested-Sammler gespeichert werden sollen, können auch aus einer zuvor erstellten Tabelle übernommen werden.
Sofern wir z.B. die Zeilen einer in der Form

```
CREATE TABLE GEBIETS_NAMEN_TAB ( NAME CHAR(30) );
INSERT INTO GEBIETS_NAMEN_TAB
          VALUES('Ostfriesland, Borkum');
INSERT INTO GEBIETS_NAMEN_TAB
          VALUES ('Land Bremen, Stadtteil Walle');
```

eingerichteten Tabelle als Inhalt desjenigen Nested-Sammlers, der mit der Kennzahl 1215 korrespondiert, übernehmen wollen, müssen wir in der nachfolgend erläuterten Form vorgehen.
Zunächst stellen wir fest, dass sämtliche Gebietsangaben, die aus der Tabelle GEBIETS_NAMEN_TAB in den Sammler zu übernehmen sind, durch die Subauswahl

```
SELECT RTRIM(NAME) FROM GEBIETS_NAMEN_TAB
```

bestimmbar sind.
Damit die aus einer Subauswahl resultierenden Werte in einen Nested-Sammler, der aus einer Instanziierung des Objekttyps "objekttyp" hervorgeht, übertragen werden, ist der SQL-Operator CAST in der folgenden Form einzusetzen:

```
CAST ( MULTISET ( subauswahl ) AS objekttyp )
```

Abbildung 15.5: Typanpassung einer Subauswahl mittels CAST

Da in unserem Fall der von uns einzurichtende Nested-Sammler durch eine Instanziierung aus dem Objekttyp "GEBIETS_NAMEN_N_T" hervorgehen muss, ist der CAST-Operator wie folgt zu verwenden:

```
CAST ( MULTISET ( SELECT RTRIM(NAME) FROM GEBIETS_NAMEN_TAB )
             AS GEBIETS_NAMEN_N_T )
```

Da wir den hieraus resultierenden Nested-Sammler der Kennzahl 1215 zuordnen wollen, müssen wir die UPDATE-Anweisung daher wie folgt angeben:

```
UPDATE GEBIET_N
      SET GEBIETS_NAMEN_N =
          CAST ( MULTISET ( SELECT RTRIM(NAME)
                            FROM GEBIETS_NAMEN_TAB )
                          AS GEBIETS_NAMEN_N_T
                )
      WHERE V_NR=1215;
```

Diese UPDATE-Anweisung lässt sich z.B. in die Anweisung

```
UPDATE GEBIET_N
   SET GEBIETS_NAMEN_N =
       CAST(MULTISET
            (SELECT GEBIETS_NAME_T('Ostfriesland, Borkum')
             FROM DUAL)
                       AS GEBIETS_NAMEN_N_T)
   WHERE V_NR=1215;
```

abändern, sofern "Ostfriesland, Borkum" als einzige Gebietsangabe zugeordnet werden soll.

Hinweis: Aus Subauswahlen können nicht nur Nested-Sammler, sondern auch Varray-Sammler aufgebaut werden. Zum Beispiel wird durch die Ausführung von

```
UPDATE GEBIET_V SET GEBIETS_NAMEN_V =
        CAST ( MULTISET ( SELECT RTRIM(NAME)
                          FROM GEBIETS_NAMEN_TAB )
                AS GEBIETS_NAMEN_V_T ) WHERE V_NR=1215;
```

ein durch GEBIETS_NAMEN_V gekennzeichneter Varray-Sammler, der aus einer Instanziierung des Objekttyps GEBIETS_NAMEN_V_T hervorgeht, mit dem Ergebnis der angegebenen Subauswahl gefüllt.

Um z.B. aus dem Inhalt des Nested-Sammlers, der dem Vertreter mit der Vertreterkennzahl 8413 zugeordnet ist, einen Nested-Sammler aufzubauen, der dem Vertreter mit der Kennzahl 1215 zugeordnet werden soll, ist die folgende Anforderung zu stellen:

```
UPDATE GEBIET_N
      SET GEBIETS_NAMEN_N =
          ( SELECT GEBIETS_NAMEN_N
                   FROM GEBIET_N  WHERE V_NR=8413 )
      WHERE V_NR=1215;
```

Es ist nicht nur erlaubt, den Inhalt eines Nested-Sammlers einem Vertreter mit einer anderen Vertreterkennzahl zuzuordnen, sondern es können auch Nested-Sammler aus den Inhalten von Varray-Sammlern aufgebaut werden.

Um diese Art von Wandlung vornehmen zu lassen, ist der CAST-Operator in der Form

```
CAST ( operand AS objekttyp )
```

Abbildung 15.6: Typanpassung einer Varray-Sammlern mittels CAST zu verwenden. Dabei ist als Operand die Kennzeichnung des Varray-Sammlers (in unserem Fall der Spaltenname "GEBIETS_NAMEN_V") aufzuführen und als Objekttyp derjenige Typ anzugeben, durch dessen Instanziierung der einzurichtende Nested-Sammler erstellt wird (in unserem Fall der Objekttyp "GEBIETS_NAMEN_N_T").

Beachten wir diese Vorschrift, so lassen sich durch die UPDATE-Anweisung

```
UPDATE GEBIET_N SET GEBIETS_NAMEN_N =
        (SELECT CAST(GEBIETS_NAMEN_V AS GEBIETS_NAMEN_N_T)
         FROM GEBIET_V WHERE V_NR=1215) WHERE V_NR=5016;
```

die Gebietsangaben, die im Varray-Sammler für den Vertreter mit der Kennzahl 1215 gespeichert sind, als Inhalt eines Nested-Sammlers übernehmen, der der Vertreterkennzahl 5016 zugeordnet ist.

Dabei setzen wir voraus, dass zuvor ein leerer Nested-Sammler durch die Ausführung von

```
INSERT INTO GEBIET_N VALUES(5016, GEBIETS_NAMEN_N_T());
```

in der betreffenden Tabellenzeile von GEBIET_N eingetragen wurde.

KAPITEL 16

AUFBAU UND BEARBEITUNG VON OBJEKT-TABELLEN

16.1 Einrichtung von Objekt-Tabellen

Die Spalten-Objekte, die durch die Instanziierung eines Objekttyps erstellt werden, indem sie z.B. als Bestandteil einer INSERT-Anweisung aufgeführt sind, können innerhalb der Tabelle *nicht direkt* angesprochen werden, weil bei ihrer Speicherung keine Objekt-Kennung für sie eingerichtet wird. Anders ist die Situation, wenn die Zeilen einer Tabelle mit jeweils einem Objekt gefüllt werden. Derartige Tabellen lassen sich durch eine CREATE TABLE-Anweisung der folgenden Form einrichten:

```
CREATE TABLE tabellenname OF objekttyp
```

Abbildung 16.1: Einrichtung einer Objekt-Tabelle

- Eine in dieser Form vereinbarte Tabelle heißt *Objekt-Tabelle*. Ihre Zeilen werden aus *Zeilen-Objekten* gebildet, die einheitlich durch eine Instanziierung aus dem Objekttyp "objekttyp" eingerichtet werden müssen.

Legen wir den Objekttyp ANSCHRIFT_T wiederum durch die Anweisungen

```
DROP TYPE ANSCHRIFT_T FORCE;
CREATE TYPE ANSCHRIFT_T AS OBJECT (STRASSE CHAR(12),
          HAUSNR CHAR(3), PLZ CHAR(5), ORT CHAR(15),
     MEMBER FUNCTION F_ANSCHRIFT RETURN VARCHAR2,
     PRAGMA RESTRICT_REFERENCES (F_ANSCHRIFT, WNDS, WNPS)
);
/
CREATE OR REPLACE TYPE BODY ANSCHRIFT_T AS
MEMBER FUNCTION F_ANSCHRIFT RETURN VARCHAR2 IS
BEGIN
   RETURN CONCAT(RTRIM(STRASSE),
          CONCAT(' ',
             CONCAT(RTRIM(HAUSNR),
                CONCAT(', ',
                   CONCAT(RTRIM(PLZ),
                      CONCAT(' ',RTRIM(ORT))))))));
END;
END;
/
```

fest, so lässt sich der Aufbau der Objekt-Tabelle ANSCHRIFT_T_O_TAB z.B. wie folgt anfordern:

```
CREATE TABLE ANSCHRIFT_T_O_TAB OF ANSCHRIFT_T;
```

Bei der Vereinbarung einer Objekt-Tabelle ist es – genau wie bei jeder anderen Tabelle – erlaubt, Anforderungen zu Integritätsprüfungen zu stellen. Die diesbezüglichen Angaben sind in Klammern einzufassen und innerhalb der CREATE TABLE-Anweisung im Anschluss an den Objekttyp aufzuführen.

Zum Beispiel können wir durch die Anweisung

```
CREATE TABLE ANSCHRIFT_T_O_TAB OF ANSCHRIFT_T
        (CONSTRAINT constraint_plz CHECK(PLZ IS NOT NULL));
```

verabreden, dass beim Aufbau von Zeilen-Objekten sichergestellt wird, dass das Attribut PLZ einen vom Nullwert verschieden Attributwert erhält.

Sofern darüber hinaus sichergestellt werden soll, dass in der Objekt-Tabelle keine zwei Zeilen-Objekte mit identischen Attributwerten auftreten können, ist dies durch die folgende Anweisung festzulegen:

```
CREATE TABLE ANSCHRIFT_T_O_TAB OF ANSCHRIFT_T
        (CONSTRAINT constraint_plz CHECK(PLZ IS NOT NULL),
        CONSTRAINT constraint_gesamt
                UNIQUE(STRASSE,HAUSNR,PLZ,ORT));
```

Nach der Einrichtung der Objekt-Tabelle ANSCHRIFT_T_O_TAB kann die Instanziierung eines Zeilen-Objektes anschließend z.B. wie folgt vorgenommen werden:

```
INSERT INTO ANSCHRIFT_T_O_TAB VALUES
        (ANSCHRIFT_T('Wendeweg','10','28345','Bremen'));
```

In diesem Fall enthält die Objekt-Tabelle ANSCHRIFT_T_O_TAB ein Zeilen-Objekt, das in der folgenden Form instanziiert ist:

```
ANSCHRIFT_T('Wendeweg','10','28345','Bremen')
```

16.2   Verarbeitung von Objekt-Tabellen

Verwendung der Tabelle ANSCHRIFT_T_O_TAB

Nach der Einrichtung der Objekt-Tabelle ANSCHRIFT_T_O_TAB und der Instanziierung eines zugehörigen Zeilen-Objektes erhalten wir durch die Anweisung

```
SELECT * FROM ANSCHRIFT_T_O_TAB;
```

die folgende Anzeige:

```
STRASSE            HAUSN PLZ   ORT
-----------------  ----- ----- ----------------
Wendeweg              10   28345 Bremen
```

Sollen nicht – wie in diesem Fall – die Attributwerte, sondern die Zeilen-Objekte selbst zur Anzeige gebracht werden, so ist die *Systemfunktion* VALUE in der folgenden Form einzusetzen:

> VALUE (aliasname)

Abbildung 16.2: Zugriff auf die Zeilen-Objekte mittels VALUE

- Sofern "aliasname" den Aliasnamen einer Objekt-Tabelle darstellt, ist das Ergebnis des Funktionsaufrufs das jeweilige Zeilen-Objekt der Objekt-Tabelle.

Aus der Ausführung von

```
SELECT VALUE(t) FROM ANSCHRIFT_T_O_TAB t;
```

resultiert daher die folgende Anzeige:

```
VALUE(T)(STRASSE, HAUSNR, PLZ, ORT)
-------------------------------------------------------------------
ANSCHRIFT_T('Wendeweg    ', '10 ', '28345', 'Bremen        ')
```

Sollen die Werte ausgewählter Attribute abgefragt werden, so lässt sich dies z.B. wie folgt durchführen:

```
SELECT t.PLZ, t.ORT FROM ANSCHRIFT_T_O_TAB t
                WHERE t.PLZ = '28345';
```

Sofern z.B. der Attributwert von STRASSE noch nicht bekannt war und daher die Anweisung

```
INSERT INTO ANSCHRIFT_T_O_TAB VALUES
            (ANSCHRIFT_T(NULL,'3','28115','Bremen'));
```

ausgeführt worden ist, kann das Attribut STRASSE anschließend z.B. durch die folgende UPDATE-Anweisung geändert werden:

```
UPDATE ANSCHRIFT_T_O_TAB t
       SET t.STRASSE = 'Gemüseweg' WHERE t.PLZ = '28115';
```

Sollen sämtliche Attributwerte eines Objekts, das innerhalb einer Objekt-Tabelle gespeichert ist, geändert werden, so lässt sich dies wie folgt bewirken:

```
UPDATE ANSCHRIFT_T_O_TAB t
    SET t = ANSCHRIFT_T('Wendeweg','10','28345','Bremen')
       WHERE t.PLZ = '28345';
```

Sofern Zeilen-Objekte einer Objekt-Tabelle in eine andere Objekt-Tabelle übernommen werden sollen, kann die INSERT-Anweisung mit der SELECT-Anweisung eingesetzt werden.
Zum Beispiel können wir eine Objekt-Tabelle ANSCHRIFT_T_O_TAB_ SPEZIELL durch

```
CREATE TABLE ANSCHRIFT_T_O_TAB_SPEZIELL OF ANSCHRIFT_T;
```

vereinbaren und vorhandene Zeilen-Objekte aus der zuvor eingerichteten Objekt-Tabelle
ANSCHRIFT_T_O_TAB z.B. in der folgenden Form übernehmen lassen:

```
INSERT INTO ANSCHRIFT_T_O_TAB_SPEZIELL
      SELECT VALUE(t) FROM ANSCHRIFT_T_O_TAB t
            WHERE t.ORT = 'Bremen';
```

Arbeiten mit überdeckten Methoden

Im Abschnitt 14.4 haben wir – am Beispiel der Methode F_ANSCHRIFT – dargestellt, wie
sich Methoden überdecken und in geeigneter Form durch Instanziierungen zur Ausführung
bringen lassen. Um diesen Sachverhalt auf der Basis von Objekt-Tabellen vorstellen zu
können, greifen wir auf den im Abschnitt 16.1 definierten Objekttyp ANSCHRIFT_T
zurück, der – um spezifizierbar zu sein – wie folgt definiert werden muss:

```
DROP TYPE ANSCHRIFT_T FORCE;
CREATE OR REPLACE TYPE ANSCHRIFT_T AS OBJECT (
                   STRASSE CHAR(12), HAUSNR CHAR(3),
                   PLZ CHAR(5), ORT CHAR(15),
    NOT FINAL MEMBER FUNCTION F_ANSCHRIFT RETURN VARCHAR2,
    PRAGMA RESTRICT_REFERENCES (F_ANSCHRIFT, WNDS, WNPS)
                                       ) NOT FINAL;
/
CREATE OR REPLACE TYPE BODY ANSCHRIFT_T AS
MEMBER FUNCTION F_ANSCHRIFT RETURN VARCHAR2 IS
BEGIN
     RETURN CONCAT(RTRIM(STRASSE),
             CONCAT(' ',
               CONCAT(RTRIM(HAUSNR),
                 CONCAT(', ',
                   CONCAT(RTRIM(PLZ),
                     CONCAT(' ',RTRIM(ORT))))))));

END;
END;
/
```

Auf der Basis des durch

```
DROP TYPE POSTFACH_T FORCE;
CREATE TYPE POSTFACH_T AS OBJECT (POSTFACH_NR CHAR(6),
                                 PLZ         CHAR(5));
/
```

vereinbarten Objekttyps kann die Überdeckung von F_ANSCHRIFT durch die folgende
Definition des Subtyps ANSCHRIFT_POSTFACH_T vorgenommen werden:

```
   DROP TYPE ANSCHRIFT_POSTFACH_T FORCE;
   CREATE OR REPLACE TYPE ANSCHRIFT_POSTFACH_T
           UNDER ANSCHRIFT_T (POSTFACH POSTFACH_T,
     OVERRIDING MEMBER FUNCTION F_ANSCHRIFT RETURN VARCHAR2,
     PRAGMA RESTRICT_REFERENCES (F_ANSCHRIFT, WNDS, WNPS)
                               );
   /
   CREATE OR REPLACE TYPE BODY ANSCHRIFT_POSTFACH_T AS
           OVERRIDING MEMBER FUNCTION F_ANSCHRIFT
                               RETURN VARCHAR2 IS
   BEGIN RETURN CONCAT('Postfach ',
               CONCAT(RTRIM(POSTFACH.POSTFACH_NR),
                 CONCAT(', ',
                   CONCAT(RTRIM(POSTFACH.PLZ),
                     CONCAT(' ',RTRIM(ORT))))));

   END;
   END;
   /
```

Wird anschließend die Objekt-Tabelle ANSCHRIFT_T_O_TAB – nach ihrer Löschung – neu in der Form

```
   CREATE TABLE ANSCHRIFT_T_O_TAB OF ANSCHRIFT_T;
```

vereinbart, können Instanziierungen aus ANSCHRIFT_T und aus ANSCHRIFT_POST-FACH_T in der folgenden Form in diese Tabelle eingetragen werden:

```
   INSERT INTO ANSCHRIFT_T_O_TAB
     VALUES (ANSCHRIFT_T('Kohlstr.','1','28623','Bremen'));
   INSERT INTO ANSCHRIFT_T_O_TAB
     VALUES (ANSCHRIFT_T('Wendeweg','10','28345','Bremen'));
   INSERT INTO ANSCHRIFT_T_O_TAB
     VALUES (ANSCHRIFT_POSTFACH_T('Gemüseweg','3','28115',
               'Bremen',POSTFACH_T('750742','28649')));
```

Anschließend bewirkt die Anweisung

```
   SELECT t.F_ANSCHRIFT() FROM ANSCHRIFT_T_O_TAB t;
```

dass die Ausführung von F_ANSCHRIFT dadurch bestimmt wird, ob die betreffende Instanziierung aus ANSCHRIFT_T oder aus ANSCHRIFT_POSTFACH_T erfolgt ist. Als Resultat werden die Adressdaten wie folgt angezeigt:

```
   T.F_ANSCHRIFT()
   --------------------------------
   Kohlstr. 1, 28623 Bremen
   Wendeweg 10, 28345 Bremen
   Postfach 750742, 28649 Bremen
```

Einrichtung und Bearbeitung der Tabelle TAB_O

Um das prinzipielle Vorgehen zu erläutern, wie auf Attributwerte von Zeilen-Objekten zugegriffen werden kann, beziehen wir uns auf die innerhalb der Abbildung 13.5 dargestellte Gliederung.

Um eine Objekt-Tabelle namens TAB_O zu vereinbaren, legen wir für die Zeilen-Objekte den Objekttyp A_TYP fest, wobei dieser Objekttyp in einen Objekttyp B_TYP und den Datentyp DATE gegliedert sein und der Objekttyp B_TYP aus der Zusammenfassung der Datentypen CHAR und NUMBER bestehen soll.

Wir unterstellen somit die folgende Strukturierung:

```
Objekt-Tabelle  TAB_O :  ├──────────  A_TYP  ──────────┤

                         ├──────  B_TYP  ──────┤   DATE

                              CHAR(1)   NUMBER(1)
```

Abbildung 16.3: Struktur der Objekt-Tabelle TAB_O

Zum Aufbau der Tabelle TAB_O sind die folgenden SQL-Anweisungen auszuführen:

```
DROP TYPE B_TYP FORCE;
DROP TYPE A_TYP FORCE;
CREATE TYPE B_TYP AS OBJECT (C CHAR(1), D NUMBER(1) );
/
CREATE TYPE A_TYP AS OBJECT (B B_TYP, E DATE );
/
CREATE TABLE TAB_O OF A_TYP;
```

Tragen wir in die Tabelle TAB_O z.B. zwei Tabellenzeilen durch die beiden Anweisungen

```
INSERT INTO TAB_O VALUES(A_TYP(B_TYP('1',1),SYSDATE));
INSERT INTO TAB_O VALUES(A_TYP(B_TYP('2',2),SYSDATE));
```

ein, so lassen sich die in TAB_O enthaltenen Zeilen-Objekte wie folgt zur Anzeige bringen:

```
SELECT VALUE(t) FROM TAB_O t;
```

Sollen die durch E gekennzeichneten Datumswerte angezeigt werden, so ist die Anweisung

```
SELECT t.E FROM TAB_O t;
```

anzugeben. Durch

```
SELECT t.B.C FROM TAB_O t;
```

kann auf die durch C gekennzeichneten Zeichen und durch

```
SELECT t.B.D FROM TAB_O t;
```

auf die durch D gekennzeichneten Zahlen zugegriffen werden.

16.3   Referenzierung von Zeilen-Objekten

Für jedes Zeilen-Objekt, das innerhalb einer Objekt-Tabelle gespeichert wird, richtet das DB-System ORACLE einen *Objekt-Zeiger* – "OID" genannt – ein. Mit diesem Objekt-Zeiger kann auf das zugehörige Zeilen-Objekt verwiesen werden.

Hinweis: Die OID wird intern als 16 Zeichen langer Schlüssel aufgebaut.

- Durch die Verwendung von Objekt-Zeigern wird es daher möglich, dass innerhalb von Methoden auf Objekte Bezug genommen werden kann, ohne dass die Objekte selbst beim Methodenaufruf als Argumente aufgeführt werden müssen.

Zeilen-Objekte lassen sich somit wie folgt kennzeichnen:

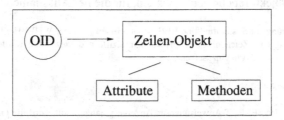

Abbildung 16.4: Kennzeichnung von Zeilen-Objekten durch die OID

Um einen Objekt-Zeiger innerhalb einer Tabellenzeile speichern zu können, muss für den betreffenden Spaltennamen – anstelle eines Datentyps – Folgendes angegeben werden:

REF objekttyp

Abbildung 16.5: Verweis auf einen Objekttyp mittels REF

Hinweis: Dieser Datentyp kann auch als Ergebnistyp innerhalb einer Member-Funktion verwendet werden.

Wir können z.B. eine Tabelle, in der die Objekt-Zeiger, die auf die zugehörigen Zeilen-Objekte innerhalb der Objekt-Tabelle ANSCHRIFT_T_O_TAB weisen, gespeichert werden und zeilenweise mit den Vertreterkennzahlen korrespondieren sollen, wie folgt vereinbaren:

```
CREATE TABLE ANSCHRIFT_KENNUNG (V_NR    NUMBER(4),
                                KENNUNG REF ANSCHRIFT_T);
```

Anschließend kann der Objekt-Zeiger des zuvor in die Objekt-Tabelle AN-SCHRIFT_T_O_TAB mit einer INSERT-Anweisung eingetragenen Zeilen-Objektes

```
ANSCHRIFT_T('Wendeweg','10','28345','Bremen')
```

sowie die mit diesem Objekt-Zeiger korrespondierende Vertreternummer wie folgt in die Tabelle ANSCHRIFT_KENNUNG eingetragen werden:

```
INSERT INTO ANSCHRIFT_KENNUNG
   SELECT 8413, REF(t) FROM ANSCHRIFT_T_O_TAB t
      WHERE VALUE(t) =
            ANSCHRIFT_T('Wendeweg','10','28345','Bremen');
```

Innerhalb der SELECT-Anweisung haben wir den Ausdruck "REF(t)" verwendet, wobei das Argument "t" als Aliasname der Objekt-Tabelle ANSCHRIFT_T_O_TAB festgelegt ist.

- Durch REF wird eine *Systemfunktion* gekennzeichnet, durch die sich der Objekt-Zeiger eines Zeilen-Objektes in der folgenden Form ermitteln lässt:

> REF (aliasname)

Abbildung 16.6: Ermittlung eines Objekt-Zeigers mittels REF

Dabei muss der als Argument aufgeführte Aliasname das jeweilige Zeilen-Objekt derjenigen Objekt-Tabelle kennzeichnen, für die der Aliasname vereinbart ist.

Hinweis: Die Verwendung der Systemfunktion REF ist auch innerhalb einer WHERE-Klausel erlaubt. Soll der Objekt-Zeiger in eine Zeichenkette mit Hexadezimalziffern umgewandelt werden, so ist die Funktion REFTOHEX in der folgenden Form einzusetzen:

```
REFTOHEX( objekt-zeiger )
```

Sofern die OID mittels der SELECT-Anweisung zur Anzeige gelangen soll, wird die OID intern zuvor einem Aufruf der Funktion REFTOHEX unterzogen, sodass Hexadezimalziffern ausgegeben werden.

Um unter Einsatz des in der Spalte KENNUNG eingetragenen Objekt-Zeigers direkt auf das zugehörige Objekt, das als Zeilen-Objekt innerhalb der Objekt-Tabelle AN-SCHRIFT_T_O_TAB gespeichert ist, zugreifen zu können, lässt sich die Funktion DEREF einsetzen.

- Durch DEREF wird eine *Systemfunktion* gekennzeichnet, die in der Form

> DEREF (objekt-zeiger)

Abbildung 16.7: Zugriff auf ein Zeilen-Objekt mittels DREF

zu verwenden ist. Sofern es sich bei "objekt-zeiger" um einen Zeiger handelt, mit dem ein Zeilen-Objekt aus einer Objekt-Tabelle referenziert wird, ergibt sich dieses Zeilen-Objekt als Ergebnis des Funktionsaufrufs.

Somit erhalten wir in unserer Situation durch die Ausführung von

```
SELECT DEREF(KENNUNG) FROM ANSCHRIFT_KENNUNG
                 WHERE V_NR = 8413;
```

die folgende Anzeige:

```
DEREF(KENNUNG)(STRASSE, HAUSNR, PLZ, ORT)
- - - - - - - - - - - - - - - - - - - - - - - - - - - - - - - - - - - - - - - - - - -
ANSCHRIFT_T('Wendeweg      ', '10 ', '28345', 'Bremen        ')
```

Die Funktion DEREF liefert als Ergebnis das Null-Objekt, wenn der als Argument verwendete Objekt-Zeiger nicht mehr auf ein Zeilen-Objekt weist. Eine derartige Situation tritt z.B. dann ein, wenn das Objekt, auf das der Objekt-Zeiger gewiesen hat, zwischenzeitlich bereits gelöscht wurde. Bei diesem Sachverhalt spricht man von einer *Dangling-Referenz*.

Liegen z.B. innerhalb der Tabelle ANSCHRIFT-KENNUNG Dangling-Referenzen vor, so lässt sich diese Situation – unter Einsatz des Schlüsselwortes DANGLING innerhalb einer WHERE-Klausel – wie folgt bereinigen:

```
UPDATE ANSCHRIFT_KENNUNG
       SET KENNUNG = NULL WHERE KENNUNG IS DANGLING;
```

Bei der Ausführung dieser Anweisung wird zeilenweise geprüft, ob es sich bei dem in KENNUNG enthaltenen Objekt-Zeiger um eine Dangling-Referenz handelt. Ist dies der Fall, so wird dieser Zeiger durch den Nullwert ersetzt.

Soll über die Vertreternummer auf einzelne Attribute des mit dieser Vertreternummer korrespondierenden Zeilen-Objekts zugegriffen werden, so kann dies z.B. wie folgt geschehen:

```
SELECT t.ORT, t.STRASSE FROM ANSCHRIFT_T_O_TAB t
       WHERE VALUE(t) =
       (SELECT DEREF(KENNUNG)
              FROM ANSCHRIFT_KENNUNG WHERE V_NR = 8413);
```

In diesem Fall wird angezeigt:

```
ORT                STRASSE
------------------ -----------------
Bremen             Wendeweg
```

Da F_ANSCHRIFT für den Objekttyp ANSCHRIFT_T als Methode vereinbart wurde, lässt sich die Anschrift gemäß der Strukturierung "strasse hausnr, plz ort" durch die Ausführung von

```
SELECT t.F_ANSCHRIFT() FROM ANSCHRIFT_T_O_TAB t
       WHERE VALUE(t) =
       (SELECT DEREF(KENNUNG)
              FROM ANSCHRIFT_KENNUNG WHERE V_NR = 8413);
```

in der folgenden Form anzeigen:

```
T.F_ANSCHRIFT()
-----------------------------------
Wendeweg 10, 28345 Bremen
```

16.4   Speicherung und Bearbeitung von Objekt-Zeigern

Damit sich die Objekt-Zeiger für die Objekt-Tabelle ANSCHRIFT_T_O_TAB in einer Objekt-Tabelle namens ANSCHRIFT_KENNUNG_T_O_TAB speichern lassen, treffen wir die folgenden Vereinbarungen:

```
CREATE TYPE ANSCHRIFT_KENNUNG_T AS
       OBJECT (KENNUNG REF ANSCHRIFT_T, V_NR NUMBER(4));
/
```

```
CREATE TABLE ANSCHRIFT_KENNUNG_T_O_TAB
          OF ANSCHRIFT_KENNUNG_T;
```

Anschließend kann der Objekt-Zeiger, der auf das in der Objekt-Tabelle ANSCHRIFT_T _O_TAB eingetragene Objekt

ANSCHRIFT_T('Wendeweg','10','28345','Bremen')

sowie auf die zugehörige Vertreternummer weist, wie folgt in die Tabelle ANSCHRIFT_ KENNUNG_T_O_TAB eingetragen werden:

```
INSERT INTO ANSCHRIFT_KENNUNG_T_O_TAB
    SELECT REF(t), 8413
            FROM ANSCHRIFT_T_O_TAB t
            WHERE VALUE(t) =
                ANSCHRIFT_T('Wendeweg','10','28345','Bremen');
```

Über den derart in ANSCHRIFT_KENNUNG_T_O_TAB gespeicherten Objekt-Zeiger lässt sich anschließend – unter Einsatz der Methode DEREF – wie folgt auf das korrespondierende Zeilen-Objekt zugreifen:

```
SELECT DEREF(t.KENNUNG) FROM ANSCHRIFT_KENNUNG_T_O_TAB t
                         WHERE t.V_NR = 8413;
```

Soll über die Vertreternummer auf einzelne Attribute des mit dieser Vertreternummer korrespondierenden Objekts zugegriffen werden, so kann dies z.B. wie folgt geschehen:

```
SELECT t.ORT, t.STRASSE FROM ANSCHRIFT_T_O_TAB t
    WHERE VALUE(t) =
            (SELECT DEREF(k.KENNUNG)
                    FROM ANSCHRIFT_KENNUNG_T_O_TAB k
                    WHERE k.V_NR = 8413);
```

Um sich die Anschrift in der Form "strasse hausnr, plz ort" anzeigen zu lassen, ist – unter Einsatz der für den Objekttyp ANSCHRIFT_T vereinbarten Methode F_ANSCHRIFT – die folgende Anforderung zu stellen:

```
SELECT t.F_ANSCHRIFT() FROM ANSCHRIFT_T_O_TAB t
    WHERE VALUE(t) =
        ( SELECT DEREF(k.KENNUNG)
                    FROM ANSCHRIFT_KENNUNG_T_O_TAB k
                    WHERE k.V_NR = 8413);
```

16.5   Bildung von Views mit Objekt-Tabellen

Wie wir es im Abschnitt 9.1.1 erläutert haben, können Views aus einer oder mehreren Tabellen aufgebaut werden. Ein View lässt sich ebenfalls einrichten, wenn Objekt-Tabellen in den View-Aufbau einbezogen werden.

Auf der Basis der Objekt-Tabelle ANSCHRIFT_KENNUNG_T_O_TAB, die von uns im Abschnitt 16.4 aufgebaut wurde, kann z.B. wie folgt ein View eingerichtet werden:

```
CREATE OR REPLACE VIEW ANSCHRIFT_KENNUNG_VIEW AS
         SELECT V_NR FROM ANSCHRIFT_KENNUNG_T_O_TAB;
```

Durch dieses View lässt sich auf die gespeicherten Vertreternummern zugreifen, sodass z.B. deren Anzeige in der folgenden Form abgerufen werden kann:

```
SELECT V_NR FROM ANSCHRIFT_KENNUNG_VIEW;
```

Da das vereinbarte View auf einer einzigen Tabelle basiert, lassen sich neue Vertreterkennzahlen als Attributwerte durch den Einsatz der INSERT-Anweisung speichern – z.B. wie folgt:

```
INSERT INTO ANSCHRIFT_KENNUNG_VIEW VALUES (2468);
```

Bei der Ausführung dieser Anweisung wird ein neues Zeilen-Objekt als Tabellenzeile in der Tabelle ANSCHRIFT_KENNUNG_T_O_TAB eingerichtet und im Attribut KENNUNG der Nullwert eingetragen.

Ein derart eingerichtetes Zeilen-Objekt lässt sich anschließend wieder wie folgt löschen:

```
DELETE FROM ANSCHRIFT_KENNUNG_VIEW WHERE V_NR=2468;
```

Bearbeitungen dieser Art lassen sich dann nicht für ein View vornehmen, wenn dieses View auf mehr als einer Tabelle basiert.

Dies gilt z.B. für den Fall, in dem die Verbindung der Objekt-Tabelle ANSCHRIFT_KENNUNG_T_O_TAB mit den Tabellen VERTRETER, ARTIKEL und UMSATZ wie folgt vorgenommen wurde:

```
CREATE OR REPLACE VIEW ANSCHRIFT_GESAMT_VIEW
         (V_NR,V_NAME,ADRESSE,A_NAME,A_STUECK,DATUM)
    AS SELECT v.V_NR, V_NAME,
         DEREF(KENNUNG), A_NAME, A_STUECK, DATUM
      FROM ANSCHRIFT_KENNUNG_T_O_TAB a_k, VERTRETER v,
         ARTIKEL a, UMSATZ u
      WHERE a_k.V_NR = v.V_NR
         AND v.V_NR = u.V_NR
         AND u.A_NR = a.A_NR;
```

Mit diesem View lassen sich die Umsatzdaten in aufbereiteter Form abrufen, indem nicht nur die Angaben aus den Tabellen VERTRETER, UMSATZ und ARTIKEL, sondern zusätzlich die als Zeilen-Objekte innerhalb der Objekt-Tabelle ANSCHRIFT_T_O_TAB gespeicherten Adressdaten in die Anzeige einbezogen werden.

16.6   Einsatz von Instead-of-Triggern

Da sich über den Namen eines Views, das auf mehr als einer Tabelle basiert, standardmäßig keine Änderung innerhalb einer dieser Basis-Tabellen vornehmen lässt, verbleibt als einzige Möglichkeit der Einsatz eines oder mehrerer Instead-of-Trigger (siehe Abschnitt 9.1.4), um über einen Viewnamen Änderungen an einer der Basis-Tabellen vorzunehmen.

Hinweis: Es ist bekanntlich auch möglich, einen Instead-of-Trigger festzulegen, mit dem die Änderung einer Tabelle erfolgen kann, die nicht in den Aufbau des Views einbezogen wurde.

Um den Einsatz eines derartigen Instead-of-Triggers zu erläutern, stellen wir uns die folgende Aufgabe:

In die Objekt-Tabelle ANSCHRIFT_T_O_TAB soll eine neue Anschrift als Zeilen-Objekt eingetragen werden. Gleichzeitig ist der zugehörige Zeiger auf dieses Objekt in Verbindung mit der zugehörigen Vertreterkennzahl innerhalb der Objekt-Tabelle ANSCHRIFT_KENNUNG_T_O_TAB zu speichern!

Zur Lösung dieser Aufgabe soll ein Instead-of-Trigger namens ANSCHRIFT_TRIGGER eingesetzt werden.

Weil ein derartiger Trigger nicht für Tabellen und daher auch nicht für Objekt-Tabellen eingerichtet werden kann, müssen wir zuerst ein geeignetes View erstellen. Hierzu führen wir die folgende CREATE VIEW-Anweisung aus:

```
CREATE OR REPLACE VIEW ANSCHRIFT_VIEW(ADRESSE, NUMMER)
    AS SELECT VALUE(t), u.V_NR
            FROM ANSCHRIFT_T_O_TAB t, UMSATZ u;
```

Auf dieser Basis kann der Instead-of-Trigger ANSCHRIFT_TRIGGER wie folgt aufgebaut werden:

```
CREATE OR REPLACE TRIGGER ANSCHRIFT_TRIGGER
        INSTEAD OF INSERT ON ANSCHRIFT_VIEW
BEGIN
 INSERT INTO ANSCHRIFT_T_O_TAB VALUES (:NEW.ADRESSE);
 INSERT INTO ANSCHRIFT_KENNUNG_T_O_TAB
            VALUES (NULL,:NEW.NUMMER);
 UPDATE ANSCHRIFT_KENNUNG_T_O_TAB k
    SET KENNUNG = (SELECT  REF(t)
                        FROM ANSCHRIFT_T_O_TAB t
                        WHERE VALUE(t) = :NEW.ADRESSE)
        WHERE k.V_NR =:NEW.NUMMER;
END;
/
```

Hinweis: Zur Bedeutung von ":NEW" siehe die Darstellung im Abschnitt 6.4.

Durch die Ausführung der Anweisung

```
INSERT INTO ANSCHRIFT_VIEW
    VALUES (ANSCHRIFT_T('Meierstr.','7','28321','Bremen'),
        2468);
```

lässt sich anschließend jeweils eine Tabellenzeile innerhalb der Tabellen ANSCHRIFT_T_O_TAB und ANSCHRIFT_KENNUNG_T_O_TAB speichern.

Das Ergebnis der INSERT-Anweisung kann man sich durch die folgenden Anweisungen anzeigen lassen:

```
SELECT * FROM ANSCHRIFT_T_O_TAB;
SELECT * FROM ANSCHRIFT_KENNUNG_T_O_TAB;
```

16.7 Vorwärts-Typisierung

In bestimmten Situationen kann es wünschenswert sein, einen neuen Objekttyp vereinbaren zu können, bei dessen Definition sich ein Objekttyp verwenden lässt, dessen Vereinbarung auf den neu einzurichtenden Objekttyp gestützt wird.

In einer derartigen Situation lässt sich eine *Vorwärts-Typisierung* durchführen, indem durch die CREATE TYPE-Anweisung in der Form

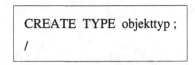

Abbildung 16.8: Vorwärts-Typisierung

festgelegt wird, dass "objekttyp" einen Objekttyp kennzeichnet, dessen konkrete Beschreibung nachgeliefert wird.

Von einer Vorwärts-Typisierung müssen wir z.B. dann Gebrauch machen, wenn wir zwei Tabellen namens TAB_V_T und TAB_G_V_T einrichten wollen, die die folgenden Eigenschaften besitzen:

In der Tabelle TAB_V_T sollen sämtliche Vertreternummern und Verweise auf korrespondierende Zeilen der Tabelle TAB_G_V_T eingetragen sein, in der die Gebietsangaben und zusätzlich – für jedes Gebiet – die Vertreternummer des jeweiligen Gebietsvertreters sowie ein Verweis auf diese Tabellenzeile gehalten werden.

Unterstellen wir, dass es sich bei den Vertretern mit den Kennzahlen 8413 und 1215 um Gebietsvertreter handelt, so lässt sich unsere Anforderung wie folgt skizzieren:

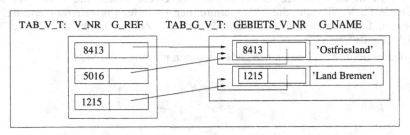

Abbildung 16.9: Beispiel für Verweise von Vertreternummern

Sofern wir TAB_V_T als Objekt-Tabelle und deren Zeilen-Objekte vom Objekttyp V_T einrichten wollen, müssen wir diesen Objekttyp durch die folgende Anforderung bestimmen:

```
CREATE TYPE V_T AS OBJECT(V_NR    NUMBER(4),
                          G_REF   REF G_V_T);
/
```

Hierbei wird durch "REF G_V_T" eine Referenz auf ein Objekt vom Objekttyp G_V_T festgelegt. Dies bedingt, dass die Tabelle TAB_G_V_T als Objekt-Tabelle mit Zeilen-Objekten zu verabreden ist, deren Objekttyp durch die Anweisung

```
CREATE TYPE G_V_T AS OBJECT(GEBIETS_V_NR    V_T
                            G_NAME          CHAR(30) );
/
```

zu vereinbaren ist.

Es ist offensichtlich, dass – ohne die Vorwärts-Typisierung – eine Anforderung in Form der beiden CREATE TYPE-Anweisungen – unabhängig von der jeweils gewählten Reihenfolge – zu einem Konflikt führt. Unter Einsatz der Vorwärts-Typisierung können wir die beiden Objekttypen G_V_T und V_T jedoch wie folgt vereinbaren:

```
CREATE TYPE G_V_T;
/
CREATE TYPE V_T AS OBJECT(V_NR   NUMBER(4),
                          G_REF REF  G_V_T);
/
CREATE OR REPLACE TYPE G_V_T
                     AS OBJECT(GEBIETS_V_NR V_T,
                               G_NAME        CHAR(30),
   MEMBER FUNCTION F_GEBIETSNAME RETURN VARCHAR2,
   PRAGMA RESTRICT_REFERENCES (F_GEBIETSNAME,WNDS,WNPS),
   MEMBER FUNCTION F_GEBIETS_V_NR RETURN NUMBER,
   PRAGMA RESTRICT_REFERENCES (F_GEBIETS_V_NR,WNDS,WNPS));
/
```

Bei der Vereinbarung des Objekttyps G_V_T haben wir zwei Methoden vorgesehen, die durch die Member-Funktionen F_GEBIETSNAME und F_GEBIETS_V_NR gekennzeichnet werden.

Durch die Methode F_GEBIETSNAME soll der Gebietsname und durch die Methode F_GEBIETS_V_NR soll die Vertreternummer des Bezirksvertreters ermittelt werden können, falls die betreffende Methode auf ein Zeilen-Objekt der Objekt-Tabelle TAB_G_V_T wirkt.

Die Implementierung der beiden Methoden nehmen wir wie folgt vor:

```
CREATE TYPE BODY G_V_T AS
MEMBER FUNCTION F_GEBIETSNAME RETURN VARCHAR2 IS
        BEGIN
           RETURN G_NAME;
        END;
MEMBER FUNCTION F_GEBIETS_V_NR RETURN NUMBER IS
        BEGIN
           RETURN GEBIETS_V_NR.V_NR;
        END;
END;
/
```

Um die Tabellen TAB_V_T und TAB_G_V_T – auf der Basis der oben angegebenen Beispieldaten – einrichten zu lassen, sind die folgenden Anforderungen zu stellen:

```
CREATE TABLE TAB_V_T OF V_T;
INSERT INTO TAB_V_T VALUES (8413,NULL);
INSERT INTO TAB_V_T VALUES (5016,NULL);
INSERT INTO TAB_V_T VALUES (1215,NULL);
CREATE TABLE TAB_G_V_T OF G_V_T;
INSERT INTO TAB_G_V_T VALUES(V_T(8413,NULL),
                             'Ostfriesland');
INSERT INTO TAB_G_V_T VALUES(V_T(1215,NULL),
                             'Land Bremen');
UPDATE TAB_V_T t SET t.G_REF =
       (SELECT REF(g) FROM TAB_G_V_T g
                 WHERE g.GEBIETS_V_NR.V_NR = 8413)
       WHERE t.V_NR=8413;
UPDATE TAB_V_T t SET t.G_REF =
       (SELECT REF(g) FROM TAB_G_V_T g
                 WHERE g.GEBIETS_V_NR.V_NR = 8413)
       WHERE t.V_NR=5016;
UPDATE TAB_V_T t SET t.G_REF =
       (SELECT REF(g) FROM TAB_G_V_T g
                 WHERE g.GEBIETS_V_NR.V_NR = 1215)
       WHERE t.V_NR=1215;
UPDATE TAB_G_V_T g SET g.GEBIETS_V_NR.G_REF =
       (SELECT t.G_REF FROM TAB_V_T t
                 WHERE t.V_NR = 8413)
       WHERE g.GEBIETS_V_NR.V_NR=8413;
UPDATE TAB_G_V_T g SET g.GEBIETS_V_NR.G_REF =
                 (SELECT t.G_REF FROM TAB_V_T t
                 WHERE t.V_NR = 8413)
       WHERE g.GEBIETS_V_NR.V_NR=1215;
```

Anschließend lässt sich über eine Vertreternummer auf die Kennzahl des zugeordneten Gebietsvertreters und die zugehörige Gebietsangabe zugreifen und z.B. durch

```
SELECT t.G_REF.F_GEBIETSNAME(), t.G_REF.F_GEBIETS_V_NR()
       FROM TAB_V_T t WHERE t.V_NR=5016;
```

die folgende Anzeige abrufen:

```
T.G_REF.F_GEBIETSNAME()        T.G_REF.F_GEBIETS_V_NR()
-----------------------------  -------------------------

Ostfriesland                   8413
```

Unter Einsatz der Nummer des Gebietsvertreters kann die Gebietsangabe z.B. durch

```
SELECT G_NAME FROM TAB_G_V_T t
       WHERE t.GEBIETS_V_NR.V_NR=8413;
```

in der folgenden Form zur Anzeige gebracht werden:

```
G_NAME
--------------------------------
Ostfriesland
```

Um die Kennzahlen aller Gebietsvertreter zu ermitteln, können wir z.B. die folgende Anforderung stellen:

```
    SELECT t.GEBIETS_V_NR.V_NR FROM TAB_G_V_T t;
```

Als Anzeige erhalten wir:

```
GEBIETS_V_NR.V_NR
-----------------
             8413
             1215
```

KAPITEL 17

AUFBAU UND BEARBEITUNG VON OBJEKT-VIEWS

17.1 Der objektrelationale Ansatz

In den vorausgegangenen Kapiteln haben wir dargestellt, wie sich Objekttypen als benutzer-definierte Datentypen vereinbaren und Objekte als Instanziierungen dieser Objekttypen einrichten lassen. Dabei haben wir ebenfalls angegeben, wie sich Methoden vereinbaren lassen, die auf Objekte wirken und zu deren Veränderung führen können.

Die Möglichkeit, Objekte als Instanziierungen von Objekttypen einrichten und Methoden vereinbaren zu können, ist die Basis für eine objekt-orientierte Lösung von Problemstellungen. Damit sich objekt-orientierte Lösungspläne nicht nur für die Zeilen-Objekte von Objekt-Tabellen entwickeln lassen, muss sich jede im Rahmen der relationalen Modellierung erstellte Tabelle, die aus objekt-orientierter Sicht als *Legacy-Tabelle* bezeichnet wird, ebenfalls als eine Art von Objekt-Tabelle verwenden lassen.

Wie wir nachfolgend erläutern werden, ist diese Verarbeitungsform beim DB-System ORACLE möglich, sodass nicht nur eine relationale Verarbeitung von Tabellen sowie die objekt-orientierte Verarbeitung von Objekt-Tabellen, sondern zusätzlich eine objekt-orientierte Bearbeitung von Bestandsdaten, die durch eine relationale Verarbeitung in Tabellen gespeichert wurden, zulässig ist. Diese Form der objekt-orientierten Verarbeitung relationaler Tabellen wird *objektrelational* genannt.

Durch den Sachverhalt, dass es sich bei dem DB-System ORACLE um ein objektrelationales DB-System handelt, ist gesichert, dass eine problemlose Koexistenz zwischen relationalen und objekt-orientierten Anwendungen möglich ist. Entscheidend ist die Tatsache, dass beide Formen von Anwendungen auf identischen Bestandsdaten arbeiten können.

Hinweis: Um Zugriffe auf den Datenbestand innerhalb von objekt-orientierten bzw. objektrelationalen Anwendungen zu ermöglichen, stehen PL/SQL-Packages (Sammlungen von PL/SQL-Funktionen und PL/SQL-Prozeduren) zur Verfügung (siehe Kapitel 20).

17.2 Einrichtung von Objekt-Views

Die Tabellenzeilen, die im Rahmen einer relationalen Bearbeitung in einer Tabelle eingerichtet wurden, lassen sich *nicht unmittelbar* als Zeilen-Objekte bearbeiten. Damit die Tabellenzeilen einer Legacy-Tabelle als Objekte aufgefasst werden können, müssen die Attribute der Tabellenspalten in Form eines Objekttyps gekapselt werden. Ist diese Kapselung vorgenommen worden, so kann anschließend in objekt-orientierter Form auf den Datenbestand der Legacy-Tabelle zugegriffen werden.

- Um die Kapselung einer Legacy-Tabelle vorzunehmen und sie dadurch der objekt-orientierten Verarbeitung zugänglich zu machen, muss ein *Objekt-View* durch eine besondere Form der CREATE VIEW-Anweisung eingerichtet werden.

  Das erstellte Objekt-View besteht aus Zeilen-Objekten, deren zugehöriger Objekttyp zuvor vereinbart sein muss. Dabei müssen die Attribute dieses Objekttyps in der Form festgelegt worden sein, in der die Spaltennamen und die jeweiligen Datentypen bei der Vereinbarung der Legacy-Tabelle definiert wurden.

Damit wir z.B. den Datenbestand der Tabelle ARTIKEL mit den Artikeldaten (siehe Abschnitt 1.3) für eine objekt-orientierte Verarbeitung verwenden können, müssen wir ein geeignetes Objekt-View vereinbaren.

Um dieses Objekt-View einrichten zu können, legen wir die Attribute der Tabellenspalten von ARTIKEL durch einen Objekttyp namens ARTIKEL_T in der folgenden Form fest:

```
CREATE OR REPLACE TYPE ARTIKEL_T
           AS OBJECT(A_NR NUMBER(2),
                     A_NAME CHAR(20),
                     A_PREIS NUMBER(7,2));
/
```

Das zugehörige Objekt-View lässt sich anschließend wie folgt vereinbaren:

```
CREATE OR REPLACE VIEW ARTIKEL_O_V
           OF ARTIKEL_T WITH OBJECT IDENTIFIER (A_NR)
           AS SELECT A_NR, A_NAME, A_PREIS
              FROM ARTIKEL;
```

Diese Form der CREATE VIEW-Anweisung basiert auf der folgenden Syntax:

```
CREATE [ OR REPLACE ] VIEW view-name OF objekttyp

    WITH OBJECT IDENTIFIER ( schlüssel )

    AS SELECT-anweisung
```

Abbildung 17.1: Einrichtung eines Objekt-Views

Der aufgeführte Objekttyp muss so vereinbart sein, dass die dadurch zusammengefassten Attribute gemäß ihrer Datentypen und ihrer Reihenfolge zu denjenigen Spalten kompatibel sind, die durch die hinter dem Schlüsselwort AS aufgeführte SELECT-Anweisung gekennzeichnet werden.

Im Gegensatz zu einem Zeilen-Objekt aus einer Objekt-Tabelle wird für ein Objekt-View *kein spezifischer* Objekt-Zeiger aufgebaut, mit dem sich das Zeilen-Objekt referenzieren lässt. Vielmehr wird ein eindeutiger Zugriff auf jedes Zeilen-Objekt eines Objekt-Views über eine Objekt-Identifikation ermöglicht, die innerhalb einer WITH OBJECT IDENTIFIER-Klausel in der Form

```
WITH OBJECT IDENTIFIER ( schlüssel )
```

Abbildung 17.2: Vereinbarung eines Schlüssels zur Objekt-Identifikation

festgelegt werden muss. Dabei sollte es sich bei dem in Klammern aufgeführten Schlüssel um einen Zugriffsschlüssel handeln, mit dem ein eindeutiger Zugriff – in Form einer Objekt-Identifikation – möglich ist. Es wird empfohlen, dass der Primärschlüssel der Legacy-Tabelle, die dem Objekt-View zugrunde liegt, verwendet wird. Dieser Primärschlüssel darf aus einer oder mehreren Spalten aufgebaut sein.

Um aus einer Objekt-Identifikation einen Objekt-Zeiger zu generieren, lässt sich die *Systemfunktion* MAKE_REF in der folgenden Form einsetzen:

```
MAKE_REF( view-name, objekt-identifikation )
```

Abbildung 17.3: Wandlung einer Objekt-Identifikation in einen Objekt-Zeiger

Zum Beispiel können wir durch die Anweisung

```
SELECT MAKE_REF(ARTIKEL_O_V, A_NR) FROM ARTIKEL_O_V;
```

die Objekt-Zeiger für den Zugriff auf die Zeilen-Objekte des Objekt-Views ARTIKEL_O_V anzeigen lassen.

Die Bildung von Objekt-Views ist nicht nur für Tabellen möglich, die auf der Verwendung von Standard-Datentypen basieren, sondern auch dann erlaubt, wenn die zugrundeliegende Tabelle Spalten enthält, deren Datentyp als Objekttyp vereinbart ist.

Zum Beispiel lässt sich das Objekt-View VERTRETER_ADRESSE_O_V – auf der Basis der Tabelle VERTRETER und der in den Abschnitten 13.2 und 13.3 festgelegten Vereinbarung des Objekttyps ANSCHRIFT_T – wie folgt einrichten:

```
CREATE TYPE V_TYP AS OBJECT(V_NR NUMBER(4),
                            V_NAME CHAR(30),
                            V_ANSCH ANSCHRIFT_T);
/
CREATE VIEW VERTRETER_ADRESSE_O_V
      OF V_TYP WITH OBJECT IDENTIFIER (V_NR)
          AS SELECT V_NR, V_NAME, V_ANSCH FROM VERTRETER;
```

Bei der Vereinbarung eines Objekt-Views dürfen auch Attribute zugrunde gelegt werden, wie es z.B. in der folgenden Situation der Fall ist:

```
CREATE OR REPLACE TYPE V_TYP AS OBJECT(V_NR NUMBER(4),
                                       V_NAME CHAR(30),
                                       PLZ CHAR(5),
                                       ORT CHAR(10));
/
CREATE OR REPLACE VIEW VERTRETER_ADRESSE_O_V
        OF V_TYP WITH OBJECT IDENTIFIER (V_NR)
        AS SELECT V_NR, V_NAME, v.V_ANSCH.PLZ,
              v.V_ANSCH.ORT
          FROM VERTRETER v;
```

Es ist ebenfalls erlaubt, z.B. durch eine Vereinbarung der Form

```
CREATE OR REPLACE TYPE V_TYP AS OBJECT(V_NR    NUMBER(4),
                                       V_NAME CHAR(30),
                                       PLZ     CHAR(5),
                                       ORT     CHAR(10));
/
```

```
CREATE OR REPLACE VIEW VERTRETER_ADRESSE_O_V
       OF V_TYP WITH OBJECT IDENTIFIER (PLZ)
       AS SELECT V_NR, V_NAME, v.V_ANSCH.PLZ,
                 v.V_ANSCH.ORT FROM VERTRETER v;
```

ein Attribut als Schlüssel – zur Objekt-Identifikation – für den Zugriff zu verwenden.

17.3 Bearbeitung von Objekt-Views

Nach dem im Abschnitt 17.2 angegebenen Aufbau des Objekt-Views ARTIKEL_O_V kann die Bearbeitung seiner Zeilen-Objekte genauso erfolgen wie es zuvor bei der Verarbeitung der Zeilen-Objekte von Objekt-Tabellen geschehen ist.

Zum Beispiel kann die Anzeige sämtlicher Attributwerte des Zeilen-Objekts, das die Objekt-Identifikation "22" besitzt, wie folgt abgerufen werden:

```
SELECT VALUE(a) FROM ARTIKEL_O_V a WHERE a.A_NR = '22';
```

Hinweis: Äquivalent hierzu ist die Anweisung:

```
SELECT DEREF(REF(a)) FROM ARTIKEL_O_V a WHERE a.A_NR = '22';
```

Um den Inhalt einer Tabellenzeile von ARTIKEL komprimiert anzeigen zu können, ändern wir die Vereinbarung des Objekttyps ARTIKEL_T wie folgt ab:

```
CREATE OR REPLACE TYPE ARTIKEL_T
              AS OBJECT(A_NR NUMBER(2),
                        A_NAME CHAR(20),
                        A_PREIS NUMBER(7,2),
    MEMBER FUNCTION F_ARTIKEL RETURN VARCHAR2,
    PRAGMA RESTRICT_REFERENCES (F_ARTIKEL, WNDS, WNPS)
);
/
CREATE OR REPLACE TYPE BODY ARTIKEL_T AS
MEMBER FUNCTION F_ARTIKEL RETURN VARCHAR2 IS
BEGIN
RETURN  CONCAT(RTRIM(A_NAME),
          CONCAT(' : ',TO_CHAR(A_PREIS)));
END;
END;
/
```

Unter Einsatz der Methode F_ARTIKEL lässt sich für ein Zeilen-Objekt des Objekt-Views ARTIKEL_O_V (die oben angegebene View-Vereinbarung ist zu wiederholen!), das durch die Objekt-Identifikation "13" gekennzeichnet ist, die gesamte Information wie folgt in komprimierter Form abrufen:

```
SELECT a.A_NR, a.F_ARTIKEL()
       FROM ARTIKEL_O_V a WHERE a.A_NR = 13;
```

Wir erhalten die Anzeige:

```
    A_NR A.F_ARTIKEL()
--------- -------------------------
       13 Hose : 110,5
```

Sollen neue Zeilen-Objekte in ein Objekt-View eingetragen werden, so lässt sich hierzu die INSERT-Anweisung einsetzen. Die Ausführung dieser Anweisung bewirkt, dass die aufgeführten Attributwerte als Spaltenwerte einer Tabellenzeile in die zugehörige Legacy-Tabelle eingetragen werden.

Zum Beispiel lässt sich der Eintrag eines neuen Zeilen-Objektes wie folgt vornehmen:

```
INSERT INTO ARTIKEL_O_V
            VALUES (ARTIKEL_T(77,'Hemd',64.20));
```

Soll z.B. für ein Zeilen-Objekt mit der Objekt-Identifikation "77" der Text "Hose" als neuer Attributwert für das Attribut A_NAME gespeichert werden, so ist die UPDATE-Anweisung

```
UPDATE ARTIKEL_O_V a SET a.A_NAME='Hose' WHERE a.A_NR=77;
```

zur Ausführung zu bringen. Um das bearbeitete Zeilen-Objekt zu löschen, kann die folgende Anweisung eingesetzt werden:

```
DELETE ARTIKEL_O_V a WHERE a.A_NR = 77;
```

17.4 Bildung von Views unter Einsatz von Objekt-Views

Objekt-Views können – genauso wie Objekt-Tabellen – in die Bildung von Views einbezogen werden. Damit wir für die objekt-orientierte Bearbeitung unseres Datenbestandes ein View zur Verfügung haben, das sich aus drei Objekt-Views aufbaut, die sich jeweils auf die Legacy-Tabellen ARTIKEL, VERTRETER und UMSATZ gründen, vereinbaren wir zunächst die Objekttypen VERTRETER_T und UMSATZ_T in der folgenden Form:

```
CREATE TYPE VERTRETER_T AS OBJECT(V_NR NUMBER(4),
                                  V_NAME CHAR(30),
                                  V_ANSCH CHAR(30),
                                  V_PROV NUMBER(4,2),
                                  V_KONTO NUMBER(7,2));
/
CREATE VIEW VERTRETER_O_V
       OF VERTRETER_T WITH OBJECT IDENTIFIER (V_NR)
       AS SELECT V_NR, V_NAME, V_ANSCH,
                 V_PROV, V_KONTO FROM VERTRETER;
CREATE TYPE UMSATZ_T AS OBJECT(V_NR NUMBER(4),
                               A_NR NUMBER(2),
                               A_STUECK NUMBER(3),
                               DATUM DATE);
/
```

```
CREATE VIEW UMSATZ_O_V
    OF UMSATZ_T WITH OBJECT IDENTIFIER (V_NR,A_NR,DATUM)
        AS SELECT V_NR, A_NR, A_STUECK, DATUM FROM UMSATZ;
```

Hinweis: Wir unterstellen, dass das Objekt-View ARTIKEL_O_V in der oben angegebenen Form vereinbart wurde und die Tabelle VERTRETER als Legacy-Tabelle (V_ANSCH hat den Datentyp "CHAR(30)") zur Verfügung steht. Bei diesen Objekt-View-Vereinbarungen ist berücksichtigt, dass "V_NR" als Primärschlüssel der Tabelle VERTRETER und "(V_NR, A_NR, DATUM)" als Primärschlüssel der Tabelle UMSATZ vereinbart sind.

Sofern wir uns den aktuellen Inhalt des Objekt-Views UMSATZ_O_V durch

```
SELECT VALUE(u) FROM UMSATZ_O_V u;
```

anzeigen lassen, erhalten wir das folgende Ergebnis:

```
VALUE(U)(V_NR, A_NR, A_STUECK, DATUM)
---------------------------------------
UMSATZ_T(8413, 12, 40, '24.06.08')
UMSATZ_T(5016, 22, 10, '24.06.08')
UMSATZ_T(8413, 11, 70, '24.06.08')
UMSATZ_T(1215, 11, 20, '25.06.08')
UMSATZ_T(5016, 22, 35, '25.06.08')
UMSATZ_T(8413, 13, 35, '24.06.08')
UMSATZ_T(1215, 13, 5, '24.06.08')
UMSATZ_T(1215, 12, 10, '24.06.08')
UMSATZ_T(8413, 11, 20, '25.06.08')
```

Die Definition des von uns angestrebten Views nehmen wir wie folgt vor:

```
CREATE VIEW GESAMT_O_V
    AS SELECT a.A_NAME, u.A_STUECK, u.DATUM, v.V_NAME
        FROM VERTRETER_O_V v, ARTIKEL_O_V a, UMSATZ_O_V u
        WHERE v.V_NR = u.V_NR AND a.A_NR = u.A_NR;
```

Sofern wir die Anforderung

```
SELECT * FROM GESAMT_O_V;
```

stellen, erhalten wir die folgende Anzeige:

```
A_NAME          A_STUECK DATUM     V_NAME
--------------- -------- --------  -------------------
Oberhemd             10 24.06.08 Schulze, Fritz
Oberhemd             40 24.06.08 Meyer, Emil
Mantel               35 25.06.08 Meier, Franz
Mantel               10 24.06.08 Meier, Franz
Oberhemd             20 25.06.08 Meyer, Emil
Oberhemd             20 25.06.08 Schulze, Fritz
Oberhemd             70 24.06.08 Meyer, Emil
Hose                  5 24.06.08 Schulze, Fritz
Hose                 35 24.06.08 Meyer, Emil
```

Um in die Vereinbarung des Views GESAMT_O_V einen möglichen Zugriff auf Zeilen-Objekte aufzunehmen, die durch das Objekt-View VERTRETER_O_V gekennzeichnet sind, können wir z.B. – unter Einsatz der Systemfunktion VALUE – die folgende Vereinbarung vornehmen:

```
CREATE OR REPLACE VIEW GESAMT_O_V
        (A_NAME, A_STUECK, DATUM, V_NAME, V_TYP) AS
   SELECT a.A_NAME, u.A_STUECK, u.DATUM, v.V_NAME, VALUE(v)
     FROM VERTRETER_O_V v, ARTIKEL_O_V a, UMSATZ_O_V u
       WHERE v.V_NR = u.V_NR AND a.A_NR = u.A_NR;
```

In diesem Fall führt die Ausführung der Anweisung

```
   SELECT DISTINCT t.V_TYP.V_NAME FROM GESAMT_O_V t;
```

zur folgenden Anzeige:

```
V_TYP.V_NAME
-----------------------
Schulze, Fritz
Meyer, Emil
Meier, Franz
```

Wollen wir das View GESAMT_O_V als Verbund der Zeilen-Objekte einrichten, die sich aus den Objekt-Views VERTRETER_O_V, ARTIKEL_O_V und UMSATZ_O_V herleiten, so können wir dazu die folgende Vereinbarung treffen:

```
CREATE OR REPLACE VIEW GESAMT_O_V (TYP_V, TYP_A, TYP_U)
     AS SELECT VALUE(v), VALUE(a), VALUE(u)
         FROM VERTRETER_O_V v, ARTIKEL_O_V a, UMSATZ_O_V u
         WHERE v.V_NR = u.V_NR AND a.A_NR = u.A_NR;
```

Anschließend lässt sich die oben dargestellte Anzeige des gesamten View-Inhalts durch die Anweisung

```
  SELECT t.TYP_A.A_NAME, t.TYP_U.A_STUECK,
         t.TYP_U.DATUM, t.TYP_V.V_NAME FROM GESAMT_O_V t;
```

in der folgenden Form abrufen:

```
TYP_A.A_NAME      TYP_U.A_STUECK TYP_U.DA TYP_V.V_NAME
----------------- -------------- -------- -----------------
Oberhemd                      10 24.06.08 Schulze, Fritz
Oberhemd                      40 24.06.08 Meyer, Emil
Mantel                        35 25.06.08 Meier, Franz
Mantel                        10 24.06.08 Meier, Franz
Oberhemd                      20 25.06.08 Meyer, Emil
```

```
Oberhemd                        20 25.06.08 Schulze, Fritz
Oberhemd                        70 24.06.08 Meyer, Emil
Hose                             5 24.06.08 Schulze, Fritz
Hose                            35 24.06.08 Meyer, Emil
```

Da wir bei der Vereinbarung des Objekttyps ARTIKEL_V die Methode F_ARTIKEL festgelegt haben, können wir durch die Anweisung

```
SELECT t.TYP_A.F_ARTIKEL(), t.TYP_U.DATUM, t.TYP_V.V_NAME
        FROM GESAMT_O_V t WHERE t.TYP_U.A_STUECK > 40;
```

die folgende Anzeige anfordern:

```
T.TYP_A.F_ARTIKEL()             TYP_U.DA TYP_V.V_NAME
------------------------        -------- --------------------
Oberhemd : 44,2                 24.06.08 Meyer, Emil
```

17.5 Hierarchische Objekt-Views

Nachdem wir die Einrichtung und Bearbeitung von Objekt-Views vorgestellt haben, erläutern wir abschließend, wie sich Objekt-Views hierarchisch gliedern lassen.

Genauso wie sich ein Objekttyp in Form eines Subtyps einem anderen Objekttyp unterordnen lässt, kann ein Objekt-View einem anderen Objekt-View unmittelbar untergeordnet werden.

- Wird zu einem Objekttyp "typ-1", der die Struktur eines Objekt-Views "view-1" bestimmt, ein Subtyp "typ-2" eingerichtet, so lässt sich zu dem Objekt-View "view-1" ein dazu hierarchisch untergeordnetes Objekt-View "view-2" festlegen, indem die Struktur dieses Objekt-Views durch den Subtyp "typ-2" definiert wird. In einer derartigen Situation wird das Objekt-View "view-2" als *Subview* des *Superviews* "view-1" bezeichnet.

Um ein Subview namens "view-name-2" hierarchisch unter dem Objekt-View " view-name-1" einzurichten, muss die CREATE VIEW-Anweisung wie folgt eingesetzt werden:

```
CREATE [ OR REPLACE ] VIEW view-name-1 OF objekttyp
        UNDER view-name-2
        AS SELECT-anweisung
```

Abbildung 17.4: Einrichtung eines Subviews

Der Zugriffsschlüssel des Subviews ist identisch mit demjenigen Zugriffsschlüssel, der durch eine WITH OBJECT IDENTIFIER-Klausel für dasjenige Superview festgelegt ist, für das – innerhalb der Hierarchie der Objekt-Views – erstmals ein Subview eingerichtet wurde.

Im Hinblick auf die Beschreibung der jeweils durch hierarchisch untergeordnete Objekt-Views gekennzeichnete Bestandsdaten ist der folgende Sachverhalt zu beachten:

- Ist "view-2" als Subview von "view-1" eingerichtet worden, so liefert der Zugriff auf "view-1" nicht nur die Tabellenzeilen, die durch "view-1" bestimmt sind, sondern

zusätzlich alle Tabellenzeilen von "view-2" sowie der weiteren "view-1" untergeordneten Subviews.

Um zu erläutern, wie sich eine Hierarchie von Objekt-Views verwenden lässt, stellen wir
uns die Aufgabe, die drei folgenden Objekt-Views einzurichten:
das View VERTRETER_O_V mit den Angaben sämtlicher Vertreter, das View VERTRE-
TER_ADRESSE_O_V mit den Angaben und den Adressen derjenigen Vertreter, die kein
Postfach haben, sowie das View VERTRETER_POSTFACH_O_V mit den Angaben sowie
den Postfachadressen nur derjenigen Vertreter, die ein Postfach besitzen.

Zunächst verabreden wir, wie wir es beim Arbeiten mit überdeckten Methoden im
Abschnitt 14.4 – ohne die Einbeziehung der Vertreternummer – dargestellt haben, die
Objekttypen ANSCHRIFT_T und ANSCHRIFT_POSTFACH_T in der folgenden Form:

```
CREATE OR REPLACE TYPE ANSCHRIFT_T AS OBJECT (
    V_NR NUMBER(4), STRASSE CHAR(12),
    HAUSNR CHAR(3), PLZ CHAR(5), ORT CHAR(15),
    NOT FINAL MEMBER FUNCTION F_ANSCHRIFT RETURN VARCHAR2,
    PRAGMA RESTRICT_REFERENCES (F_ANSCHRIFT, WNDS, WNPS))
        NOT FINAL;
/
CREATE OR REPLACE TYPE BODY ANSCHRIFT_T AS
MEMBER FUNCTION F_ANSCHRIFT RETURN VARCHAR2 IS
BEGIN RETURN CONCAT(RTRIM(STRASSE),
        CONCAT(' ', CONCAT(RTRIM(HAUSNR),
            CONCAT(', ',CONCAT(RTRIM(PLZ),
                CONCAT(' ',RTRIM(ORT))))))));
END;
END;
/
CREATE OR REPLACE TYPE POSTFACH_T AS OBJECT (
                    POSTFACH_NR CHAR(6), PLZ CHAR(5));
/
CREATE OR REPLACE TYPE ANSCHRIFT_POSTFACH_T
                UNDER ANSCHRIFT_T(POSTFACH POSTFACH_T,
    OVERRIDING MEMBER FUNCTION F_ANSCHRIFT RETURN VARCHAR2,
    PRAGMA RESTRICT_REFERENCES (F_ANSCHRIFT, WNDS, WNPS));
/
CREATE OR REPLACE TYPE BODY ANSCHRIFT_POSTFACH_T AS
 OVERRIDING MEMBER FUNCTION F_ANSCHRIFT RETURN VARCHAR2 IS
BEGIN
    RETURN CONCAT('Postfach ',
        CONCAT(RTRIM(POSTFACH.POSTFACH_NR),
        CONCAT(', ', CONCAT(RTRIM(POSTFACH.PLZ),
        CONCAT(' ',RTRIM(ORT))))));
END;
END;
/
```

Anschließend richten wir die Tabelle ANSCHRIFT_T_O_TAB wie folgt ein:

```
CREATE TABLE ANSCHRIFT_T_O_TAB OF ANSCHRIFT_T;
INSERT INTO ANSCHRIFT_T_O_TAB VALUES
    (ANSCHRIFT_T(5016,'Kohlstr.','1','28623','Bremen'));
INSERT INTO ANSCHRIFT_T_O_TAB VALUES
    (ANSCHRIFT_POSTFACH_T(8413,'Wendeweg','10',
        '28345','Bremen',POSTFACH_T('980471','28835')));
INSERT INTO ANSCHRIFT_T_O_TAB VALUES
    (ANSCHRIFT_T(1215,'Gemüseweg','3','28115','Bremen'));
```

Um die Tabelle VERTRETER_T_O_TAB mit den Vertreterdaten aufbauen zu können, vereinbaren wir den Objekttyp VERTRETER_T durch die folgende Anweisung:

```
CREATE OR REPLACE TYPE VERTRETER_T AS OBJECT (
                V_NR NUMBER(4),
                V_NAME CHAR(20),
                V_PROV NUMBER(4,2),
                V_KONTO NUMBER(7,2)) NOT FINAL;
/
```

Auf dieser Basis lässt sich die Tabelle VERTRETER_T_O_TAB wie folgt einrichten:

```
CREATE TABLE VERTRETER_T_O_TAB OF VERTRETER_T;
INSERT INTO VERTRETER_T_O_TAB
    VALUES (5016,'Meier, Franz',0.05,200);
INSERT INTO VERTRETER_T_O_TAB
    VALUES (8413,'Meyer, Emil',0.07,725.15);
INSERT INTO VERTRETER_T_O_TAB
    VALUES (1215,'Schulze, Fritz',0.06,50.50);
```

Das Objekt-View VERTRETER_O_V, das als Superview der beiden Objekt-Views VERTRETER_ADRESSE_O_V und VERTRETER_POSTFACH_O_V benötigt wird, legen wir wie folgt fest:

```
CREATE OR REPLACE VIEW VERTRETER_O_V
        OF VERTRETER_T WITH OBJECT IDENTIFIER (V_NR) AS
        SELECT V_NR, V_NAME, V_PROV, V_KONTO
            FROM VERTRETER_T_O_TAB
            WHERE V_NR IS NULL;
```

Durch die WHERE-Klausel wird bestimmt, dass dieses Objekt-View keine Bestandsdaten kennzeichnet, sodass eine SELECT-Anweisung der Form

```
SELECT * FROM VERTRETER_O_V;
```

zu keiner Anzeige führt. Sofern jedoch dem View VERTRETER_O_V ein oder mehrere Subviews hierarchisch untergeordnet sind, werden durch diese Anforderung sämtliche Bestandsdaten angezeigt, die durch die einzelnen Subviews gekennzeichnet sind.

Um durch die beiden einzurichtenden Subviews, die dem Objekt-View VERTRETER_O_V untergeordnet werden sollen, einen Zugriff auf die Hausanschrift bzw. die

Postfachanschrift zu erhalten, ordnen wir dem Objekttyp VERTRETER_T die Subtypen
HAUSANSCHRIFT_T und POSTFACHANSCHRIFT_T wie folgt unter:

```
CREATE OR REPLACE TYPE HAUSANSCHRIFT_T
        UNDER VERTRETER_T (V_ANSCH VARCHAR2(50));
/
CREATE OR REPLACE TYPE POSTFACHANSCHRIFT_T
        UNDER VERTRETER_T (V_ANSCH VARCHAR2(50));
/
```

Jetzt lässt sich die Hierarchie der Objekt-Views wie folgt durch die beiden folgenden
CREATE VIEW-Anweisungen einrichten:

```
CREATE OR REPLACE VIEW VERTRETER_ADRESSE_O_V
    OF HAUSANSCHRIFT_T UNDER VERTRETER_O_V AS
        SELECT s.V_NR, V_NAME, V_PROV, V_KONTO,
                VALUE(v).F_ANSCHRIFT()
            FROM VERTRETER_T_O_TAB s, ANSCHRIFT_T_O_TAB v
            WHERE s.V_NR = v.V_NR AND VALUE(v)
                    IS OF (ONLY ANSCHRIFT_T);
CREATE OR REPLACE VIEW VERTRETER_POSTFACH_O_V
    OF POSTFACHANSCHRIFT_T UNDER VERTRETER_O_V AS
        SELECT s.V_NR, V_NAME, V_PROV, V_KONTO,
                VALUE(v).F_ANSCHRIFT()
            FROM VERTRETER_T_O_TAB s, ANSCHRIFT_T_O_TAB v
            WHERE s.V_NR = v.V_NR AND VALUE(v)
                    IS OF (ONLY ANSCHRIFT_POSTFACH_T);
```

Hierbei haben wir davon Gebrauch gemacht, dass sich der Objekttyp einer Instanziierung
gemäß der folgenden Syntax abfragen lässt:

VALUE (aliasname) IS OF (ONLY objekttyp)

Abbildung 17.5: Prüfung eines Objekttyps

Die angegebene Bedingung ist nur dann zutreffend, wenn die vor dem Schlüsselwort IS
angegebene Instanziierung aus dem hinter dem Schlüsselwort ONLY eingetragenen Objekttyp – und nicht aus einem diesem Objekttyp untergeordneten Subtyp – stammt.

Mit der Vereinbarung der beiden Subviews ist die oben angegebene Aufgabenstellung
gelöst. Auf der Basis der vorliegenden Hierarchie der drei eingerichteten Objekt-Views
führt die Anweisung

```
SELECT * FROM VERTRETER_O_V;
```

V_NR V_NAME	V_PROV	V_KONTO
5016 Meier, Franz	,05	200
1215 Schulze, Fritz	,06	50,5
8413 Meyer, Emil	,07	725,15

Ferner ergibt sich aus der Anweisung

```
SELECT * FROM VERTRETER_ADRESSE_O_V;
```

die Anzeige

```
V_NR V_NAME              V_PROV   V_KONTO V_ANSCH
------ --------------- ------- --------- -------------------------------
 5016 Meier, Franz       ,05       200 Kohlstr. 1, 28623 Bremen
 1215 Schulze, Fritz     ,06      50,5 Gemüseweg 3, 28115 Bremen
```

und aus der Ausführung der Anweisung

```
SELECT * FROM VERTRETER_POSTFACH_O_V;
```

resultiert die folgende Anzeige:

```
V_NR V_NAME              V_PROV   V_KONTO V_ANSCH
------ --------------- ------- --------- -------------------------------
 8413 Meyer, Emil        ,07    725,15 Postfach 980471, 28835 Bremen
```

Bei der oben angegebenen Anweisung

```
SELECT * FROM VERTRETER_O_V;
```

muss das Schlüsselwort DISTINCT nicht aufgeführt werden, da das Superview VER-
TRETER_O_V aus unterschiedlichen Vertreterangaben besteht. Diese Angaben setzen
sich aus dem Inhalt der beiden Subviews VERTRETER_ADRESSE_O_V und VERTRE-
TER_POSTFACH_O_V zusammen, die dem Superview VERTRETER_O_V untergeordnet
sind.

Abschließend weisen wir darauf hin, dass sich ein Subview – wie jedes beliebige Objekt-
View – immer dann als Basis für eine Änderung von Bestandsdaten einsetzen lässt, wenn
es auf *einer einzigen* Tabelle basiert.

So lässt sich z.B. das Objekt-View VERTRETER_O_V zur Bestandsänderung der Objekt-
Tabelle VERTRETER_T_O_TAB verwenden, weil dieses View – im Gegensatz zu den
Objekt-Views VERTRETER_ADRESSE_O_V und VERTRETER_POSTFACH_O_V – ei-
ne Sicht auf nur *eine* Tabelle darstellt.

Soll in einer derartigen Situation ein schreibender Zugriff auf die jeweils zugrunde
liegende Tabelle verboten werden, so ist die WITH READ ONLY-KLausel wie folgt
innerhalb der CREATE VIEW-Anweisung anzugeben:

```
CREATE [ OR REPLACE ] VIEW view-name-1 OF objekttyp
      [ UNDER view-name-2 ]
       AS SELECT-anweisung  WITH READ ONLY
```

Abbildung 17.6: Unterbindung eines Schreib-Zugriffs auf ein View

KAPITEL 18

SCHUTZVORKEHRUNGEN ZUR GEWÄHRLEISTUNG DER KONSISTENZ

Integritätsprüfungen

In der bisherigen Darstellung haben wir erläutert, durch welche Vorkehrungen die Integrität des Datenbestandes in Form der semantischen Integrität, der Entitäts-Integrität und der referentiellen Integrität gewährleistet werden kann.

Bei der Überwachung der semantischen Integrität prüft das DB-System, ob die Daten – entsprechend dem jeweiligen Datentyp – in korrekter Form in den Tabellen eingetragen und die Tabellen nur an den Positionen mit Nullwerten (fehlenden Werten) belegt sind, an denen diese Ablage zulässig ist.

Bei der Gewährleistung der Entitäts-Integrität wird dafür gesorgt, dass für diejenigen Tabellen, für die ein Identifikationsschlüssel – wie z.B. ein Primärschlüssel – festgelegt ist, sämtliche Tabellenzeilen paarweise voneinander verschieden sind, sodass durch die Vereinbarung eines Identifikationsschlüssels ein jeweils eindeutiger Zugriff auf die Tabellenzeilen durchführbar ist.

Um die referentielle Integrität zu garantieren, muss das DB-System die Ausführung von INSERT-, UPDATE- und DELETE-Anweisungen beim Zugriff auf Primärschlüssel-Tabellen sowie die zugehörigen Fremdschlüssel-Tabellen kontrollieren, damit sich die Datenbestände derartig vereinbarter Tabellen stets in einem konsistenten Zustand befinden. Dies bedeutet, dass die Werte, die zur Verbund-Bildung von Tabellen dienen können, korrekt und vollständig abgespeichert sind, sodass INSERT-, UPDATE- und DELETE-Anomalien ausgeschlossen sind.

Während sich diese Art von Integritätsprüfungen vom Anwender dadurch anfordern lässt, dass er geeignete Angaben – in Form von CONSTRAINT-Klauseln bzw. durch die Festlegung von Fremdschlüsseln – bei den Tabellen-Vereinbarungen macht, braucht der Anwender für die benötigten Schutzmechanismen, die beim konkurrierenden Zugriff im Mehrplatz-Betrieb zur Verfügung stehen müssen, keine Vorkehrungen zu treffen.

Es gibt eine Grundsicherung des DB-Systems, durch die *automatisch* dafür gesorgt wird, dass die Konsistenz der Datenbasis im Mehrplatz-Betrieb gesichert wird.

- Die diesbezügliche Sicherheits- und Koordinierungs-Prüfungen werden unter dem Begriff der *Ablauf-Integrität* zusammengefasst. Die Einhaltung derartiger Integritätsprüfungen garantiert, dass die Anwender, die konkurrierend auf einen gemeinsamen Datenbestand zugreifen, sich nicht gegenseitig behindern und jeder für sich einen konsistenten Datenbestand zur Verfügung hat.

Um den konsistenten Zustand einer Datenbasis zu sichern, führt das DB-System die jeweils gewünschten Änderungen am Datenbestand nur nach vorausgehenden Schutzvorkehrungen durch. Im Anschluss an auftretende Fehler, die die Konsistenz der Datenbasis beeinträchtigen, ist der ursprünglich korrekte Zustand der Datenbasis wiederherstellbar. Diese Überführung des Datenbestandes – durch den DB-Administrator – in die zuletzt vorliegende korrekte Form wird *Recovery* genannt.

Derartige Recovery-Vorgänge, die die gesamte Datenbasis betreffen, müssen vom DB-Administrator durchgeführt werden. Er hat dafür Sorge zu tragen, dass der gesamte Datenbestand in konsistenter Form rekonstruierbar ist.

Hinweis: Um derartige Recovery-Vorgänge einleiten zu können, stellt das DB-System dem DB-Administrator geeignete Werkzeuge zur Verfügung. Hiermit kann der DB-Administrator eine ständige Überwachung und Sicherung im laufenden Betrieb vornehmen lassen, sodass die entsprechenden Sicherungskopien, die die Basis für einen Recovery-Vorgang darstellen, automatisch erstellt werden.

Transaktionen

Damit ein Anwender während des aktuellen Dialogs einen Einfluss auf die Datenkonsistenz in seinem Schema nehmen kann, werden die DELETE-, die INSERT- und die UPDATE-Anweisungen, die zur Änderung der Datenbasis führen, zunächst nur temporär (kurzfristig) wirksam. Der Anwender kann sich nach den getätigten Bestandsänderungen entscheiden, ob diese Änderungen, die jeweils durch eine zusammenhängende Folge von Anweisungen angefordert wurden, permanent (langfristig) wirksam werden sollen oder ob ein *Rollback* vom DB-System durchgeführt werden soll. Dies bedeutet, dass ein *schema-spezifisches* Zurücksetzen auf den letzten konsistenten Zustand des Schemas, der unmittelbar vor der ersten durchgeführten Bestandsänderung vorlag, erfolgen soll.

- Eine derartige Abfolge einer oder mehrerer SQL-Anweisungen, durch die Einfüge-, Änderungs- und Löschvorgänge ausgelöst werden, wird als unzertrennliche Einheit von Aktivitäten aufgefasst und *Transaktion* genannt.

  Die aus einer Transaktion resultierenden Bestandsänderungen können akzeptiert oder aber *insgesamt* wieder – durch ein Rollback – rückgängig gemacht werden, falls ein Fehler (wie z.B. ein fehlerhafter Eingabewert innerhalb einer INSERT-Anweisung) während der Durchführung der Transaktion festgestellt wird.

Beim Einsatz von "SQL*Plus" beginnt die erste Transaktion *automatisch* zu Beginn des Dialogs. Alle nachfolgenden Änderungen am Datenbestand, die unter Einsatz von INSERT-, UPDATE- und DELETE-Anweisungen vorgenommen werden, besitzen zunächst einen provisorischen Status, der die Basis für jegliche Bestandsabfragen und alle Projektionen, Selektionen und Verbund-Bildungen darstellt.

Soll das DB-System während des Dialogs zu einem bestimmten Zeitpunkt angewiesen werden, sämtliche innerhalb der aktuellen Transaktion durchgeführten Bestandsänderungen wieder rückgängig zu machen, so ist ein Rollback durchzuführen. Dies bedeutet, dass das Schema auf den Stand zurückgesetzt wird, den es vor Beginn dieser Transaktion besessen hat.

Ein Rollback ist durch eine ROLLBACK-Anweisung in der folgenden Form anzufordern:

```
ROLLBACK [ WORK ]
```

Abbildung 18.1: Abschluss einer Transaktion durch ein Rollback

Es ist zu beachten, dass die Einrichtung neuer Datenbank-Objekte durch die Ausführung einer ROLLBACK-Anweisung nicht berührt wird. Ist während der aktuellen Transaktion z.B. eine neue Tabelle eingerichtet oder eine alte Tabelle gelöscht worden, so lässt sich diese Schema-Änderung nicht mehr rückgängig machen.

Ebenfalls ist zu berücksichtigen, dass die Tabellenzeilen, die durch den Einsatz einer TRUNCATE-Anweisung gelöscht wurden, sowie der Inhalt eines Clusters, der durch die Ausführung einer TRUNCATE-Anweisung entfernt wurde, unwiederbringlich verloren sind. Innerhalb einer Transaktion sollte eine TRUNCATE-Anweisung daher nur dann verwendet werden, wenn vollkommen klar ist, dass der entsprechend behandelte Datenbestand in jedem Fall aus der Datenbasis zu entfernen ist.

Dieser zunächst als unangenehm empfundene Sachverhalt besitzt große Vorteile, da die Vorkehrungen, die innerhalb einer Transaktion – im Hinblick auf ein mögliches Rollback –

durchzuführen sind, sehr aufwendig sind. Sofern von vornherein klar ist, dass die Löschung von Tabellenzeilen auf jeden Fall durchgeführt werden kann, müssen demnach auch keine Sicherungs-Vorkehrungen getroffen werden. Der Einsatz der TRUNCATE-Anweisung ist somit ressourcen-sparend.

Sollen die bislang vorgenommenen Bestandsänderungen nicht nur temporär wirksam sein, sondern in ihrer Gesamtheit endgültig in den Datenbestand übernommen werden, so muss dies dem DB-System über eine COMMIT-Anweisung in der folgenden Form mitgeteilt werden:

COMMIT [WORK]

Abbildung 18.2: wirksame Beendigung einer Transaktion

Durch eine COMMIT- oder eine ROLLBACK-Anweisung wird nicht nur die aktuelle Transaktion abgeschlossen, sondern sofort eine neue Transaktion eingeleitet, die zum gewünschten Zeitpunkt wieder durch eine COMMIT-Anweisung erfolgreich abgeschlossen oder aber durch eine ROLLBACK-Anweisung beendet werden kann.

Es lässt sich somit feststellen:

- Eine *Transaktion* umfasst sämtliche Bestandsänderungen, die durch INSERT-, UPDATE- und DELETE-Anweisungen zwischen zwei COMMIT- oder zwei ROLLBACK-Anweisungen bzw. zwischen einer COMMIT- und einer ROLLBACK-Anweisung durchgeführt wurden.

Beim Einsatz von "SQL*Plus" ist zu beachten, dass der Dialoganfang mit dem Beginn einer Transaktion gleichzusetzen ist. Am Dialogende gelangt automatisch eine COMMIT-Anweisung zur Ausführung, sodass sämtliche durch die letzte Transaktion vorgenommenen Änderungen am Datenbestand permanent werden.

Wollen wir z.B. innerhalb der Tabelle UMSATZ die Datumsangaben vom "24.5" in den "26.5" ändern und beginnen den Dialog mit den Anweisungen

```
ALTER TABLE UMSATZ DISABLE CONSTRAINT p_umsatz;
UPDATE UMSATZ SET DATUM = TO_DATE('26.06.2008');
```

so lassen wir hierdurch unbeabsichtigterweise auch die Zeileninhalte ersetzen, deren ursprünglicher Datumswert "25.06.08" erhalten bleiben sollte.

In dieser Situation können wir den Dialog wie folgt fortsetzen:

```
ROLLBACK;
UPDATE UMSATZ SET DATUM = TO_DATE('26.06.2008')
                WHERE DATUM <> TO_DATE('25.06.2008');
ALTER TABLE UMSATZ ENABLE CONSTRAINT p_umsatz;
COMMIT;
```

Hierdurch wird zunächst der Inhalt der Tabelle UMSATZ auf ihren alten Stand zurückgesetzt und anschließend die gewünschte Korrektur durchgeführt. Diese Änderung wird daraufhin permanent gemacht, da die Transaktion durch die COMMIT-Anweisung abgeschlossen wird.

- Grundsätzlich werden Bestandsänderungen innerhalb einer Transaktion – auch, wenn sie noch nicht durch eine COMMIT-Anweisung permanent gemacht worden sind – bereits bei eigenen Lesezugriffen berücksichtigt. Für andere Anwender bleiben die Änderungen (im Mehrplatz-Betrieb) jedoch solange unsichtbar, bis die Transaktion durch eine COMMIT-Anweisung abgeschlossen und dadurch die Bestandsänderungen permanent gemacht worden sind.

Im Abschnitt 11.7 haben wir dargestellt, wie ein Materialized-View durch die REFRESH-Klausel

```
REFRESH ON COMMIT
```

eingerichtet werden kann. Hierdurch ist gewährleistet, dass eine Bestandsänderung des Materialized-Views während des aktuellen Dialogs explizit durch den Einsatz einer COMMIT-Anweisung angefordert werden kann.

Automatische Bestandsänderungen

Beim professionellen Einsatz eines DB-Systems sollten Transaktionen, in denen umfangreiche Änderungen am Datenbestand vorgenommen werden, erst dann abgeschlossen werden, wenn die Änderungen am Datenbestand eingehend geprüft worden sind.

Ist dagegen die beabsichtigte Änderung überschaubar und – im Mehrplatz-Betrieb – die Bereitstellung für andere Anwender schnellstmöglichst erforderlich, so lässt sich durch die SQL*Plus-Anweisung SET in der Form

```
SET AUTOCOMMIT ON
```

verabreden, dass jede nachfolgende Änderung im Datenbestand, die durch eine INSERT-, UPDATE- oder DELETE-Anweisung herbeigeführt wird, unmittelbar permanent erfolgen soll. Diese Einstellung, bei der Veränderungen nicht mehr automatisch rückgängig gemacht werden können, lässt sich durch die SQL*Plus-Anweisung

```
SET AUTOCOMMIT OFF
```

wieder aufheben, sodass durch die Standardeinstellung wieder das Transaktions-Konzept wirksam wird.

Sicherungspunkte

Es besteht die Möglichkeit, eine Transaktion durch *Sicherungspunkte* zu gliedern, sodass nicht immer die gesamte Transaktion zurückgesetzt werden muss, sondern gezielt angegeben werden kann, ab welcher Position ein Rollback innerhalb der aktuellen Transaktion erfolgen soll.

Um einen Sicherungspunkt innerhalb der aktuellen Transaktion festzulegen, ist die SAVEPOINT-Anweisung in der Form

```
SAVEPOINT sicherungspunkt-name
```

Abbildung 18.3: Einrichtung eines Sicherungspunktes

zu verwenden. Dabei ist der Name des Sicherungspunktes nach den Regeln zu bilden, nach denen Tabellennamen aufgebaut sein müssen.

Soll nicht die gesamte Transaktion durch ein Rollback zurückgefahren werden, sondern sollen nur die letzten Änderungen, die – ausgehend von einem festgelegten Sicherungs- punkt – temporär vorgenommen wurden, nicht permanent gemacht werden, so ist die ROLLBACK-Anweisung wie folgt einzusetzen:

> ROLLBACK [WORK] TO [SAVEPOINT] sicherungspunkt-name

Abbildung 18.4: Rollback bis zu einem Sicherungspunkt

In Anlehnung an die im Abschnitt 7.3 vorgestellte Möglichkeit, die Artikelnummern insgesamt zu ändern, können wir z.B. nach der Ausführung von

```
CREATE SEQUENCE A_NR_SEQ START WITH 30 INCREMENT BY 5;
ALTER TABLE UMSATZ DISABLE CONSTRAINT f_umsatz_2;
```

die nachfolgende Transaktion wie folgt in drei Teile gliedern:

```
COMMIT;
UPDATE ARTIKEL SET A_NR = A_NR_SEQ.NEXTVAL;
SAVEPOINT punkt_1;
UPDATE UMSATZ SET A_NR = 30 WHERE A_NR=12;
UPDATE UMSATZ SET A_NR = 35 WHERE A_NR=22;
SAVEPOINT punkt_2;
UPDATE UMSATZ SET A_NR = 40 WHERE A_NR=31;
UPDATE UMSATZ SET A_NR = 45 WHERE A_NR=13;
```

Da wir uns innerhalb der vorletzten UPDATE-Anweisung bei der Wertzuweisung von "40" in der Formulierung der Bedingung versehen haben, reicht die Ausführung der folgenden Anweisungen, um die gewünschte Zuweisung des Wertes "40" zu erreichen:

```
ROLLBACK TO SAVEPOINT punkt_2;
UPDATE UMSATZ SET A_NR = 40 WHERE A_NR=11;
UPDATE UMSATZ SET A_NR = 45 WHERE A_NR=13;
ALTER TABLE UMSATZ ENABLE CONSTRAINT f_umsatz_2;
COMMIT;
```

Transaktion bei der Vereinbarung von Tabellen

Standardmäßig wird jede Tabelle permanent im aktuellen Schema eingerichtet. Erfolgt für die Transaktion, innerhalb der eine Tabelle vereinbart wurde, ein Rollback, so sind die erstellten Tabellen davon ausgenommen, sodass sie anschließend gezielt gelöscht werden müssen.

Sofern mehrere Tabellen, die zueinander in Beziehung stehen, innerhalb des aktuellen Schemas vereinbart werden sollen, lässt sich festlegen, dass entweder alle Tabellen oder aber keine dieser Tabellen im Rahmen einer *Schema-Transaktion* erstellt werden.

Um eine derartige *Schema-Transaktion* durchführen zu lassen, ist die CREATE SCHEMA- Anweisung in der folgenden Form zu verwenden:

CREATE SCHEMA AUTHORIZATION schema

CREATE TABLE-anweisung-1 [CREATE TABLE-anweisung-2]...

Abbildung 18.5: Einrichtung einer Schema-Transaktion

Hinter dem Schlüsselwort AUTHORIZATION muss der Name des aktuellen Schemas angegeben werden. Die innerhalb der CREATE SCHEMA-Anweisung aufgeführten CREATE TABLE-Anweisungen, die weder durch ein Komma noch durch ein Semikolon voneinander getrennt sein dürfen, werden ausgeführt. Sollte dabei ein Problem auftreten, weil z.B. eine dieser Anweisungen einen syntaktischen Fehler besitzt, so wird die Ausführung der CREATE SCHEMA-Anweisung beendet und die Einrichtung aller zuvor – innerhalb dieser Schema-Transaktion – erstellten Tabellen wieder rückgängig gemacht.

Zum Beispiel wird durch die CREATE SCHEMA-Anweisung

```
CREATE SCHEMA AUTHORIZATION gast
   CREATE TABLE VERTRETER(V_NR NUMBER(4) PRIMARY KEY,
                          V_NAME CHAR(30),
                          V_ANSCH CHAR(30),
                          V_PROV NUMBER(4,2),
                          V_KONTO NUMBER(7,2))
   CREATE TABLE ARTIKEL(A_NR NUMBER(2) PRIMARY KEY,
                        A_NAME CHAR(20),
                        A_PREIS NUMBER(7,2))
   CREATE TABLE UMSATZ(V_NR NUMBER(4)
        CONSTRAINT f_umsatz_1 REFERENCES VERTRETER(V_NR),
                A_NR NUMBER(2)
        CONSTRAINT f_umsatz_2 REFERENCES ARTIKEL(A_NR),
                A_STUECK NUMBER(3),
                DATUM DATE,
        CONSTRAI  p_umsatz PRIMARY KEY (V_NR,A_NR,DATUM));
```

keine der Basis-Tabellen VERTRETER, ARTIKEL und UMSATZ eingerichtet, da innerhalb der letzten CREATE TABLE-Anweisung ein syntaktischer Fehler vorliegt – anstelle von "CONSTRAINT" ist irrtümlicherweise "CONSTRAI" geschrieben worden.

Innerhalb einer CREATE SCHEMA-Anweisung lassen sich nicht nur CREATE TABLE-Anweisungen, sondern zusätzlich auch CREATE VIEW-Anweisungen angeben, sodass die CREATE SCHEMA-Anweisung gemäß der folgenden Syntax eingesetzt werden darf:

CREATE SCHEMA AUTHORIZATION schema

{ CREATE TABLE-anweisung-1 | CREATE VIEW-anweisung-1 }

[{ CREATE TABLE-anweisung-2 | CREATE VIEW-anweisung-2 }]...

Abbildung 18.6: Struktur der CREATE SCHEMA-Anweisung

Es ist zu beachten, dass die innerhalb einer CREATE SCHEMA-Anweisung aufgeführten CREATE TABLE- und CREATE VIEW-Anweisungen hintereinander anzugeben sind und dabei weder durch ein Komma noch durch ein Semikolon voneinander getrennt werden dürfen. Allein die CREATE SCHEMA-Anweisung ist durch ein Semikolon zu beenden.

KAPITEL 19

VERGABE VON RECHTEN UND SPERREN DES ZUGRIFFS

19.1 Globale und lokale Rechte

Eine zentrale Bedeutung in der Arbeit mit DB-Systemen kommt der Datensicherheit zu. Sind mehrere Anwender (im Einplatz- oder im Mehrplatz-Betrieb) zugriffsberechtigt, so muss gewährleistet sein, dass der Datenbestand vor unberechtigtem Zugriff geschützt wird. Das Konzept der Datensicherheit sieht vor, dass Berechtigungen für den Zugriff auf verschiedenen Ebenen differenziert vergeben werden können, wobei die höchste Autorisierungsstufe zum uneingeschränkten Zugriff auf die gesamte Datenbasis berechtigt. Dieses Recht ist ein *globales Recht* (System-Privileg) und wird *DBA-Recht* (DBA ist die Abkürzung für "data base access") genannt.

Das DBA-Recht besitzt derjenige Anwender, der die Datenbasis – in seiner Funktion als DB-Verwalter – eingerichtet hat und für die Funktionsfähigkeit des DB-Systems und die Sicherheit des Datenbestandes verantwortlich ist.

Das DBA-Recht erlaubt es dem DB-Verwalter, den einzelnen Anwendern *lokale Rechte* (Schema-Objekt-Privilegien) zuzuweisen, sodass sie Rechte für den Zugriff auf Schema-Objekte der Datenbasis wie z.B. Tabellen, Views und Indizes erhalten.

Als *lokale Rechte* können z.B. die folgenden Rechte vergeben werden:

- Tabelleninhalte lesen zu können,

- beliebige oder nur ausgewählte Tabellenwerte abändern zu dürfen,

- Tabellenzeilen einfügen zu dürfen und

- Tabellenzeilen löschen zu dürfen.

Derartige lokale Rechte besitzt – neben dem DB-Verwalter mit dem DBA-Recht – grundsätzlich der *Eigentümer* der betreffenden Tabelle, d.h. derjenige Anwender, der diese Tabelle durch eine CREATE TABLE-Anweisung in seinem Schema eingerichtet hat.

Neben den angegebenen lokalen Rechten schließt das DBA-Recht zusätzlich z.B. das Recht zur Durchführung der folgenden Tätigkeiten ein:

- Systemtabellen der Datenbasis zu ändern,

- beliebige Tabellen einzurichten und zu löschen,

- einzelne Schemata sowie die Datenbasis zu löschen,

- Recovery-Vorgänge durchzuführen und

- Zugriffsrechte zu vergeben und zu entziehen.

Das DBA-Recht stellt das höchste *globale Recht* dar. Als weitere *globale Rechte* können vergeben werden:

- das *CONNECT-Recht*: Nur dann, wenn ein Anwender mit diesem Recht ausgestattet ist, darf er einen Dialog mit dem DB-System eröffnen.
  Das CONNECT-Recht erlaubt z.B. *nicht* die Einrichtung eines Views sowie die Vergabe eines Aliasnamens für eine Tabelle bzw. für ein View.

- das *RESOURCE-Recht*: Nur dann, wenn ein Anwender mit diesem Recht ausgestattet ist, darf er in dem Schema, dessen Name durch seine Benutzerkennung festgelegt ist, Schema-Objekte einrichten – wie z.B. Tabellen, externe Tabellen, Cluster, Sequenzen, Trigger, Funktionen und Objekttypen.

19.2   Vergabe von globalen Rechten

Damit ein Anwender einen Dialog mit dem DB-System eröffnen und Schema-Objekte in dem mit seiner Benutzerkennung korrespondierenden Schema einrichten kann, muss er sowohl das RESOURCE- als auch das CONNECT-Recht besitzen. Diese beiden globalen Rechte müssen ihm vom DB-Verwalter, der das allumfassende globale DBA-Recht besitzt, überlassen worden sein.

Hinweis: Da die alleinige Vergabe des RESOURCE-Rechtes sinnlos ist, muss mit dem RESOURCE-Recht gleichzeitig das CONNECT-Recht zugestanden werden.

Um für einen oder mehrere Anwender ein Schema und die damit verbundenen Zugangsberechtigungen einzurichten, sind die jeweils zu übertragenden CONNECT- und RESOURCE-Rechte wie folgt – durch eine GRANT-Anweisung – vom DB-Verwalter festzulegen:

```
GRANT  CONNECT [ , RESOURCE ] TO benutzerkennung-1 [ , benutzerkennung-2 ]...

        [ IDENTIFIED  BY  passwort-1 [ , passwort-2 ]... ]
```

Abbildung 19.1: Vergabe des CONNECT- und des RESOURCE-Rechts

Die Anwender, deren Benutzerkennungen innerhalb der TO-Klausel aufgeführt sind, erhalten die jeweils angegebenen Rechte. Innerhalb der IDENTIFIED BY-Klausel sind Passwörter anzugeben, die den einzelnen Anwendern – in der Reihenfolge der aufgeführten Benutzerkennungen – zugeordnet werden.

Will z.B. der DB-Verwalter dem Anwender mit der Benutzerkennung "gast" eine Zugangsberechtigung für den DB-Zugriff einräumen, so kann er dies z.B. durch die folgende Anweisung erreichen:

```
GRANT CONNECT TO gast IDENTIFIED BY gast;
```

In diesem Fall wird das CONNECT-Recht für die Benutzerkennung "gast" vergeben, sodass durch diese Angabe – in Verbindung mit dem zugehörigen Passwort "gast" – ein Dialog mit dem DB-System eröffnet werden kann.

Soll es erlaubt sein, im Schema "gast" Tabellen einzurichten, so muss dem Anwender mit der Benutzerkennung "gast" nicht nur das CONNECT-Recht, sondern zusätzlich das RESOURCE-Recht zugestanden werden. Dies lässt sich anschließend durch die Anweisung

```
GRANT RESOURCE TO gast;
```

bzw. innerhalb einer einzigen GRANT-Anweisung in der folgenden Form erreichen:

```
GRANT RESOURCE, CONNECT TO gast IDENTIFIED BY gast;
```

Hat sich ein Anwender unter der Benutzerkennung "gast" beim DB-System ORACLE angemeldet, so kann er das voreingestellte Passwort "gast" durch die GRANT-Anweisung abändern.

Soll z.B. das Passwort "gast" durch das Passwort "sicher" abgelöst werden, so ist die GRANT-Anweisung in der folgenden Form zu verwenden:

```
GRANT CONNECT TO gast IDENTIFIED BY sicher;
```

Wie bereits in den vorausgehenden Kapiteln an den erforderlichen Stellen geschildert wurde, ist die Möglichkeit, ein View einzurichten (CREATE VIEW-Recht), einen Alias-Ordnernamen festzulegen (CREATE ANY DIRECTORY-Recht) bzw. einen Aliasnamen für eine Tabelle oder ein View zu vereinbaren (CREATE SYNONYM-Recht), daran gebunden, dass dem Anwender vom DB-Verwalter das jeweils zugehörige Recht vorab gewährt wurde. Im Hinblick auf die Verleihung dieser Rechte kann die GRANT-Anweisung vom DB-Verwalter gemäß der folgenden Syntax eingesetzt werden:

> GRANT { CREATE VIEW | CREATE ANY DIRECTORY
>
> | CREATE SYNONYM } TO benutzerkennung

Abbildung 19.2: Vergabe von weiteren Rechten durch den DB-Verwalter

Soll ein Anwender mit den Rechten eines DB-Verwalters ausgestattet werden, so muss ihm das DBA-Recht von einem Anwender verliehen werden, der bereits das DBA-Recht besitzt. Dazu ist das Schlüsselwort DBA vor der TO-Klausel in der folgenden Form innerhalb der GRANT-Anweisung aufzuführen:

> GRANT DBA TO benutzerkennung

Abbildung 19.3: Vergabe des DBA-Rechts

Um ein durch eine Benutzerkennung bezeichnetes Schema zu löschen, muss ein Anwender, der das DBA-Recht besitzt, die DROP USER-Anweisung in der folgenden Form einsetzen:

> DROP USER benutzerkennung

Abbildung 19.4: Löschung eines leeren Schemas

Sofern noch Schema-Objekte in diesem Schema vereinbart sind und diese Schema-Objekte zusammen mit dem Schema entfernt werden sollen, ist das Schlüsselwort CASCADE in der Form

> DROP USER benutzerkennung CASCADE

Abbildung 19.5: Löschung eines nicht leeren Schemas

innerhalb der DROP USER-Anweisung zu ergänzen.

19.3   Vergabe von lokalen Rechten

Im Hinblick auf die Einrichtung und den Zugriff auf Schema-Objekte ist die Kenntnis über die Wirksamkeit der lokalen Rechte im Zusammenspiel mit dem globalen DBA-, RESOURCE- und CONNECT-Recht bedeutungsvoll. Hierbei sind die beiden folgenden Regeln zu beachten:

- Besitzt ein Anwender für eine Tabelle ein lokales Recht, so ist es nur dann wirksam, wenn er gleichzeitig über ein globales Recht an der Datenbasis verfügt (wie oben angegeben, ist ein Anwender ohne CONNECT-Recht noch nicht einmal befugt, einen Dialog mit dem DB-System zu eröffnen).

- Verfügt umgekehrt ein Anwender über ein globales Recht, so ist ein entsprechender Zugriff auf eine Tabelle nur dann erlaubt, wenn er gleichzeitig das jeweils erforderliche lokale Recht für diesen Tabellen-Zugriff besitzt.

Durch dieses Zusammenspiel von globalen und lokalen Rechten ist es möglich, individuelle Zugriffsrechte auf einzelne Tabellen pauschal für einen oder mehrere Anwender zu vergeben oder zurückzuziehen.

Damit ein Anwender überhaupt Rechte für den Zugriff auf ein Schema-Objekt an einen oder mehrere andere Anwender vergeben darf, muss er entweder das DBA-Recht besitzen oder aber Eigentümer des jeweiligen Schema-Objektes sein.

Zum Beispiel ist ein Anwender dann Eigentümer einer Tabelle, wenn er sie selbst mit der CREATE TABLE-Anweisung eingerichtet hat.

Um ein oder mehrere lokale Rechte zu übertragen, muss die GRANT-Anweisung gemäß der folgenden Syntax verwendet werden:

```
GRANT  lokales-recht-1 [ , lokales-recht-2 ]... ON  datenbasis-objekt

        TO  { PUBLIC | benutzerkennung-1 [ , benutzerkennung-2 ]... }
```

Abbildung 19.6: Übertragung von lokalen Rechten

Durch die Ausführung dieser Anweisung werden für den Zugriff auf das aufgeführte Schema-Objekt – wie z.B. eine Tabelle oder ein View – die vor der ON-Klausel aufgeführten Rechte vergeben. Diese Rechte werden sämtlichen Anwendern zuerkannt, sofern das Schlüsselwort PUBLIC innerhalb der TO-Klausel angegeben ist. Sollen die aufgeführten Rechte nur ausgewählten Anwendern eingeräumt werden, so sind deren Benutzerkennungen innerhalb der TO-Klausel einzutragen.

Will z.B. der Anwender mit der Benutzerkennung "gast" festlegen, dass alle anderen Anwender auf die von ihm eingerichtete Tabelle ARTIKEL *lesend* zugreifen können, so muss er das lokale SELECT-Recht für ARTIKEL vergeben, indem er die folgende Anweisung ausführen lässt:

```
GRANT SELECT ON ARTIKEL TO PUBLIC;
```

Anschließend kann jeder Anwender über eine SELECT-Anweisung in der Form

```
SELECT * FROM gast.ARTIKEL;
```

auf den Inhalt der Tabelle ARTIKEL zugreifen. Im Hinblick auf die Bezeichnung der Tabelle ist die folgende Vorschrift zu beachten:

- Tabellen, die von einem anderen Anwender eingerichtet wurden und für welche die Zugriffserlaubnis besteht, sind nicht allein über ihren Tabellennamen zugänglich.

Vielmehr muss dem Tabellennamen der Name des Schemas, d.h. die jeweilige Benutzerkennung des Tabellen-Eigentümers, – abgegrenzt durch einen Punkt – vorangestellt werden.

Neben dem Schlüsselwort SELECT, mit dem das SELECT-Recht für den lesenden Zugriff festgelegt wird, lassen sich weitere lokale Rechte vergeben. Insgesamt können Angaben der folgenden Form gemacht werden:

- SELECT : es darf auf alle Tabellenspalten lesend zugegriffen werden;

- INSERT [(spaltenname-1 [, spaltenname-2]...)] : in alle bzw. die aufgeführten Spalten dürfen Werte eingetragen werden;

- DELETE : es darf eine Löschung von Tabellenzeilen oder Zeilen eines Views vorgenommen werden;

- UPDATE [(spaltenname-1 [, spaltenname-2]...)] : alle bzw. die ausgewählten Tabellenspalten lassen sich ändern;

- REFERENCES [(spaltenname-1 [, spaltenname-2]...)] : für alle bzw. für die aufgeführten Spalten dürfen referentielle Integritätsprüfungen vereinbart werden, sodass z.B. eine Fremdschlüssel-Tabelle eingerichtet werden darf, zu der Verbindungen mit Primärschlüssel-Tabellen über die aufgeführten Spalten möglich sind;

- INDEX : es dürfen ein oder mehrere Indizes eingerichtet werden;

- ALTER : es dürfen Änderungen an der Tabellenstruktur vorgenommen werden;

- ALL : es werden sämtliche lokalen Rechte für den Zugriff auf das betreffende Schema-Objekt vergeben.

Hinweis: Bei SELECT-, INSERT- und UPDATE-Anweisungen dürfen anstelle von Spaltennamen auch Attributnamen aufgeführt werden.
Bei Objekt-Tabellen beziehen sich die Schlüsselwörter nicht auf Tabellenzeilen, sondern auf Zeilen-Objekte.

Zum Beispiel lässt sich – vom DB-Verwalter bzw. vom Eigentümer ("gast") der Tabelle VERTRETER – dem Anwender mit der Benutzerkennung "guest" durch die GRANT-Anweisung

```
GRANT UPDATE(V_PROV) ON VERTRETER TO guest;
```

das Recht auf ändernden Zugriff für die Tabellenspalte V_PROV innerhalb der Tabelle VERTRETER zubilligen.

Hinweis: Trotz dieser Anzeige berechtigt das vergebene Recht den Benutzer mit der Benutzerkennung "guest" solange nicht zum Tabellenzugriff auf VERTRETER, solange ihm nicht gleichzeitig das globale CONNECT-Recht zugestanden worden ist (siehe die oben angegebenen Regeln für das Zusammenwirken von globalen und lokalen Zugriffsrechten).

Um den Provisionssatz des Vertreters mit der Kennzahl 8413 auf "0,08" zu verändern, muss der Anwender mit der Benutzerkennung "guest" die folgende UPDATE-Anweisung eingeben:

```
UPDATE gast.VERTRETER SET V_PROV = 0.08 WHERE V_NR=8413;
```

Sofern er z.B. im Besitz des CREATE SYNONYM-Rechts ist und für diese Tabelle den Aliasnamen VERTRETER durch die Anweisung

```
CREATE SYNONYM VERTRETER FOR gast.VERTRETER;
```

vergeben hat, kann der Zugriff auch durch die folgende SELECT-Anweisung vorgenommen werden:

```
UPDATE VERTRETER SET V_PROV = 0.08 WHERE V_NR = 8413;
```

Wird durch eine CREATE VIEW-Anweisung ein View erzeugt, das auf einer einzigen Tabelle basiert, so besitzt der Anwender für dieses View dieselben Zugriffsrechte, die ihm für die zugrunde liegende Tabelle zustehen. Sollen weitere Rechte eingeräumt werden, so müssen sie über die GRANT-Anweisung vergeben werden. Baut das View auf mehr als einer Tabelle auf, so kann ein Anwender für dieses View nur das Leserecht (SELECT) erhalten. Dies setzt voraus, dass ihm für alle Tabellenspalten der Basis-Tabellen, aus denen sich das View aufbaut, das Leserecht (SELECT) eingeräumt sein muss. Sind entsprechende Rechte nicht vorhanden, so lässt sich das gewünschte View nicht einrichten.

Die jeweils durch eine GRANT-Anweisung vergebenen Rechte können bereits zuvor vergebene Rechte nicht aufheben, sondern nur ergänzen.

Hinweis: Wie Rechte aberkannt werden können, stellen wir im nachfolgenden Abschnitt dar.

19.4 Entzug und Weitergabe von Rechten

Damit lokale Rechte, die einzelnen oder allen Anwendern für den Zugriff auf eine Tabelle oder ein View zugebilligt wurden, wieder entzogen werden können, muss die REVOKE-Anweisung in der folgenden Form eingesetzt werden:

```
REVOKE  { lokales-recht-1 [ , lokales-recht-2 ]...

        ON { tabellenname | viewname }   | globales-recht }

FROM  { PUBLIC | benutzerkennung-1 [ , benutzerkennung-2 ]... }
```

Abbildung 19.7: Entzug von lokalen Rechten

Dadurch werden alle aufgeführten Rechte denjenigen Anwendern aberkannt, deren Benutzerkennungen innerhalb der FROM-Klausel aufgeführt sind. Wird das Schlüsselwort PUBLIC angegeben, so gilt der Entzug für alle Anwender.

Als Schlüsselwörter für die lokalen Rechte können aufgeführt werden:

- SELECT, INSERT, DELETE, UPDATE, REFERENCES, INDEX, ALTER und ALL (als Zusammenfassung aller lokalen Rechte).

Somit können INSERT- und UPDATE-Rechte nur pauschal zurückgenommen werden.

Zum Beispiel lässt sich für den Anwender "guest" die oben vereinbarte Änderungszugriffs-Berechtigung bezüglich der Tabelle VERTRETER durch die folgende Anweisung des Anwenders "gast" zurücknehmen:

```
REVOKE UPDATE ON VERTRETER FROM guest;
```

Wurde dagegen ein Leserecht in der Form

```
GRANT SELECT ON VERTRETER TO guest;
GRANT SELECT ON VERTRETER TO PUBLIC;
```

vergeben, so bewirkt die REVOKE-Anweisung

```
REVOKE SELECT ON VERTRETER FROM PUBLIC;
```

den Entzug der Lesezugriffs-Berechtigung für sämtliche Anwender – bis auf den Anwender mit der Benutzerkennung "guest", der nach wie vor die ihm zuvor zugestandene Leseberechtigung besitzt. Dies gilt deswegen, weil Rechte, die für individuelle Anwender vergeben wurden, nicht pauschal, sondern nur gezielt wieder zurückgenommen werden können.

Zur Rücknahme eines *globalen* Rechtes kann innerhalb einer REVOKE-Anweisung entweder DBA, RESOURCE oder CONNECT angegeben werden. Dabei muss beachtet werden, dass mit dem Entzug des DBA- bzw. des RESOURCE-Rechtes nicht automatisch auch das CONNECT-Recht aberkannt ist. Dieses globale Recht bleibt solange wirksam, bis es ausdrücklich durch Angabe des Schlüsselwortes CONNECT innerhalb der REVOKE-Anweisung entzogen wird. Wichtig ist, dass das DBA-, RESOURCE- und CONNECT-Recht eines oder mehrerer Anwender nur von demjenigen Anwender entzogen werden darf, der das DBA-Recht besitzt – wie etwa der DB-Verwalter.

Die Funktion des DB-Verwalters kann von einem Anwender auf einen anderen Anwender *übertragen* werden, indem zunächst vom DB-Verwalter durch die GRANT-Anweisung das DBA-Recht einem anderen Anwender eingeräumt wird. Anschließend muss dieser Anwender, der das DBA-Recht empfangen hat, dem bisherigen DBA-Verwalter dessen DBA-Recht entziehen.

Grundsätzlich können Rechte nur von demjenigen Anwender entzogen werden, unter dessen Benutzerkennung sie zuvor erteilt worden sind. Dies ist insofern von Bedeutung, als auch durch die GRANT-Anweisung das Recht vergeben werden kann, die jeweils gewährten lokalen Rechte weitergeben zu dürfen. Dieses sogenannte *GRANT-Recht* besitzen zunächst einmal die Anwender mit DBA-Recht (wie etwa der DB-Verwalter) und der Eigentümer der Tabelle. Diese Anwender können ihr GRANT-Recht an andere Anwender übertragen. Dazu ist die GRANT-Anweisung mit der WITH GRANT OPTION-Klausel in der folgenden Form zu verwenden:

```
GRANT  lokales-recht-1 [ , lokales-recht-2 ]... ON  { tabellenname | viewname }

       TO  { PUBLIC | benutzerkennung-1 [ , benutzerkennung-2 ]... }

       WITH  GRANT  OPTION
```

Abbildung 19.8: Übertragung von lokalen Rechten und des GRANT-Rechts

Allen (bei Angabe von PUBLIC) bzw. allein den Anwendern, deren Benutzerkennungen innerhalb der TO-Klausel aufgeführt sind, werden die vor ON angegebenen lokalen Rechte an der Tabelle bzw. dem View zuerkannt. Zusätzlich wird diesen Anwendern das GRANT-Recht übertragen, d.h. sie können ihrerseits wieder die erhaltenen lokalen Rechte an andere Anwender vergeben. Die in dieser Form weitergegebenen lokalen Rechte lassen sich durch die REVOKE-Anweisung wieder aberkennen. Zu dieser Rückforderung ist jedoch jeweils nur derjenige Anwender berechtigt, der das betreffende GRANT-Recht zuvor vergeben hat.

19.5   Einrichtung und Vergabe von Rollen-Rechten

Bei der Vergabe von globalen und lokalen Rechten kann eine Vielzahl von Rechten miteinander kombiniert werden. Für den Fall, dass einzelne Anwender jeweils gleiche bzw.

ähnliche Rechte besitzen sollen, führt dies zu einem extrem hohen Verwaltungsaufwand, sofern diese Rechte einzeln über die GRANT-Anweisung zugeordnet werden müssen.

Im Hinblick auf diesen Sachverhalt besteht beim DB-System ORACLE die Möglichkeit, die Vergabe von Rechten effektiver zu gestalten. Dazu sind einzelne Rechte zu gruppieren und zu einer *Rolle* (engl.: role) zusammenzufassen.

Hinweis: Ohne dies näher auszuführen, haben wir eine derartige Gruppierung von Rechten bereits in Form der drei globalen Rechte CONNECT, RESOURCE und DBA kennen gelernt. Dabei besitzt jedes dieser Rechte die Funktion einer Rolle, die spezifische System- und Schema-Objekt-Privilegien zusammenfasst.

Zum Beispiel werden durch die Rolle "CONNECT" die "CREATE SESSION"- und "ALTER SESSION"-Rechte und durch "RESOURCE" unter anderem die Rechte "CREATE TABLE", "CREATE TYPE", "CREATE CLUSTER", "CREATE SEQUENCE", "CREATE PROCEDURE" und "CREATE TRIGGER" zusammengefasst.

Damit ein Anwender eine Rolle einrichten kann, muss er das "CREATE ROLE"-Recht besitzen. Dieses Recht kann ihm vom DB-Verwalter über eine GRANT-Anweisung zugeteilt werden, die gemäß der folgenden Syntax aufzubauen ist:

```
GRANT CREATE ROLE TO { PUBLIC | kennung-1 [ , kennung-2 ]... }
```

Abbildung 19.9: Übertragung des Rechts zur Einrichtung einer Rolle

Das Schlüsselwort "PUBLIC" ist dann zu verwenden, wenn allen Anwendern das "CREATE ROLE"-Recht zur Verfügung stehen soll.

Zum Beispiel kann dem Anwender mit der Kennung "gast" wie folgt vom DB-Verwalter das Recht zur Einrichtung einer Rolle zugestanden werden:

```
GRANT CREATE ROLE TO gast;
```

Soll einem oder mehreren bzw. allen Anwendern das Recht zur Einrichtung einer Rolle wieder entzogen werden, so ist die REVOKE-Anweisung wie folgt vom DB-Verwalter zu verwenden:

```
REVOKE CREATE ROLE FROM { PUBLIC | kennung-1 [ , kennung-2 ]... }
```

Abbildung 19.10: Entzug des Rechts zur Einrichtung einer Rolle

Um als DB-Verwalter oder auch als Anwender, der im Besitz des "CREATE ROLE"-Rechtes ist, eine Rolle zu vereinbaren, ist die folgende Anweisung einzusetzen:

```
CREATE ROLE rollen-name
```

Abbildung 19.11: Vereinbarung einer Rolle

Dabei handelt es sich bei "rollen-name" um einen Namen, der datenbasis-spezifisch vereinbart wird. Dies bedeutet, dass er nicht nur schema-spezifisch, sondern sogar innerhalb der gesamten Datenbasis *eindeutig* sein muss.

Um eine vereinbarte Rolle zu löschen, ist die DROP ROLE-Anweisung in der folgenden Form einzusetzen:

```
DROP ROLE rollen-name
```

Abbildung 19.12: Löschung einer Rolle

Besitzt der Anwender "gast" das "CREATE ROLE"-Recht, so kann er wie folgt eine Rolle namens "gast_rolle" vereinbaren:

```
CREATE ROLE gast_rolle;
```

Um einer Rolle die jeweils gewünschten Rechte zuzuordnen, ist die GRANT-Anweisung wie folgt zu verwenden:

> GRANT recht-1 [, recht-2]...
>
>   ON { tabellenname | view-name } TO rollen-name

Abbildung 19.13: Zuordnung von Rechten zu einer Rolle

Will z.B. der Anwender "gast" der Rolle "gast_rolle" sowohl das SELECT-Recht und das UPDATE-Recht für die Tabelle ARTIKEL als auch das SELECT-Recht für die Tabellen UMSATZ und VERTRETER zuordnen, so muss er dies durch die folgenden Anweisungen anfordern:

```
GRANT SELECT, UPDATE ON ARTIKEL TO gast_rolle;
GRANT SELECT ON UMSATZ TO gast_rolle;
GRANT SELECT ON VERTRETER TO gast_rolle;
```

Anschließend kann der Anwender "gast" die innerhalb der Rolle "gast_rolle" zusammengefassten Rechte einem anderen Anwender bzw. allen Anwendern mittels einer GRANT-Anweisung als *Rollen-Recht* zuordnen. Dabei ist die folgende Syntax zu verwenden:

> GRANT rollen-name TO { PUBLIC | kennung-1 [, kennung-2]... }

Abbildung 19.14: Zuordnung von Rollen-Rechten

Es ist zu beachten, dass ein zugeordnetes Rollen-Recht nur in dem Fall *automatisch* wirksam wird, wenn der Anwender, dem das Rollen-Recht zugestanden wurde, anschließend einen neuen Dialog mit dem DB-System eröffnet. Allerdings besteht die Möglichkeit, unmittelbar nach der Vergabe des Rollen-Rechtes auch darüber verfügen zu können. Dazu ist die SET ROLE-Anweisung in der folgenden Form einzusetzen:

> SET ROLE rollen-name-1 [, rollen-name-2]...

Abbildung 19.15: Aktivierung von Rollen-Rechten

Hierdurch werden alle Rollen-Rechte der aufgeführten Rollen aktiviert, die dem Anwender als Rechte zugestanden wurden. Sofern er noch weitere Rollen-Rechte besitzt, sind sie durch die Ausführung der SET ROLE-Anweisung deaktiviert worden.

Mit Hilfe der SET ROLE-Anweisung kann ein Anwender, dem mehrere Rollen-Rechte zugeordnet wurden, gezielt steuern, in welchem Rahmen für ihn der Zugriff auf Schema-Objekte möglich sein soll. Durch den jeweiligen Besitz der allein für die aktuelle Aufgabenstellung benötigten Rechte kann sich ein Anwender davor schützen, unbewusst unerwünschte Bestandsänderungen durchzuführen.

Soll z.B. der Anwender, der die Kennung "guest" besitzt, die mit der Rolle "gast_rolle" verbundenen Rechte erhalten, so ist ihm das Recht über die Rolle "gast_rolle" wie folgt zuzuweisen:

```
GRANT gast_rolle TO guest;
```

Nachdem der Anwender "guest" anschließend einen Dialog mit dem DB-System aufnimmt oder während eines aktuellen Dialogs gezielt durch

```
SET ROLE gast_rolle;
```

das Rollen-Recht für die Rolle "gast_rolle" aktiviert, kann er sich z.B. den Inhalt der Tabelle VERTRETER wie folgt anzeigen lassen:

```
SELECT * FROM gast.VERTRETER;
```

Um ein Rollen-Recht zurückzunehmen, ist die REVOKE-Anweisung in der folgenden Form zu verwenden:

```
REVOKE rollen-name FROM { PUBLIC | kennung-1 [ , kennung-2 ]... }
```

Abbildung 19.16: Rücknahme von Rollen-Rechten

Es ist zu beachten, dass der Entzug eines Rollen-Rechtes nur dann wirksam wird, wenn der betreffende Anwender entweder erst anschließend einen Dialog mit dem DB-System aufnimmt oder aber das ihm entzogene Rollen-Recht über eine SET ROLE-Anweisung gezielt deaktiviert.

Will z.B. der Anwender mit der Kennung "gast" dem Anwender mit der Kennung "guest" wieder das an die Rolle "gast_rolle" gebundene Rollen-Recht entziehen, so hat er dies mittels der folgenden Anweisung festzulegen:

```
REVOKE gast_rolle FROM guest;
```

Dieser Entzug wird erst mit Beginn des nächsten Dialogs wirksam, den der Anwender mit der Kennung "guest" mit dem DB-System beginnt – es sei denn, er lässt z.B. die folgende SET ROLE-Anweisung ausführen:

```
SET ROLE NONE
```

Abbildung 19.17: Deaktivierung sämtlicher Rollen-Rechte

Hierdurch wird bewirkt, dass sämtliche zugestandenen Rollen-Rechte gezielt deaktiviert werden.

Sollen – mit Ausnahme *einer* Rolle – sämtliche Rollen deaktiviert werden, so lässt sich auch die folgende Form der SET ROLE-Anweisung einsetzen:

```
SET ROLE ALL EXCEPT rollen-name
```

Abbildung 19.18: gezielte Deaktivierung von Rollen-Rechten

Das Rollen-Konzept ist besonders gut geeignet, Gruppen von Zugriffs-Rechten festzulegen, und diese Gruppen so zu gliedern, dass der Verwaltungsaufwand für die Vergabe der einzelnen Rechte möglichst gering gehalten werden kann. Dabei ist zu berücksichtigen, dass eine Rolle "rollen-name-1" einer Rolle "rollen-name-2" zugeordnet werden kann, indem die GRANT-Anweisung in der folgenden Form verwendet wird:

> GRANT rollen-name-1 TO rollen-name-2

Abbildung 19.19: Zuordnung einer Rolle zu einer anderen Rolle

Sollen z.B. Rollen der Form

Rolle "lesen":	SELECT-Recht für VERTRETER, ARTIKEL und UMSATZ
Rolle "up_artikel":	Rolle "lesen" + UPDATE-Recht für ARTIKEL
Rolle "up_umsatz":	Rolle "lesen" + UPDATE-Recht für UMSATZ
Rolle "up_vertreter":	Rolle "lesen" + UPDATE-Recht für VERTRETER
Rolle "aendern":	Rolle "lesen" +
	UPDATE-Recht für VERTRETER, UMSATZ und ARTIKEL

Abbildung 19.20: Beispiel für eingerichtete Rollen

aufgebaut werden, so sind die folgenden Anweisungen auszuführen:

```
GRANT SELECT ON VERTRETER TO lesen;
GRANT SELECT ON ARTIKEL TO lesen;
GRANT SELECT ON UMSATZ TO lesen;
CREATE ROLE up_artikel;
GRANT lesen TO up_artikel;
GRANT UPDATE ON ARTIKEL TO up_artikel;
CREATE ROLE up_umsatz;
GRANT lesen TO up_umsatz;
GRANT UPDATE ON UMSATZ TO up_umsatz;
CREATE ROLE up_vertreter;
GRANT lesen TO up_vertreter;
GRANT UPDATE ON VERTRETER TO up_vertreter;
CREATE ROLE aendern;
GRANT lesen TO aendern;
GRANT up_artikel TO aendern;
GRANT up_umsatz TO aendern;
GRANT up_vertreter TO aendern;
```

Sofern z.B. das Rollen-Recht "aendern" dem Anwender mit der Kennung "guest" zugestanden werden soll, ist die folgende Anweisung auszuführen:

```
GRANT aendern TO guest;
```

Soll der Anwender mit der Kennung "guest" nur das Leserecht auf alle drei Tabellen erhalten, so ist dies durch die folgende Anweisung anzufordern:

```
GRANT lesen TO guest;
```

19.6 Sperren des Zugriffs

Wird von einem Anwender, der mit einem geeigneten Zugriffsrecht ausgestattet ist, eine Bestandsänderung an einer Tabelle – durch eine INSERT-, UPDATE- oder DELETE-Anweisung – vorgenommen, so gewährleistet das DB-System ORACLE die *Lesekonsistenz*. Dies bedeutet, dass der Lesezugriff für andere Anwender nach wie vor erlaubt ist und dass der Datenbestand in der Form zur Verfügung gehalten wird, in der er vor dem Änderungszugriff vorlag. Erst wenn die Transaktion, innerhalb der die Bestandsänderung durchgeführt wird, abgeschlossen ist, wird der Bestand in der geänderten Form für alle Anwender zur Verfügung gestellt.

In dem Fall, in dem die Transaktion, innerhalb der die Bestandsänderung vorgenommen wird, noch nicht abgeschlossen ist und eine weitere Bestandsänderung eines anderen Anwenders für eine der durch die ursprüngliche Bestandsänderung betroffenen Tabellenzeilen durchgeführt werden soll, wird der Zugriff auf jede sich in Änderung befindende Tabellenzeile vom DB-System *automatisch* gesperrt. Derartige Änderungs-Zugriffe auf Zeilen, die im Rahmen einer Transaktion *system-seitig* gesperrt worden sind, bleiben anderen Anwendern solange verwehrt, bis die automatische Änderungssperre am Ende der Transaktion vom DB-System aufgehoben wird.

Sofern bei einem Mehrplatz-Betrieb mehr als ein Anwender mit derselben Tabelle arbeitet, sollte es aus Konsistenzgründen möglich sein, dass jeder Änderungs-Zugriff auf den Datenbestand einer Tabelle für alle anderen Anwender – auf eine bestimmte Anforderung hin – zeitweilig vom DB-System gesperrt werden kann. Das Setzen einer derartigen Änderungssperre ist z.B. dann wünschenswert, wenn Bestandsänderungen an verschiedenen Tabellenzeilen sich nicht überschneiden dürfen, weil Änderungen nur am Gesamtbestand zulässig sein sollen.

Zur Sperre von Änderungs-Zugriffen auf eine einzelne Tabelle lässt sich unter dem DB-System ORACLE die LOCK TABLE-Anweisung in der folgenden Form einsetzen:

```
LOCK  TABLE  name-1 [ , name-2 ]...

    IN { EXCLUSIVE | SHARE | ROW SHARE | ROW EXCLUSIVE
    | SHARE ROW EXCLUSIVE } MODE [ NOWAIT ]
```

Abbildung 19.21: Sperrung von Änderungs-Zugriffen auf eine Tabelle

Hierdurch wird der Zugriff auf diejenigen Tabellen bzw. Views, deren Namen für die Platzhalter "name-i" aufgeführt sind, in bestimmter Weise gesperrt. Wird das Schlüsselwort EXCLUSIVE angegeben, so können andere Anwender keine Bestandsänderungen vornehmen und es ist anderen Anwendern verboten, auf diese Tabelle selbst eine Sperre zu setzen.

Hinweis: Die Ausführung einer LOCK TABLE-Anweisung durch einen anderen Anwender wird solange unterbrochen, bis die Transaktion mit der Änderungssperre beendet ist – es sei denn, es wird das Schlüsselwort NOWAIT verwendet (siehe unten).

Soll anderen Anwendern die Durchführung von Bestandsänderungen nicht erlaubt werden, jedoch die Möglichkeit bestehen, selbst eine Änderungssperre setzen zu können, so muss das Schlüsselwort SHARE angegeben werden. In diesem Fall können andere Anwender gleichfalls eine Sperrung der Tabelle mit dem Schlüsselwort SHARE vornehmen.

Die beiden Schlüsselwörter ROW SHARE sind dann zu verwenden, wenn anderen Anwendern die Durchführung von Bestandsänderungen für Tabellenzeilen, die nicht von Änderungs-Zugriffen berührt sind, erlaubt werden soll, jedoch gleichzeitig verhindert werden soll, dass eine exklusive Sperrung durch den Einsatz einer LOCK TABLE-Anweisung mit dem Schlüsselwort EXCLUSIVE möglich ist.

Hinweis: Die Ausführung einer LOCK TABLE-Anweisung mit dem Schlüsselwort EXCLUSIVE wird solange unterbrochen, bis die Transaktion mit der Änderungssperre beendet ist – es sei denn, es wird das Schlüsselwort NOWAIT verwendet (siehe unten).

Werden die Schlüsselwörter ROW EXCLUSIVE angegeben, so wird die Wirkung der Schlüsselwörter ROW SHARE dahingehend erweitert, dass die Ausführung einer LOCK TABLE-Anweisung mit dem Schlüsselwort SHARE für einen anderen Anwender verhindert wird.

Hinweis: Die Ausführung einer LOCK TABLE-Anweisung mit dem Schlüsselwort SHARE wird solange unterbrochen, bis die Transaktion mit der Änderungssperre beendet ist – es sei denn, es wird das Schlüsselwort NOWAIT verwendet (siehe unten).

Über die Angabe der Schlüsselwörter SHARE ROW EXCLUSIVE lässt sich erreichen, dass anderen Anwendern die Durchführung von Bestandsänderungen für Tabellenzeilen grundsätzlich verwehrt wird und dass eine Sperrung – seitens eines anderen Anwenders – durch den Einsatz einer LOCK TABLE-Anweisung nur möglich ist, wenn die Schlüsselwörter ROW SHARE verwendet werden.

Hinweis: Die Ausführung einer LOCK TABLE-Anweisung ohne die Schlüsselwörter ROW SHARE wird solange unterbrochen, bis die Transaktion mit der Änderungssperre beendet ist – es sei denn, es wird das Schlüsselwort NOWAIT verwendet (siehe unten).

Falls bei einer LOCK TABLE-Anweisung die angesprochene Tabelle bereits von einem anderen Anwender gesperrt ist, lässt sich durch Angabe des Schlüsselwortes NOWAIT verhindern, dass die eigene Arbeit erst nach Aufgabe dieser Sperrung durch den anderen Anwender fortgesetzt werden kann.

Jede für eine Tabelle festgelegte Sperre wird automatisch am Ende der aktuellen Transaktion – durch die Ausführung einer COMMIT- bzw. einer ROLLBACK-Anweisung – wieder aufgehoben.

Somit können wir z.B. den Zugriff auf die Tabellen UMSATZ, ARTIKEL und VERTRETER durch die Anweisung

```
LOCK TABLE UMSATZ, ARTIKEL, VERTRETER IN EXCLUSIVE MODE;
```

gegenüber Zugriffen anderer Anwender sperren, die zu Bestandsänderungen führen. Diese Sperrung wird am Ende der aktuellen Transaktion durch die COMMIT-Anweisung

```
COMMIT;
```

bzw. durch die folgende ROLLBACK-Anweisung wieder aufgehoben:

```
ROLLBACK;
```

Sofern zwei Anwender mit der LOCK TABLE-Anweisung – unter Einsatz des Schlüsselwortes SHARE – eine Zugriffssperre auf dieselbe Tabelle festlegen, besteht die Gefahr eines *Deadlocks*, d.h. einer gegenseitigen Blockade.

Wenn z.B. der Anwender mit der Benutzerkennung "gast" die Anweisungen

```
GRANT UPDATE ON UMSATZ TO guest;
LOCK TABLE UMSATZ IN SHARE MODE;
```

und der Anwender mit der Benutzerkennung "guest" danach die Anforderung

```
LOCK TABLE gast.UMSATZ IN SHARE MODE;
```

eingegeben hat, ergibt sich eine Deadlock-Situation, wenn unter der Benutzerkennung "gast" z.B. anschließend

```
UPDATE UMSATZ SET A_STUECK=9 WHERE V_NR=8413 AND A_NR=12;
```

und unter der Benutzerkennung "guest" danach z.B.

```
UPDATE gast.UMSATZ SET A_STUECK=9
                        WHERE V_NR=1215 AND A_NR=11;
```

eingegeben wird. In diesem Fall wird bei beiden Dialogen auf die Beendigung der jeweils beim anderen Dialog begonnenen Transaktion gewartet.

In dieser Situation sorgt das DB-System ORACLE automatisch dafür, dass der Deadlock erkannt und aufgelöst wird, indem die Ausführung einer der beiden UPDATE-Anweisungen mit einem Fehler beendet wird. In dem vom Abbruch betroffenen Dialog kann der Anwender daraufhin die von ihm eingeleitete Transaktion durch die ROLLBACK-Anweisung beenden.

KAPITEL 20

EINBETTUNG VON SQL-ANWEISUNGEN

20.1 Einsatz von Host-Sprachen

In den vorausgehenden Kapiteln haben wir Möglichkeiten kennen gelernt, wie sich Anforderungen an das DB-System im Dialog-Betrieb stellen lassen.

Obwohl der Umfang der zur Verfügung stehenden Sprachelemente von SQL nicht gerade gering ist und damit sicherlich die standardmäßig erforderlichen Bestandsbearbeitungen durchgeführt werden können, lassen sich gewisse komplexere Anforderungen nicht ohne weiteres bzw. überhaupt nicht durch SQL-Anweisungen formulieren.

Der Leistungsumfang der SQL-Anweisungen reicht auch in der Situation nicht aus, in der Ergebnisse, die aus Anfragen resultieren, nicht nur anzuzeigen, sondern in geeigneter Form weiterzuverarbeiten sind.

Um derartige Aufgabenstellungen lösen zu können, muss man arbeitsteilig vorgehen und die gewünschte Verarbeitung in einer Form beschreiben, in der SQL-Anweisungen in Verbindung mit den Sprachelementen einer geeigneten Programmiersprache verwendet werden.

- Eine derartige Programmiersprache, in der Anweisungen zur Beschreibung von *Programmschleifen* und *Programmabfragen* zur Verfügung stehen, wird *Host-Sprache* (Wirtssprache) genannt. Die Host-Sprache bildet den Rahmen, in den die SQL-Anweisungen geeignet eingebettet werden müssen.

Innerhalb einer derartigen Host-Sprache werden SQL-Anweisungen zur Formulierung derjenigen Anforderungen verwendet, die mit dem Zugriff auf die Schema-Objekte der Datenbasis zusammenhängen. Wann diese Zugriffe jeweils durchzuführen sind und wie die Ergebnisse dieser Abfragen weiterverarbeitet werden sollen, muss durch die Anweisungen der Host-Sprache festgelegt werden.

- Zur Lösung einer Aufgabenstellung muss der gesamte Lösungsplan als *Host-Programm* formuliert werden, d.h. alle Lösungsschritte müssen durch die Anweisungen der Host-Sprache in Verbindung mit den SQL-Anweisungen beschrieben werden.

Ein derartig erstelltes Host-Programm lässt sich nicht unmittelbar ausführen, da sämtliche Programmanweisungen zunächst in Maschinenbefehle übersetzt werden müssen. Für diese Umwandlung muss eine Übersetzungs-Software zur Verfügung stehen, die als *Kompilierer* bezeichnet wird.

Die Einbettung von SQL-Anweisungen in ein Host-Programm kann nicht bei jedem DB-System und nicht mit jeder Programmiersprache durchgeführt werden. Hierzu müssen gewisse Voraussetzungen erfüllt sein. Entweder muss das DB-System über eine eigene Programmiersprache verfügen, in der sich SQL-Anweisungen unmittelbar als Sprachelemente verwenden lassen, oder es muss einen Precompiler für die verwendete Programmiersprache geben, der auf das jeweils eingesetzte DB-System abgestimmt ist.

Bei einem *Precompiler* handelt es sich um ein Software-Werkzeug, das die SQL-Anweisungen in Anweisungen der Host-Sprache umwandelt. Das Ergebnis dieser

Übersetzung lässt sich anschließend durch den Kompilierer der Host-Sprache – unter Einbeziehung einer speziellen Programm-Bibliothek – in ein ausführbares (Maschinen-)Programm umwandeln.

Sofern die Host-Sprache nicht selbst Bestandteil des DB-Systems ist, muss folglich ein *zweistufiger* Übersetzungsprozess erfolgen. Erst dadurch lassen sich die Auswertungen des DB-Bestandes unter Einsatz von SQL-Anweisungen und Programmanweisungen der Host-Sprache durchführen.

Der Einsatz einer Host-Sprache lässt sich durch das folgende Schema kennzeichnen:

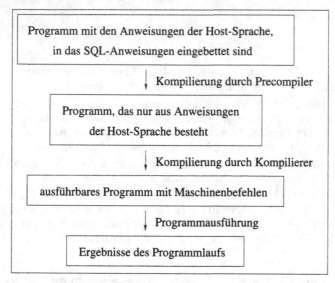

Abbildung 20.1: Programmumwandlung

Bevorzugte Host-Sprachen sind z.B. die prozeduralen Programmiersprachen C und CO-BOL sowie die objekt-orientierte Programmiersprache $C++$. Das DB-System ORACLE bietet für diese Host-Sprachen die jeweils benötigten Precompiler mit den Produktbezeichnungen "Pro*C/C++" und "Pro*Cobol" an.

- Neben den klassischen Programmiersprachen steht beim DB-System ORACLE zusätzlich eine spezielle prozedurale Programmiersprache namens "PL/SQL" zur Verfügung, die sich ebenfalls zum Einbetten von SQL-Anweisungen eignet und mit deren Hilfe sich Anwendungen erstellen lassen, die durch den Einsatz von "SQL*Plus" zur Ausführung gebracht werden können.

Damit sich Lösungspläne umsetzen lassen, bei denen der Zugriff auf Tabelleninhalte *sequentiell*, d.h. schrittweise Tabellenzeile für Tabellenzeile, erfolgen soll, stehen besondere SQL-Sprachelemente zum Einsatz innerhalb von Host-Sprachen zur Verfügung. Deren Darstellung ist Gegenstand der nachfolgenden Abschnitte.

20.2   Lesender Zugriff auf Tabellen

20.2.1   Einrichtung eines Cursors

Bei den bisher beschriebenen SQL-Anweisungen stehen die Ergebnisse der gestellten Anforderungen stets nur als Bildschirmanzeige bzw. als Inhalte neuer Tabellenzeilen zur Verfügung. Diese Form der Verarbeitung von Tabellenzeilen ist insofern vorteilhaft, als der

Anwender keine Kenntnisse benötigt, wie die Verarbeitungsschritte im einzelnen ablaufen müssen. Sind jedoch die Werte einer oder mehrerer Tabellenzeilen in einer nicht standardisierten Form zu verarbeiten, so müssen SQL-Anweisungen verwendet werden, mit denen sich Werte aus einer Tabelle gezielt übernehmen lassen.

Um die Tabellenzeilen einer einzelnen Tabelle sequentiell für die Verarbeitung bereitzustellen, ist – beim Einsatz von PL/SQL – eine CURSOR-Anweisung der folgenden Form zu verwenden:

> CURSOR cursor-name IS SELECT-anweisung

Abbildung 20.2: Einrichtung eines Cursors

Durch "cursor-name" wird ein *Cursor* (Zeiger) für diejenige Tabelle vereinbart, die durch die hinter dem Schlüsselwort "IS" aufgeführte SELECT-Anweisung gebildet wird. Über diesen Cursor kann – ähnlich einem Cursor, der die Schreibposition auf dem Bildschirm kennzeichnet – schrittweise auf die einzelnen Zeilen dieser Tabelle positioniert und auf die dort gespeicherten Tabellenwerte zugegriffen werden.

Hinweis: Der im CURSOR-Befehl aufgeführte Name "cursor-name" muss eine Tabelle eindeutig kennzeichnen, d.h. er darf noch nicht für eine andere Tabelle vereinbart sein.

Sollen die Tabellenzeilen in einer fest vorgegebenen Reihenfolge zur Verarbeitung bereitgestellt werden, so ist die jeweils gewünschte Ordnung durch eine ORDER BY-Klausel in der folgenden Form innerhalb der SELECT-Anweisung festzulegen:

> ORDER BY spaltenname-1 [DESC]
>   [, spaltenname-2 [DESC]]...

Abbildung 20.3: Verwendung der ORDER BY-Klausel zur sortierten Verarbeitung

Die Sortierung erfolgt stets aufsteigend, sofern nicht durch das Schlüsselwort DESC eine fallende Sortierrichtung angefordert wird. Die zuerst aufgeführte Spalte legt das oberste Sortierkriterium fest. Jede nachfolgende Spalten-Angabe bestimmt ein – gegenüber den zuvor aufgeführten Kriterien – jeweils untergeordnetes Sortierkriterium.

Ohne die Angabe einer ORDER BY-Klausel wird die Reihenfolge der durch die SELECT-Anweisung (intern) gebildeten Tabelle durch die Strategie bestimmt, nach der die zugehörigen Tabellenzeilen vom DB-System (intern) ermittelt werden.

Wird z.B. der Cursor UMSATZ_C durch die Anweisung

```
CURSOR UMSATZ_C IS
      SELECT A_NR, A_STUECK FROM UMSATZ
                     WHERE V_NR = 8413;
```

eingerichtet, so stehen die Tabellenzeilen des durch UMSATZ_C beschriebenen Tabellenbereichs in der folgenden Reihenfolge zur Verfügung:

```
12    40
11    70
13    35
11    20
```

Vereinbaren wir den Cursor UMSATZ_C dagegen durch die Anweisung

```
CURSOR UMSATZ_C IS
        SELECT A_NR, A_STUECK FROM UMSATZ WHERE V_NR=8413
                            ORDER BY A_NR, A_STUECK;
```

so wird der hierdurch beschriebene Ausschnitt der Tabelle UMSATZ in der Form

```
11    20
11    70
12    40
13    35
```

zur Verarbeitung bereitgestellt.

20.2.2   Eröffnung eines Cursors

Soll auf den Datenbestand einer Tabelle zugegriffen werden, dessen Struktur durch einen Cursor festgelegt ist, so muss dieser Cursor zunächst zur Verarbeitung *eröffnet* werden. Dazu ist eine OPEN-Anweisung zu verwenden, deren Syntax wie folgt festgelegt ist:

OPEN cursor-name

Abbildung 20.4: Eröffnung eines Cursors

Durch die Ausführung dieser Anweisung wird (intern) eine Tabelle aufgebaut, deren Struktur durch die zugehörige CURSOR-Anweisung beschrieben wird.

20.2.3   Tabellenzugriff über einen Cursor

Um den Zugriff auf die Inhalte der durch einen Cursor beschriebenen Tabelle durchführen zu können, muss der Cursor schrittweise auf die einzelnen Tabellenzeilen positioniert werden. Dazu ist eine FETCH-Anweisung gemäß der folgenden Syntax einzusetzen:

FETCH cursor-name INTO varname-1 [, varname-2]...

Abbildung 20.5: Positionierung auf eine Tabellenzeile

Sofern der Cursor "cursor-name" unmittelbar zuvor durch die OPEN-Anweisung eröffnet wurde, wird der Cursor durch die Ausführung der ersten FETCH-Anweisung auf die erste Zeile der zugeordneten Tabelle positioniert. Durch jede nachfolgende FETCH-Anweisung wird der Zugriff auf die jeweils unmittelbar nachfolgende Tabellenzeile eingestellt, sodass sich die Tabelle sequentiell bearbeiten lässt.

Um die Werte der jeweils eingestellten Tabellenzeile zur Weiterverarbeitung übernehmen zu können, sind innerhalb der INTO-Klausel eine oder mehrere Platzhalter der Form "varname-1", "varname-2" usw. aufgeführt.

Diese Platzhalter können als Bezeichner von Behältern aufgefasst werden, in denen jeweils konkrete Werte gespeichert werden können. Auf diese Speicherbereiche kann lesend und schreibend zugegriffen werden, sodass sich ein gespeicherter Wert durch einen anderen Wert ersetzen lässt.

- Da die Inhalte dieser Speicherbereiche somit variabel sind, wird von *Variablen* gesprochen, die sich durch *Variablennamen* benennen (adressieren) lassen.

Innerhalb einer FETCH-Anweisung sind somit – in Abhängigkeit von der durch den Cursor bestimmten Tabellen-Struktur – geeignet viele *Variablen* durch ihre *Variablennamen* anzugeben. Die einzelnen Variablen sind gemäß der oben angegebenen Syntax innerhalb der INTO-Klausel anstelle der Platzhalter "varname-1", "varname-2" usw. aufzuführen.

Hinweis: Ob Variablen vor ihrer Verwendung definiert werden müssen oder ob sie implizit durch ihre erstmalige Verwendung vereinbart sind, ist von der jeweils eingesetzten Host-Sprache abhängig. Um zu unterstreichen, dass Variablen zur Host-Sprache gehören, wird auch von *Host-Variablen* gesprochen.

Durch die FETCH-Anweisung werden die innerhalb der INTO-Klausel aufgeführten Variablen mit Werten gefüllt. Diese Werte werden aus den aktuellen Tabellenspalten derjenigen Tabelle gebildet, die dem Cursor "cursor-name" in einer CURSOR-Anweisung zugeordnet ist. Dabei korrespondiert "varname-1" mit der ersten hinter "SELECT" angegebenen Tabellenspalte bzw. dem ersten hinter "SELECT" angegebenen Ausdruck, "varname-2" mit der 2. Tabellenspalte bzw. dem 2. Ausdruck, usw.

Es muss sichergestellt sein, dass die Anzahl der Tabellenspalten (Ausdrücke) mit der Anzahl der Variablen übereinstimmt und die Typen der Tabellenspalten mit den Typen der jeweils zugeordneten Variablen verträglich sind.

Zum Beispiel lässt sich derjenige Cursor, der mittels der ersten der beiden oben angegebenen CURSOR-Anweisungen einen Ausschnitt der Tabelle UMSATZ beschreibt, durch die folgende Anweisung zur Verarbeitung eröffnen:

```
OPEN UMSATZ_C;
```

Durch die FETCH-Anweisung

```
FETCH UMSATZ_C INTO nr_v, stueck_v;
```

wird den Variablen "nr_v" und "stueck_v" d diejenige Artikelnummer ("12") bzw. diejenige Stückzahl ("40") zugewiesen, die innerhalb der ersten Tabellenzeile gespeichert sind.

Hinweis: Dies setzt voraus, dass die Variablen "nr_v" und "stueck_v" zuvor vereinbart wurden oder dass sie durch ihre Angabe innerhalb der FETCH-Anweisung implizit definiert werden.

Zur Unterscheidung von den SQL-Sprachelementen schreiben wir die Variablennamen in Kleinbuchstaben. Hier und im Folgenden sind – zur Unterscheidung innerhalb der Programmausschnitte – alle Sprachelemente der Host-Sprache in Kleinbuchstaben geschrieben.

Bei der sequentiellen Bearbeitung einer Tabelle ist zu beachten, dass ein Cursor, der auf die letzte Tabellenzeile weist, durch die Ausführung einer nachfolgenden FETCH-Anweisung an das *Tabellenende*, d.h. hinter die letzte Tabellenzeile, positioniert wird. Auf diese Situation ist bei der Programmierung geeignet zu reagieren, indem die Verarbeitung beendet und der Cursor geschlossen wird.

20.2.4 Schließen eines Cursors

Ein durch die OPEN-Anweisung eröffneter Cursor sollte nach dem Ende der Verarbeitung – in jedem Fall nach dem Erreichen des Tabellenendes – *geschlossen* werden.

Dazu ist eine CLOSE-Anweisung in der Form

```
CLOSE  cursor-name
```

Abbildung 20.6: Schließen eines Cursors

anzugeben. Durch die Ausführung dieser Anweisung wird der zuvor durch eine OPEN-Anweisung aktivierte Cursor namens "cursor-name" deaktiviert. Soll die Tabelle anschließend erneut sequentiell bearbeitet werden, so ist der zugeordnete Cursor wiederum durch eine OPEN-Anweisung zu eröffnen.

20.3   Einsatz von PL/SQL

20.3.1   Aufgabenstellung und Festlegung des Cursors

Nachdem wir erläutert haben, wie sich ein Cursor festlegen und bearbeiten lässt, wollen wir jetzt kennen lernen, wie PL/SQL als Host-Sprache eingesetzt werden kann.

Dazu betrachten wir die folgende Aufgabenstellung "prog1":

- Für einem bestimmten Vertreter, der die Vertreternummer 8413 besitzt, sollen die Artikelnummern und die zugehörigen Stückzahlen der von ihm umgesetzten Artikel angezeigt werden. Dabei soll die Artikelnummer durch den Text "Artikelnummer:" und die Stückzahl durch den Text "zugehörige Stückzahl:" eingeleitet werden!

Da wir die Host-Sprache PL/SQL während des Dialogs mit "SQL*Plus" einsetzen, gilt:

- Innerhalb des PL/SQL-Programms braucht keine Anmeldung und auch keine Abmeldung beim DB-System erfolgen.

Für den Zugriff auf die Werte der Tabelle UMSATZ muss ein Cursor eingerichtet werden. Da die beiden Spalten A_NR und A_STUECK für den Zugriff zur Verfügung stehen müssen, können wir die Angaben aus dem Abschnitt 20.2.1 übernehmen und einen Cursor namens UMSATZ_C in der folgenden Form vereinbaren:

```
CURSOR UMSATZ_C IS
       SELECT A_NR, A_STUECK FROM UMSATZ WHERE V_NR=8413;
```

20.3.2   Vereinbarung der Variablen und des Cursors

In PL/SQL müssen alle Variablen und alle benötigten Cursor, die während der Programmausführung zur Verfügung stehen sollen, gemäß der folgenden Syntax festgelegt werden:

```
DECLARE  varname-1  datentyp-1 ;

         [  varname-2  datentyp-2 ; ]...

         [ CURSOR  cursor-name  IS  SELECT-anweisung ; ]...
```

Abbildung 20.7: Vereinbarung von Variablen und Cursorn

Wie oben angegeben, benötigen wir zur Lösung unserer Aufgabenstellung "prog1" – zum Einsatz innerhalb einer FETCH-Anweisung – zwei Variablen, die wir durch die Variablennamen "nr_v" und "stueck_v" kennzeichnen. Im Hinblick auf deren Datentyp ist zu berücksichtigen, dass die beiden Variablen vier- bzw. dreistellige ganze Zahlen aufnehmen sollen. Daher müssen sie vom Datentyp "number(4)" bzw. "number(3)" sein.

Folglich sind die beiden Variablen – am Anfang des PL/SQL-Programms – zusammen mit der zuvor beschriebenen Festlegung des Cursors UMSATZ_C wie folgt zu vereinbaren:

```
declare
    nr_v number(4);
    stueck_v number(3);
    CURSOR UMSATZ_C IS
            SELECT A_NR, A_STUECK FROM UMSATZ
                            WHERE V_NR = 8413;
```

Diese Vereinbarung stellt die Grundlage für die im Folgenden angegebene Beschreibung dar, nach der die Lösung der Aufgabenstellung "prog1" erfolgen soll.

20.3.3 Struktogramm-Darstellung

Wir werden den Lösungsplan als grafische Beschreibung – in Form eines Struktogramms – angeben, da dadurch unmittelbar erkennbar ist, welche Aktionen in welcher Abfolge durchgeführt werden sollen.

- Jedes *Struktogramm* besteht aus Strukturblöcken, die von oben nach unten durchlaufen werden und jeweils einen oder mehrere Verarbeitungsschritte beschreiben.

Die Lösung unserer Aufgabenstellung "prog1" lässt sich durch das innerhalb der Abbildung 20.8 dargestellte Struktogramm angeben, das wir durch den Text "prog1" kennzeichnen.

Innerhalb des Struktogramms haben wir die SQL-Anweisungen, die innerhalb der Host-Sprache einzubetten sind, bereits nach den Regeln der SQL-Syntax formuliert. Die Anforderungen im Struktogramm, die verbal gehalten sind, müssen nach den Regeln der jeweils gewählten Host-Sprache in geeignete Programmanweisungen umgeformt werden.

- Da wir in PL/SQL programmieren wollen, müssen wir grundsätzlich beachten, dass jede aus der Umsetzung des Struktogramms resultierende Anweisung durch ein Semikolon zu beenden ist.

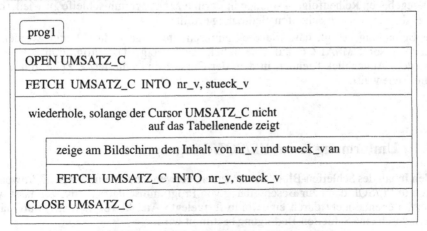

Abbildung 20.8: Lösungsplan für "prog1"

Hinweis: Diese Beschreibung ist nicht speziell auf den Einsatz von PL/SQL zugeschnitten, sondern stellt die Basis für eine Umsetzung in eine beliebige Host-Sprache dar.

Folglich sind die Inhalte der ersten beiden Strukturblöcke wie folgt anzugeben:

```
OPEN UMSATZ_C;
FETCH UMSATZ_C INTO nr_v, stueck_v;
```

Die Ausführung des angegebenen Lösungsplans wird durch den folgenden Schleifen-Block gesteuert:

wiederhole, solange der Cursor UMSATZ_C nicht auf das Tabellenende zeigt
zeige am Bildschirm den Inhalt von nr_v und stueck_v an
FETCH UMSATZ_C INTO nr_v, stueck_v

Abbildung 20.9: Programmschleife

- Bei einem *Schleifen-Block* werden alle eingeschlossenen Blöcke solange wiederholt durchlaufen, wie die angegebene *Schleifen-Bedingung* zutrifft.

Der angezeigte Struktogramm-Ausschnitt beschreibt daher, dass die jeweils innerhalb einer Tabellenzeile enthaltene Artikelnummer und Stückzahl aus der Tabelle zu übernehmen und am Bildschirm anzuzeigen sind.

Hinweis: Durch die Ausführung der FETCH-Anweisung, die dem Schleifen-Block vorangestellt ist, stehen bereits beim ersten Schleifendurchlauf die Artikelnummer und Stückzahl aus der ersten Tabellenzeile innerhalb der Variablen "nr_v" bzw. "stueck_v" zur Verfügung.

Bei der Umformung in eine Host-Sprache wird diese Form der Wiederholung eine *Programmschleife* genannt. Innerhalb dieser Schleife ist festgelegt, dass die Inhalte der Variablen "nr_v" und "stueck_v" anzuzeigen sind und anschließend die FETCH-Anweisung mit den Werten der nächsten Tabellenzeile zu füllen sind. Diese beiden Schritte sind – in der angegebenen Reihenfolge – solange in Form einer Programmschleife zu wiederholen, solange die angegebene Schleifen-Bedingung erfüllt ist.

Diese Bedingung besagt, dass die Programmschleife solange durchlaufen werden soll, wie der Cursor UMSATZ_C auf eine Tabellenzeile zeigt. Die Programmschleife wird erst in dem Augenblick beendet, in dem der Cursor hinter die letzte Zeile, d.h. auf das Tabellenende weist.

20.3.4   Umformung in ein PL/SQL-Programm

Um den Inhalt des Schleifen-Blocks umzusetzen, verwenden wir eine WHILE-Anweisung, die sich in PL/SQL dann zur Beschreibung von Programmschleifen einsetzen lässt, wenn das Schleifenende nicht durch eine vorab festgelegte Anzahl von Schleifendurchläufen, sondern durch eine Schleifen-Bedingung bestimmt wird.

Da sich die Syntax der WHILE-Anweisung in der Form

```
WHILE  schleifen-bedingung
       LOOP
              anweisung-1; [ anweisung-2; ]...
       END  LOOP;
```

Abbildung 20.10: Syntax der WHILE-Anweisung

darstellt, können wir die durch den Schleifen-Block beschriebene Programmschleife beim Einsatz von PL/SQL wie folgt umformen:

```
while UMSATZ_C%found
   loop
      dbms_output.put_line('Artikelnummer:  ' ||
                       TO_CHAR(nr_v) ||
                       ' zugehörige Stückzahl: ' ||
                       TO_CHAR(stueck_v));
      FETCH UMSATZ_C INTO nr_v, stueck_v;
   end loop;
```

Als Schleifen-Bedingung ist die Bezeichnung

```
UMSATZ_C%found
```

aufgeführt worden. Dies bedeutet, dass bei jedem Schleifendurchlauf geprüft wird, ob die Bedingung "UMSATZ_C%found" erfüllt ist, d.h. ob der Cursor, der durch den Cursornamen UMSATZ_C gekennzeichnet ist, noch nicht auf das Tabellenende zeigt.

Die Bildschirmanzeige der in die Variablen "nr_v" und "stueck_v" eingelesenen Werte wird durch die folgende Schreib-Anweisung angefordert:

```
dbms_output.put_line('Artikelnummer:  '||TO_CHAR(nr_v) ||
              ' zugehörige Stückzahl: '||TO_CHAR(stueck_v));
```

- Durch "dbms_output.put_line" wird die PL/SQL-Prozedur "put_line" aus dem (Prozedur-)Package "dbms_output" gekennzeichnet, durch deren Aufruf sich die als Argument aufgeführte Zeichenkette am Bildschirm anzeigen lässt.

Hinweis: Innerhalb von Packages sind mehrere Prozeduren zusammengefasst. Sie werden bei ihrem Aufruf über den Package-Namen qualifiziert.

Um das PL/SQL-Programm *insgesamt* angeben zu können, ist zu berücksichtigen, dass die (ausführbaren) Anweisungen in Form eines *Blockes* festzulegen sind, indem sie durch

```
BEGIN
```

eingeleitet und durch

```
END;
```

abgeschlossen werden.

Da die auszuführenden Anweisungen, die aus der Umformung des Struktogramms resultieren, bei einem PL/SQL-Programm durch die Vereinbarung der benötigten Variablen und der benötigten Cursor eingeleitet werden müssen, lässt sich die Struktur eines PL/SQL-Programms insgesamt wie folgt beschreiben:

```
DECLARE  varname-1 datentyp-1 ;
           [  varname-2 datentyp-2 ; ]...
              [ CURSOR  cursor-name  IS  SELECT-anweisung ; ]...
BEGIN
     anweisung-1;
     [ anweisung-2; ]...
END;
/
```

Abbildung 20.11: Struktur eines PL/SQL-Programms

Damit die durch diese Syntax beschriebenen Programmzeilen von "SQL*Plus" als PL/SQL-Programm bearbeitet werden können, folgt der letzten Programmzeile eine weitere Zeile, in der allein der Schrägstrich "/" angegeben ist.

Indem wir dem PL/SQL-Programm eine *Kommentar-Anweisung* der Form

```
/* prog1 */
```

voranstellen, können wir zur Lösung unserer Aufgabenstellung "prog1" daher das folgende PL/SQL-Programm angeben:

```
/* prog1 */
declare
    nr_v number(4);
    stueck_v number(3);
    CURSOR UMSATZ_C IS
      SELECT A_NR, A_STUECK FROM UMSATZ
                            WHERE V_NR = 8413;
begin
OPEN UMSATZ_C;
FETCH UMSATZ_C INTO nr_v, stueck_v;
while UMSATZ_C%found
  loop
    dbms_output.put_line('Artikelnummer:  ' ||
                    TO_CHAR(nr_v) ||
                    ' zugehörige Stückzahl: ' ||
                    TO_CHAR(stueck_v));
    FETCH UMSATZ_C INTO nr_v, stueck_v;
  end loop;
CLOSE UMSATZ_C;
end;
/
```

20.3.5 Ausführung eines PL/SQL-Programms

Sofern wir die Programmzeilen z.B. in eine Skript-Datei namens "prog1.sql" – innerhalb des Verzeichnisses "c:\users" – eingetragen haben, lässt sich die Programmausführung – im Dialog mit "SQL*Plus" – wie folgt abrufen:

```
SET SERVEROUTPUT ON
START c:\users\prog1
```

Hierbei wird durch die SQL*Plus-Anweisung SET in der Form

```
SET SERVEROUTPUT ON
```

bewirkt, dass die durch den Aufruf der PL/SQL-Prozedur "dbms_output.put_line" erhaltenen Textzeichen von SQL*Plus in Empfang genommen und angezeigt werden können.

In unserem Fall resultiert aus der Ausführung des PL/SQL-Programms "prog1" die folgende Anzeige:

```
Artikelnummer:    12    zugehörige Stückzahl: 40
Artikelnummer:    11    zugehörige Stückzahl: 70
Artikelnummer:    13    zugehörige Stückzahl: 35
Artikelnummer:    11    zugehörige Stückzahl: 20
```

20.3.6 Beispiel für eine Verbund-Bildung

Nachdem wir den grundlegenden Aufbau eines PL/SQL-Programms kennen gelernt haben, wollen wir im Folgenden zeigen, wie sich eine Verbund-Bildung unter Einsatz der Host-Sprache PL/SQL durchführen lässt. Dazu betrachten wir die folgende Aufgabenstellung "prog2":

- Es soll derjenige Vertreter ermittelt werden, der den maximalen Umsatz getätigt hat! Die Anzeige soll in der folgenden Form erfolgen: "Der maximale Umsatz wurde für den Artikel "artikelname" vom Vertreter "vertretername" mit dem folgenden Wert erreicht: "umsatzwert" "!

Um eine Lösung zu ermitteln, muss eine Verbund-Bildung der Tabellen UMSATZ und ARTIKEL erfolgen und der resultierende Verbund sequentiell verarbeitet werden.

Hierzu treffen wir geeignete Vorbereitungen, indem wir die Variablen "nr_v", "nummer_v", "umsatz_v", "max_v", "name_v" "a_name_v" und "v_name_v" sowie die beiden Cursor UMSART_C und VERTRETER_C – in der auf der folgenden Form – zu Beginn des zu entwickelnden PL/SQL-Programms angeben:

```
declare
    nr_v        number(4);
    nummer_v    number(4);
    umsatz_v    number(10,2);
    max_v       number(10,2);
    name_v      char(20);
    a_name_v    char(20);
    v_name_v    char(30);
```

```
CURSOR UMSART_C IS
        SELECT A_STUECK * A_PREIS, V_NR, A_NAME
          FROM UMSATZ INNER JOIN ARTIKEL USING(A_NR);
CURSOR VERTRETER_C IS
        SELECT V_NR, V_NAME FROM VERTRETER;
```

Auf der Grundlage dieser Vereinbarungen lässt sich der Lösungsplan für die Aufgabenstellung "prog2" durch das folgende Struktogramm beschreiben:

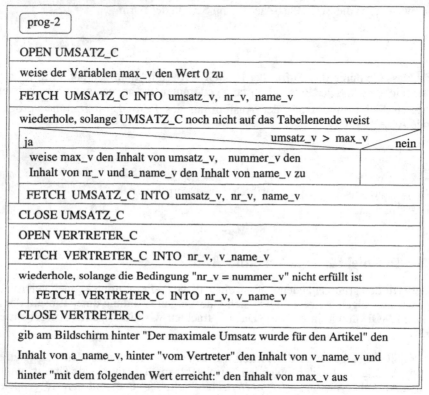

Abbildung 20.12: Lösungsplan für "prog2"

In dem angegebenen Struktogramm ist der folgende Bedingungs-Block enthalten:

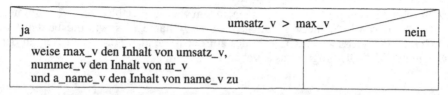

Abbildung 20.13: Programmverzweigung

- Ein *Bedingungs-Block* kennzeichnet eine zweiseitige *Programmabfrage* (Fallunterscheidung), mit der gesteuert werden kann, ob bestimmte Lösungsschritte ausgeführt werden sollen oder nicht.
  Ein derartiger Block gibt an, dass die Blöcke des Ja-Zweiges zu durchlaufen sind, wenn die angegebene *Verzweigungs-Bedingung* erfüllt ist. Sofern diese Bedingung nicht zutrifft, müssen die Blöcke des Nein-Zweiges ausgeführt werden.

Bevor wir die angegebene Programmabfrage umformen können, müssen wir Kenntnis darüber besitzen, wie eine *Zuweisung* an eine Variable festgelegt werden muss.

Für eine derartige Zuweisung ist in PL/SQL die folgende Syntax zu beachten:

varname-1 := { varname-2 | ausdruck } ;

Abbildung 20.14: Syntax der Zuweisung

Folglich ist der Inhalt des oben angegebenen Ja-Zweiges wie folgt anzugeben:

```
max_v := umsatz_v;
nummer_v := nr_v;
a_name_v := name_v;
```

Da die Fallunterscheidung durch die Bedingung "umsatz_v > max_v" gesteuert wird, werden diese Zuweisungen dann durchgeführt, wenn der aktuell ermittelte Umsatzwert größer ist als der zuvor in der Variablen "max_v" gespeicherte Umsatzwert. Ist die Verzweigungs-Bedingung dagegen nicht zutreffend, so wird keine Tätigkeit ausgeführt.

Um einen Bedingungs-Block in PL/SQL zu programmieren, lässt sich eine IF-Anweisung in der folgenden Form einsetzen:

```
IF bedingung
    THEN
        anweisung-1; [ anweisung-2; ]...
    ELSE
        anweisung-3; [ anweisung-4; ]...
END IF;
```

Abbildung 20.15: Syntax der IF-Anweisung

Dabei werden die Aktionen, die im Ja-Zweig aufgeführt sind, hinter dem Schlüsselwort THEN angegeben. Entsprechend werden die Angaben des Nein-Zweiges hinter dem Schlüsselwort ELSE festgelegt.

Da in unserem Fall der Nein-Zweig keinen Eintrag enthält, kann die folgende vereinfachte Form der IF-Anweisung verwendet werden:

```
IF bedingung
    THEN
        anweisung-1; [ anweisung-2; ]...
END IF;
```

Abbildung 20.16: Syntax der IF-Anweisung bei fehlendem Nein-Zweig

In unserer Situation können wir den Bedingungs-Block wie folgt in PL/SQL umformen:

```
if  umsatz_v > max_v
  then
     max_v := umsatz_v;
     nummer_v := nr_v;
     a_name_v := name_v;
end if;
```

Formen wir das oben angegebene Struktogramm "prog2" in ein PL/SQL-Programm um,
so erhalten wir insgesamt die folgenden Programmzeilen:

```
/* prog2 */
declare
    nr_v        number(4);
    nummer_v    number(4);
    umsatz_v    number(10,2);
    max_v       number(10,2);
    name_v      char(20);
    a_name_v    char(20);
    v_name_v    char(30);
    CURSOR UMSART_C IS
            SELECT A_STUECK * A_PREIS, V_NR, A_NAME
                FROM UMSATZ INNER JOIN ARTIKEL USING(A_NR);
    CURSOR VERTRETER_C IS
            SELECT V_NR, V_NAME FROM VERTRETER;
begin
max_v := 0;
OPEN UMSART_C;
FETCH UMSART_C INTO umsatz_v, nr_v, name_v;
while UMSART_C%found
  loop
     if  umsatz_v > max_v
        then
           max_v := umsatz_v;
           nummer_v := nr_v;
           a_name_v := name_v;
     end if;
     FETCH UMSART_C INTO umsatz_v, nr_v, name_v;
  end loop;
CLOSE UMSART_C;
OPEN VERTRETER_C;
FETCH VERTRETER_C INTO nr_v, v_name_v;
while  nr_v <> nummer_v
     loop
        FETCH VERTRETER_C INTO nr_v, v_name_v;
     end loop;
CLOSE VERTRETER_C;
dbms_output.put_line(
  'Der maximale Umsatz wurde für den Artikel "'
                     || RTRIM(a_name_v) || '"');
```

```
dbms_output.put_line
  ('vom Vertreter ' || '"' || RTRIM(v_name_v) || '"');
dbms_output.put_line
  (' mit dem folgenden Wert erreicht: '|| TO_CHAR(max_v));
end;
/
```

Bei der Ausführung dieses Programms ergibt sich die Anzeige

```
Der maximale Umsatz wurde für den Artikel '"Mantel''
vom Vertreter '"Meier, Franz''
mit dem folgenden Wert erreicht: 12600
```

sofern wir von der standardmäßig zur Verfügung stehenden Tabelle UMSATZ ausgehen.

20.4 Aktualisierung von Tabellen

Nachdem wir erläutert haben, wie sich ein lesender Zugriff auf die innerhalb einer Datenbasis vereinbarten Tabellen vornehmen lässt, stellen wir im Folgenden dar, wie sich Bestandsänderungen beim Einsatz einer Host-Sprache – speziell der Host-Sprache PL/SQL – durchführen lassen.

20.4.1 Löschung von Tabellenzeilen

CURSOR- und DELETE-Anweisung

Bezieht sich die innerhalb der CURSOR-Anweisung aufgeführte SELECT-Anweisung auf eine einzelne Tabelle, so lässt sich diese Tabelle dadurch aktualisieren, dass Zeilen gelöscht bzw. Tabellenwerte geändert werden können. Voraussetzung für die Löschung von Tabellenzeilen ist, dass keine Sortierordnung für diese Tabelle – in Form einer ORDER BY-Klausel – festgelegt ist und die zugehörige CURSOR-Anweisung gemäß der folgenden Syntax verwendet wird:

> CURSOR cursor-name IS SELECT-anweisung
>
> FOR UPDATE

Abbildung 20.17: Syntax der CURSOR-Anweisung mit der FOR UPDATE-Klausel

Nachdem eine Tabelle durch die OPEN-Anweisung eröffnet und der Cursor durch die FETCH-Anweisung auf eine geeignete Tabellenzeile positioniert wurde, kann die aktuell eingestellte Tabellenzeile durch eine DELETE-Anweisung der folgenden Form gelöscht werden:

> DELETE FROM tabellenname
>
> WHERE CURRENT OF cursor-name

Abbildung 20.18: Syntax der DELETE-Anweisung

Nach der Ausführung dieser Anweisung ist die aktuelle Zeile der Tabelle "tabellenname" aus dem Bestand gelöscht und der dieser Tabelle zugeordnete Cursor "cursor-name" auf die nächste Tabellenzeile positioniert. Wurde die letzte Tabellenzeile gelöscht, so steht der Cursor am Tabellenende.

Beispiel

Um ein Beispiel dafür anzugeben, wie sich Tabellenzeilen – unter Einsatz von PL/SQL – löschen lassen, stellen wir uns die folgende Aufgabe "prog3":

- In der Tabelle UMSATZ sind alle diejenigen Zeilen zu löschen, deren Vertreternummer mit einer über die Tastatur eingegebenen Kennzahl übereinstimmt!

Da sich – während des Dialogs mit "SQL*Plus" – von einem ausgeführten PL/SQL-Programm keine Eingabe von der Tastatur anfordern lässt, vereinbaren wir unter "SQL*Plus" durch die SQL*Plus-Anweisung VARIABLE in der Form

```
VARIABLE nummer NUMBER
```

eine numerische Variable namens "nummer", für die wir eine Tastatureingabe durch die SQL*Plus-Anweisung EXECUTE in der Form

```
EXECUTE :nummer := &Kennzahl
```

anfordern.

Hinweis: Durch die EXECUTE-Anweisung lässt sich eine einzelne PL/SQL-Anweisung zur Ausführung bringen.
Durch das Symbol "&" wird die Tastatureingabe einer Zahl angefordert.

Die Variable "nummer" hat eine gesonderte Funktion. Durch sie kann ein unter "SQL*Plus" eingelesener Wert in die PL/SQL-Programm-Umgebung übertragen werden. Grundsätzlich gilt:

- Eine Host-Variable, die innerhalb einer eingebetteten Programmanweisung verwendet wird, heißt *Bind-Variable*. Dieser Sachverhalt wird dadurch kenntlich gemacht, dass der Variablenname einer Bind-Variablen – bei der Verwendung innerhalb der eingebetteten Programmanweisung – durch einen Doppelpunkt eingeleitet wird.

Da "nummer" als Variable von "SQL*Plus" vereinbart wurde, muss diese Variable innerhalb einer PL/SQL-Anweisung in der Form ":nummer" verwendet werden.
Sofern wir den Cursor UMSATZ_C in der Form

```
CURSOR UMSATZ_C IS SELECT V_NR FROM UMSATZ FOR UPDATE;
```

vereinbaren, lassen sich eine oder mehrere Tabellenzeilen der Tabelle UMSATZ durch die Ausführung einer DELETE-Anweisung löschen.
Da für den Einsatz der FETCH-Anweisung, die zur Positionierung auf die jeweils zu löschende Tabellenzeile benötigt wird, mindestens eine Variable verwendet werden muss, leiten wir das PL/SQL-Programm wie folgt ein:

```
/* prog3 */
VARIABLE nummer NUMBER
EXECUTE :nummer := &Kennzahl
declare
    nr_v number(4);
    CURSOR UMSATZ_C IS SELECT V_NR FROM UMSATZ FOR UPDATE;
```

Auf dieser Basis lässt sich das folgende Struktogramm als Lösung der Aufgabenstellung "prog3" angeben:

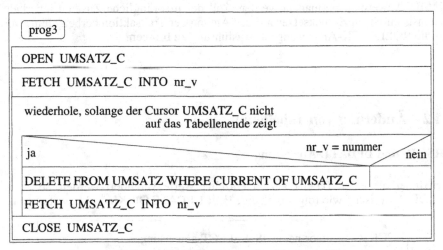

Abbildung 20.19: Lösungsplan für "prog3"

Formen wir dieses Struktogramm in ein PL/SQL-Programm um, so ergibt sich:

```
/* prog3 */
VARIABLE nummer NUMBER
EXECUTE :nummer := &Kennzahl
declare
    nr_v number(4);
    CURSOR UMSATZ_C IS SELECT V_NR FROM UMSATZ FOR UPDATE;
begin
OPEN UMSATZ_C;
FETCH UMSATZ_C INTO nr_v;
while UMSATZ_C%found
  loop
    if nr_v = :nummer
      then DELETE UMSATZ WHERE CURRENT OF UMSATZ_C;
    end if;
    FETCH UMSATZ_C INTO nr_v;
  end loop;
CLOSE UMSATZ_C;
end;
/
```

Sofern wir die Programmzeilen z.B. in eine Skript-Datei namens "prog3.sql" – innerhalb des Verzeichnisses "c:\users" – eingetragen haben, lässt sich die Programmausführung – im Dialog mit "SQL*Plus" – wie folgt abrufen:

```
SET SERVEROUTPUT ON
START c:\users\prog3
```

Grundsätzlich ist die Ausführung eines PL/SQL-Programms als Bestandteil eines Dialogs mit "SQL*Plus" anzusehen, sodass durchgeführte Bestandsänderungen erst durch eine COMMIT-Anweisung permanent werden. Soll der ursprüngliche Zustand innerhalb der Datenbasis durch ein Zurücksetzen auf den Anfang der Transaktion herbeigeführt werden, so ist die ROLLBACK-Anweisung zur Ausführung zu bringen.

20.4.2 Änderung von Tabelleninhalten

CURSOR- und UPDATE-Anweisung

Sollen innerhalb einer Tabelle gezielt einzelne Werte verändert werden, so muss die CURSOR-Anweisung wie folgt durch eine FOR UPDATE OF-Klausel erweitert werden:

> CURSOR cursor-name IS SELECT-anweisung
>
>   FOR UPDATE OF spaltenname-1 [, spaltenname-2]...

Abbildung 20.20: Syntax der CURSOR-Anweisung mit der FOR UPDATE OF-Klausel

Hierdurch wird festgelegt, dass Änderungen in der durch die SELECT-Anweisung spezifizierten Tabelle allein in den innerhalb der FOR UPDATE OF-Klausel aufgeführten Tabellenspalten vorgenommen werden können. Auf die Tabellenzeile, innerhalb der Werte verändert werden sollen, muss der zugehörige Cursor – nach der Eröffnung durch die OPEN-Anweisung – zuvor durch die Ausführung geeigneter FETCH-Anweisungen positioniert worden sein.

Eine Werteänderung lässt sich durch eine UPDATE-Anweisung der folgenden Form durchführen:

> UPDATE tabellenname
>
>   SET spaltenname-1 = ausdruck-1 [, spaltenname-2 = ausdruck-2]...
>
>   WHERE CURRENT OF cursor-name

Abbildung 20.21: Syntax der UPDATE-Anweisung

Durch die Ausführung dieser Anweisung erhalten die angegebenen Tabellenspalten innerhalb der aktuellen Tabellenzeile jeweils diejenigen Werte, die durch die aufgeführten Ausdrücke spezifiziert sind. Es ist zu beachten, dass alle angegebenen Spaltennamen zuvor – innerhalb der zugehörigen CURSOR-Anweisung – hinter der FOR UPDATE OF-Klausel aufgeführt sein müssen. Ferner muss gesichert sein, dass die zuzuweisenden Werte mit den Typen der zugehörigen Tabellenspalten verträglich sind.

Beispiel

Um den Einsatz der UPDATE-Anweisung – bei der Programmierung mit PL/SQL – zu demonstrieren, stellen wir uns die folgende Aufgabe "prog4":

- In der Tabelle UMSATZ sind die Stückzahlen für bestimmte Vertreter um den Faktor 10 zu groß eingetragen worden. Für denjenigen Vertreter, dessen Kennzahl über eine Tastatureingabe mitgeteilt wird, sind die falschen Werte zu korrigieren!

Wie zuvor bereits bei der Lösung der Aufgabenstellung "prog3" gezeigt wurde, können wir mit Hilfe einer Bind-Variablen eine Tastatureingabe in ein PL/SQL-Programm übertragen lassen.

Wählen wir somit die Variable "nummer" als Bind-Variable und vereinbaren wir den benötigten Cursor UMSATZ_C in der Form

```
CURSOR UMSATZ_C IS
       SELECT V_NR FROM UMSATZ FOR UPDATE OF A_STUECK;
```

so können wir das PL/SQL-Programms wie folgt einleiten:

```
/* prog4 */
VARIABLE  nummer  NUMBER
EXECUTE :nummer := &Kennzahl
declare
    nr_v number(4);
    CURSOR UMSATZ_C IS
           SELECT V_NR FROM UMSATZ FOR UPDATE OF A_STUECK;
```

Auf dieser Basis lässt sich der Lösungsplan z.B. durch das folgende Struktogramm angeben:

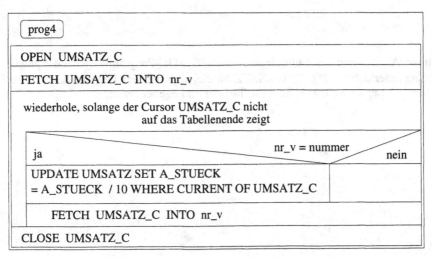

Abbildung 20.22: Lösungsplan für "prog4"

Durch die Umformung dieses Struktogramms lässt sich das gesamte PL/SQL-Programm
wie folgt angeben:

```
/* prog4 */
VARIABLE  nummer  NUMBER
EXECUTE :nummer := &Kennzahl
declare
    nr_v number(4);
    CURSOR UMSATZ_C IS
            SELECT V_NR FROM UMSATZ FOR UPDATE OF A_STUECK;
begin
OPEN UMSATZ_C;
FETCH UMSATZ_C INTO nr_v;
while UMSATZ_C%found
 loop
   if nr_v = :nummer
    then UPDATE UMSATZ SET A_STUECK = A_STUECK/10
                            WHERE CURRENT OF UMSATZ_C;
   end if;
   FETCH UMSATZ_C INTO nr_v;
 end loop;
CLOSE UMSATZ_C;
end;
/
```

Sofern wir die Programmzeilen z.B. in eine Skript-Datei namens "prog4.sql" – innerhalb
des Verzeichnisses "c:\users" – eingetragen haben, lässt sich die Programmausführung
– im Dialog mit "SQL*Plus" – wie folgt abrufen:

```
SET SERVEROUTPUT ON
START c:\users\prog4
```

Durch die Ausführung des dadurch aktivierten PL/SQL-Programms wird die gewünschte
Änderung innerhalb der Tabelle UMSATZ für diejenigen Zeilen bewirkt, deren zugehörige
Vertreternummer als Kennzahl über die Tastatur eingegeben wurde.

KAPITEL 21

VERARBEITUNG VON XML-DOKUMENTEN

Im Rahmen der Zentralisierung aller für kommerzielle Aktivitäten erforderlichen Daten ist es in zunehmendem Maße wichtig geworden, nicht nur relational- und objektrelational-strukturierte Daten, sondern auch XML-Dokumente innerhalb einer Datenbasis bearbeiten zu können.

Unter einem *XML-Dokument* wird ein Text verstanden, der nach den Regeln der Auszeichnungssprache *XML* ("XML" ist die Abkürzung von "eXtensible Markup Language") strukturiert ist. Bei einer *Auszeichnungssprache* handelt es sich um eine international genormte Sprache (W3C-Standard-Sprache), in der sich neben dem Inhalt eines Dokuments zusätzliche Informationen über das Dokument abfassen lassen.

Als Gründe für die zunehmende Entwicklung, Daten in Form von XML-Dokumenten zusammenzustellen, können in erster Linie genannt werden:

- Der *Datenaustausch* zwischen verschiedenen Anwendungen lässt sich durch den Einsatz von XML-Dokumenten besonders gut bewerkstelligen, weil die jeweils vorliegenden Strukturen als genormte Schnittstellen verwendet werden können.

- Für Daten, die – je nach Anwendung – in unterschiedlichsten Formen präsentiert werden sollen, liefert die Zusammenfassung in Form von XML-Dokumenten eine geeignete Basis für eine *einheitliche* Strukturierung bei der *Datenspeicherung*.

Um XML-Dokumente mit ORACLE verarbeiten zu können, ist ein spezieller Datentyp namens "sys.XMLType" geschaffen worden, durch dessen Einsatz sich XML-Dokumente innerhalb von Tabellen speichern, verwalten und bearbeiten lassen.

21.1 Speicherung von XML-Dokumenten

Da es sich bei dem Datentyp "sys.XMLType" um einen Objekttyp handelt, der im Schema "sys" definiert und von jedem anderen Schema aus eingesetzt werden kann, lassen sich XML-Dokumente als Instanziierungen eines Objekttyps namens "sys.XMLType" einrichten.

Um ein Beispiel für ein XML-Dokument zur Verfügung zu halten, gehen wir davon aus, dass die Umsatzdaten, die von Vertretern am 25.6.2008 getätigt wurden, in der folgenden Form textmäßig zusammengefasst sind:

```
<Umsatz>
   <V_Umsatz>
      <V_NR>8413</V_NR>
      <A_NR>12</A_NR>
      <A_STUECK>10</A_STUECK>
      <DATUM>25.06.2008</DATUM>
   </V_Umsatz>
```

```
<V_Umsatz>
   <V_NR>8413</V_NR>
   <A_NR>22</A_NR>
   <A_STUECK>10</A_STUECK>
   <DATUM>25.06.2008</DATUM>
</V_Umsatz>
<V_Umsatz>
   <V_NR>5016</V_NR>
   <A_NR>13</A_NR>
   <A_STUECK>5</A_STUECK>
   <DATUM>25.06.2008</DATUM>
</V_Umsatz>
</Umsatz>
```

Bei diesem Text handelt es sich um ein XML-Dokument mit dem Hauptelement "Umsatz", das durch den XML-Tag "$< Umsatz >$" eingeleitet und durch den XML-Tag "$< /Umsatz >$" abgeschlossen wird.

Dem Element "Umsatz" sind drei Exemplare des Elements "V_Umsatz" untergeordnet. Jedes dieser Unterelemente besteht aus den vier Elementen "V_NR", "A_NR", "A_STUECK" und "DATUM". Die Inhalte dieser Elemente sind Texte, durch die jeweils ein Umsatz gekennzeichnet wird.

Um den Rahmen für die Speicherung des angegebenen XML-Dokuments zu schaffen, ist es sinnvoll, eine Tabelle mit einer Tabellenspalte einzurichten und für diese Spalte den Datentyp "sys.XMLType" vorzusehen. In einer derartigen Situation sprechen wir fortan von einer *XML-Tabelle*.

Sofern die einzurichtende XML-Tabelle den Namen XMLUmsatz_TAB und die Spalte zur Aufnahme des XML-Dokuments den Namen XMLUmsatz tragen soll, ist die folgende Anforderung zu stellen:

```
CREATE TABLE XMLUmsatz_TAB(XMLUmsatz sys.XMLType);
```

Zur Eingabe des XML-Dokuments lässt sich die Methode "createXML" verwenden, die für den Objekttyp "sys.XMLType" definiert ist.

Die Übernahme unseres XML-Dokuments in die XML-Tabelle kann daher wie folgt angefordert werden:

```
INSERT INTO XMLUmsatz_TAB VALUES ( sys.XMLType.createXML(
   '<Umsatz> <V_Umsatz> <V_NR>8413</V_NR> <A_NR>12</A_NR>
            <A_STUECK>10</A_STUECK>
            <DATUM>25.06.2008</DATUM> </V_Umsatz>
         <V_Umsatz> <V_NR>8413</V_NR> <A_NR>22</A_NR>
            <A_STUECK>10</A_STUECK>
            <DATUM>25.06.2008</DATUM> </V_Umsatz>
         <V_Umsatz> <V_NR>5016</V_NR> <A_NR>13</A_NR>
            <A_STUECK>5</A_STUECK>
            <DATUM>25.06.2008</DATUM> </V_Umsatz>
   </Umsatz>' ) );
```

Der Inhalt der XML-Tabelle lässt sich durch die Anforderung

```
SELECT * FROM XMLUmsatz_TAB;
```

nicht zur Anzeige bringen, da das folgende Ergebnis erhalten wird:

```
XMLUMSATZ()
------------------
XMLType()
```

Um den Inhalt des XML-Dokuments abzurufen, muss die Methode "getClobVal", durch die sich ein XML-Dokument in einen CLOB wandeln lässt, von einer Instanziierung des Datentyps "sys.XMLType" zur Ausführung gebracht werden. Demzufolge muss die folgende SELECT-Anweisung formuliert werden:

```
SELECT x.XMLUmsatz.getClobVal() from XMLUmsatz_TAB x;
```

Dies führt zur folgenden Anzeige:

```
X.XMLUMSATZ.GETCLOBVAL()
---------------------------------------------------------------------
        <Umsatz> <V_Umsatz> <V_NR>8413</V_NR> <A_NR>12</A_NR>
                <A_STUECK>10</A_STUECK>
                <DATUM>25.06.2008</DATUM> </V_Umsatz>
            <V_Umsatz> <V_NR>8413</V_NR> <A_NR>22</A_NR>
                <A_STUECK>10</A_STUECK>
                <DATUM>25.06.2008</DATUM> </V_Umsatz>
          <V_Umsatz> <V_NR>5016</V_NR> <A_NR>13</A_NR>
                <A_STUECK>5</A_STUECK>
                <DATUM>25.06.2008</DATUM> </V_Umsatz> </Umsatz>
```

Da standardmäßig nur 80 Zeichen für die Ausgabe vorgesehen sind, haben wir – *vor* der Anforderung der Anzeige – durch die SET-Anweisung

```
SET LONG 1000
```

die Zeichenzahl auf maximal 1000 Zeichen erhöht.

21.2 Übertragung eines XML-Dokuments von einer Datei in eine XML-Tabelle

Dass wir im vorigen Abschnitt ein XML-Dokument mittels der INSERT-Anweisung in eine XML-Tabelle eingetragen haben, diente in erster Linie dazu, einen schnellen Einblick in das Grundprinzip der Datenspeicherung von XML-Dokumenten zu vermitteln.

Es ist sicherlich naheliegender, dass ein zu speicherndes XML-Dokument als Bestandteil einer Text-Datei zur Übernahme in eine XML-Tabelle bereitgehalten wird.

In dieser Situation lässt sich das XML-Dokument in einem ersten Schritt in einen CLOB übertragen, der Bestandteil einer Tabelle ist. In einem zweiten Schritt ist der CLOB in eine Instanziierung des Objekttyps "sys.XMLType" zu wandeln und in eine XML-Tabelle einzutragen.

Bevor wir erläutern, wie diese beiden Schritte durchzuführen sind, löschen wir durch

```
DELETE FROM XMLUmsatz_TAB;
```

die zuvor – mittels der INSERT-Anweisung – in die XML-Tabelle XMLUmsatz_TAB eingetragene Tabellenzeile.

Anschließend gehen wir bei der Durchführung des ersten Schrittes genauso vor, wie wir es im Abschnitt 6.4 dargestellt haben.

Wir unterstellen, dass wir im Besitz des CREATE ANY DIRECTORY-Rechts sind. Daher können wir den Alias-Ordnernamen VERTRETER_DIR dem Ordner "temp" auf dem Laufwerk "C:" wie folgt zuordnen:

```
CREATE DIRECTORY VERTRETER_DIR  AS 'c:\temp';
```

Anschließend lässt sich durch die beiden Anforderungen

```
CREATE TABLE XML_CLOB_TAB
                    (XML_TEXT CLOB, DATEINAME BFILE);
INSERT INTO XML_CLOB_TAB VALUES (EMPTY_CLOB(),
           BFILENAME('VERTRETER_DIR','xmldaten.txt'));
```

die Tabelle XML_CLOB_TAB einrichten und bestimmen, dass der Alias-Ordnername VERTRETER_DIR mit dem Dateinamen "xmldaten.txt" verbunden wird.

Nachdem das am Anfang von Abschnitt 21.1 angegebene XML-Dokument als Text in die Datei "xmldaten.txt" innerhalb des Verzeichnisses "temp" abgespeichert worden ist, bringen wir das folgende PL/SQL-Programm zur Ausführung:

```
DECLARE
TEXT_DATEN CLOB;
TEXT_DATEINAME BFILE;
BEGIN
SELECT XML_TEXT, DATEINAME INTO TEXT_DATEN,
                TEXT_DATEINAME
                          FROM XML_CLOB_TAB;
DBMS_LOB.FILEOPEN(TEXT_DATEINAME,DBMS_LOB.FILE_READONLY);
DBMS_LOB.LOADFROMFILE(TEXT_DATEN,TEXT_DATEINAME,
                 DBMS_LOB.GETLENGTH(TEXT_DATEINAME));
DBMS_LOB.FILECLOSE(TEXT_DATEINAME);
UPDATE XML_CLOB_TAB  SET XML_TEXT = TEXT_DATEN;
END;
/
```

Hierdurch wird das XML-Dokument zunächst in einen CLOB gewandelt und anschließend Bestandteil der ersten – und einzigen – Tabellenzeile der Tabelle XML_TEXT. Der zweite Schritt zur Übernahme in den Datenbestand wird durch die Ausführung der Anweisung

```
INSERT INTO XMLUmsatz_TAB
           SELECT sys.XMLType.createXML(XML_TEXT)
                FROM XML_CLOB_TAB;
```

bewirkt. Mittels der Methode "createXML" wird aus dem CLOB eine Instanziierung des

Objekttyps "sys.XMLType" eingerichtet und diese Instanziierung in die XML-Tabelle XM-LUmsatz_TAB übertragen.

Um sich zu vergewissern, dass die Übernahme in die XML-Tabelle erfolgreich gewesen ist, lässt sich wiederum eine Wandlung in einen CLOB mit anschließender Anzeige durch die folgende Anforderung abrufen:

```
SELECT x.XMLUmsatz.getClobVal() FROM XMLUmsatz_TAB x;
```

21.3   Zugriff auf XML-Dokumente

Um XML-Dokumente bearbeiten zu können, steht die Methode "extract" zur Verfügung, die für den Objekttyp "sys.XMLType" definiert ist. Im Gegensatz zur oben vorgestellten Methode "createXML" muss beim Aufruf der Methode "extract" ein Argument verwendet werden. Bei diesem Argument muss es sich um einen XPath-Ausdruck handeln.

- Ein *XPath-Ausdruck* ermöglicht die Adressierung von Fragmenten (Bestandteilen) eines XML-Dokuments. Dabei handelt es sich bei *XPath* ("XPath" ist die Abkürzung von "eXtensible Path Language") um eine international genormte Sprache (W3C-Standard-Sprache), durch die sich Fragmente von XML-Dokumenten adressieren lassen.

Ein Beispiel für einen XPath-Ausdruck stellt etwa "/Umsatz/V_Umsatz/V_NR/" dar. Hierdurch werden alle Elemente "V_NR" gekennzeichnet, die jeweils unmittelbare Unterelemente des Elements "V_Umsatz" sind. Bei den Elementen "V_Umsatz" muss es sich wiederum um jeweils unmittelbare Unterelemente des Hauptelements "Umsatz" handeln.

Der Inhalt des ersten Elements "V_NR" ist gleich "8413", der Inhalt des zweiten Elements "V_NR" gleich "8413" und der Inhalt des dritten Elements "V_NR" gleich "5016". Der Inhalt aller Elemente "V_NR" des XML-Dokuments stellt sich daher in der Form "841384135016" dar.

Um den Inhalt eines oder mehrerer Elemente eines XML-Dokuments zu erhalten, lässt sich der Funktionsaufruf "text()" einsetzen.

Zum Beispiel kann diese Funktion in Verbindung mit der Methode "extract" in der Form

```
extract('/Umsatz/V_Umsatz/V_NR/text()')
```

durch eine Instanziierung von "sys.XMLType" aufgerufen werden. Hierdurch wird eine Instanziierung von "sys.XMLType" in Form eines Fragments des XML-Dokuments ermittelt, das die Inhalte sämtlicher Elemente "V_NR" enthält. Um diese Inhalte in Strings umzuformen, steht die Methode "getStringVal" zur Verfügung, die durch das Ergebnis des Methoden-Aufrufs von "extract" zur Ausführung gebracht werden muss.

In unserer Situation lässt sich daher durch die Anweisung

```
SELECT x.XMLUmsatz.extract('/Umsatz/V_Umsatz/V_NR/text()'
                            ).getStringVal()
       "Nummern:" FROM XMLUmsatz_TAB x;
```

die folgende Anzeige anfordern:

```
Nummern:
--------------------
841384135016
```

Um nicht auf die Inhalte aller Elemente "V_NR", sondern gezielt auf den Inhalt eines ausgewählten Elements zuzugreifen, muss das betreffende Element über eine – durch "[" eingeleitete und durch "]" abgeschlossene Kennzahl – adressiert werden. Dabei wird das erste
Element über die Kennzahl "1" angesprochen.

Durch die Anforderung

```
SELECT x.XMLUmsatz.extract(
        '/Umsatz/V_Umsatz[2]/V_NR/text()').getStringVal()
        "Nummern:" FROM XMLUmsatz_TAB x;
```

wird folglich der Inhalt desjenigen Elements "V_NR" adressiert, das zum zweiten Element
"V_Umsatz" gehört. Daher erscheint die folgende Anzeige:

```
Nummern:
------------
8413
```

Um den Inhalt des letzten Elements abrufen zu können, lässt sich die Funktion "last()"
einsetzen. In unserer Situation ergibt sich daher durch die Anforderung

```
SELECT x.XMLUmsatz.extract(
    '/Umsatz/V_Umsatz[last()]/V_NR/text()').getStringVal()
    "Nummern:" FROM XMLUmsatz_TAB x;
```

die folgende Anzeige:

```
Nummern:
-----------
5016
```

Sind in einer XML-Tabelle mehrere XML-Dokumente enthalten, so kann das jeweils
interessierende XML-Dokument durch den Einsatz der Methode "extract" identifiziert
werden. Zum Beispiel lässt sich in unserer Situation das XML-Dokument, bei dem das
erste Element "V_NR" den Inhalt "8413" besitzt, wie folgt anfordern:

```
SELECT x.XMLUmsatz.getClobVal() FROM XMLUmsatz_TAB x
       WHERE x.XMLUmsatz.extract(
       '/Umsatz/V_Umsatz[1]/V_NR/text()').getStringVal()
                                      = '8413';
```

21.4   Relational-ausgerichteter Zugriff
auf den Inhalt eines XML-Dokuments

21.4.1   Zugriff auf eine XML-Struktur mittels eines Views

Sofern ein XML-Dokument innerhalb einer XML-Tabelle in der oben angegebenen Form
gespeichert ist, lässt sich der Zugriff auf die Inhalte der einzelnen Elemente auch in relationaler Form ermöglichen. Dazu kann ein View eingerichtet werden, durch dessen Spalten
der Zugriff auf die jeweils gewünschten Inhalte festgelegt wird.

Sofern wir in unserer Situation ein View namens XMLUmsatz_V einrichten und mit den Spaltennamen V_NR, A_NR, A_STUECK und DATUM auf die Inhalte des XML-Dokuments zugreifen wollen, lässt sich das betreffende View wie folgt verabreden:

```
CREATE OR REPLACE VIEW XMLUmsatz_V AS SELECT
  x.XMLUmsatz.extract(
  '/Umsatz/V_Umsatz/V_NR/text()').getStringVal() "V_NR",
  x.XMLUmsatz.extract(
  '/Umsatz/V_Umsatz/A_NR/text()').getStringVal() "A_NR",
  x.XMLUmsatz.extract(
  '/Umsatz/V_Umsatz/A_STUECK/text()').getStringVal()
                                               "A_STUECK",
  x.XMLUmsatz.extract(
  '/Umsatz/V_Umsatz/DATUM/text()').getStringVal() "DATUM"
FROM XMLUmsatz_TAB x;
```

Auf der Basis dieses Views können z.B. sämtliche Inhalte der Elemente V_NR, A_NR und A_STUECK durch die Anforderung

```
SELECT V_NR, A_NR, A_STUECK FROM XMLUmsatz_V;
```

wie folgt zur Anzeige gebracht werden:

```
V_NR                  A_NR              A_STUECK
----------------      ----------------  ------------------
841384135016          122213            10105
```

Sofern in die Tabelle XMLUmsatz_TAB mehrere XML-Dokumente eingetragen wurden und daher mittels des Views XMLUmsatz_V auf mehrere XML-Dokumente zugegriffen werden kann, ist z.B. auch eine Anforderung der folgenden Form sinnvoll:

```
SELECT A_NR, A_STUECK FROM XMLUmsatz_V
                WHERE V_NR = '841384135016';
```

21.4.2   Umwandlung der XML-Struktur in eine Tabellen-Struktur

Durch die Einrichtung eines Views ist zwar der Zugriff auf die Inhalte der einzelnen Elemente möglich, jedoch handelt es sich stets um die Inhalte sämtlicher Elemente. Sofern man am Inhalt eines einzelnen Elements interessiert ist, muss man das betreffende Element bereits in der View-Vereinbarung festlegen. Um mit einer größeren Flexibilität auf beliebige Elemente zugreifen zu können, ist es erforderlich, die durch das XML-Dokument verkörperte Struktur in eine adäquate relationale Struktur umzuwandeln.

In unserer Situation entspricht die Struktur des XML-Dokuments der folgenden tabellarischen Strukturierung:

```
V_NR   A_NR   A_STUECK  DATUM
-----  -----  --------- --------
 8413    12         10  25.06.08
 8413    22         10  25.06.08
 5016    13          5  25.06.08
```

Um das von uns verwendete XML-Dokument für den Fall, in dem beliebig viele Elemente "V_Umsatz" existieren, in die durch die Anweisung

```
CREATE TABLE UMSATZ_XML(V_NR NUMBER(4), A_NR NUMBER(2),
                        A_STUECK NUMBER(3), DATUM DATE);
```

bestimmte tabellarische Struktur umzuwandeln, lässt sich das folgende PL/SQL-Programm einsetzen:

```
DECLARE
     XML_Umsatz              sys.XMLType;
     V_Umsaetze              sys.XMLType;
     V_Umsatz                sys.XMLType;
     V_NR                    NUMBER(4);
     A_NR                    NUMBER(2);
     A_STUECK                NUMBER(3);
     DATUM_TEXT              CHAR(10);
     I                       NUMBER(2);
BEGIN
  SELECT XMLUmsatz INTO XML_Umsatz FROM XMLUmsatz_TAB;
  V_Umsaetze :=  XML_Umsatz.extract('/Umsatz/V_Umsatz');
/* Der XML-Variablen V_Umsaetze wird ein Sammler
   zugeordnet, der ein XML-Dokument-Fragment enthält,
   das aus allen Elementen V_Umsatz besteht.
*/
  I := 1;
  V_Umsatz := V_Umsaetze.extract('V_Umsatz['||I||']');
/* Der XML-Variablen V_Umsatz wird ein
   XML-Dokument-Fragment zugeordnet, das aus einem
   einzelnen Element V_Umsatz besteht.
*/
  WHILE V_Umsatz IS NOT NULL
  LOOP
  V_NR := V_Umsatz.extract(
            '/V_Umsatz/V_NR/text()').getNumberVal();
  A_NR := V_Umsatz.extract(
            '/V_Umsatz/A_NR/text()').getNumberVal();
  A_STUECK := V_Umsatz.extract(
            '/V_Umsatz/A_STUECK/text()').getNumberVal();
  DATUM_TEXT := V_Umsatz.extract(
            '/V_Umsatz/DATUM/text()').getStringVal();
  INSERT INTO UMSATZ_XML
        VALUES (V_NR,A_NR,A_STUECK,TO_DATE(DATUM_TEXT));
  I := I + 1;
  V_Umsatz := V_Umsaetze.extract('V_Umsatz['||I||']');
  END LOOP;
END;
/
```

Bei dieser Programmierung wurde davon Gebrauch gemacht, dass sich Variablen vom Datentyp "sys.XMLType" einrichten lassen. Ferner ist bei dem XPath-Ausdruck "/Umsatz/V_Umsatz['||I||']" eine Form der Adressierung gewählt worden, die im Rahmen der PL/SQL-Programmierung zur Positionierung auf das jeweils gewünschte Element "V_Umsatz" erforderlich ist.

Wir haben oben bereits die Methode "getStringVal()" eingesetzt, durch deren Aufruf der Inhalt von Elementen in Strings gewandelt wird. Entsprechend steht die Methode "getNumberVal()" zur Verfügung, durch deren Aufruf der Inhalt von Elementen in Zahlen umgeformt wird.

Hinweis: Es ist zu beachten, dass die XML-Tabelle XML_Umsatz_TAB in unserer Situation nur eine Zeile enthält. Ansonsten würde die SELECT-Anweisung – mit der INTO-Klausel – zu einem Fehler führen.

Durch die Ausführung des PL/SQL-Programms wird die Tabelle UMSATZ_XML mit den gewünschten Tabellenzeilen gefüllt, sodass die Anforderung

```
SELECT * FROM UMSATZ_XML;
```

zur folgenden Anzeige führt:

V_NR	A_NR	A_STUECK DATUM
8413	12	10 25.06.08
8413	22	10 25.06.08
5016	13	5 25.06.08

Dass mit geeigneten Änderungen innerhalb des angegebenen PL/SQL-Programms auch komplexere Formen von XML-Dokumenten in eine geeignete Tabelle übertragen werden können, soll im Folgenden an diesem XML-Dokument dargestellt werden:

```
<Bestellungen>
    <V_Bestellung> <V_NR>8413</V_NR>
        <Artikeldaten> <A_NR>12</A_NR> <A_STUECK>10</A_STUECK>
                       <KDNR>406</KDNR> </Artikeldaten>
        <Artikeldaten> <A_NR>22</A_NR> <A_STUECK>10</A_STUECK>
                       <KDNR>317</KDNR> </Artikeldaten>
    </V_Bestellung>
    <V_Bestellung> <V_NR>5016</V_NR>
        <Artikeldaten> <A_NR>13</A_NR> <A_STUECK>5</A_STUECK>
                       <KDNR>177</KDNR> </Artikeldaten>
    </V_Bestellung>
</Bestellungen>
```

Hierbei handelt es sich um die Zusammenfassung von Bestelldaten, die vertreterweise zusammengefasst sind und deren relationale Struktur sich wie folgt wiedergeben lässt:

V_NR	A_NR	A_STUECK	KDNR
8413	12	10	406
8413	22	10	317
5016	13	5	177

Nachdem wir zur Speicherung des XML-Dokuments durch

```
CREATE TABLE XMLBestellungen_TAB(Bestellung sys.XMLType);
```

eine XML-Tabelle eingerichtet haben, lassen wir das XML-Dokument durch die Ausführung der folgenden Anweisung in diese Tabelle übertragen:

```
INSERT INTO XMLBestellungen_TAB VALUES (
  sys.XMLType.createXML(
    '<Bestellungen> <V_Bestellung> <V_NR>8413</V_NR>
     <Artikeldaten> <A_NR>12</A_NR> <A_STUECK>10</A_STUECK>
                    <KDNR>406</KDNR> </Artikeldaten>
     <Artikeldaten> <A_NR>22</A_NR> <A_STUECK>10</A_STUECK>
                    <KDNR>317</KDNR> </Artikeldaten>
                    </V_Bestellung>
                    <V_Bestellung> <V_NR>5016</V_NR>
     <Artikeldaten> <A_NR>13</A_NR> <A_STUECK>5</A_STUECK>
                    <KDNR>177</KDNR> </Artikeldaten>
                    </V_Bestellung> </Bestellungen>'   )   );
```

Anschließend fordern wir den Aufbau der Tabelle, die die Inhalte der Elemente, d.h. die Bestelldaten, aufnehmen soll, wie folgt an:

```
CREATE TABLE Bestellungen_XML(V_NR NUMBER(4),
                              A_NR NUMBER(2),
                              A_STUECK NUMBER(3),
                              KDNR NUMBER(3));
```

Um den Inhalt des XML-Dokuments in diese Tabelle zu übertragen, lassen wir das folgende PL/SQL-Programm ausführen:

```
DECLARE
  XMLBestellungen sys.XMLType; Bestellungen sys.XMLType;
  V_Bestellung    sys.XMLType; Artikeldaten sys.XMLType;
  V_NR            NUMBER(4);   A_NR         NUMBER(2);
  A_STUECK        NUMBER(3);   KDNR         NUMBER(3);
  I               NUMBER(2);   J            NUMBER(2);
BEGIN
    SELECT Bestellung INTO XMLBestellungen
           FROM XMLBestellungen_TAB;
    I := 1;
    V_Bestellung := XMLBestellungen.extract(
                    '/Bestellungen/V_Bestellung['||I||']');
    WHILE V_Bestellung IS NOT NULL
    LOOP
      V_NR := V_Bestellung.extract(
              '/V_Bestellung/V_NR/text()').getNumberVal();
      J := 1;
      Artikeldaten := V_Bestellung.extract(
                      '/V_Bestellung/Artikeldaten['||J||']');
      WHILE Artikeldaten IS NOT NULL
```

```
            LOOP
               A_NR := Artikeldaten.extract(
                  '/Artikeldaten/A_NR/text()').getNumberVal();
               A_STUECK := Artikeldaten.extract(
                  '/Artikeldaten/A_STUECK/text()').getNumberVal();
               KDNR := Artikeldaten.extract(
                  '/Artikeldaten/KDNR/text()').getNumberVal();
               INSERT INTO Bestellungen_XML
                        VALUES(V_NR,A_NR,A_STUECK,KDNR);
               J := J + 1;
               Artikeldaten := V_Bestellung.extract(
                        '/V_Bestellung/Artikeldaten['||J||']');
            END LOOP;
            I := I + 1;
            V_Bestellung := XMLBestellungen.extract(
                        '/Bestellungen/V_Bestellung['||I||']');
         END LOOP;
      END;
      /
```

Die nachfolgende Anforderung

```
SELECT * FROM Bestellungen_XML;
```

führt zur folgenden Anzeige:

```
    V_NR        A_NR     A_STUECK        KDNR
---------- ----------- ----------- -----------
    8413          12          10         406
    8413          22          10         317
    5016          13           5         177
```

21.5 Optimierung beim Zugriff auf Fragmente von XML-Dokumenten

Sofern nicht nur einzelne oder wenige, sondern sehr viele XML-Dokumente – unter Einsatz von XPath-Ausdrücken – wiederholt durchsucht werden sollen, ist es ratsam, geeignete Indizierungen vorzunehmen. Damit derartige Indizierungen durchgeführt werden können, muss man im Besitz des QUERY REWRITE-Rechtes sein, das vom DB-Verwalter wie folgt zugeordnet werden kann:

```
GRANT QUERY REWRITE TO gast;
```

Durch den Besitz des QUERY REWRITE-Rechts ist es möglich, zur Zugriffsoptimierung Indizes mittels Funktionsaufrufen einzurichten, in denen Argumente mit Instanziierungen vom Objekttyp "sys.XMLType" verwendet werden.

Zum Beispiel kann der Zugriff auf den Inhalt der Elemente "V_NR" beim XML-Dokument mit dem Hauptelement "Umsatz" wie folgt festgelegt werden:

```
CREATE UNIQUE INDEX XMLUmsatz_TAB_I ON XMLUmsatz_TAB x (
        SUBSTR(sys.XMLType.getStringVal(
                sys.XMLType.extract(
                x.XMLUmsatz,'/Umsatz/V_Umsatz/V_NR/text()')
                                        ),1,20)  );
```

Diese Vereinbarung des Indexes XMLUmsatz_TAB_I führt z.B. zum beschleunigter Zugriff bei der Ausführung der folgenden Anweisung:

```
SELECT x.XMLUmsatz.getClobVal() FROM XMLUmsatz_TAB x
        WHERE x.XMLUmsatz.extract(
            '/Umsatz/V_Umsatz/V_NR/text()').getStringVal()
            = '841384135016';
```

Es ist zu beachten, dass durch die durchgeführte Index-Vereinbarung ein spezieller Constraint festgelegt wird. Dies hat zur Folge, dass in die XML-Tabelle XMLUmsatz_TAB anschließend kein weiteres XML-Dokument eingetragen werden darf, bei dem der Inhalt aller Elemente "V_NR" mit "841384135016" übereinstimmt.

21.6   Übernahme des XML-Dokuments in einen Nested-Sammler

Als Ergänzung zur bisherigen Darstellung, wie der Inhalt von XML-Dokumenten in eine relationale Struktur gewandelt werden kann, stellen wir nachfolgend dar, wie eine Übernahme in eine objektrelationale Form durchgeführt werden kann.

Um den Inhalt eines XML-Dokuments in einen Nested-Sammler zu übertragen, richten wir zunächst den Objekttyp UMSATZ_ZEILE_T wie folgt ein:

```
CREATE OR REPLACE TYPE UMSATZ_ZEILE_T AS OBJECT (
                        V_NR NUMBER(4),
                        A_NR NUMBER(2),
                        A_STUECK NUMBER(3),
                        DATUM DATE);
/
```

Unter Einsatz dieses Objekttyps verabreden wir als Basis, auf der die Instanziierung des Nested-Sammlers erfolgen soll, den Objekttyp UMSATZ_ZEILE_N_T in der folgenden Form:

```
CREATE OR REPLACE TYPE UMSATZ_ZEILE_N_T
                AS TABLE OF UMSATZ_ZEILE_T;
/
```

Für die einzurichtende Tabelle UMSATZ_N vereinbaren wir die Strukturierung ihrer Tabellenzeilen mittels des folgendermaßen festgelegten Objekttyps UMSATZ_N_T:

```
CREATE OR REPLACE TYPE UMSATZ_N_T
        AS OBJECT (UMSATZ_ZEILE_N UMSATZ_ZEILE_N_T);
/
```

Damit sich Nested-Sammler einrichten lassen, die als Instanziierungen des Objekttyps UMSATZ_ZEILE_N_T erhalten werden, muss die Tabelle UMSATZ_N wie folgt vereinbart werden:

```
CREATE TABLE UMSATZ_N OF UMSATZ_N_T
                      NESTED TABLE UMSATZ_ZEILE_N
                      STORE AS UMSATZ_NESTED;
```

Um den Inhalt unseres XML-Dokuments als Elemente eines Nested-Sammlers übernehmen zu können, werden wir die wie folgt festgelegte Funktion AUFBAU verwenden:

```
CREATE OR REPLACE FUNCTION AUFBAU
                          (XMLUmsatz IN sys.XMLType)
               RETURN UMSATZ_ZEILE_N_T PIPELINED
IS
     V_Umsaetze   sys.XMLType;    V_Umsatz    sys.XMLType;
     V_NR         NUMBER(4);      A_NR        NUMBER(2);
     A_STUECK     NUMBER(3);      DATUM_TEXT  CHAR(10);
     I            NUMBER(2);
BEGIN
 V_Umsaetze := XMLUmsatz.extract('/Umsatz/V_Umsatz');
 I := 1;
 V_Umsatz := V_Umsaetze.extract('V_Umsatz['||I||']');
 WHILE V_Umsatz IS NOT NULL
 LOOP
  V_NR := V_Umsatz.extract(
                '/V_Umsatz/V_NR/text()').getNumberVal();
  A_NR := V_Umsatz.extract(
                '/V_Umsatz/A_NR/text()').getNumberVal();
  A_STUECK := V_Umsatz.extract(
                '/V_Umsatz/A_STUECK/text()').getNumberVal();
  DATUM_TEXT := V_Umsatz.extract(
                '/V_Umsatz/DATUM/text()').getStringVal();
  PIPE ROW(UMSATZ_ZEILE_T(V_NR,A_NR,A_STUECK,
                     TO_DATE(DATUM_TEXT)));
  I := I + 1;
  V_Umsatz := V_Umsaetze.extract('V_Umsatz['||I||']');
 END LOOP;
 RETURN;
END;
/
```

Bei dieser Vereinbarung ist zu beachten, dass das Funktionsergebnis durch die Angabe

```
RETURN UMSATZ_ZEILE_N_T PIPELINED
```

als Nested-Sammler vom Objekttyp UMSATZ_ZEILE_N_T vereinbart wird. Dies bedeutet, dass durch die Ausführung von

```
PIPE ROW ( UMSATZ_ZEILE_T(V_NR,A_NR,A_STUECK,
                            TO_DATE(DATUM_TEXT)) );
```

die jeweils aktuelle Instanziierung des Objekttyps UMSATZ_ZEILE_T – unmittelbar – als Bestandteil des Nested-Sammlers übermittelt wird. Dieser Vorgang, bei dem die einzelnen Elemente des Nested-Sammlers schrittweise bestimmt und übertragen werden, wird mit der Ausführung der RETURN-Anweisung beendet.

Die Ausführung der Funktion AUFBAU lässt sich wie folgt veranlassen:

```
INSERT INTO UMSATZ_N
            SELECT AUFBAU(XMLUmsatz) FROM XMLUmsatz_TAB;
```

Die anschließende Ausführung der Anforderung

```
SELECT * FROM UMSATZ_N;
```

führt zur folgenden Anzeige:

```
UMSATZ_ZEILE_N(V_NR, A_NR, A_STUECK, DATUM)
---------------------------------------------------------------------
UMSATZ_ZEILE_N_T(UMSATZ_ZEILE_T(8413, 12, 10, '25.06.08'), UMSATZ_ZEIL
E_T(8413,22, 10, '25.06.08'), UMSATZ_ZEILE_T(5016, 13, 5, '25.06.08'))
```

21.7   Validierung von XML-Dokumenten

Bislang sind wir davon ausgegangen, dass die XML-Notation der von uns verwendeten beiden XML-Dokumente korrekt ist. Sofern Zweifel bezüglich dieser Korrektheit bestehen, ist es sinnvoll, das jeweilige XML-Dokument einer Validierung zu unterziehen, sodass eventuell existierende Fehler im Rahmen einer Strukturuntersuchung aufgedeckt werden können.

Basis einer derartigen Validierung muss die DTD (Abkürzung für "Document Type Definition") des XML-Dokuments sein.

- Dabei wird unter einer *DTD* eine formale XML-basierte Beschreibung der Strukturierung eines XML-Dokuments verstanden.

Zum Beispiel wird die Struktur des XML-Dokuments, das das Hauptelement "Umsatz" besitzt, durch die folgende DTD beschrieben:

```
<!ELEMENT Umsatz (V_Umsatz+)>
<!ELEMENT V_Umsatz (V_NR,A_NR,A_STUECK,DATUM)>
<!ELEMENT V_NR (#PCDATA)>
<!ELEMENT A_NR (#PCDATA)>
<!ELEMENT A_STUECK (#PCDATA)>
<!ELEMENT DATUM (#PCDATA)>
```

Durch die Angabe "(V_Umsatz+)" wird gekennzeichnet, dass dem Hauptelement beliebig viele Elemente namens "V_Umsatz" untergeordnet werden können. Durch die Angabe "V_Umsatz (V_NR,A_NR,A_STUECK,DATUM)" ist festgelegt, dass jedes dieser Elemente aus den Elementen "V_NR", "A_NR", "A_STUECK" und "DATUM" besteht. Dass es sich beim Inhalt jedes dieser Elemente um einen Text handelt, wird durch "#PCDATA" gekennzeichnet.

Um eine Validierung mittels des PL/SQL-Parsers durchführen zu können, um die Korrektheit des von uns verwendeten XML-Dokuments prüfen zu lassen, muss man im Besitz des XMLPARSER- und des XMLDOM-Rechtes sein.

Um diese Rechte zu besitzen, muss der DB-Verwalter zuvor – über die Benutzerkennung "sys" und das zugehörige Passwort "manager" – die folgenden Anforderungen gestellt haben:

```
CONNECT SYS/MANAGER AS SYSDBA
GRANT EXECUTE ON XMLPARSER TO gast;
GRANT EXECUTE on XMLDOM TO gast;
```

Da eine Validierung nur dann durchgeführt werden kann, wenn die DTD innerhalb einer Tabelle gespeichert ist, richten wir wie folgt eine Tabelle namens DTD_TAB ein:

```
CREATE TABLE DTD_TAB(XMLDOC VARCHAR(128),DTD CLOB);
```

In diese Tabelle übertragen wir die DTD des XML-Dokuments mit dem Hauptelement "Umsatz":

```
INSERT INTO DTD_TAB (XMLDOC,DTD) VALUES ('Umsatz',
'<!ELEMENT Umsatz (V_Umsatz+)>
 <!ELEMENT V_Umsatz (V_NR,A_NR,A_STUECK,DATUM)>
 <!ELEMENT V_NR (#PCDATA)>
 <!ELEMENT A_NR (#PCDATA)>
 <!ELEMENT A_STUECK (#PCDATA)>
 <!ELEMENT DATUM (#PCDATA)>
');
```

Damit die Validierung durch den Einsatz des PL/SQL-Parsers im Zusammenhang mit der Übertragung des XML-Dokuments in eine XML-Tabelle durchgeführt werden kann, richten wir den folgenden Trigger ein:

```
CREATE OR REPLACE TRIGGER XMLUmsatz_TAB_TRIGGER
                         BEFORE INSERT ON XMLUmsatz_TAB
                         FOR EACH ROW
DECLARE
PARSER       XMLPARSER.PARSER;
DTD_SOURCE   CLOB;
DTD_DOCUMENT XMLDOM.DOMDocumentType;
BEGIN
    SELECT DTD INTO DTD_SOURCE FROM DTD_TAB
                         WHERE XMLDOC = 'Umsatz';
-- Instanziierung des XML-Parsers
    PARSER := XMLPARSER.NEWPARSER;
    XMLPARSER.SETVALIDATIONMODE(PARSER,FALSE);
-- Einrichtung eines DOM-Objekts
-- auf der Basis des XML-Dokuments
    XMLPARSER.PARSEDTDCLOB(PARSER,DTD_SOURCE,'Umsatz');
    DTD_DOCUMENT := XMLPARSER.GETDOCTYPE(PARSER);
```

```
-- Initialisierung der Validierung auf der Basis des
-- zuvor eingerichteten DOM-Objekts
 XMLPARSER.SETVALIDATIONMODE(PARSER,TRUE);
 XMLPARSER.SETDOCTYPE(PARSER,DTD_DOCUMENT);
-- Validierung des XML-Dokuments
-- bei der Eintragung in die Tabelle
 XMLPARSER.PARSECLOB(PARSER,:NEW.XMLUmsatz.GETCLOBVAL());
END;
/
```

Wird nach der Einrichtung des Triggers XMLUmsatz_TAB_TRIGGER z.B. die Anweisung

```
INSERT INTO XMLUmsatz_TAB VALUES (sys.XMLType.createXML(
   '<Umsatz> <V_Umsatz> <V_NR>8413</V_NR> <A_NR>12</A_NR>
                       <A_STUECK>10<A_STUECK>
                       <DATUM>25.06.2008</DATUM>
           </V_Umsatz> </Umsatz>' ) );
```

ausgeführt, so wird die Inkorrektheit innerhalb von "<A_STUECK>10<A_STUECK>" innerhalb des XML-Dokuments während der Validierung festgestellt und die Anforderung wie folgt abgewiesen:

```
Error report:
SQL Error: ORA-31011: XML-Parsing nicht erfolgreich
ORA-19202: Fehler bei XML-Verarbeitung
LPX-00225: End-Element-Tag "V_Umsatz" stimmt nicht mit
                          Start-Element-Tag "A_STUECK" überein.
Error at line 9
aufgetreten
ORA-06512: in "SYS.XMLTYPE", Zeile 60
31011. 00000 -  "XML parsing failed"
*Cause:     XML parser returned an error while trying to parse the document.
*Action:    Check if the document to be parsed is valid.
```

Bei der Validierung wird nur die Struktur des XML-Dokuments, nicht aber dessen Inhalt geprüft. Falls man die Inhalte eine XML-Dokuments untersuchen will, muss man bei der Programmierung des Triggers differenziertere Anforderungen stellen.

Sofern die Struktur eines XML-Dokuments mit dem Hauptelement "Bestellungen" untersucht werden soll, muss die zugehörige DTD – nach der Löschung aller Zeilen der Tabelle DTD_TAB – wie folgt in die Tabelle DTD_TAB eingetragen werden:

```
INSERT INTO DTD_TAB (XMLDOC,DTD) VALUES ('Bestellungen',
'<!ELEMENT Bestellungen (V_Bestellung+)>
 <!ELEMENT V_Bestellung (V_NR,Artikeldaten+)>
 <!ELEMENT V_NR (#PCDATA)>
 <!ELEMENT Artikeldaten (A_NR,A_STUECK,KDNR)>
 <!ELEMENT A_NR (#PCDATA)>
 <!ELEMENT A_STUECK (#PCDATA)>
 <!ELEMENT KDNR (#PCDATA)>
');
```

Die oben angegebene Vereinbarung des Triggers ist für eine Eingabe in die Tabelle XMLBestellungen_TAB wie folgt zu ändern:

```
CREATE OR REPLACE TRIGGER XMLBestellungen_TAB_TRIGGER
        BEFORE INSERT ON XMLBestellungen_TAB    -- geändert
        FOR EACH ROW
DECLARE
PARSER         XMLPARSER.PARSER;
DTD_SOURCE     CLOB;
DTD_DOCUMENT   XMLDOM.DOMDocumentType;
BEGIN
    SELECT DTD INTO DTD_SOURCE FROM DTD_TAB
                WHERE XMLDOC = 'Bestellungen';   -- geändert
-- Instanziierung des XML-Parsers
    PARSER := XMLPARSER.NEWPARSER;
    XMLPARSER.SETVALIDATIONMODE(PARSER,FALSE);

-- Einrichtung eines DOM-Objekts
' -- auf der Basis des XML-Dokuments
    XMLPARSER.PARSEDTDCLOB(PARSER,DTD_SOURCE,
                            'Bestellungen');      -- geändert
    DTD_DOCUMENT := XMLPARSER.GETDOCTYPE(PARSER);
-- Initialisierung der Validierung auf der Basis des
-- zuvor eingerichteten DOM-Objekts
    XMLPARSER.SETVALIDATIONMODE(PARSER,TRUE);
    XMLPARSER.SETDOCTYPE(PARSER,DTD_DOCUMENT);
-- Validierung des XML-Dokuments
-- bei der Eintragung in die Tabelle
    XMLPARSER.PARSECLOB(PARSER,
            :NEW.Bestellung.GETCLOBVAL() );   -- geändert
END;
/
```

21.8 Wandlung von Tabelleninhalten in XML-Dokumente

Nachdem bislang erläutert wurde, wie sich bereitgestellte XML-Dokumente innerhalb eines Schemas speichern und verarbeiten lassen, stellt sich jetzt die Frage, wie sich Tabelleninhalte in XML-Dokumente wandeln lassen.

Sofern wir daran interessiert sind, den Inhalt der Tabelle UMSATZ als XML-Dokument in eine Datei zu übertragen, können wir wie folgt vorgehen:

Durch die SET- und die SPOOL-Anweisung

```
SET SERVEROUTPUT ON
SPOOL C:\TEMP\daten.xml
```

sorgen wir dafür, dass das XML-Dokument im Ordner "TEMP" in die Datei "daten.xml" übertragen wird.

Sofern die Tabelle UMSATZ in der im Abschnitt 1.3 angegebenen Form eingerichtet ist, lässt sich die Ausführung des folgenden PL/SQL-Programms vornehmen:

```
DECLARE
    V_NR_V        NUMBER(4);      A_NR_V       NUMBER(2);
    A_STUECK_V  NUMBER(3);        DATUM_V     DATE;
    CURSOR UMSATZ_C IS SELECT V_NR, A_NR,
                              A_STUECK, DATUM FROM UMSATZ;
BEGIN
OPEN UMSATZ_C;
dbms_output.put_line('<UMSATZ_TAB>');
FETCH UMSATZ_C INTO V_NR_V, A_NR_V, A_STUECK_V, DATUM_V;
WHILE UMSATZ_C%FOUND
  LOOP
    dbms_output.put_line('<UMSATZ_ZEILE>'||
                '<V_NR>' || TO_CHAR(V_NR_V) ||'</V_NR>'||
                '<A_NR>' || TO_CHAR(A_NR_V) ||'</A_NR>'||
                '<A_STUECK>' || TO_CHAR(A_STUECK_V)||
                '</A_STUECK>');
    dbms_output.put_line('<DATUM>' || TO_CHAR(DATUM_V)||
                         '</DATUM>'||
                '</UMSATZ_ZEILE>');
  FETCH UMSATZ_C INTO V_NR_V, A_NR_V, A_STUECK_V, DATUM_V;
  END LOOP;
dbms_output.put_line('</UMSATZ_TAB>');
CLOSE UMSATZ_C;
END;
/
```

Ist die Programmausführung erfolgt, so enthält die Datei "daten.xml" anschließend die folgenden Zeilen:

```
<UMSATZ_TAB>
<UMSATZ_ZEILE><V_NR>8413</V_NR><A_NR>12</A_NR><A_STUECK>40</A_STUECK>
<DATUM>24.06.08</DATUM></UMSATZ_ZEILE>
<UMSATZ_ZEILE><V_NR>5016</V_NR><A_NR>22</A_NR><A_STUECK>10</A_STUECK>
<DATUM>24.06.08</DATUM></UMSATZ_ZEILE>
<UMSATZ_ZEILE><V_NR>8413</V_NR><A_NR>11</A_NR><A_STUECK>70</A_STUECK>
<DATUM>24.06.08</DATUM></UMSATZ_ZEILE>
<UMSATZ_ZEILE><V_NR>1215</V_NR><A_NR>11</A_NR><A_STUECK>20</A_STUECK>
<DATUM>25.06.08</DATUM></UMSATZ_ZEILE>
<UMSATZ_ZEILE><V_NR>5016</V_NR><A_NR>22</A_NR><A_STUECK>35</A_STUECK>
<DATUM>25.06.08</DATUM></UMSATZ_ZEILE>
<UMSATZ_ZEILE><V_NR>8413</V_NR><A_NR>13</A_NR><A_STUECK>35</A_STUECK>
<DATUM>24.06.08</DATUM></UMSATZ_ZEILE>
<UMSATZ_ZEILE><V_NR>1215</V_NR><A_NR>13</A_NR><A_STUECK>5</A_STUECK>
<DATUM>24.06.08</DATUM></UMSATZ_ZEILE>
<UMSATZ_ZEILE><V_NR>1215</V_NR><A_NR>12</A_NR><A_STUECK>10</A_STUECK>
<DATUM>24.06.08</DATUM></UMSATZ_ZEILE>
<UMSATZ_ZEILE><V_NR>8413</V_NR><A_NR>11</A_NR><A_STUECK>20</A_STUECK>
<DATUM>25.06.08</DATUM></UMSATZ_ZEILE>
</UMSATZ_TAB>
```

A.1 Untersuchung auf redundanzfreie Speicherung

Normalformenlehre

Gegenstand der folgenden Erörterungen ist die Tabelle VERTRETER_TAETIGKEIT in der Form (siehe Abschnitt 1.1.5):

VERTRETER_TAETIGKEIT(V_NR,V_NAME,V_ANSCH,V_PROV,V_KONTO,...

A_NR,A_NAME,A_PREIS,A_STUECK,DATUM)

Abbildung A.1: Struktur der Tabelle VERTRETER_TAETIGKEIT

Grundlegend für eine *theoretische* Untersuchung, ob Daten überflüssigerweise in einer Tabelle aufgeführt sind, ist die *Normalformenlehre von Codd*. Diese verfolgt unter anderem das Ziel, eine Tabelle so zu zergliedern, dass die Daten innerhalb der resultierenden Tabellen *redundanzfrei* auftreten. Zur Vertiefung der nachfolgenden Darstellung wird im Anhang A.3 ein Fallbeispiel zur Strukturierung von Auftragsdaten vorgestellt.

Hinweis: Die Normalformenlehre wurde auch deswegen entwickelt, um unerwünschte Effekte beim Einfügen (INSERT) und Löschen (DELETE) von Tabellenzeilen aufgrund von Abhängigkeiten zu vermeiden.

Die "1. Normalform"

Zunächst ist sicherzustellen, dass sich eine Tabelle in der *"1. Normalform"* befindet. Dies bedeutet, dass jeder Wert innerhalb einer Tabellenzeile ein elementarer Wert ist, der aus einer konzeptuellen Sicht heraus nicht aufgegliedert werden kann.

Weil die von uns zu untersuchende Ausgangstabelle VERTRETER_TAETIGKEIT in jeder Zeile und jeder Spalte genau einen Wert enthält, befindet sie sich bereits in der "1. Normalform", sodass sie auf die "2. Normalform" überprüft werden kann.

Funktionale Abhängigkeit

Um zu entscheiden, ob sich eine Tabelle in der "2. Normalform" befindet, müssen wir "funktionale Abhängigkeiten" untersuchen.

Dabei ist eine Eigenschaft B von einer Eigenschaft A dann *funktional abhängig*, wenn zu jedem Wert von A höchstens ein Wert von B möglich ist.

Wir kennzeichnen diesen Sachverhalt grafisch durch das Diagramm:

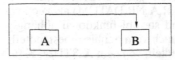

Abbildung A.2: Funktionale Abhängigkeit der Eigenschaft B von A

Zum Beispiel ist V_NAME funktional abhängig von V_NR, weil zu jeder Vertreterkennzahl genau ein Vertretername gehört. Dagegen ist etwa DATUM nicht funktional abhängig von

V_NR, da z.B. der Vertreterkennzahl 8413 sowohl der Datumswert "24.06.08" als auch der Datumswert "25.06.08" zugeordnet ist (siehe die Tabelle VERTRETER_TAETIGKEIT).

Grundsätzlich sind alle in einer Tabelle enthaltenen Eigenschaften funktional abhängig vom Identifikationsschlüssel, da durch jeden Wert dieses Schlüssels genau eine Tabellenzeile identifiziert ist.

Die "2. Normalform"

Redundanzen treten unter anderem dann auf, wenn der Identifikationsschlüssel aus mehreren Tabellenspalten aufgebaut ist. Daher sind Tabellen auf ihre "2. Normalform" hin zu untersuchen, die wie folgt vereinbart ist:

Eine Tabelle ist in der *"2. Normalform"*, wenn sich die Tabelle in der "1. Normalform" befindet und jede Eigenschaft, die nicht zum Identifikationsschlüssel zählt, voll funktional abhängig vom Identifikationsschlüssel ist.

Dabei bedeutet die *"volle funktionale Abhängigkeit"*, dass eine derartige Eigenschaft von keiner anderen Eigenschaft funktional abhängig sein darf, deren zugehöriger Spaltenname Bestandteil des Identifikationsschlüssels ist. Dies besagt, dass die folgende Situation nicht vorliegen darf:

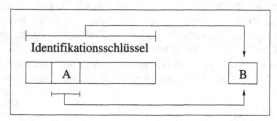

Abbildung A.3: keine volle funktionale Abhängigkeit

In dieser Konstellation ist der Identifikationsschlüssel aus mehreren Schlüsselwerten aufgebaut und die Eigenschaft B sowohl funktional abhängig vom Identifikationsschlüssel als auch von der Eigenschaft A als Teil des Identifikationsschlüssels.

Die Tabelle VERTRETER-TAETIGKEIT befindet sich nicht in der "2. Normalform", da gilt:

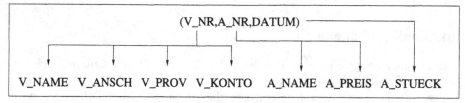

Abbildung A.4: VERTRETER-TAETIGKEIT erfüllt nicht die 2. Normalform

V_NAME, V_ANSCH, V_PROV und V_KONTO sind sowohl funktional abhängig vom Identifikationsschlüssel (V_NR,A_NR,DATUM) als auch vom Schlüsselbestandteil V_NR. A_NAME und A_PREIS sind sowohl funktional abhängig vom Identifikationsschlüssel (V_NR,A_NR,DATUM) als auch vom Schlüsselbestandteil A_NR. Allein zu A_STUECK existiert kein Schlüsselbestandteil, von dem A_STUECK funktional abhängig ist.

Ist ein Identifikationsschlüssel allein durch einen einzigen Spaltennamen bestimmt, d.h. keine Kombination aus mehreren Spaltennamen, so liegt grundsätzlich die "2. Normalform" vor.

Projektion

Bei einer Tabelle, die nicht in der "2. Normalform" ist, muss der zusammengesetzte Identifikationsschlüssel geeignet aufgespaltet und die Tabelle in Form einer verlustfreien Zerlegung gegliedert werden.

Wir stellen uns die Aufgabe, die Tabelle VERTRETER_TAETIGKEIT so zu projizieren, dass sie aus den resultierenden Basis-Tabellen rekonstruierbar ist und sich diese Basis-Tabellen sämtlich in der "2. Normalform" befinden. Dazu gliedern wir die Tabelle VERTRETER_TAETIGKEIT in die Tabellen VERTRETER, ARTIKEL und UMSATZ.

Die zugehörigen *Projektionen* führen wir aus, indem wir die resultierenden Tabellen dadurch erstellen, dass wir jeweils ausgewählte Tabellenspalten der Ausgangstabelle nicht mit übernehmen. Dies kennzeichnen wir schematisch durch das Diagramm:

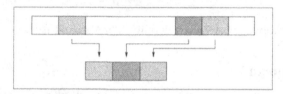

Abbildung A.5: Skizzierung einer Projektion

Eine Tabelle, die in dieser Form durch eine Projektion einzurichten ist, muss einen Teil des Identifikationsschlüssels oder den gesamten Identifikationsschlüssel und zusätzlich alle Eigenschaften enthalten, die von diesem (Teil-)Schlüssel funktional abhängig sind.

In unserem Fall führen wir die Projektionen in folgender Weise durch:

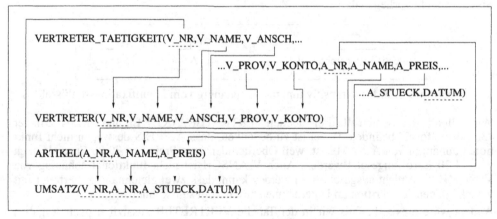

Abbildung A.6: Projektionen von VERTRETER-TAETIGKEIT

Verbund

Zur Wiederherstellung der Ausgangstabelle aus den Basis-Tabellen muss ein *Verbund (Join)* durchgeführt werden. Dazu sind die Identifikationsschlüsselwerte abzugleichen und die Werte von korrespondierenden Tabellenzeilen zu einer neuen Tabellenzeile zusammenzufassen, was sich schematisch durch das innerhalb der Abbildung A.7 dargestellte Diagramm kennzeichnen lässt.

Soll die Ausgangstabelle VERTRETER_TAETIGKEIT aus den durch Projektionen ermittelten Tabellen VERTRETER, ARTIKEL und UMSATZ wiedergewonnen werden, so ist wie folgt zu verfahren:

Ausgehend von der 1. Tabellenzeile von UMSATZ werden über die Inhalte von V_NR und A_NR die korrespondierenden Tabellenzeilen von VERTRETER und ARTIKEL identifiziert. Anschließend werden die Werte aus den drei Tabellenzeilen zu einer neuen Tabellenzeile zusammengestellt, wobei die Schlüsselwerte von V_NR und A_NR nur einmal übernommen werden. Dieses Verfahren wird fortgesetzt, bis alle Zeilen der Tabelle UMSATZ durchlaufen sind. Als Resultat dieses Verbunds erhalten wir die Tabelle VERTRETER_TAETIGKEIT, die zuvor durch Projektionen zergliedert wurde.

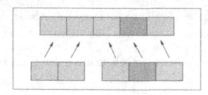

Abbildung A.7: Skizzierung einer Verbund-Bildung

Die "3. Normalform"

Durch die oben angegebenen Projektionen haben wir die Tabellen VERTRETER, AR-TIKEL und UMSATZ in die "2. Normalform" überführt. Um das angestrebte Ziel einer möglichst großen Redundanzfreiheit zu erreichen, müssen sich die Tabellen in der "3. Normalform" befinden.

Dabei besitzt eine Tabelle dann die *"3. Normalform"*, wenn sie die "2. Normalform" hat, und jede Eigenschaft, die nicht zum Identifikationsschlüssel gehört, nicht *transitiv funktional abhängig* vom Identifikationsschlüssel ist. Dies bedeutet, dass die folgende Situation nicht vorliegen darf:

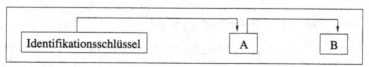

Abbildung A.8: B ist transitiv funktional abhängig vom Identifikationsschlüssel

Wir stellen fest, dass sich alle drei Tabellen VERTRETER, ARTIKEL und UMSATZ in der "3. Normalform" befinden. Dabei ist zu bedenken, dass A_PREIS deswegen nicht funktional abhängig von A_NAME ist, weil Oberhemden zum Preis von 39.80 Euro als auch von 44.20 Euro umgesetzt werden. Auch V_ANSCH ist nicht funktional abhängig von V_NAME, weil nicht ausgeschlossen werden kann, dass zwei gleichnamige Vertreter mit verschiedenen Anschriften im Unternehmen beschäftigt sein können.

Anders wäre dies z.B., falls wir in der Tabelle VERTRETER zusätzlich noch Angaben über die Gebiete hätten, in denen die Vertreter tätig sind, sodass sich diese Tabelle – zur Unterscheidung nennen wir sie vorübergehend VERTRETER_GEBIET – etwa so darstellen würde:

VERTRETER_GEBIET

(V_NR,	V_NAME	V_ANSCH,		V_PROV,	V_KONTO,	G_NR,	G_NAME)
8413	Meyer, Emil	Wendeweg 10, 28345 Bremen		0,07	725,15	1	Ostfriesland
5016	Meier, Franz	Kohlstr. 1, 28623 Bremen		0,05	200,00	2	Land Bremen
1215	Schulze, Fritz	Gemüseweg 3, 28115 Bremen		0,06	50,50	1	Ostfriesland

Abbildung A.9: Inhalt der Tabelle VERTRETER-GEBIET

In diesem Fall wäre G_NAME von G_NR und G_NR von V_NR funktional abhängig, d.h.
G_NAME wäre von V_NR transitiv funktional abhängig, sodass die "3. Normalform" über
Projektionen erreicht werden müsste. Dabei wäre VERTRETER_GEBIET in folgender
Weise auf die Tabellen VERTRETER und GEBIET zu projizieren:

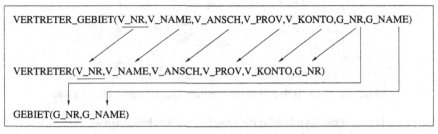

Abbildung A.10: erforderliche Projektionen zur Erreichung der 3. Normalform

Generell ist eine erste Projektion erforderlich, die jeweils die Eigenschaft, die die
Transitivität bewirkt hat, mit allen denjenigen Eigenschaften zusammenfügt, die von
dieser Eigenschaft funktional abhängig sind. Eine zugehörige zweite Projektion ist so
vorzunehmen, dass alle restlichen, bislang nicht projizierten Eigenschaften mit derjenigen
Eigenschaft zusammengefügt werden, die die Transitivität bewirkt hat.

Zusammenfassung

Wir gelangen durch die Anwendung der Normalformenlehre zu denselben Tabellen, die
im Abschnitt 1.2 abgeleitet sind. Es zeigt sich, dass wir durch die Ausführung der Norma-
lisierungen schrittweise eine jeweils redundanzfreiere Strukturierung des Datenbestands
erreicht haben und dass letztlich die drei resultierenden Tabellen VERTRETER, ARTIKEL
und UMSATZ ziemlich redundanzfrei aufgebaut sind.

Hinweis: Nicht immer garantiert die "3. Normalform" eine vollständig redundanzfreie Speicherform. Für unsere
Darstellung soll jedoch das Kriterium der "3. Normalform" genügen.

Werden Tabellen aus inhaltlich orientierten Erwägungen aus einer Ausgangstabelle
abgeleitet, so ist es selbstverständlich ausreichend, allein diese abgeleiteten Tabellen –
ohne Rückgriff auf die Ausgangstabelle – auf ihre Normalformen hin zu untersuchen. Nur
bei den Tabellen, die sich noch nicht in der "3. Normalform" befinden, sind dann weitere
geeignete Projektionen durchzuführen, damit eine möglichst redundanzfreie Speicherung
erreicht wird.

A.2 Das Entity-Relationship-Modell

In den Abschnitten 1.1 und 1.2 wurde an einem Beispiel erläutert, wie eine Strukturierung
des Datenbestandes nach den Kriterien einer möglichst redundanzfreien Speicherung und
der Rekonstruierbarkeit von Informationen erfolgen kann. Die Struktur des aus der Gliederung resultierenden Datenbestandes ist von grundsätzlicher Art, da bei einem relationalen
Datenmodell die Objekte, die im gegebenen Problemzusammenhang von Bedeutung sind,
sowie deren Beziehungen zum Gegenstand der Betrachtung gemacht werden.

In dem vorgestellten Beispiel sind die Angaben zu den Objekten "Artikel" innerhalb der
Tabelle ARTIKEL und die Angaben zu den Objekten "Vertreter" innerhalb der Tabelle
VERTRETER eingetragen.

Die Beziehung, die zwischen Vertretern und Artikeln im Hinblick auf die Aktivität
"Umsatz tätigen" besteht, wird durch die Angaben innerhalb der Tabelle UMSATZ
beschrieben. Somit kennzeichnet der Inhalt jeder einzelnen Zeile der Tabelle UMSATZ
die relationale Beziehung zwischen jeweils einer Zeile der Tabelle VERTRETER und

jeweils einer Zeile der Tabelle ARTIKEL. Dieser Sachverhalt kann wie folgt durch ein "Entitäts-Beziehungs-Diagramm" beschrieben werden:

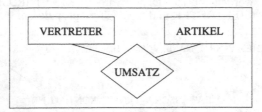

Abbildung A.11: Beispiel eines Entitäts-Beziehungs-Diagramms

Während wir als grafisches Symbol für die Objekte ein Rechteck verwenden, kennzeichnen wir die Beziehung, die zwischen den Objekten besteht, durch eine Raute. Dieses Vorgehen steht im Einklang mit den Regeln, die bei der Beschreibung eines relationalen Datenmodells durch ein *Entity-Relationship-Modell* (ERM) verwendet werden. Innerhalb eines Entity-Relationship-Modells werden die im Modell gekennzeichneten Beziehungen danach unterschieden, ob es sich um "1:1"-, "1:n"- oder um "n:m"-Beziehungen handelt.

Wird eine Beziehung zwischen den Objekten "A" und "B" durch "R" beschrieben, so kennzeichnet eine "1:1"-Beziehung ("eins-zu-eins"), dass jedes Objekt aus "A" mit jeweils genau einem Objekt aus "B" in Beziehung steht:

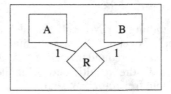

Abbildung A.12: Beispiel einer "1:1"-Beziehung

Sofern es sich dagegen um eine "1:n"-Beziehung ("eins-zu-viele") handelt, steht jedes Objekt aus "A" mit keinem, einem oder mehreren Objekten aus "B" in Beziehung:

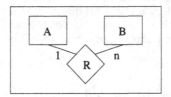

Abbildung A.13: Beispiel einer "1:n"-Beziehung

Liegt dagegen eine "m:n"-Beziehung ("viele-zu-viele") vor, so steht jedes Objekt aus "A" mit keinem, einem oder mehreren Objekten aus "B" und jedes Objekt aus "B" mit keinem, einem oder mehren Objekten aus "A" in Beziehung:

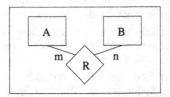

Abbildung A.14: Beispiel einer "m:n"-Beziehung

Da in unserem Beispiel ein Vertreter keinen, einen oder mehrere Artikel täglich umsetzt und ein Artikel von keinem, einem oder auch mehreren Vertretern täglich umgesetzt wird, handelt es sich bei der Relation UMSATZ um eine "m:n"-Beziehung, die wir wie folgt kenntlich machen können:

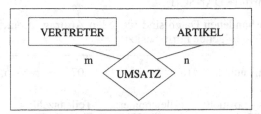

Abbildung A.15: die Relation UMSATZ kennzeichnet eine "m:n"-Beziehung

Sofern zusätzlich die Verkaufsorte in Form von Gebieten eigenständige Gegenstände der Betrachtung sein sollen, lässt sich dieser Sachverhalt z.B. wie folgt beschreiben, sofern gesichert ist, dass jeder Vertreter nur in einem einzigen Gebiet zuständig sein kann:

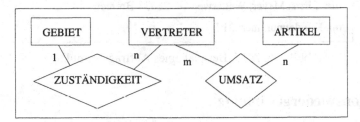

Abbildung A.16: Beispiel einer "1:n"- und einer "m:n"-Beziehung

Hinweis: Im Hinblick auf die Situation, dass durch eine Relation nicht nur zwei, sondern drei oder mehrere Objekte in ihrer gegenseitigen Beziehung zu beschreiben sind, lässt sich ein "Erweitertes-Entity-Relationship-Modell" (EERM) einsetzen, um die Objekte und die Beziehungen eines relationalen Modells zu beschreiben.

A.3 Fallbeispiel zur Strukturierung von Auftragsdaten

Datenbestand

Als weiteres Beispiel dafür, wie wir Zugriffsschlüssel festlegen und einen Datenbestand möglichst redundanzfrei speichern können, geben wir die Strukturierung eines Auftragsdatenbestands an. Dabei verstehen wir unter einem Auftragsdatenbestand die Gesamtheit aller Aufträge, die durch die folgenden Eigenschaften gekennzeichnet sind:

- die Auftragsnummer (AUFNR),

- das Bestelldatum (DATUM),

- den Fertigstellungstermin (TERMIN) und

- die Gesamtheit der Auftragspositionen, wobei jede Position

  – eine Positionsnummer (POSNR),

  – eine Teilenummer (TEILENR),

  – die Anzahl der Teile (TEILEANZ) enthält, und

• die Kundendaten, wobei jeder Kunde gekennzeichnet ist durch

 – eine Kundennummer (KDNR),
 – den Namen (KDNAME) und
 – die Anschrift (KDANSCH).

Die diesbezüglich vorhandenen Daten sind für jeden Auftrag in einem Auftragsformular eingetragen, das z.B. die folgende Form besitzt:

Auftragsnummer: 416	vom: 11.11.07	zum: 5.2.08

Auftragsposition:	Teilenummer:	Teileanzahl:
1	116	60
2	037	60
3	128	30

für: Firma Meyer, Walterweg 10, 28333 Bremen

mit Kundennummer: 317

Abbildung A.17: Beispiel eines Auftragsformulars

Informationswiedergewinnung

Wir stellen uns die Aufgabe, für den Auftragsbestand ein Datenmodell zu entwickeln und Zugriffsschlüssel festzulegen, sodass die folgenden Fragen im Rahmen der Informationswiedergewinnung beantwortet werden können:

 (a) F1: Ermittlung des Auftragsbestands je Teilenummer

 (b) F2: Ermittlung des Auftragsbestands je Kunde

 (c) F3: Ermittlung von Datum und Termin je Auftrag

 (d) F4: Ermittlung der Teileanzahlen je Auftrag

 (e) F5: Ermittlung der Kundendaten je Auftrag

Zunächst geben wir für jede einzelne Frage eine geeignete Tabellen-Struktur an, in der wir den Identifikationsschlüssel durch das Unterstreichungszeichen "_" und den jeweils erforderlichen Zugriffsschlüssel durch eine Punktunterstreichung markieren:

 (a) F1(TEILENR, AUFNR, POSNR, TEILEANZ, TERMIN)

 (b) F2(KDNR, AUFNR, POSNR, TEILENR, TEILEANZ)

 (c) F3(AUFNR, DATUM, TERMIN)

 (d) F4(AUFNR, POSNR, TEILEANZ)

 (e) F5(AUFNR, KDNR, KDNAME, KDANSCH)

Abbildung A.18: vorläufige Tabellenstrukturen

Überführung in die "3. Normalform"

Die unter (a) bis (e) angegebenen Tabellen sind nicht sämtlich in der "3. Normalform". Im Folgenden geben wir die Defizite stichwortartig an und nehmen die jeweils erforderlichen Projektionen vor, sodass sich abschließend alle resultierenden Tabellen in der "3. Normalform" befinden.

(a) Es besteht keine volle funktionale Abhängigkeit:

F1(TEILENR, AUFNR, POSNR, TEILEANZ, TERMIN)

es resultieren:

F11(TEILENR, AUFNR, POSNR, TEILEANZ) und F12(AUFNR, TERMIN)

Abbildung A.19: für "F1" erforderliche Projektionen

(b) Es besteht keine volle funktionale Abhängigkeit:

F2(KDNR, AUFNR, POSNR, TEILENR, TEILEANZ)

es resultieren:

F21(KDNR, AUFNR) und F22(AUFNR, POSNR, TEILENR, TEILEANZ)

Abbildung A.20: für "F2" erforderliche Projektionen

(c) F3(AUFNR, DATUM, TERMIN) ist in der "3. Normalform"!

F3(AUFNR, DATUM, TERMIN)

Abbildung A.21: für "F3" liegt 3. Normalform vor

(d) F4(AUFNR, POSNR, TEILEANZ) ist in der "3. Normalform"!

F4(AUFNR, POSNR, TEILEANZ)

Abbildung A.22: für "F4" liegt 3. Normalform vor

(e) Es liegen transitive Abhängigkeiten vor:

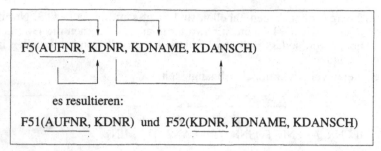

es resultieren:

F51(AUFNR, KDNR) und F52(KDNR, KDNAME, KDANSCH)

Abbildung A.23: für "F5" erforderliche Projektionen

Speicherreduktion

Die abgeleiteten Tabellen fassen wir jetzt so zusammen, dass die Speicheranforderung zur Ablage der Tabellen insgesamt verringert wird.

Dazu verbinden wir die Tabellen F12, F21, F3 und F51 zur Tabelle:

F12_21_3_51(AUFNR, KDNR, DATUM, TERMIN)

Abbildung A.24: Verbund der Tabellen F12, F21, F3 und F51

Die Tabellen F11, F22 und F4 verbinden wir zur Tabelle:

F11_22_4(AUFNR, POSNR, TEILENR, TEILEANZ)

Abbildung A.25: Verbund der Tabellen F11, F22 und F4

Als ursprünglich abgeleitete Tabelle übernehmen wir:

F52(KDNR, KDNAME, KDANSCH)

Abbildung A.26: Struktur der Tabelle F52

Anstelle der bei der Ableitung verwendeten formalen Tabellennamen vergeben wir die durch die Anwendung bestimmten Namen AUFTRAG, AUFPOS und KUNDE. Als Datenmodell für den Auftragsbestand im Hinblick auf die oben formulierten Anforderungen für die Informationswiedergewinnung erhalten wir somit die folgenden Tabellen:

AUFTRAG(AUFNR, KDNR, DATUM, TERMIN)

AUFPOS(AUFNR, POSNR, TEILENR, TEILEANZ)

KUNDE(KDNR, KDNAME, KDANSCH)

Abbildung A.27: Ergebnisse der Normalisierung

Zergliederung der Basis-Tabelle

Wir sind bei der oben angegebenen Darstellung von den Fragen F1 bis F5 ausgegangen und haben anschließend die geeignet erscheinenden Tabellen einer Normalisierung unterzogen. Jetzt gehen wir den umgekehrten Weg und fassen als erstes die Eigenschaften zur Beschreibung des Auftragsbestandes wie folgt in einer (Gesamt-)Tabelle zusammen:

AUFTRAGSBESTAND(AUFNR, DATUM, TERMIN, POSNR, TEILENR,

TEILEANZ, KDNR, KDNAME, KDANSCH)

Abbildung A.28: Beschreibung des Auftragsbestandes in Form einer Tabelle

Unser Ziel besteht zunächst darin, die Tabelle AUFTRAGSBESTAND so zu zergliedern, dass sich die resultierenden Tabellen sämtlich in "3. Normalform" befinden.

Funktionale Abhängigkeit besteht jeweils zwischen AUFNR und den Tabellenspalten DATUM, TERMIN, KDNR, KDNAME und KDANSCH. Daher projizieren wir die Tabelle AUFTRAGSBESTAND und erhalten die Tabelle

AUFPOS(AUFNR, POSNR, TEILENR, TEILEANZ)

Abbildung A.29: Ergebnis der 1. Projektion

und die Tabelle:

AUFTRAG_KUNDE(AUFNR, DATUM, TERMIN, KDNR, KDNAME, KDANSCH)

Abbildung A.30: Ergebnis der 2. Projektion

Die Tabelle AUFPOS befindet sich bereits in der "3. Normalform". Dagegen besitzt die Tabelle AUFTRAG_KUNDE nicht die "3. Normalform", da folgende transitive Abhängigkeiten bestehen:

AUFTRAG_KUNDE(AUFNR, DATUM, TERMIN, KDNR, KDNAME, KDANSCH)

Abbildung A.31: AUFTRAG_KUNDE besitzt nicht die 3. Normalform

Die beiden erforderlichen Projektionen ergeben die Tabelle

AUFTRAG(AUFNR, DATUM, TERMIN, KDNR)

Abbildung A.32: Struktur der Tabelle AUFTRAG

und die Tabelle:

KUNDE(KDNR, KDNAME, KDANSCH)

Abbildung A.33: Struktur der Tabelle KUNDE

Somit führt die Normalisierung zur gleichen Tabellen-Struktur (jedoch noch ohne Zugriffsschlüssel!), wie wir sie oben abgeleitet haben.

Bestimmung der Zugriffsschlüssel

Um mit diesen Tabellen die Fragen F1 bis F5 zur Informationswiedergewinnung beantworten zu können, legen wir die Zugriffsschlüssel wie folgt fest:

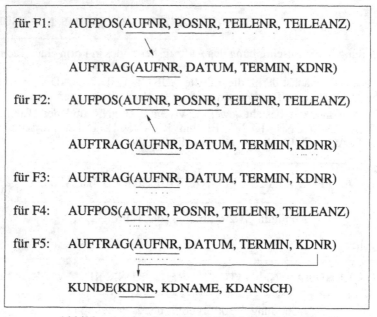

Abbildung A.34: Zugriffsschlüssel für F1 bis F5

Datenmodell

Insgesamt erhalten wir als Datenmodell für den Auftragsbestand die folgende Tabellen-Struktur:

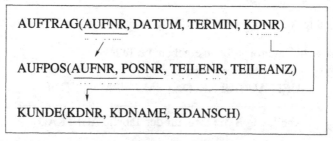

Abbildung A.35: Tabellen-Struktur des Auftragsbestands

Literaturverzeichnis

Kifer, M., Bernstein, A. und P. M. Lewis (2006):
Database Systems: An Application-Oriented Approach.
New York: Addison-Wesley.

Kroenke, D. M. (2005):
Database Concepts. New Jersey: Pearson Prentice Hall.

Marsch, J. und J. Fritze (2002):
Erfolgreiche Datenbankanwendung mit SQL3. Braunschweig/Wiesbaden: Vieweg.

Melton, J. und A. R. Simon (1993):
Understanding the new SQL : A complete guide. San Francisco: Morgan Kaufmann.

Oracle Corporation (2003):
Application Developer's Guide – Fundamentals, Release 10g.

Oracle Corporation (2003):
Application Developer's Guide – Object-Relational Features, Release 10g.

Oracle Corporation (2003):
Concepts, Release 10g.

Oracle Corporation (2003):
New Features Guide, Release 10g.

Oracle Corporation (2003):
PL/SQL User's Guide and Reference, Release 10g.

Oracle Corporation (2003):
SQL Reference, Release 10g.

Oracle Corporation (2003):
SQL*Plus User's Guide and Reference, Release 10g.

Oracle Corporation (2003):
Utilities, Release 10g.

Oracle Corporation (2003):
XML DB Developer's Guide, Release 10g.

Schlageter, G. und W. Stucky (1983):
Datenbanksysteme: Konzepte und Modelle. Stuttgart: B. G. Teubner.

Zehnder, C.A. (2005):
Informationssysteme und Datenbanken. Stuttgart: B. G. Teubner.

Index

(+)-Operator 144
1. Normalform 323
2. Normalform 324
3. Normalform 326
:NEW 92
:OLD 92

Abfragen 47ff.
abhängige Stufung 184f.
Ablauf-Integrität 265
ABS-Funktion 75
abstrakter Datentyp 190
Aggregations-Funktion 157ff.
Alias-Ordnername 95
Aliasname 101, 113f.
ALL-Operator 182
alphanumerischer Ausdruck 60f.
ALTER INDEX-Anweisung 154
ALTER SEQUENCE-Anweisung 45
ALTER TABLE-Anweisung 101,
    103ff.
ALTER-Recht 275
Alternativklammer 15
AND-Operator 65
Änderung der Tabellen-Struktur
    103ff.
Änderung von Tabellenwerten durch
    Subauswahlen 186ff.
Änderungs-Anomalie 31
Anfrage 11
Anführungszeichen 62
Anweisung 14
ANY-Operator 161
Anzeige des Tabelleninhalts 47ff.
Application Express 18
Argument 73, 82, 207
arithmetischer Ausdruck 59f.
AS 61, 168f.

ASCII-Funktion 78
Attribut 4, 190, 193, 243
Attributname 190, 193
Attributwert 190
aufsteigende Sortierrichtung 53
Ausdruck 59ff.
Ausgabe in eine Text-Datei 56f.
Auswahl von Tabellenzeilen 51ff.
Auswertungsreihenfolge 60
AVG-Funktion 159

Basis-Tabellen 10, 28
bedingter Multi-Tabellen-Insert
    127ff.
Bedingung 63ff.
Benutzerkennung 16
Bestandsänderung mittels eines
    Views 134ff.
BETWEEN AND-Operator 69f.
BFILE 25
Bind-Variable 300
BLOB 25, 94
Block 293
Bulk-Join 112

CASE-Ausdruck 67f., 161
CAST-Operator 234f.
CEIL-Funktion 75
CHAR 25
CHECK-Klausel 35
CHR-Funktion 77
CLOB 25, 94
CLOSE-Anweisung 290
Cluster 151
Cluster-Index 152
CLUSTER-Klausel 152
Cluster-Schlüssel 151
COMMIT-Anweisung 267

CONCAT-Funktion 77
CONNECT-Recht 272
CONSTRAINT-Klausel 29f., 33, 35
Constraint-Name 29
CORR-Funktion 76
COS-Funktion 75
COSH-Funktion 75
COUNT-Funktion 154
COVAR_SAMP-Funktion 76
CREATE CLUSTER-Anweisung
    151
CREATE DIRECTORY-Anweisung
    42, 95
CREATE FUNCTION-Anweisung
    81
CREATE INDEX-Anweisung 149f.,
    152
CREATE MATERIALIZED VIEW
    LOG ON-Anweisung 174
CREATE MATERIALIZED VIEW-
    Anweisung 168, 171, 175
CREATE ROLE-Anweisung 278
CREATE SCHEMA-Anweisung 270
CREATE SEQUENCE-Anweisung
    44
CREATE SYNONYM-Anweisung
    101f.
CREATE TABLE-Anweisung 24ff.,
    42f., 123, 125, 214, 237
CREATE TRIGGER-Anweisung 90,
    94, 138
CREATE TYPE BODY-Anweisung
    204
CREATE TYPE-Anweisung 190,
    197f., 201, 203, 226, 229,
    249
CREATE VIEW-Anweisung 132,
    136, 167, 254, 260, 264
createXML 308f.
CUBE 164
Cursor 287
CURSOR-Anweisung 287, 299, 302

DATE 25, 64
Datenauswahl 59ff.
Datenbanksystem 1
Datenbasis 1, 23
Datenintegrität 1, 35
Datenmodell 2
Datensicherheit 271
Datentyp 24f.
Datenunabhängigkeit 3
Datenverwaltungssystem 1
Datumswert 25, 38, 64, 73
DB-Administrator 16, 271
DB-System 1ff.
DB-Verwalter 16, 271
DBA-Recht 271
DCL 14
DDL 14
Deadlock 283
DECIMAL 25
DECLARE-Anweisung 290
DECODE-Funktion 78
DEFAULT-Klausel 27
DELETE-Anweisung 89, 299
DELETE-Recht 275
DEREF-Funktion 244
DESC 53
DESCRIBE-Anweisung 36
DISTINCT 49, 112, 154, 159f., 162
DML 14
Domäne 4
DROP CLUSTER-Anweisung 155
DROP FUNCTION-Anweisung 84
DROP INDEX-Anweisung 154
DROP MATERIALIZED VIEW
    LOG ON-Anweisung 174
DROP MATERIALIZED VIEW-
    Anweisung 170
DROP ROLE-Anweisung 278
DROP SEQUENCE-Anweisung 45
DROP SYNONYM-Anweisung 106
DROP TABLE-Anweisung 107
DROP TRIGGER-Anweisung 93
DROP TYPE-Anweisung 190

DROP USER-Anweisung 273
DROP VIEW-Anweisung 134
DTD 318
DUAL 45

Eigentümer 23, 271
einfache Bedingung 63
Einfüge-Anomalie 31
Eingabe aus einer Text-Datei 40f.
Eintragung von Tabellenzeilen 37ff.
ELSE-Klausel 68
Entität 4
Entitäts-Beziehungs-Diagramm 328
Entitäts-Integrität 6
Entity-Relationship-Modell 12,
    327ff.
Equi-Join 112
Ergebnis-Objekt 215
Ergebniswert 205
ESCAPE-Klausel 71
EXECUTE-Anweisung 300
EXISTS-Operator 185
EXP-Funktion 75
externe Tabelle 42f.
externer LOB 94

fallende Sortierrichtung 53
Fenster-Spezifikation 80
FETCH-Anweisung 288
Filterung 11
FLOAT 25
FLOOR-Funktion 75
Fluchtsymbol 71
FOREIGN KEY-Klausel 35
Fremdschlüssel 31ff.
Full-Outer-Join 143
Funktion 73ff.
funktionale Abhängigkeit 323
Funktions-Vereinbarung 81ff.
Funktionsargument 73, 82, 207
Funktionsaufruf 73ff., 81, 201, 206
Funktionsergebnis 83
Funktionsname 73

Funktionsrumpf 82
Funktionswert 81

gestufte Datenauswahl 177ff.
globales Recht 211ff.
GRANT-Anweisung 272ff.
GRANT-Recht 277
GREATEST-Funktion 78
GROUP BY-Klausel 158, 162ff.
Gruppierung von Tabellenzeilen
    154f., 167

HAVING-Klausel 165f.
hierarchisches Objekt-View 260ff.
Hochkomma 37, 61, 64
Host-Programm 285
Host-Sprache 285
Host-Variable 289

Identifikationsschlüssel 6, 28, 149
Identifizierung 5
IF-Anweisung 211, 297
IN 82
IN-Operator 68f., 179
Index 149
INDEX-Recht 275
Index-Tabelle 149
Indexname 149
Indizierung 149
Informationswiedergewinnung 330ff.
INITCAP-Funktion 77
Initialisierung einer Sequenz 44
Inline-Tabelle 55f.
INNER JOIN-Klausel 114, 118,
    120f.
INSERT-Anweisung 37ff., 109, 122,
    126f., 129
INSERT-Recht 275
Instanziierung 191f.
Instanziierung eines Subtyps 209
Instead-of-Trigger 132ff., 247f.
INSTR-Funktion 78
INTEGER 25
Integrität 1, 26f., 32

Integritätsprüfung 27, 105f., 265
interner LOB 94
INTERSECT-Operator 147
ISO-Norm 13

Join 10, 111f., 325f.

kaskadierte Änderung 34
kaskadierte Löschung 34
Kennung 16
Klausel 15
Kommentar 22, 218
Kommentar-Anweisung 294
Kompilierer 285
Konsistenz 1
Konstruktor-Methode 202
konzeptuelles Schema 2
korrelierte Subauswahl 184f.
kumulierte Aggregation 162ff.

Laden aus einer Text-Datei 40f.
LEAST-Funktion 78
leerer Varray-Sammler 227
Left-Outer-Join 143
Legacy-Tabelle 253
LENGTH-Funktion 78
Lesekonsistenz 282
lexikographischer Vergleich 64
LIKE-Operator 70f.
LN-Funktion 75
LOB 94
LOB-Initialisierung 95
LOB-Vereinbarung 97
LOB-Zeiger 95
LOCK TABLE-Anweisung 282
LOG-Funktion 75
logische Verneinung 66
logisches ODER 65f.
logisches UND 65
lokales Recht 271, 274ff.
LONG 25
LONG RAW 25
Lösch-Anomalie 31
Löschen von Tabellenzeilen 89f.

Löschung einer Tabelle 107
Löschung eines Clusters 155
Löschung eines Indexes 154
LOWER-Funktion 77
LPAD-Funktion 77
LTRIM-Funktion 77

MAKE_REF-Funktion 255
Map-Member-Funktion 219f.
Map-Methode 219
Materialized-View 168ff.
Materialized-View-Log 174ff.
MAX-Funktion 154
Mehrplatz-Betrieb 282
Member-Funktion 201
MERGE-Anweisung 88
Methode 201, 243
Methoden-Implementierung 204f.
Methoden-Interface 202
Methodenaufruf 206ff.
MIN-Funktion 154
MINUS-Operator 147f.
MOD-Funktion 75
Modellbildung 2
Multiple-Join 112
Multi-Tabellen-Insert 125f.

NATURAL INNER JOIN-Klausel
        115, 121
Natural-Join 115
Nested-Sammler 229ff.
Non-Equi-Join 112
Normalformenlehre 323ff.
Normalisierung 331ff.
NOT FINAL 197, 212
NOT NULL-Klausel 27
NOT SUBSTITUTABLE AT ALL
        LEVELS 214
NOT-Operator 66
NULL 39
NULLS FIRST 55
NULLS LAST 55
Nullwert 27, 37, 55, 72f.

NUMBER 25
numerischer Operator 59
numerischer Wert 39

Objekt 191
objekt-orientierte Programmierung 190
objekt-orientiertes DB-System 3
Objekt-Tabelle 237ff.
Objekt-View 253ff., 260ff.
Objekt-Zeiger 243
objektrelational 253
objektrelationales DB-System 3
Objekttyp 190
OID 243
ON DELETE CASCADE-Klausel 35
ON UPDATE CASCADE-Klausel 35
ON-Klausel 88
OPEN-Anweisung 288
Optionalklammer 15
OR-Operator 65f.
ORACLE 14
ORACLE Express 16
ORDER BY-Klausel 52, 55, 80
Order-Member-Funktion 221f.
Order-Methode 221
ORGANIZATION EXTERNAL-Klausel 42f.
Outer-Join 143ff.
OVER 80
OVERRIDING 212

Package 98
Parameter 82
partielle Aggregation 162ff.
Passwort 16
PL/SQL 81, 91, 204, 286, 290ff.
PL/SQL-Programm 96, 294
Polymorphismus 212ff.
POWER-Funktion 75
Precompiler 285
PRIMARY KEY-Klausel 30f.
Primärschlüssel 6, 30, 149

Primärschlüssel-Tabelle 31, 59, 66
Programm-Datenunabhängigkeit 3
Programmiersprache 285
Projektion 8, 325
Prozedur 97
Prozeduraufruf 97f.
Prozentsatz 85
Prozentzeichen 70
Pseudo-Spalte 79, 85
PUBLIC 274

Qualifizierung 113, 23f.
Query 11
QUERY REWRITE-Recht 315

RAW 25
Recovery 265
redundanzfreie Speicherung 7, 323ff.
REF-Datentyp 243
REF-Funktion 244
REFERENCES-Recht 275
referentielle Integrität 32
Refresh 171
REFRESH-Klausel 171, 174f.
REGR_INTERCEPT-Funktion 76
REGR_R2-Funktion 76
REGR_SLOPE-Funktion 76
Relation 4
relationales DB-System 3
REPLACE-Funktion 77
RESOURCE-Recht 272
RETURN-Anweisung 83, 205
REVOKE-Anweisung 276, 278, 280
Right-Outer-Join 143
ROLLBACK-Anweisung 266, 269
Rolle 278ff.
ROLLUP 162f.
ROUND-Funktion 76
ROWNUM 79, 85
RPAD-Funktion 77
RTRIM-Funktion 78

Sammler 226
SAMPLE-Klausel 85, 124

SAVEPOINT-Anweisung 268

Schachtelung von Objekttypen 194ff.

Schema 23

Schlüssel-Attribut 5

Schlüsselwort 15

Schrägstrich 81

Sekundärschlüssel 6

SELECT-Anweisung 47ff., 59ff., 97,
        112, 116, 120f., 140, 145,
        147f., 158, 165

SELECT-Recht 275

Selektion 13, 52

Self-Join 118f.

semantische Datenintegrität 26f.

Semikolon 14

Sequenz 44

SET AUTOCOMMIT-Anweisung
        268

SET PAUSE-Anweisung 48

SET ROLE-Anweisung 279

SET SERVEROUTPUT-Anweisung
        99, 295

SHOW ERRORS-Anweisung 92, 191,
        205

Sicherung einer Projektion 109f.

Sicherung einer Verbund-Bildung
        122

Sicht 131

SIGN-Funktion 76

SIN-Funktion 76

SINH-Funktion 76

SMALLINT 25

Sortierfolge 55

Sortierfolge-Ordnung 64

Sortierkriterium 53

Sortierrichtung 53

sortierte Anzeige 52ff.

SOUNDEX-Funktion 78

Spalten-Objekt 192

Spaltenname 24

Spezialisierung von Objekttypen
        197ff.

SPOOL-Anweisung 57

SQL 13

SQL*Plus 16

SQL*Plus-Anweisung 21

SQL*Plus-Anzeige 47

SQL-Anweisung 14

SQL-Sprachstandard 14

SQLDEVELOPER 18

SQLDEVELOPER-Anzeige 47

SQRT-Funktion 76

Standard-Datentyp 189

STDDEV-Funktion 162

STDDEV_SAMP-Funktion 76

Stellvertreter-Zeichenkette 70

Stern 47

Struktogramm 291ff.

Subauswahl 178ff., 234

SUBSTR-Funktion 78

Subtyp 199, 197

Subview 260f.

SUM-Funktion 159f.

Superview 260

Syntax 14

sys.XMLType 305

SYSDATE-Funktion 78

Tabelle 3

Tabellen-Upsert 88

Tabellen-Vereinbarung 24ff.

Tabellenende 289

Tabellenkomplement 147

Tabellenname 24

Tabellenspalte 3

Tabellenwert 3

Tabellenzeile 3

TAN-Funktion 76

TANH-Funktion 76

temporäre Tabelle 124f.

THE-Operator 231ff.

Theta-Join 112

TO_DATE 64f.

Transaktion 266ff., 283

transitive funktionale Abhängigkeit
        326

TRANSLATE-Funktion 78
TREAT-Funktion 199
Trigger 90
TRUNC-Funktion 76
TRUNCATE-Anweisung 90, 155
Typname 202

Überdeckung von Methoden 212ff.
Überladung von Methoden 223f.
Überschrift 50f., 61
unabhängige Stufung 183f.
UNION ALL-Operator 141
UNION-Operator 140f.
UNIQUE-Klausel 29
Unterstrichzeichen 70
UPDATE-Anweisung 87, 186f., 302
UPDATE-Recht 275
UPPER-Funktion 78
USER-Funktion 78
USING 114, 120

VALUE-Funktion 239, 263
VARCHAR2 25
Variable 82, 289
Variablenname 82, 289
VARIANCE-Funktion 162
Varray-Sammler 226ff.
VAR_SAMP-Funktion 76
Veränderung von Tabelleninhalten
    87ff.
Verbund 10, 325f.
Verbund-Bedingung 112
Verbund-Bildung 10, 110ff.
Vererbung 198
Vergleich 63ff.
Vergleich von Objekten 216ff.
Vergleichsbedingung 52
Vergleichsoperator 63, 166, 178
Verkettungsoperator 61
verschachtelte Auswahl 177ff.
View 131ff., 167, 246f., 310f.
Viewname 132
virtuelle Tabelle 131

volle funktionale Abhängigkeit 324
Vorbesetzung 27
Vorwärts-Typisierung 249ff.

Wandlung von Werten 74ff.
Werteliste 69
WHEN 68
WHEN MATCHED-Klausel 88f.
WHEN NOT MATCHED-Klausel
    88f.
WHERE-Klausel 52ff.
WHILE-Anweisung 293
Wildcardzeichen 70f.
Wirtssprache 285
WITH CHECK OPTION-Klausel
    136
WITH GRANT OPTION-Klausel
    277
WITH OBJECT IDENTIFIER-Klausel
    254
WITH READ ONLY-Klausel 264

XML-Dokument 305
XML-Dokument-Erstellung 321f.
XML-Dokument-Validierung 318ff.
XML-Dokument-Wandlung   311ff.,
    316ff.
XML-Tabelle 306
XMLDOM-Recht 319
XMLPARSER-Recht 319
XPath-Ausdruck 309

Zeichenkette 37
Zeilen-Objekt 237
Zeilengruppe 154, 165f.
Zeilennummer 80
Zufallsauswahl 85f.
Zugriff auf Subtyp-Attribute 210
Zugriffs-Beschleunigung 149ff.
Zugriffsberechtigung 271
Zugriffsschlüssel 5
Zugriffsschlüssel-Bestimmung 334
zusammengesetzte Bedingung 65ff.
Zuweisung 84, 297